Recht –
schnell erfasst

W0179976

Peter Katko

Bürgerliches Recht

Schnell erfasst

Sechste, überarbeitete
und aktualisierte Auflage

 Springer

Reihenherausgeber
Dipl.-Jur. Claas Hanken
Dr. iur. Detlef Kröger

Autor
Dr. iur. Peter Katko
HOLME ROBERTS & OWEN
Rechtsanwälte Attorneys at Law
Munich Office
Rosental 4
80331 München
peter.katko@hro.com

ISSN 1431-7559
ISBN-10   3-540-33462-9 Springer Berlin Heidelberg New York
ISBN-13   978-3-540-33462-0 Springer Berlin Heidelberg New York
ISBN 3-540-40425-2 5. Aufl. Springer Berlin Heidelberg New York

Bibliografische Information Der Deutschen Bibliothek
Die Deutsche Bibliothek verzeichnet diese Publikation in der Deutschen Nationalbibliografie; detaillierte bibliografische Daten sind im Internet über <http://dnb.ddb.de> abrufbar.

Springer ist ein Unternehmen von Springer Science+Business Media

springer.de

© Springer-Verlag Berlin Heidelberg 1995, 1997, 1999, 2002, 2004, 2006
Printed in Germany

Umschlaggestaltung: Mindwerk AG, Melle
Fotografie: Gabriele Niehaus, Atelier am Markt, Melle

SPIN 11737810   64/3153-5 4 3 2 1 0 – Gedruckt auf säurefreiem Papier

Vorwort zur 6. Auflage

Seit der 5. Auflage von »Bürgerliches Recht – Schnell erfasst« hat der Gesetzgeber das BGB nicht allzu umfangreich geändert. Im Rahmen der Umsetzung einer EU-Richtlinie unterfallen nunmehr auch Finanzdienstleistungen den Verbraucherschutzbestimmungen bei Fernabsatzverträgen. Damit besteht nunmehr auch gegenüber Banken ein Widerrufsrecht bei Vertragsschlüssen über Fax oder Email. Zusammen mit der BGB-Informationspflichten-Verordnung wird das Fernabsatzrecht dadurch im Alltag noch wichtiger. Bevor dieses Spezialproblem jedoch in der Klausur rechtlich angemessen gewürdigt werden kann, müssen zuerst die Grundlagen und die Systematik des BGB beherrscht werden. Dem Leser auf dem Weg dorthin klausur- und praxisnahe Hilfestellungen zu geben, ist weiterhin ist ein Anliegen dieses Buches.

Ich wünsche Ihnen viel Spaß und Erfolg mit BGB – Schnell erfasst!

München, Mai 2006   Dr. Peter Katko

Vorwort der 1. Auflage

Ein erfahrener Jurist zeichnet sich dadurch aus, daß er sich mit der Fülle von Rechtsnormen zurechtfindet und diese auf rechtliche Problemfälle zutreffend anwenden kann. Es genügt nicht, sich allein auf sein persönliches Gerechtigkeitsempfinden zu verlassen, wenngleich man damit oft ebenso richtig liegt. Gefragt ist in der »Juristerei«, Problemlösungen strukturiert darzulegen und mit den richtigen Normen und der gebotenen juristischen Terminologie zu untermauern.

Das vorliegende Buch befaßt sich mit den Rechtsfragen des täglichen Lebens, also mit den Beziehungen zwischen Privatpersonen. Diese sind im Bürgerlichen Gesetzbuch (BGB), mit seinen mehr als 2300 Paragraphen, geregelt. Von großer Bedeutung sind hierin die ersten 3 Kapitel (Bücher): Allgemeiner Teil, Schuldrecht und Sachenrecht.

Um das Auffinden der Paragraphen im BGB zu erleichtern, hat der Autor eine Vorauswahl der 300 »wichtigsten« Paragraphen getroffen, verständlich erläutert und mit übersichtlichen Prüfungsschemata versehen. Es sollte ein Werk entstehen, das auf die Regelfälle in der Beurteilung von Rechtsproblemen eingeht. Damit bietet es einen schnellen Einstieg in dieses Rechtsgebiet und erleichtert es, sich in der weiterführenden Literatur zurechtzufinden.

Spaß am Thema zu vermitteln und praktische Hilfen für die Umsetzung des Gelernten anzubieten ist das Ziel dieses Buches. Die Motivation, ein solches Buch zu erstellen, liegt unter anderem darin, daß viele junge Leute mitgearbeitet haben, die sich selbst noch allzugut an ihre eigenen Probleme als »Juraeinsteiger« erinnern.

Für die Unterstützung bedankt sich der Autor bei Inge Brandner, Sonja Forstner, Carolin Schricker, Richard Findel, Guido Götz, Roland Leuschel, Hans Pfitzner, Thomas von Stein und Wolfgang Thiede.

Mein besonderer Dank gilt für die hervorragende Betreuung von Verlagsseite Frau Jutta Becker.

München, Januar 1995   Peter Katko

Inhaltsübersicht

Zivil- recht	**Öffentliches Recht**	**Internationales Recht**

Verfassungsrecht
Die Verfassung
legt die Grund-
ordnung des Staates
und die Grundsätze
des gesellschaftlich-
en Zusammen-
lebens fest

Völkerrecht
Es regelt die
Beziehungen der
Staaten unter-
einander
(Vereinte Nationen,
etc.)

Bürgerliches Recht
Das Recht des
täglichen Lebens.
Es regelt die priva-
ten Lebensverhält-
nisse aller Personen
untereinander

Verwaltungsrecht
Es bestimmt die
Beziehungen zwi-
schen staatlichen
Organen (Behör-
den) sowie zwi-
schen Staat und
Bürgern

Strafrecht
Es regelt Umfang
und Inhalt der Straf-
befugnisse des
Staates gegenüber
den seiner Hoheits-
gewalt unterstellten
Personen

Europarecht
In West- und Zentral-
europa geltendes
inter- und supranatio-
nales Recht mit teil-
weise erheblichen
innerstaatlichen
Wirkungen

Handelsrecht
Das Sonderrecht
der Kaufleute und
der Handelsge-
sellschaften. Es
regelt die »großen«
Geschäfte des
Wirtschaftslebens

Steuerrecht
Es regelt die staat-
lichen Befugnisse
(Finanzamt) der
Steuererhebung
gegenüber allen
steuerpflichtigen
Personen

Arbeitsrecht
Das Sonderrecht
der Arbeitnehmer.
Es regelt die Be-
ziehungen zwischen
Arbeitnehmer und
Arbeitgeber

Vom Überblick zum Durchblick!
Das Geheimnis des Lernens ist nicht, wie
häufig praktiziert, möglichst viel Wissen in
sich hineinzuschaufeln, sondern
Zusammenhänge zu verstehen.
Alle Bücher dieser Reihe liefern einen
schnellen Einstieg in die Methodik und
die Anwendung des juristischen
»Handwerkszeuges« eines jeden
Rechtsgebietes.

Einführung

1. Bürgerliches Recht – Was ist das?

Ein Satz vorweg: Mit diesem Buch liegen Sie richtig, wenn Sie sich schnell und unkompliziert in das Bürgerliche Recht einarbeiten wollen, sei es aus persönlichem Interesse, sei es in Vorbereitung auf eine Prüfung.

Im Bürgerlichen Recht geht es um alle rechtlichen Beziehungen zwischen Privatpersonen. Seine Aufgabe ist es, die privaten Lebensverhältnisse einzelner Personen untereinander zu regeln, also Konflikte zu lösen, aber auch zu vermeiden. Nachdem Streitigkeiten im Privatleben des Öfteren auf der Tagesordnung stehen, bedarf es einer Grundlage, die Maßstäbe setzt, wie solche Konflikte wieder aus der Welt geschafft werden können.

Auch für den Anwalt ist das Bürgerliche Recht die Basis.

»Wenn zwei sich streiten, freut sich der Anwalt.« Antworten auf die Frage, was die Streitenden gegenseitig voneinander verlangen können, kann aber auch ein Anwalt nur geben, wenn er die gesetzlichen Grundlagen genau studiert. Diese sind für einen Streit zwischen Privatpersonen im Bürgerlichen Recht zu finden. Wichtigstes Gesetz ist das Bürgerliche Gesetzbuch (BGB). Für den einzelnen Bürger hat demnach das BGB größte Bedeutung im Alltag. Es ist das zentrale Werk im Zivilrecht – auch Privatrecht genannt.

Die deutsche Rechtsordnung unterteilt sich in zwei Hauptbereiche: Zivilrecht und Öffentliches Recht. Darüber hinaus gibt es das Internationale Recht, insbesondere das Europarecht, das zunehmend an Bedeutung – auch für das Bürgerliche Recht – gewinnt.

Bürgerliches Recht ist Teil des Zivilrechts.

Zwischen Zivilrecht und Öffentlichem Recht muss klar getrennt werden, weil für diese beiden Gebiete eine völlig unterschiedliche Systematik gilt. Während das Öffentliche Recht alle Rechtsverhältnisse regelt, bei denen zumindest auf einer Seite ein Träger hoheitlicher Gewalt (Staat bzw. Behörde, Polizei etc.) beteiligt ist, stehen sich im Zivilrecht immer rechtlich gleichgestellte (zivile) Personen gegenüber.

Das Zivilrecht ist überwiegend vom Prinzip der Gleichordnung zwischen den Privatleuten geprägt. Neben dem Bürgerlichen Recht existieren für besondere Personengruppen zahlreiche Spezialgesetze, die das BGB ergänzen bzw. modifizieren.

Das sind z.B. für Kaufleute das Handels- und Wirtschaftsrecht sowie für Arbeitnehmer und Arbeitgeber das Arbeitsrecht.

Im Gegensatz zum Zivilrecht dient das Öffentliche Recht weniger dem Interesse des Einzelnen, als vielmehr dem Allgemeinwohl. Öffentliches Recht ist dann gegeben, wenn der Staat aufgrund seiner besonderen Hoheitsgewalt dem Bürger im Rahmen eines Über-Unterordnungsverhältnisses gegenübertritt oder wenn es um Beziehungen zwischen staatlichen Organen geht. Zu den wichtigsten Gebieten des Öffentlichen Rechts zählen das Verfassungsrecht, Verwaltungsrecht, Steuerrecht, Polizeirecht, Baurecht etc. Eine Sonderstellung nimmt das Strafrecht ein, das häufig als eigenes Rechtsgebiet angesehen wird, da es einer eigenen Systematik folgt. Im Grunde genommen bleibt es aber »Öffentliches Recht«.

Öffentliches Recht ist z.B. Polizeirecht und Steuerrecht.

Allen Rechtsgebieten übergeordnet, auch wenn es primär zum Öffentlichen Recht zählt, steht das Verfassungsrecht. An dem Grundgesetz, »der Mutter des deutschen Rechts«, müssen sich alle Gesetze des Öffentlichen Rechts und des Zivilrechts messen lassen. Auch die Transformation des Internationalen Rechts, insbesondere des Europarechts, in die deutsche Rechtsordnung ist im Grundgesetz verankert.

Eine weitere wichtige Unterscheidung ist diejenige zwischen formellem und materiellem Recht. Die Rechtslage betreffs einer bestimmten Angelegenheit (z.B. einer Kaufpreisschuld), wird durch das materielle Recht, also hier durch das materielle Bürgerliche Recht, beantwortet. Dagegen ist die Durchsetzung bzw. gerichtliche Geltendmachung eine Frage des formellen, des Prozessrechts. Dies ist dann in der Zivilprozessordnung (ZPO) geregelt.

In diesem Buch geht es aber weniger darum, wie der »formelle Weg« durch die gerichtlichen Instanzen aussieht, als vielmehr um die Lösung privatrechtlicher Probleme. Hierfür benötigt man eben das BGB. Wie man damit richtig umgeht, zeigt die Einführung in das Arbeiten mit dem BGB. Wie dieses prinzipielle Vorgehen auf praktische Fälle umgesetzt wird, ist Inhalt der einzelnen Kapitel.

Wenn Sie bisher noch nie in eine normale Textausgabe des BGB hineingeschaut haben, tun Sie es bitte jetzt noch bevor Sie diese Seite umblättern!

BGB – ein Buch mit sieben Siegeln? – Wenn Sie es nach fünf Minuten mit einem Kopfschütteln wieder weggelegt haben, sind Sie sicher nicht der/die einzige.

Auch der heute noch so erfahrene Jurist wird zugeben, dass ihm beim ersten Anblick dieses Gesetzestextes ein Schaudern den Rücken hinunterlief. Heute, nach vielen Jahren Übung (so viel Zeit wollen Sie vielleicht nicht investieren), greift er ganz selbstverständlich zu seinem »Handwerkszeug«-Gesetz, weil er weiß, wie er damit umzugehen hat.

Das nächste Problem ist das schwer verständliche Gesetzesdeutsch. Die Auflistung auf der folgenden Seite beinhaltet die wichtigsten Schlüsselbegriffe des BGB. Das juristische Gutachten, in dem nicht wenigstens die Hälfte von ihnen wieder zu finden ist, muss erst noch geschrieben werden.

Ein Tipp: Prägen Sie sich diese Begriffe mit den Definitionen gut ein! Wenn Sie vor diesen Begriffen erst einmal den Respekt verloren haben, sind Sie schon auf dem besten Wege, etwas von Jura zu verstehen. Aber Vorsicht: »Wenn einer, der mit Mühe kaum gestiegen ist auf einen Baum, schon meint, dass er ein Vöglein wär', so irrt sich der« (Wilhelm Busch).

Zum Repertoire eines Juristen gehört noch einiges mehr. Nicht nur das mühelose Herumjonglieren mit Fachbegriffen, mit denen zwar der Laie nichts anfangen kann, sich aber um so mehr beeindrucken lässt, sondern vielmehr juristisch einwandfreie Falllösungen werden von ihm verlangt. Dazu gehört unter anderem, die jeweils einschlägigen Rechtsnormen des BGB zu finden, sie richtig anzuwenden und auf den vorliegenden Sachverhalt zu übertragen. Genau das lernen Sie mit diesem Buch.

Damit werden Sie zwar noch kein Spezialist im Bürgerlichen Recht. Sie werden aber in der Lage sein, eine große Zahl privatrechtlicher Fälle zutreffend lösen zu können.

Die weitere Einleitung zeigt Schritt für Schritt auf, worum es im Bürgerlichen Recht geht und wie bei der Lösung eines privatrechtlichen Falls prinzipiell vorzugehen ist. Erst nach Aneignung dieses Grundwissens sollten Sie die einzelnen Kapitel durcharbeiten.

Schlüsselbegriffe

- Anspruch – ist das Recht, von einem anderen ein Tun oder Unterlassen zu verlangen (§ 194 I)
- Gläubiger – ist derjenige, dem ein Anspruch zusteht: »Er glaubt, dass er eine Leistung erhält«
- Schuldner – ist derjenige, der einen Anspruch erfüllen muss: »Er schuldet eine Leistung«
- Dritter – ist ein am Rechtsgeschäft Nichtbeteiligter
- Sachen – sind körperliche Gegenstände (§ 90)
- Eigentum – ist das Recht, mit einer Sache nach Belieben zu verfahren (§ 903)
- Besitz – ist die tatsächliche Herrschaft einer Person über eine Sache (§ 854 I)
- Rechtsgeschäfte – führen den durch die Willenserklärungen bezweckten Erfolg herbei
- Geschäftsfähigkeit – Fähigkeit, durch eigenes Handeln wirksam Rechtsgeschäfte abzuschließen
- Willenserklärung – ist die Äußerung eines rechtlich erheblichen Willens
- Vollmacht – ist die durch Rechtsgeschäft erteilte Vertretungsmacht (§ 166 II)
- Unverzüglich – bedeutet ohne schuldhaftes Zögern (§ 121 I)
- Fahrlässig – handelt, wer die im Verkehr erforderliche Sorgfalt außer Acht lässt (§ 276 II)
- Vorsatz – ist das Wissen und Wollen des rechtswidrigen Erfolges (§ 276 I 1)

2. Arbeiten mit dem BGB

Das Bürgerliche Recht ist das Recht des täglichen Lebens, weil es alle privatrechtlichen Beziehungen der Bürger zueinander regelt, sei es aufgrund vertraglicher Beziehungen *(Beispiel: das gekaufte Fahrzeug hat einen Motorschaden)* oder sei es ein zufälliges Ereignis *(Beispiel: Verkehrsunfall)*. Zur Anwendung kommt es also, wenn zwei Bürger in einen solchen Konflikt geraten sind. Wer dann was von wem bekommt (Zahlung von Geld, Erfüllung vertraglicher Pflichten, Schadensersatz, Schmerzensgeld, Herausgabe einer Sache oder Unterlassen eines störenden Verhaltens), entscheidet das BGB.

Eine Patentlösung für einen Rechtsstreit wird man im Gesetz nicht finden. Das BGB enthält nur allgemein gültige Rechtsnormen. Das heißt also, dass für jeden Einzelfall eine individuelle Lösung erarbeitet werden muss. Mit Hilfe des BGB können die gegenseitigen Ansprüche hergeleitet und begründet werden.

Kommen aber die Beteiligten auf keinen gemeinsamen Nenner, führt der Weg unweigerlich vor die Gerichte. Zumindest eine Partei wird sich an das zuständige Gericht wenden mit dem Antrag, rechtsverbindlich festzustellen, ob ein Anspruch begründet ist. Erst auf der Grundlage dieser Entscheidung kann der geltend gemachte Anspruch durchgesetzt werden, notfalls auf dem Wege der Zwangsvollstreckung. Keinesfalls aber steht es dem Bürger zu, selbst, sozusagen »auf eigene Faust«, seine Rechte durchzusetzen. Das »Gewaltmonopol« liegt beim Staat.

Formelles Recht regelt das »Ob« eines Anspruchs.

Materielles Recht regelt das »Wie« der Durchsetzung eines Anspruchs.

Man unterscheidet im Bürgerlichen Recht:

*   materielles Recht
*   formelles Recht

Im materiellen Recht wird geklärt, ob einer Person ein Anspruch zusteht. Im formellen Recht geht es darum, welche Möglichkeiten es gibt, diesen Anspruch auch durchzusetzen.

Beispiel: Valentin hat an Kluge ein Auto verkauft. Ob dem Verkäufer Valentin der Kaufpreis zusteht, bestimmt das materielle Recht, nämlich das Bürgerliche Gesetzbuch (BGB). Weigert sich aber der Käufer Kluge zu zahlen, aus welchen Gründen auch immer, muss Valentin vor Gericht gehen. Hier ist das formelle Recht, die Zivilprozessordnung (ZPO), einschlägig.

Das materielle Recht regelt die Rechte und Pflichten der Privatleute untereinander. Hierfür ist das BGB heranzuziehen. Fast immer, wenn privatrechtliche Probleme auftreten, wird das BGB eine Antwort parat haben.

Wer hat welche Ansprüche?

Dies wird dadurch erreicht, dass das BGB keine Einzelfälle regelt, sondern abstrakte Regeln aufstellt, denen der konkrete Einzelfall zugeordnet wird. Ein hohes Ziel haben sich damit die Gesetzgeber gesteckt, dem im Wandel der Zeit nicht immer Genüge getan werden konnte. Das hat dazu geführt, dass es neben den Paragraphen des BGB eine Reihe von gewohnheitsrechtlichen Analogien und ergänzende Spezialgesetze gibt. Dennoch können mit den Vorschriften des BGB die meisten Rechtsprobleme des Alltags gelöst werden.

Mit Hilfe des BGB könnte festgestellt werden, dass Valentin einen Anspruch auf den Kaufpreis des PKW hat.

Zum formellen Recht: Weigert sich der Anspruchsgegner trotz allem, auch auf eine Mahnung hin, seinen Pflichten nachzukommen, bleibt dem Anspruchssteller nichts anderes übrig, als den prozessualen Weg zu beschreiten.

Die gerichtliche Entscheidung, also ob und wie ein Anspruch durchzusetzen ist, regelt sich weitgehend nach der Zivilprozessordnung (ZPO). Hierin werden im Wesentlichen zwei Verfahrensarten unterschieden: Das Erkenntnisverfahren, bei dem der Anspruch vor Gericht durch ein Urteil festgestellt wird, und das Zwangsvollstreckungsverfahren, das auf die zwangsweise Durchsetzung des im Urteil festgestellten Anspruches gerichtet ist.

Wie kann man seinen Anspruch durchsetzen?

Valentin, der Verkäufer des PKW könnte auf gerichtlichem Wege die Kaufpreiszahlung »erzwingen«.

Im Prozess vor dem Amtsgericht bzw. bei höherem Streitwert vor dem Landgericht würde er ein Zahlungsurteil erstreiten (Erkenntnisverfahren). Falls der Käufer weiterhin nicht zahlt, müsste er das Urteil aber noch (vom Gerichtsvollzieher) vollstrecken lassen (Zwangsvollstreckungsverfahren).

2.1. Fragen, die das BGB beantwortet

Die Problemstellungen im materiellen Recht des BGB können sehr vielfältig sein. In der Regel läuft die Fragestellung jedoch darauf hinaus: »Wer hat gegen wen welche Ansprüche?« In diesen Fällen muss zunächst eine Untergliederung in die verschiedenen Personen und ihrer unterschiedlichen Begehren vorgenommen werden. Als Generalformel gilt dann immer:

»Wer will was von wem woraus?«

- Wer von Wem: es geht um Anspruchssteller und Anspruchsgegner
- will Was: es geht um den Anspruch, z.B. auf Zahlung, Schadensersatz, Herausgabe, Unterlassung etc.
- Woraus: es geht um die gesetzliche Grundlage, die Anspruchsgrundlage

Welche Ansprüche haben die Beteiligten?

»Wer will Was von Wem Woraus« sind die vier berühmten »W« des BGB und damit die Vereinfachung der Fragestellung: Welche Ansprüche haben die Beteiligten gegeneinander?

Weiter im obigen Beispiel (S. 6): *Kluge fährt mit dem neuangeschafften Fahrzeug nach Hause. Die Fahrzeugpapiere nimmt er gleich mit. Den Kaufpreis zahlt er per Scheck. Beim Einlösen des Schecks eine Woche später bemerkt Valentin, dass der Scheck nicht gedeckt ist. Valentin wendet sich erneut an Kluge und verlangt den Kaufpreis. Zu Recht?*

Für einen solchen Anspruch bedarf es einer Grundlage im BGB. Infolgedessen spricht man von einer »Anspruchsgrundlage«. Deshalb schließt sich an die Frage, »wer will was von wem«, noch das »woraus« an, also die geeignete Anspruchsgrundlage. Um diese Anspruchsgrundlagen rankt sich eine Vielzahl weiterer gesetzlicher Regelungen, die Definitionen und Modalitäten festlegen, aber auch solche, die diesen Ansprüchen entgegenstehen könnten. Im Laufe der rechtlichen Prüfung stellt man fest, ob ein Anspruch gegeben ist.

Was ist dem Anspruchsteller zu raten?

Neben der Frage, welche Ansprüche die Beteiligten gegenseitig haben, kann die Frage auf ein ganz bestimmtes wirtschaftliches Interesse eines der Beteiligten abzielen. Sie lautet dann beispielsweise: Was ist dem Anspruchsteller zu raten?

Beispiel: Kann Verkäufer Valentin das Auto zurückverlangen, weil er glaubt, dass der Käufer Kluge »sowieso nicht bezahlt«?

Hier wäre es vorstellbar, dass die Erfüllung des Anspruchs berechtigterweise nicht erfolgt. Dann müsste der Anspruchsgegner sogenannte Einwendungen geltend machen.

Schließlich kann sich eine Frage völlig neutral darauf beziehen, wie die Rechtslage ist. In diesem Fall müssen ganz generell alle Rechtsfragen beleuchtet werden. Im Zweifel sind alle denkbaren Ansprüche von jedem gegen jeden zu begutachten.

Wie ist die Rechtslage?

Beispiel: Kluge hat den Scheck auf seiner Bank mit Absicht sperren lassen, weil er auf dem Nachhauseweg festgestellt hat, dass das Fahrzeug nicht in dem einwandfreien technischen Zustand ist, den der Verkäufer Valentin zugesagt hat. Er verweigert daher die Kaufpreiszahlung. Wie ist die Rechtslage?

Oder aber es wird ganz neutral nach rechtlichen Beziehungen gefragt. Solche Einzelfragen sind nicht nach obigem Schema zu lösen; hier sollte man versuchen, in einem detaillierten Aufbau die Kriterien logisch zu verknüpfen. Im Schuldrecht könnte das Fragen nach den Beziehungen zwischen den beteiligten Personen sein.

Konkrete Fragen zu Einzelheiten eines Sachverhalts

Beispiel: Ist ein wirksamer Kaufvertrag zustande gekommen, wenn Kluge bei Vertragsabschluss völlig betrunken war?

Im Erbrecht könnten sich solche Fragen auf die Erbfolge beziehen, im Familienrecht auf das Erziehungsrecht.

Im Sachenrecht hingegen beziehen sich Rechtsfragen häufig auf Eigentums- oder Besitzverhältnisse. Hier empfiehlt sich ausnahmsweise ein historischer Aufbau, d.h. eine rechtliche Untersuchung aus der Vergangenheit heraus.

Beispiel: Wer ist Eigentümer eines Fahrzeuges, das schon fünf verschiedene Besitzer hatte? Historisch würde man beim ersten Besitzer beginnen und dann den Weg des Eigentums von Besitzwechsel zu Besitzwechsel zu verfolgen.

Antworten auf all diese Fragen finden Sie im BGB. Bevor wir näher darauf eingehen, wie damit richtig umzugehen ist, erst einmal ein kurzer Blick auf den Inhalt des BGB.

2.2. Aufbau und Inhalt des BGB

Im Gegensatz zum amerikanischen »Fallrecht« (case law) ist das deutsche Privatrecht »geschriebenes Recht«, das im BGB niedergelegt ist.

Der Gesetzgeber hat bei der Gestaltung des BGB nicht das Wichtigste, etwa den Kauf, an den Anfang gestellt, sondern einen Weg von den allgemeinen zu den besonderen Vorschriften beschritten.

Das BGB hat fünf »Bücher«:

*   Allgemeiner Teil (§§ 1-240)
*   Schuldrecht (§§ 241-853)
*   Sachenrecht (§§ 854-1296)
*   Familienrecht (§§ 1297-1921)
*   Erbrecht (§§ 1922-2385)

Vom Allgemeinen
zum Besonderen

Das 1. Buch, der Allgemeine Teil, enthält die Bestimmungen, die für alle Gebiete des Bürgerlichen Rechts von Bedeutung sind, z.B. über Personen, Sachen und Rechtsgeschäfte.

Das 2. Buch ist das Schuldrecht. Es regelt die Beziehungen von Person zu Person, wenn zwischen den Beteiligten Verbindlichkeiten bestehen. Es beinhaltet zunächst allgemeine Regelungen für Schuldverhältnisse; hierauf folgen die typischen vertraglichen Schuldverhältnisse wie Kauf, Miete und Dienstvertrag, bis hin zu den gesetzlichen Schuldverhältnissen wie ungerechtfertigte Bereicherung und unerlaubte Handlung.

Das 3. Buch, das Sachenrecht, bestimmt, in welchem Verhältnis Sachen zu Personen stehen (Beispiel: Eigentum, Besitz). Hierbei gelten für bewegliche Sachen einerseits und Grundstücke andererseits meist verschiedene Regelungen.

Im 4. Buch, dem Familienrecht, geht es um Beziehungen zwischen den Familienangehörigen. Hierzu gehören Ehepartner, Eltern und Kinder sowie Verwandte.

Im 5. Buch, dem Erbrecht, wird geregelt, was im Todesfall mit den Rechten und Pflichten des Verstorbenen geschieht.

2.3. Die Paragraphen des BGB

Um ein Rechtsproblem richtig zu lösen, greift man in logischer Folge auf alle einschlägigen Paragraphen des BGB zurück.

Leichter gesagt als getan? Geeignete Paragraphen (Normen) zu finden, ihren Inhalt zu verstehen und auf den vorliegenden Fall richtig umzusetzen, ist elementar für jede Falllösung, aber es will gekonnt sein. Auszugehen ist davon, dass jeder Paragraph einen Tatbestand mit gewissen Voraussetzungen aufweist, bei deren Vorliegen gewisse Rechtsfolgen eingreifen. Damit stehen sich immer »Tatbestandsvoraussetzungen« und »Rechtsfolgen« gegenüber.

Tatbestandsvoraussetzungen und Rechtsfolgen

Man unterscheidet drei Arten von Paragraphen:

* Anspruchsnormen (Anspruchsgrundlagen)
* Gegennormen (Einreden, Einwendungen)
* Hilfsnormen (Definitionen, Erläuterungen)

Eine solche Unterteilung ist deshalb sinnvoll, weil von den über 2000 Paragraphen des BGB »im Alltag« längst nicht alle nützlich sind. Vielmehr haben die wenigsten solche Rechtsfolgen, nach denen ein Standardfall gelöst wird.

Weil meistens nach Ansprüchen gefragt wird, muss mit Anspruchsnormen »gestartet« werden. Diesen können jedoch die hier als Gegennormen bezeichneten Paragraphen entgegenstehen. Die nicht weniger wichtigen Hilfsnormen sind immer dann heranzuziehen, wenn Tatbestandsmerkmale der Anspruchs- oder Gegennormen definiert oder näher bestimmt werden müssen. Soweit der Schnelldurchlauf. Nun zu den Details.

Anspruchsnormen sind anspruchsbegründende Vorschriften, also Anspruchsgrundlagen, weil sie eine Rechtsfolge enthalten, die einen Anspruch gibt. Die Rechtsfolge aus der am häufigsten herangezogenen Anspruchsgrundlage, § 433 I 1, hört sich einfacher an als sie ist.

Grundpflichten des Verkäufers

(1) Durch den Kaufvertrag wird der Verkäufer einer Sache verpflichtet, dem Käufer die Sache zu übergeben und das Eigentum an der Sache zu verschaffen.

§ 433 I 1

»Die häufigste Anspruchsgrundlage«

Gegennormen sind Vorschriften, die eine mögliche Anspruchsgrundlage wieder in Frage stellen, weil sie einen Anspruch verhindern, vernichten oder hemmen können. Hierzu gehören die Einreden und Einwendungen, auf die später noch genauer eingegangen wird. Alle wichtigen Einreden und Einwendungen sind in diesem Buch besonders markiert; z.B. ist die Rechtsfolge der Einrede der Verjährung aus § 214 I ein Leistungsverweigerungsrecht.

§ 214

»Die häufigste Gegennorm«

Wirkung der Verjährung

(1) Nach Eintritt der Verjährung ist der Schuldner berechtigt, die Leistung zu verweigern. [...]

Alle anderen Paragraphen des BGB sind Hilfsnormen. Sie unterscheiden sich von den Anspruchsnormen und Gegennormen dadurch, dass sie Ansprüche weder begründen noch verhindern. Man beginnt deshalb die Lösung eines Rechtsproblems fast nie mit einer Hilfsnorm. Andererseits gibt es aber so gut wie kein Rechtsproblem, bei dem man nicht auf Hilfsnormen zurückgreifen muss. Hilfsnormen sind immer heranzuziehen, wenn einzelne Tatbestandsmerkmale einer Rechtsfolge definiert oder in anderer Weise näher bestimmt werden müssen.

Eine wichtige Hilfsnorm des BGB ist beispielsweise die viel zitierte Generalklausel aus § 242.

§ 242

»Gerechtigkeit mit anderen Worten«

Leistung nach Treu und Glauben

Der Schuldner ist verpflichtet, die Leistung so zu bewirken, wie Treu und Glauben mit Rücksicht auf die Verkehrssitte es erfordern.

Wort für Wort lesen!

Paragraphen sind immer Wort für Wort zu lesen und zu verstehen. Deshalb sind die »wichtigsten« Paragraphen des BGB in diesem Buch wörtlich abgedruckt und kommentiert.

So besagt z.B. § 433 I 1: »Durch den Kaufvertrag wird der Verkäufer einer Sache <u>verpflichtet</u>, dem Käufer die Sache zu übergeben und das Eigentum an der Sache zu verschaffen.« Es bleibt offen, ob der Käufer auch tatsächlich tut, wozu er verpflichtet ist. Das Schlüsselwort heißt also: »verpflichtet«. Keinesfalls sagt § 433 I 1 aus, dass der Käufer durch den Kaufvertrag Eigentümer an der Sache geworden ist. Die Eigentumsübertragung ist ein eigenes, davon unabhängiges Rechtsgeschäft, was seine Grundlage im Abstraktionsprinzip hat (siehe dazu weiter unten zum sog. Abstraktionsprinzip).

Paragraphen richtig zitieren

Bei einem juristischen Gutachten reicht es nicht aus, juristische Thesen zu behaupten, vielmehr müssen sie mit einschlägigen Vorschriften belegt werden. Exaktes Zitieren ist gefordert. Bei der Schreibweise § 433 I 1 steht das römische I für den ersten Absatz, die arabische 1 für den ersten Satz. Möchte man auch den oder die folgenden Paragraphen mitzitieren, so fügt man f. oder ff. an.

Verschachteln der Paragraphen

Bei der Lösung von Rechtsproblemen ist eine Art Klammertechnik zu beachten. Wenn beispielsweise ein Kaufvertrag aus dem Besonderen Schuldrecht zu prüfen ist (§ 433), greift man auch auf Vorschriften des Allgemeinen Schuldrechts (§§ 241-432) sowie auf die des Allgemeinen Teils (§§ 1-240) zurück.

Abstraktionsprinzip

Das Abstraktionsprinzip ist ein Grund für die Unterscheidung im BGB zwischen Schuldrecht und Sachenrecht. »Abstrakt« lässt schon vermuten, dass es nicht ganz einfach zu verstehen ist. Das Abstraktionsprinzip besagt, dass ein eigentlich einheitlicher Vorgang wie ein Kauf sich in ein Verpflichtungsgeschäft und zwei Verfügungsgeschäfte aufspaltet, die voneinander unabhängig, also »abstrakt« sind.

Das Abstraktionsprinzip trennt Verpflichtungs- und Verfügungsgeschäft

Greifen wir obiges Beispiel auf: Der Verkauf des Autos ist in drei Rechtsgeschäfte zu trennen.

1. Der schuldrechtliche Vertrag (Kaufvertrag, § 433) zwischen dem Verkäufer Valentin und dem Käufer Kluge wird Verpflichtungsgeschäft genannt, weil er die Vertragsparteien zum Handeln verpflichtet.

2. Die Übereignung des Autos (§ 929) wird Verfügungsgeschäft genannt, weil ein Recht, nämlich das Eigentum, übertragen wird. Damit erfüllt der Verkäufer seine Verpflichtung aus § 433 I 1.

3. Die Übereignung des Geldes (§ 929) ist ebenso ein Verfügungsgeschäft, lediglich mit dem Unterschied, dass hier der Käufer seine Schuld aus § 433 II erfüllt.

3. Die Schritte der Fallbearbeitung

Die Technik der Fallbearbeitung ist alles andere als ein Geheimnis. Es ist fast immer das gleiche Prinzip und die gleiche Schrittfolge zu beachten. Die Vorgehensweise, besteht aus fünf Schritten, die auf nebenstehender Seite dargestellt sind. Man beginnt mit »1. dem Sachverhalt und den sich aus ihm ergebenden Fragen und kommt am Ende der rechtlichen Prüfung zu dem Ergebnis 5.«

Der Weg ist das Ziel.

Ein vernünftiges persönliches Rechtsempfinden ist hierbei zwar hilfreich, aber nicht allein ausreichend. Vielmehr wird ein juristisch einwandfreier Lösungsweg in den Schritten 2. – 3. – 4. verlangt. Das hört sich einfacher an, als es in der Praxis ist. Allzu leicht verfängt man sich bei der Falllösung in Detailproblemen und verliert dabei den Überblick.

Wichtigste Grundregel in der Fallbearbeitung: den Lösungsweg sauber zu gliedern und niemals den Gesamtzusammenhang aus den Augen zu verlieren!

1. Ausgangspunkt einer Falllösung ist es, den Sachverhalt zu erfassen und die Fragestellung herauszuarbeiten. Die Fragestellung zielt meist auf die gegenseitigen Ansprüche der Beteiligten ab.

2. Im Hinblick auf die Fragestellung sind die einschlägigen Normen (meist Anspruchsnormen) im BGB zu identifizieren: »Aus welchen Normen können sich die gesuchten Rechtsfolgen ergeben?« In aller Regel sind das Anspruchsgrundlagen.

3. Sobald alle in Betracht gezogenen Anspruchsnormen gefunden sind, sollte man die Suche auf mögliche Gegennormen (Einreden oder Einwendungen) erweitern. »Welche Normen können den Anspruchsgrundlagen entgegenstehen?«

4. Erst wenn die in Frage kommenden Normen gefunden sind, kann der Sachverhalt den Gesetzesnormen zugeordnet werden. Dieses Vorgehen bezeichnet man als Subsumtion. Dabei ist zu prüfen, ob die tatsächlichen Voraussetzungen im Sachverhalt den gesetzlichen Voraussetzungen der Norm entsprechen. Nur wenn hier eine Übereinstimmung gegeben ist, ist der Anspruch begründet bzw. treffen die Gegennorm oder Hilfsnorm zu.

5. Diese geschilderten Arbeitsschritte werden im sogenannten Gutachtenstil formuliert und schließlich in einem Ergebnissatz zusammengefasst.

Lösung eines Problems aus dem Bürgerlichen Recht

Die Methodik der Fallbearbeitung

1. Schritt	Sachverhalt analysieren	Sachverhalt erfassen und Fragestellung erarbeiten
2. Schritt	Anspruchs- grundlagen	Antwortnormen enthalten Rechtsfolgen (meist sind das Anspruchsgrundlagen)
3. Schritt	Einreden, Einwendungen	Gegennormen können einen möglichen Anspruch verhin- dern oder gänzlich vernichten
4. Schritt	Rechtliche Prüfung	Prüfen, ob alle tatsächlichen den gesetzlichen Voraussetzun- gen entsprechen (Subsumtion)
5. Schritt	Ergebnis formulieren	Formulieren der Lösung im Gutachtenstil

3.1. Arbeiten am Sachverhalt

Handelt es sich um eine Prüfungsaufgabe, so lesen Sie zuerst den Bearbeitervermerk. Unter Berücksichtigung der dort gestellten Fragen beginnt man mit dem vollständigen Erfassen des Sachverhalts. Es genügt nicht »im Großen und Ganzen« zu wissen, worum es geht. Im Gegenteil, häufig kommt es auf Details an. In einer Prüfungsaufgabe kann man normalerweise davon ausgehen, dass jede gegebene Information wichtig ist. Ein Sachverhalt muss deshalb immer mehrmals gelesen werden. Beim ersten Lesen genügt es zu wissen, worum es überhaupt geht. Beim zweiten Mal richten Sie Ihr Augenmerk darauf, wo die Interessen der Beteiligten und die Probleme liegen. Am Schluss nach Entwurf der Lösung sollten Sie den Sachverhalt nochmals daraufhin lesen, ob sich jede Information rechtlich gewürdigt in der Lösung wiederfindet.

Weiter im Beispiel Autokauf: Kluge hat inzwischen den Kaufpreis für das Fahrzeug bezahlt. Zwei Monate nach Kaufabschluss stellt sich heraus, dass der Wagen einen Motorschaden hat. Diesen Defekt musste das Fahrzeug bereits bei der Übergabe gehabt haben. Der technisch unversierte Käufer Kluge wusste davon nichts. Erst als der Wagen mit einem großen Knall stehen bleibt, bemerkt er, dass irgendetwas nicht stimmen kann. Am selben (Unglücks)-Tag ruft Kluge Valentin an und teilt ihm mit, dass er einen neuen Motor eingebaut, oder sein Geld zurück haben will.

Zwischen dem Käufer Kluge, im folgenden K genannt, und dem Verkäufer Valentin, im folgenden V genannt, wurde ein Kaufvertrag nach § 433 geschlossen. Einen solchen Vertrag nennt man Verpflichtungsgeschäft, weil dadurch V und K verpflichtet werden, das Auto bzw. das Geld zu übereignen.

Der Wagen hat einen Defekt. Der Profi antwortet prompt: Sachmangel gemäß § 434. Diesen Mangel hat der Käufer sofort reklamiert, was für die Einhaltung einer Frist erforderlich sein könnte. Man könnte vermuten, dass der Verkäufer garantieren muss, dass das Fahrzeug auch funktioniert. Doch setzt das voraus, dass er für diesen Mangel rechtlich »geradezustehen« hat. In der Rechtsanwendung ist es immer von zentraler Bedeutung, wer etwas zu verantworten oder – richtiger – zu vertreten hat.

Achten Sie deshalb beim Erfassen eines Sachverhalts immer darauf, ob einer der Beteiligten in irgendeiner Form die vorkommenden Probleme verschuldet hat.

Ein Sachverhalt muss immer mehrmals gelesen werden.

Kompliziert wird es bei umfangreicheren Sachverhalten, wenn mehrere Beteiligte auftreten und unterschiedliche Ansichten vorgebracht werden. Hilfreich ist es deswegen, zur besseren Übersichtlichkeit, eine grafische Skizze mit den Beziehungen zwischen den beteiligten Personen anzufertigen. Erstreckt sich ein Sachverhalt über längere Zeiträume, so empfiehlt es sich, die Ereignisse in einer Tabelle chronologisch aufzulisten.

Die Beteiligten und ihre Positionen

Besondere Aufmerksamkeit sollte man Zahlenangaben schenken. Altersangaben der Beteiligten deuten oft auf fehlende Geschäftsfähigkeit hin. Zeit- und Datumsangaben verraten, dass möglicherweise Fristen oder Verjährung eingreifen.

Auf folgende Aspekte ist besonders zu achten:

* Wer sind die Beteiligten (Schuldner, Gläubiger, Dritte, Eigentümer, Besitzer)?
* Was sagten und was meinten sie (Willenserklärungen)?
* Was taten sie (Verfügungs-, Verpflichtungsgeschäfte)?
* Altersangaben (Geschäfts-, Deliktsfähigkeit)
* Datumsangaben (Termine, Fristen)

Wenn im Sachverhalt Tatsachen fehlen oder unklar bleiben, sollten Sie immer vom Normalfall oder von den wahrscheinlichsten Gegebenheiten ausgehen. Widmen Sie sich nicht Problemen, die nicht vorhanden sind, und hüten Sie sich auch vor Um-Interpretationen des Sachverhalts, nur weil Sie aus Ihrer Erfahrung schon einen ähnlichen Fall kennen.

Bei der Analyse des Sachverhalts sollten Sie immer die Fragestellung im Hinterkopf behalten. Häufig gibt dieser selbst schon hilfreiche Hinweis auf die geforderten Antworten und grenzt den Arbeitsauftrag ein. Die Fragestellung ist oft ein Zwischenglied zwischen dem Sachverhalt und der Lösung. Beantworten Sie Fragen in der Reihenfolge, in der sie vorgegeben wurden. Vor allem auf die Ansichten der Beteiligten muss eingegangen werden.

Käufer Kluge verlangt vom Verkäufer Valentin einen neuen Motor oder den Kaufpreis zurück. Hat er darauf einen Anspruch?

So konkret wie die Ansicht des K in diesem Beispiel vorgebracht wird, so konkret sollte auch die Antwort bei der weiteren rechtlichen Prüfung sein. Machen Sie keine abstrakten, lehrbuchartigen Ausführungen, sondern beantworten Sie die aufgetretenen Rechtsprobleme immer »hart am Fall«.

3.2. Anspruchsgrundlagen auswählen

Im zweiten Schritt der Fallbearbeitung werden geeignete Anspruchsgrundlagen ausgewählt. Zuvor sollte man jedoch festgestellt haben,
welche Ansprüche die Beteiligten geltend machen wollen oder auf
welche Ansprüche eine Fragestellung abzielt. Die Suche dieser gesetzlichen Vorschriften (Anspruchsgrundlagen, weil sie als Rechtsfolge
einen Anspruch geben) ist das zentrale Problem. Mit Hilfe der Liste der
wichtigsten Anspruchsgrundlagen auf der nächsten Doppelseite wird
Ihnen das Auffinden erheblich leichter fallen.

Wo liegen die Probleme
und was ist die Frage »Wer
will was von wem«?

Verfolgen wir weiter das Beispiel des mangelbehafteten Fahrzeuges
(mit Motorschaden). Ein solcher Sachmangel und die sich daraus ergebenden Gewährleistungsansprüche sind in den §§ 433 I 2, 434 ff. geregelt. Wenn Sie nun § 433 I 2 durchlesen, werden Sie feststellen, dass
der Verkäufer zwar dafür haftet, ein fehlerfreies Auto zu übergeben; es
geht aber nicht hervor, welche Ansprüche K bei Fehlerhaftigkeit hat.
Erst § 437 beschreibt konkret, was K verlangen kann: Nacherfüllung,
Rücktritt vom Kauf, Schadensersatz oder Herabsetzung des Kaufpreises (Minderung). Mit § 437 haben Sie eine Norm, die einen Anspruch
auf Nacherfüllung, Minderung u. a. gibt. Man spricht deshalb von einer
Anspruchsgrundlage.

Bei begründetem Anspruch kann der Käufer also die Reparatur verlangen (Nacherfüllung) oder vom Kauf zurücktreten und den Kaufpreis
zurückverlangen (Rücktritt). Wenn der Verkäufer den Motorschaden
verschuldet hat, ist auch Schadensersatz möglich. Hier zeigt sich auch
das Zusammenspiel von besonderen und allgemeinen Vorschriften:
Das allgemeine Schadensersatz- und Rücktrittsrecht (§§ 280 ff., 323
ff.) wird durch das besondere Kaufrecht (§§ 434 ff.) modifiziert.

Grundsätzlich gilt: Die richtigen Anspruchsgrundlagen gefunden zu
haben, ist schon »die halbe Miete«. Man sollte immer alle möglichen
Anspruchsgrundlagen prüfen, auch wenn sie auf den ersten Blick von
geringerem wirtschaftlichen Interesse sind. Je nachdem sind diese
nebeneinander möglich oder schließen sich gegenseitig aus. Bei der
Suche nach geeigneten Anspruchsgrundlagen ist immer eine gewisse
Reihenfolge einzuhalten, da einige Ansprüche notwendigerweise andere Ansprüche ausschließen. Ordnen Sie alle in Frage kommenden
Anspruchsgrundlagen in dieser Reihenfolge:

Hierarchie der Anspruchsgrundlagen

- Vertragliche Primäransprüche
- Vertragliche Sekundäransprüche
- Vertragsähnliche Ansprüche
- Dingliche Ansprüche
- Ansprüche aus ungerechtfertigter Bereicherung
- Ansprüche aus unerlaubter Handlung

Vertragliche Primäransprüche: Erfüllung einer Leistung.

Beispiel: Übergabe des Autos und Zahlung des Kaufpreises.

> Vertragliche Primär-
> ansprüche: Erfüllung
> vertraglicher Pflichten

Vertragliche Sekundäransprüche ergeben sich aus Leistungsstörungen, z.B. wenn eine Leistung nicht oder schlecht erfüllt wird, oder aus Verletzungen von Nebenleistungspflichten.

Beispiel: Anspruch auf Nacherfüllung wegen des defekten Fahrzeuges. Haftung des Verkäufers für Sachmängel.

> Vertragliche Sekundär-
> ansprüche wegen
> Leistungsstörungen und
> Pflichtverletzungen

Vertragsähnliche Ansprüche sind Ansprüche, die nur »fast« aus einem Vertrag resultieren. Hierher gehören z.B. die Geschäftsführung ohne Auftrag (GoA).

Beispiel: Kluge lässt den defekten Wagen von einem befreundeten Kfz-Mechaniker reparieren. Die Auslagen hierfür will Kluge von Valentin erstattet bekommen.

> Vertragsähnliche
> Ansprüche aus GoA,
> Schadensersatz vor
> Vertrag, Prospekthaftung

Dingliche Ansprüche des Eigentümers oder des Besitzers.

Variante: Der gekaufte Wagen war gestohlen. Zufällig erfährt der eigentliche Eigentümer, dass nun Kluge den Wagen besitzt, und verlangt von ihm die Herausgabe.

> Dingliche Ansprüche aus
> Eigentum oder Besitz

Ansprüche aus ungerechtfertigter Bereicherung, d.h. Ausgleich ungerechter Vermögensverschiebungen.

Nichts ist unmöglich: Der schusselige Kluge hat den Wagen zweimal bezahlt. Für die zweite Bezahlung bestand keine rechtliche Verpflichtung; er kann sie daher wieder zurückverlangen.

> Ansprüche aus
> ungerechtfertigter
> Bereicherung

Ansprüche aus Delikt, d.h. Schadensersatzpflicht.

Der Exzess: Vor Wut über den defekten Wagen beschädigt Kluge absichtlich das Privatauto des Valentin. Kluge hat hierfür Schadensersatz wegen unerlaubter Handlung zu leisten.

> Ansprüche aus unerlaubter
> Handlung (Delikt)

Vertragliche Ansprüche

1. Vertragliche Primäransprüche

Kaufvertrag:
- Übergabe und Übereignung der Sache, § 433 I 1
- Mangelfreiheit der Sache, § 433 I 2
- Kaufpreiszahlung, § 433 II
- Abnahme der Sache, § 433 II

Darlehensvertrag:
- Zur Verfügungsstellung von Geld, § 488 I 1
- Rück- und Zinszahlung, § 488 I 2

Schenkung:
- Unentgeltliche Zuwendung, § 516 I

Mietvertrag:
- Gebrauchsüberlassung, § 535 I
- Mietzahlung, § 535 II
- Rückgabe bei Beendigung, § 546

Leihvertrag:
- Unentgeltlicher Gebrauch, § 598
- Rückgabe bei Beendigung, § 604

Dienstvertrag:
- Leistung der vereinbarten Dienste, § 611 I
- Zahlung der Vergütung, §§ 611 I, 612

Werkvertrag:
- Pflicht zur Herstellung des Werkes, § 631 I
- Abnahme des Werkes, § 640
- Zahlung der Vergütung, §§ 631 I, 632

Auftrag:
- Unentgeltliche Besorgung eines Geschäfts, § 662
- Aufwendungsersatz, § 670
- Herausgabe des Erlangten, § 667

Bürgschaft:
- Zahlung der Bürgschaftssumme, § 765 I

2. Vertragliche Sekundäransprüche

Unmöglichkeit:
- Schadensersatz statt der Leistung, §§ 275 IV, 283
- Aufwendungsersatz, §§ 275 IV, 284
- Schadensersatz oder Aufwendungsersatz wegen anfänglicher Unmöglichkeit, § 311 a II
- Herausgabe des Surrogats, §§ 275 IV, 285
- Rücktritt, § 275 IV, 326 V

Verzug:
- Ersatz des Verzugsschadens, §§ 280, 286
- Schadensersatz wegen Verzugs mit einer Leistungspflicht, §§ 281, 280
- Rücktritt wegen Verzugs, §§ 323, 346 I

Gewährleistung beim Kauf:
- Nacherfüllung, §§ 437 Nr. 1, 439
- Rücktritt, §§ 437 Nr. 2, 440, 323, 326
- Schadensersatz, §§ 437 Nr. 3, 280, 281, 283, 311 a, 440
- Minderung, §§ 437 Nr. 2, 441 (auch Einrede)
- Aufwendungsersatz, §§ 437 Nr. 3, 284, 440

Gewährleistung bei Miete:
- Mietminderung, § 536 (auch Einrede)
- Schadensersatz, § 536 a I
- Aufwendungsersatzanspruch des Mieters, § 536 a II

Gewährleistung am Werk:
- Nacherfüllung, §§ 634 Nr. 1, 635
- Schadensersatz oder Ersatz vergeblicher Aufwendungen, § 634 Nr. 4, §§ 280 ff.
- Aufwendungsersatz für Selbstvornahme, §§ 634 Nr. 2, 637
- Rücktritt, §§ 634 Nr. 3, 636, 323, 326, 346 I
- Minderung, §§ 634 Nr. 3, 638 (auch Einrede)

Sonstige Pflichtverletzung:
- Schadensersatz wegen Verletzung einer sonstigen vertraglichen Leistungspflicht, § 280 I (z.B. Ersatz von Mangelfolgeschäden)
- Schadensersatz wegen Nebenpflichtverletzung (§ 282, 241 II)
- Rücktritt wegen Nebenpflichtverletzung, §§ 324, 241 II

Außervertragliche Ansprüche

3. Vertragsähnliche Ansprüche

Geschäftsführung ohne Auftrag (GoA):
- Schadensersatz bei unberechtigter GoA, § 678
- Aufwendungsersatz des Geschäftsführers, §§ 683 S. 1, 670
- Herausgabe des Erlangten, §§ 681 S. 2, 667
- Wertersatz bei unberechtigter GoA, § 684 S. 1
- Wertersatz bei angemaßter Eigengeschäftsführung, §§ 687 II 2, 684 S. 1
- Auskunftspflicht, §§ 681 S. 2, 687 II

Vorvertragliches Schuldverhältnis:
- Schadensersatz wegen Verletzung vorvertraglicher Pflichten, §§ 311 II, 241 II, 280 I

Folge einer Anfechtung:
- Schadensersatz nach § 122

Vertreter ohne Vertretungsmacht:
- Erfüllung der vereinbarten Leistung oder Schadensersatz, § 179 I

Rücktritt:
- Rückgewähr, § 346
- Wertersatz für Nutzungen und Verwendungen bei Rücktritt, § 347

4. Dingliche Ansprüche

Eigentümer:
- Herausgabe des Eigentums gegenüber dem unberechtigten Besitzer, § 985
- Grundbuchberichtigungsanspruch, § 894
- Beseitigungs- und Unterlassungsanspruch, § 1004

Eigentümer-Besitzer-Verhältnis (E-B-V):
- Schadensersatz gegen den bösgläubigen oder verklagten Besitzer, §§ 989, 990
- Schadensersatz gegen den gutgläubigen Fremdbesitzer, §§ 991 II, 989
- Herausgabe von Nutzungen, §§ 987, 988, 990 I, 991 I, 993
- Verwendungsersatz, §§ 994, 996

Besitzer:
- Herausgabe des Besitzes wegen besseren Besitzrechtes, § 1007
- Herausgabe des Besitzes bei verbotener Eigenmacht, §§ 861, 858
- Störungsabwehr, § 862

Verbindung, Vermischung:
- Wertersatz, §§ 951 I, 812

5. Bereicherungsrechtliche Ansprüche

Herausgabe bei Leistungskondiktion:
- Rechtsgrund bestand nie, § 812 I 1, 1. Alt.
- Rechtsgrund fällt weg, § 812 I 2, 1. Alt.
- Erfolg tritt nicht ein, § 812 I 2, 2. Alt.
- Sittenwidrigkeit, § 817 S. 1

Herausgabe bei Nichtleistungskondiktion:
- Eingriffskondiktion, § 812 I 1, 2. Alt.
- Verfügung eines Nichtberechtigten, § 816 I
- Verfügung an einen Nichtberechtigten, §§ 816 II, 822

6. Deliktische Ansprüche

Schadensersatz:
- Schadensersatz wegen Verletzung absoluter Rechte, § 823 I
- Schadensersatz wegen Verletzung eines Schutzgesetzes, § 823 II
- Schadensersatz wegen vorsätzlicher sittenwidriger Schädigung, § 826
- Haftung für den Verrichtungsgehilfen, § 831
- Haftung des Tierhalters, § 833

3.3. Einwendungen, Einreden suchen

Der Jurist spricht von Einwendungen und Einreden, wenn einem möglichen Anspruch eine Norm gegenübersteht, die ihn verhindert oder vernichtet. Es handelt sich um die zuvor bereits mehrmals erwähnten »Gegennormen«.

Man unterscheidet zwischen:

* rechtsverhindernden Einwendungen
* rechtsvernichtenden Einwendungen
* rechtshemmenden Einwendungen (Einreden)

Rechtsverhindernde Einwendungen sind Normen, die das Entstehen eines Anspruchs von vornherein verhindern.

Rechtsverhindernde Einwendungen verhindern einen Anspruch von Anfang an.

Der erst sechsjährige Kluge hat bei Valentin das Auto gekauft. Die mangelnde Geschäftsfähigkeit lässt den Kaufvertrag nie zum Entstehen kommen. Die Nichtigkeit der Willenserklärung des Sechsjährigen aus § 105 I ist also eine rechtsverhindernde Einwendung.

Rechtsvernichtende Einwendungen sind Rechtsnormen, deren Eingreifen einen Anspruch wieder zum Erlöschen bringen.

Rechtsvernichtende Einwendungen bringen einen Anspruch im Nachhinein wieder zum Erlöschen.

Denkbar auch, dass der Kaufvertrag nachträglich vom Käufer Kluge angefochten wird, weil der Wagen bereits einen Unfallschaden hatte, den Valentin beim Kaufabschluss verschwiegen hat (§ 123). Die Wirkung der Anfechtung aus § 142 I ist rechtsvernichtend, weil das zugrunde liegende Rechtsgeschäft als von Anfang an nichtig angesehen wird.

Rechtshemmende Einreden haben zwar keinen Einfluss auf das Bestehen eines Anspruchs, sie geben aber dem Anspruchsgegner die Möglichkeit, die Durchsetzung des Anspruchs zu verhindern. Bekanntester Fall der Einrede ist die Verjährung.

Rechtshemmende Einreden hemmen die Durchsetzung eines Anspruchs.

Angenommen, der Käufer Kluge erkundigt sich nach seinen Rechten erst 2 1/2 Jahre, nachdem er den Defekt an seinem Fahrzeug bemerkt hat. Sofern der Verkäufer Valentin nichts von dem Motorschaden wusste, ist der Gewährleistungsanspruch wegen § 438 I Nr. 3 verjährt. Der Verkäufer ist daher aufgrund § 214 I berechtigt, die Leistung des Anspruchs auf Nacherfüllung zu verweigern.

Einwendungen, Einreden

1. Rechtshindernde Einwendungen

Fehlende Geschäftsfähigkeit:
- dauernde Geschäftsunfähigkeit, § 105 I
- vorübergehende Geschäftsunfähigkeit, § 105 II
- beschränkte Geschäftsfähigkeit, §§ 106 ff.

Bewußt fehlender Wille:
- Mangel an Ernstlichkeit, § 118
- Scheingeschäft, § 117
- geheimer Vorbehalt, § 116

Verstoß
- gegen eine Formvorschrift, § 125
- gegen ein gesetzliches Verbot, § 134
- gegen die guten Sitten, § 138

Unzulässige Formularverträge
- Klauselverbote für Allgemeine Geschäftsbedingungen, §§ 305 ff.

2. Rechtsvernichtende Einwendungen

Gläubiger- oder Schuldnerwechsel:
- Abtretung einer Forderung, § 398
- Gesetzlicher Forderungsübergang, § 412
- Schuldübernahme, §§ 414 ff.

Anfechtung
- Irrtum § 142 I i.V.m. § 119 I, II
- falsche Übermittlung, § 142 I i.V.m. § 120
- arglistige Täuschung oder widerrechtliche Drohung, § 142 I i.V.m. § 123

Rücktritt
- Rücktritt vom Vertrag, §§ 346, 323, 324, 326

Unmöglichkeit
- anfängliche oder nachträgliche Unmöglichkeit einer Leistung, §§ 275, 311 a

Erlöschen des Schuldverhältnisses
- Erfüllung durch Leistung, § 362
- Erfüllungssurrogate, §§ 364 ff.
- Aufrechnung gleichartiger Leistungen, § 389
- Erlass, § 397 I

Widerruf
- Widerruf und Rückgabe, §§ 355, 356 i.V.m. §§ 312, 312 d, 495 (Fernabsatz, Haustürgeschäfte, Verbraucherkredite, Ratenzahlungen)

3. Einreden

Verjährung
- allg. Verjährung, §§ 195 ff. i.V.m. § 214
- kurze Verjährung der Gewährleistung bei:
  - Kauf, § 438 i.V.m. § 214
  - Miete, § 548 i.V.m. § 214
  - Werk, § 634 a i.V.m. § 214

Leistungsverweigerung
- Leistungsverweigerungsrecht, § 320
- Zurückbehaltungsrecht d. Schuldners, § 273
- Zurückbehaltungsrecht d. Besitzers, § 1000
- Einrede des Schenkers, § 519
- Einreden des Bürgen, §§ 770, 771
- Arglisteinrede, § 853
- Bereicherungseinrede, § 821
- Mängeleinrede, §§ 441, 536, 638

3.4. Rechtliche Prüfung

Wenn Sie aus den vorangegangenen Übersichten alle Anspruchsnormen (Anspruchsgrundlagen) und Gegennormen (Einwendungen und Einreden) herausgesucht haben, sind Sie bereits auf dem besten Wege zu einer »sauberen« Lösung.

Der in Betracht gezogene Anspruch muss in alle Tatbestandsvoraussetzungen zerlegt werden.

Bei der weiteren rechtlichen Prüfung stellt man fest: »Welche gesetzlichen Voraussetzungen müssen erfüllt sein?« und »Liegen diese Voraussetzungen tatsächlich im Sachverhalt vor?« Diesen Denkvorgang bezeichnet man als Subsumtion. Dabei wird der Sachverhalt einer Anspruchsgrundlage zugeordnet. Ausgehend von der Anspruchsgrundlage muss man meistens auf eine Reihe anderer Vorschriften (Hilfsnormen) bei der Prüfung der Tatbestandsmerkmale zurückgreifen, um schließlich zum Ergebnis zu kommen. Erst wenn alle Voraussetzungen des Anspruchs bejaht werden können, ist der Anspruch gegeben.

Stimmen alle gesetzlichen mit den tatsächlichen Voraussetzungen überein?

Daraus ergibt sich, dass alle Hilfsnormen, die irgendeine Voraussetzung des Anspruchs beschreiben, herangezogen und geprüft werden müssen. Diese Ineinanderschachtelung der Paragraphen ist das Kernstück jeder Fallbearbeitung. In welcher Ausführlichkeit die Subsumtion dargelegt wird, hängt davon ab, wo die Problemstellen des Sachverhalts liegen. Dabei beginnt man immer mit dem in der Hierarchie der Anspruchsgrundlagen am weitesten oben stehenden Anspruch. Allerdings kann die Frage, ob eine Tatsache einer Tatbestandsvoraussetzung entspricht, nicht immer eindeutig beantwortet werden. Das Gesetz muss dann entsprechend seinem Sinn und Zweck ausgelegt werden. Passt die Tatsache überhaupt nicht zur Tatbestandsvoraussetzung, ist aber die Interessenlage ähnlich, so kann die Vorschrift ggf. analog angewendet werden. Als Faustformel für die Prüfung eines Anspruchs gilt:

»Entstanden, Erloschen, Einreden, Ergebnis«

- entstanden durch Rechtsgeschäft oder Gesetz
- erloschen wegen Einwendungen
- einredenbehaftet
- Ergebnis

»Anspruch Entstanden, Erloschen, Einreden, Ergebnis« sind die vier »E«s jeder rechtlichen Prüfung eines Anspruchs und damit der rote Faden der Fallbearbeitung.

Wenn Sie sich erinnern, dass die Fragestellung mit den vier »W« (siehe Grundgedanke) »Wer will was von wem woraus« beginnt, dann fahren wir nun »symmetrisch« fort mit »Anspruch entstanden, erloschen, einredenbehaftet und Ergebnis« – vier mal »E«. Mit diesem systematischen Vorgehen können Sie fast jedes Rechtsproblem, nicht nur aus dem BGB, bewältigen.

Auf viermal W folgt viermal E.

Ausnahmen der Reihenfolge der rechtlichen Prüfung bilden lediglich Fragen, die auf die dingliche Rechtslage, etwa auf Eigentumsverhältnisse, abzielen (Beispiel: Wer ist Eigentümer des Autos). In diesen Fällen geht man historisch vor. Man beginnt aus der Vergangenheit heraus zu untersuchen, wie sich die Eigentumslage verändert hat.

Wie ist nun der Anspruch des Käufers Kluge auf Einbau eines neuen Motors bzw. auf Rückzahlung des Kaufpreises zu prüfen? Welche Voraussetzungen müssen gegeben sein, damit dieser auch auf Grundlage des BGB seinen Niederschlag findet? An diesem Beispiel wird auf den folgenden Seiten die rechtliche Prüfung und der Anspruchsaufbau detailliert dargestellt. Lesen Sie begleitend zum Beispiel jeweils den Paragraphentext.

Ist der Anspruch auf Erfüllung nach §§ 437 Nr. 1, 439 entstanden?

Vorliegen eines Kaufvertrages gemäß § 433:

• *Ein wirksamer Kaufvertrag liegt vor. Die hierfür notwendigen Willenserklärungen (Angebot und Annahme §§ 145, 147) müssen nicht näher untersucht werden, weil der Sachverhalt klare Aussagen trifft und hier auch keine Probleme liegen.*

• *Kaufvertrag über eine Sache gemäß § 90. Sachen sind körperliche Gegenstände (so das Gesetz). Das Auto ist ein körperlicher Gegenstand (so die Tatsache). Die Tatsache wird dem Gesetz zugeordnet. Demnach ist das Auto eine Sache gemäß § 90.*

Haftung des Verkäufers für den Sachmangel gemäß § 434, 437:

• *Vorliegen eines Sachmangels gemäß § 434. Ein Sachmangel liegt vor, wenn die Sache nicht die vereinbarte Beschaffenheit hat, § 434 I 1, bzw. wenn sie sich nicht zur gewöhnlichen Verwendung eignet, § 434 I 2 Nr. 2. Letzteres ist durch den Motorschaden gegeben. Also ist der Motorschaden ein Sachmangel gemäß § 434 I.*

• *Keine Kenntnis des Käufers, § 442. Der Verkäufer hat einen Mangel der verkauften Sache nicht zu vertreten, wenn der Käufer den Mangel bei Abschluss des Kaufes kennt (Gesetz). Der Käufer wusste nichts von dem Motorschaden (Tatsache). Der Verkäufer haftet also für den Sachmangel.*

• *Zeitpunkt des Gefahrüberganges, §§ 446, 434 I 1. Der Gefahrübergang wird als Zeitpunkt der Übergabe der Sache definiert. Ab diesem*

Zeitpunkt geht die Gefahr der Verschlechterung der Sache auf den Käufer über (Gesetz). Der Wagen hatte den Motorschaden schon vor der Übergabe (Tatsache). Die Gefahrtragung bleibt beim Verkäufer.

• Kein vertraglicher Ausschluss der Gewährleistung. § 444 zeigt, dass ein solcher Haftungsausschluss grundsätzlich für zulässig erachtet wird und nur bei Arglist nichtig ist. Von einem möglichen Gewährleistungsausschluss ist im gegebenen Sachverhalt jedoch nicht die Rede.

Ist der Anspruch erloschen oder einredenbehaftet?

Verjährung der Gewährleistung, § 438 i.V.m. § 214.

Die Verjährung könnte den Anspruch hemmen. Die Verjährungsfrist bei Gewährleistung beträgt gemäß § 438 bei beweglichen Sachen zwei Jahre. Der Käufer hat den Schaden nach zwei Monaten geltend gemacht (Tatsache). Die Gewährleistungsfrist ist noch nicht abgelaufen. Die Erfüllung des Anspruchs kann nicht wegen der Einrede der Verjährung verweigert werden.

Ergebnis:

Alle Voraussetzungen für den Anspruch nach § 437 Nr. 1, 439 sind gegeben. Der Verkäufer muss den Motor ersetzen.

Alles prüfen, was der Mandant anspricht: also auch Rücktritt (neben Nacherfüllung).

Allerdings wollte der Käufer evtl. auch den Kaufpreis zurückhaben, was auch wegen der Weigerung des Verkäufers zur Reparatur zu prüfen ist. Einen solchen Anspruch könnte der Käufer nach §§ 346 I, 323, 440, 437 Nr. 2 haben, wenn er ein Recht zum Rücktritt hätte und dies ausüben würde.

Gem. § 346 I sind nach dem Rücktritt vom Vertrag die empfangenen Leistungen (hier also Kaufpreis und Auto) zurückzugewähren. Hierfür müsste der Käufer aber nach §§ 437 Nr. 2, 440, 323 ein Rücktrittsrecht haben. Dieses ist nach § 440 gegeben, weil die Sache mangelhaft ist (§ 434, vgl. o.) und der Verkäufer die Nacherfüllung (Reparatur) verweigert, weshalb auch die Fristsetzung entbehrlich ist. Der Käufer müsste dann den Rücktritt nach § 323 I noch gegenüber dem Verkäufer erklären. Erst dann wäre der Anspruch auf Rückzahlung des Kaufpreises gegeben.

Endergebnis: Der Käufer Kluge kann gegen den Verkäufer Valentin neben dem Anspruch auf Nacherfüllung nach § 437 Nr. 1 einen Anspruch auf Rückzahlung des Kaufpreises aus §§ 346 I, 323, 440, 437 Nr. 2 geltend machen, wenn er den Rücktritt erklärt (§ 349).

Die rechtliche Prüfung (Subsumtion am Beispiel)

§ 437 Nr. 1, 439
§ 433
§ 434

Anspruch
auf Nach-
erfüllung

§ 433
§ 90
§ 145
§ 147

Kaufvertrag

§ 145

Angebot

§ 147

Annahme

§ 90

Sache

§ 434
§ 442
§ 446
§ 444

Haftung
für
Sachmängel

§ 446

Gefahr-
übergang

§ 442

keine
Kenntnis
des
Käufers

§ 444

kein Ausschluss
der Gewähr-
leistung

§ 346 I

Anspruch auf
Rückgewähr

§ 437 Nr. 2

Recht zum
Rücktritt

§ 433

Kaufvertrag

§ 434

Haftung
für Sach-
mängel

§ 438

keine Verjährung

§ 323

Rücktritts-
voraussetzungen

§ 323 I

Fristsetzung

§§ 323 II, 440

Entbehrlichkeit
der Frist

§ 349

Erklärung des
Rücktritts

§ 130 I

Empfangsbedürftige Willenserklärung

3.5. Formulieren der Lösung

Das Ergebnis wird am
Ende der rechtlichen
Prüfung im Gutachtenstil
zu Papier gebracht.

Formulieren der Lösung bedeutet, das Ergebnis der rechtlichen Prüfung mit den gebotenen Fachausdrücken und unter Zitieren der einschlägigen Normen zu Papier zu bringen. Aus der Technik der Subsumtion ergibt sich ein bestimmter Stil – der Gutachtenstil – im Gegensatz zum richterlichen Urteilstil. Bei der Bearbeitung begutachtet man, ausgehend von dem ausgewählten Anspruch, ob die jeweiligen Tatbestandsvoraussetzungen gegeben sind, die diesen Anspruch dann begründen. Das Ergebnis wird erst am Ende formuliert. Der Jurist bedient sich hierfür einer dem Ungeübten zunächst gewöhnungsbedürftigen Sprache. Er beginnt bei der Prüfung eines Anspruchs mit dem im Konjunktiv formulierten Obersatz: »... könnte einen Anspruch haben auf ...«. Erst im Laufe der Falllösung stellt er Zwischenergebnisse im Indikativ fest, um schließlich logisch weiterfolgernd mit Formulierungen wie »deshalb« oder »daraus folgt« zu einem Endergebnis zu kommen. Am Schluss wird dieses in einem knappen Satz, dann im Indikativ, zusammengefasst.

Der Stil des Gutachtens:

- von der Hypothese zur Feststellung
- übersichtlich gegliedert
- klare und verständliche Sätze

Bezogen auf das Beispiel »Kauf des defekten Fahrzeuges, Anspruch des K auf Rückgewähr des Kaufpreises«, sieht das verkürzt etwa so aus. Die Paragraphenkette des Anspruchs lautet: §§ 346, 323 I, 440, 437 Nr. 2, 434 I, 433. Die Anspruchsgrundlage, die konkret auf die obige Frage antwortet, ist § 346; der Vollständigkeit halber müssen alle Paragraphen zitiert werden.

Obersatz:

K könnte gegen V einen Anspruch auf Rückzahlung des Kaufpreises aus §§ 346, 323 I, 440, 437 Nr. 2, 434 I, 433 BGB haben.

Falllösung:

Zwischen K und V besteht ein wirksamer Kaufvertrag gemäß § 433. Infolgedessen könnte V für die Fehlerfreiheit der Kaufsache nach Maßgabe der §§ 433 I 2, 434 einzustehen haben.

Anspruch entstanden:

Erste Voraussetzung *ist das* Vorliegen *eines gültigen* Kaufvertrages, *§ 433. Dieser wurde* rechtswirksam geschlossen. *Gegenstand des Vertrages ist das* Fahrzeug, *also eine Sache* gemäß § 90.

Zweite Voraussetzung ist ein Mangel an der Kaufsache (defektes Auto), § 434 I. Gemäß § 434 I haftet der Verkäufer dem Käufer dafür, dass das Auto nicht mit Fehlern behaftet ist. Ein Fehler am Fahrzeug liegt vor, weil ein Motorschaden die Tauglichkeit zu dem gewöhnlichen Gebrauch erheblich mindert (§ 434 I 2 Nr. 2).

Der Käufer hatte keine Kenntnis von dem Mangel (§ 442), weil er bei Vertragsabschluss nichts von dem Motorschaden wusste.

Der Motorschaden lag schon bei »Gefahrübergang« (§ 446) vor, also zum Zeitpunkt der Übergabe. Die Gewährleistung wurde nicht vertraglich ausgeschlossen. Zwar hätte der Verkäufer die Gewährleistung ausschließen können (§ 444), doch das ist hier nicht geschehen.

Für ein Recht zum Rücktritt nach § 323 I muss gemäß § 440 entweder die Nachbesserung fehlgeschlagen sein oder der Verkäufer die Nacherfüllung verweigern. Hier hat der Verkäufer Valentin die Nacherfüllung endgültig verweigert.

Rechtsfolge: Alle Voraussetzungen liegen vor. Ein Recht zum Rücktritt ist gegeben.

Einwendungen oder Einreden gegen den Anspruch:

Dem Recht aus § 437 Nr. 2 könnte die Verjährung der Gewährleistung nach §§ 438 IV, 218 entgegenstehen, wonach der Verkäufer den Rücktritt verweigern kann. K hatte seinen Anspruch jedoch rechtzeitig geltend gemacht.

Ergebnis:

K kann nach § 323 I zurücktreten. Danach kann K den Kaufpreis zurückverlangen, muss aber im Gegenzug das Auto zurückgeben, wobei die allgemeinen Rücktrittsregelungen der §§ 346 ff. zur Anwendung kommen.

Schlusssatz:

K kann aus §§ 346 I, 323, 440, 437 Nr. 2, 434 I, 433 die Rückzahlung des Kaufpreises verlangen. Dies erfolgt Zug um Zug gegen die Rückgabe des Fahrzeuges; §§ 348, 320.

4. Auf den Punkt gebracht

Die vorangegangene Einleitung hat dargestellt, wie ein Rechtsproblem mit Hilfe des BGB gelöst werden kann. Die weiteren Kapitel befassen sich mit den einzelnen Inhalten des BGB – dem juristischen Handwerkszeug.

In diesem Buch sind die wichtigsten Paragraphen wörtlich abgedruckt (wobei teilweise auf weniger wichtige Passagen verzichtet wurde).

Jeder Paragraph hat Tatbestandvoraussetzungen und Rechtsfolgen, die nochmals in einem übersichtlichen Schema dargestellt sind. Hierbei symbolisiert.

» • « eine Tatbestandvoraussetzung und » ↳ « eine Rechtsfolge. Neben den Paragraphen sind die einschlägigen Hilfs- und Rechtsfolgenormen abgedruckt. Normen, die die konkrete Rechtsfolge ausschließen, sind durch » ≠ « gekennzeichnet. Im Text von unübersichtlichen Paragraphen sind die entscheidenden Stellen unterstrichen.

Beispiele sind am *kursiven Druck* zu erkennen. Keinesfalls sollte man sich aber an bekannten Beispielsfällen festklammern, denn in der Praxis ist jeder Fall anders.

All diese Hilfestellungen sollten auch nicht davon ablenken, dass es das Wichtigste ist, den Gesetzestext selbst sorgfältig durchzulesen und zu verstehen. In Prüfungen ist man schließlich mit der »nackten« Gesetzes-Textausgabe alleine. Inwieweit Sie diese kommentieren dürfen, ist von Prüfer zu Prüfer verschieden.

Fast bei jeder Falllösung ist nach Ansprüchen der Beteiligten gefragt. Zu starten ist dann immer mit Anspruchsgrundlagen, die in diesem Buch deutlich als solche gekennzeichnet sind. Diese bei einer Prüfung zu finden, ist schon fast »die halbe Miete«.

Bedienen Sie sich der Methodik der vier W: »Wer will was von wem woraus« als Frage und der vier E: »Anspruch – entstanden, erloschen, Einreden, Ergebnis« als Antwort auf ein juristisches Problem.

Entwickeln Sie die Lösung eines juristischen Problems hart am Fall. Gliedern Sie übersichtlich und legen Sie das Gewicht der rechtlichen Prüfung auf die dargelegten Problemstellungen.

Wenn Sie sich immer an dieser Vorgehensweise orientieren, können Sie mit Hilfe der weiteren Kapitel fast viele Rechtsprobleme selbst lösen. Im Anhang wiederum finden Sie zur Übung einige Klausurfälle, die es in sich haben.

Viel Spaß beim Durcharbeiten dieses Buches und viel Erfolg in Prüfungen.

Allgemeiner Teil

1. Personen

An die Personeneigenschaft sind im Bürgerlichen Recht zahlreiche Rechte und Pflichten geknüpft. Das Schlagwort heißt: »Rechtsfähigkeit«, d.h. die Fähigkeit, Träger von Rechten und Pflichten zu sein, sowie klagen und verklagt werden zu können. Volle Rechtsfähigkeit wird natürlichen Personen (Menschen), aber auch juristischen Personen (z.B. Vereine, Stiftungen, GmbH, AG) zugeschrieben. Gleiches gilt für Körperschaften des öffentlichen Rechts (z.B. Gemeinden, Universitäten). Als teilweise rechtsfähig gelten die Personenvereinigungen (OHG, KG, Parteien; GbR).

1.1. Natürliche Personen

Die Rechtsfähigkeit eines Menschen beginnt mit seiner Geburt und endet mit seinem Tode.

Alle lebenden Menschen sind rechtsfähig ohne Rücksicht auf Alter, Geschlecht, Religion und Beruf.

Beispiel: Auch ein Baby kann Geschenke annehmen, ein Sparkonto haben, Eigentümer eines Grundstückes sein, Schadensersatz verlangen oder erben.

§ 1

Rechtsfähig

Rechtsfähigkeit des Menschen

Die Rechtsfähigkeit des Menschen beginnt mit der Vollendung der Geburt.

Von der Rechtsfähigkeit unterscheidet man die Geschäftsfähigkeit (§§ 104 ff.) und die Deliktsfähigkeit (§§ 823 ff.). Die Geschäftsfähigkeit ist die Fähigkeit, wirksam rechtsgeschäftliche Erklärungen abzugeben und entgegenzunehmen, z.B. einen Kaufvertrag abzuschließen. Als Deliktsfähigkeit bezeichnet man die Verantwortlichkeit für unerlaubte Handlungen, z.B. für eine Sachbeschädigung.

§ 2

§§ 104 ff.
§ 828

Volljährigkeit

Die Volljährigkeit tritt mit der Vollendung des 18. Lebensjahres ein.

§ 13

Verbraucher

Verbraucher ist jede natürliche Person, die ein Rechtsgeschäft zu einem Zweck abschließt, der weder ihrer gewerblichen noch ihrer selbständigen beruflichen Tätigkeit zugerechnet werden kann.

Unternehmer § 14

(1) Unternehmer ist eine natürliche oder juristische Person oder eine rechtsfähige Personengesellschaft, die bei Abschluss eines Rechtsgeschäfts in Ausübung ihrer gewerblichen oder selbständigen beruflichen Tätigkeit handelt [...].

Bei Verträgen zwischen Verbrauchern, § 13 und Unternehmern, § 14, gelten besonders strenge Schutzvorschriften zugunsten der Verbraucher (z. B. Haustürgeschäfte, § 312, Fernabsatzverträge, § 312 b, Verbrauchsgüterkauf, § 474, Verbraucherdarlehen, § 491).

1.2. Juristische Personen

Die Rechtsfigur der »juristischen Person« ist vom Gesetzgeber geschaffen worden und wird rechtlich weitgehend wie eine natürliche Person behandelt wird. Grundtyp der juristischen Person ist der Verein (§§ 21 ff.). Eine juristische Person kann Träger von Rechten und Pflichten sein sowie klagen und verklagt werden.

Die Rechtsfähigkeit einer juristischen Person entsteht mit Registereintrag.

Rechtsfähiger Verein § 21

Ein Verein, dessen Zweck nicht auf einen wirtschaftlichen Geschäftsbetrieb gerichtet ist, erlangt Rechtsfähigkeit durch Eintragung in das Vereinsregister des zuständigen Amtsgerichts.

Rechtsfähig

Der Verein ist:

* ein auf Dauer angelegter Zusammenschluss von Personen
* zur Verwirklichung eines gemeinsamen Zweckes
* mit Vorstand, § 26, und Mitgliederversammlung, § 32
* vom Mitgliederwechsel unabhängig.

Haftung des Vereins für Organe § 31

Der Verein ist für den Schaden verantwortlich, den der Vorstand, ein Mitglied des Vorstands oder ein anderer verfassungsmäßig berufener Vertreter durch eine in Ausführung der ihm zustehenden Verrichtungen begangene, zum Schadensersatz verpflichtende Handlung einem Dritten zufügt.

Das Prinzip, dass eine juristische Person für Schäden einstehen muss, die durch das Handeln ihrer »Führungskräfte« anderen zugefügt werden, gilt für alle juristischen Personen.

2. Sachen

Schon im Allgemeinen Teil des BGB werden »Sachen« definiert, wobei Art und Verbindung von Sachen auch im Schuldrecht bedeutsam sind. Die näheren Regelungen zu Sachen folgen jedoch erst im Sachenrecht in den §§ 854 ff.

§ 90   Begriff

Legaldefinition: Sachen

Sachen im Sinne des Gesetzes sind nur körperliche Gegenstände.

Einteilung der Sachen:

* bewegliche Sachen, wie z.B. Hemd, Auto, Schmuck
* unbewegliche Sachen, wie z.B. Wohnung, Haus, Grundstück
* Tiere sind keine Sachen, sie werden aber als solche behandelt.

Man unterscheidet zwischen beweglichen und unbeweglichen Sachen (Immobilien).

Die Unterscheidung zwischen beweglichen und unbeweglichen Sachen ist wichtig, weil insbesondere für die Eigentumsübertragung verschiedene Vorschriften gelten (§§ 873, 929).

§ 91   Vertretbare Sachen

Vertretbare Sachen im Sinne des Gesetzes sind bewegliche Sachen, die im Verkehr nach Zahl, Maß oder Gewicht bestimmt zu werden pflegen.

Weiter unterscheidet man zwischen vertretbaren und nicht vertretbaren Sachen.

Beispiele für vertretbare Sachen gem. § 91 sind Nahrungsmittel, Massenwaren und Geld. Nicht vertretbare Sachen sind solche, die im Verkehr nach ihren einmaligen Eigenschaften bestimmt werden, wie z. B. Kunstwerke, Spezialanfertigungen etc.

§ 93   Wesentliche Bestandteile

Bestandteile einer Sache, die voneinander nicht getrennt werden können, ohne dass der eine oder der andere zerstört oder in seinem Wesen verändert wird (wesentliche Bestandteile), können nicht Gegenstand besonderer Rechte sein.

Diese Regelung soll die nutzlose Zerstörung verhindern, die eintreten würde, wenn Bestandteile getrennt würden, die nur als Einheit wertvoll sind.

Beispiele: Wesentlicher Bestandteil ist der Einband eines Buches; nicht jedoch der Motor eines Autos, weil dieser zerstörungsfrei ausgebaut werden kann.

Bestandteile eines Grundstücks oder Gebäudes § 94

(1) Zu den wesentlichen Bestandteilen eines Grundstücks gehören die mit dem Grund und Boden fest verbundenen Sachen, insbesondere Gebäude, sowie die Erzeugnisse des Grundstücks, solange sie mit dem Boden zusammenhängen. [...]

(2) Zu den wesentlichen Bestandteilen eines Gebäudes gehören die zur Herstellung des Gebäudes eingefügten Sachen.

Die Regelung des § 94 ist sehr wichtig, weil sie zur Folge hat, dass das Eigentum an einem Gebäude nur zusammen mit dem Grundstück übertragen werden kann. Eine Ausnahme gilt für Wohnungen gemäß dem »Wohnungseigentumsgesetz (WEG)«.

Das Eigentum an einem Haus folgt dem Eigentum an einem Grundstück.

Beispiel: Ein Haus ist wesentlicher Bestandteil des Grundstücks i.S.d. § 94 I; für einen im Gebäude eingebauten Heizkörper gilt gemäß § 94 II dasselbe.

Früchte § 99

(1) Früchte einer Sache sind die Erzeugnisse der Sache und die sonstige Ausbeute, welche aus der Sache ihrer Bestimmung gemäß gewonnen wird.

(2) Früchte eines Rechts sind die Erträge, welche das Recht seiner Bestimmung gemäß gewährt, insbesondere bei einem Recht auf Gewinnung von Bodenbestandteilen die gewonnenen Bestandteile.

(3) Früchte sind auch die Erträge, welche eine Sache oder ein Recht vermöge eines Rechtsverhältnisses gewährt.

Beispiele: Früchte vom Baum (§ 99 I), Ernte des Pächters (§ 99 II), Miete an den Hauseigentümer (§ 99 III).

Nutzungen § 100

Nutzungen sind die Früchte einer Sache oder eines Rechts sowie die Vorteile, welche der Gebrauch der Sache oder des Rechts gewährt.

Legaldefinition: Nutzungen
• § 99

Häufig bestehen Ansprüche auf Herausgabe gezogener Nutzungen bzw. auf deren Ersatz. Diese Ansprüche hat z.B. der Eigentümer gegen den unberechtigten Besitzer, §§ 987, 988; und der Entreicherte gegen den ungerechtfertigt Bereicherten, § 818 I.

3. Rechtsgeschäfte

Das BGB geht vom Grundsatz der sog. »Privatautonomie« aus. Danach soll jedem selbst überlassen sein, Rechte und Pflichten im Privatleben zu begründen. Das Mittel zur Realisierung dieser Privatautonomie ist das Rechtsgeschäft.

Rechtsgeschäfte bestehen aus Willenserklärungen.

Jedes Rechtsgeschäft besteht dabei aus mindestens einer, in der Regel aber aus zwei oder mehreren Willenserklärungen, die eine Rechtsfolge herbeiführen, weil sie gewollt ist. Rechtsgeschäfte sind nach verschiedenen Kriterien unterscheidbar.

Dem Abstraktionsprinzip zufolge ist streng zwischen Verpflichtungs- und Verfügungsgeschäften zu unterscheiden.

•   Verpflichtungsgeschäfte und Verfügungsgeschäfte:

Verpflichtungsgeschäfte sind schuldrechtliche Geschäfte, die einen Anspruch auf ein Tun oder Unterlassen des Anderen begründen (z.B. die Pflicht zur Eigentumsübertragung im Kaufvertrag). Dagegen sind Verfügungsgeschäfte Rechtsgeschäfte, die unmittelbar ein Recht übertragen, inhaltlich verändern oder aufheben (z.B. Übereignung, Abtretung). Hier spiegelt sich der Grundgedanke des Abstraktionsprinzips wider, das einheitliche Lebensvorgänge in verschiedene Rechtsgeschäfte aufspaltet. Nach dem Abstraktionsprinzip sind Verpflichtungs- und Verfügungsgeschäfte in ihrer Wirksamkeit voneinander unabhängig.

Beispiel: Der Käufer wird nicht schon durch den Abschluss eines Kaufvertrages nach § 433 Eigentümer an der gekauften Sache, sondern erst durch die Übereignung nach § 929 S. 1.

•   Einseitige und zweiseitige Rechtsgeschäfte:

Einseitige Rechtsgeschäfte sind solche, bei denen der gewollte rechtliche Erfolg allein durch die Willenserklärung einer Person herbeigeführt wird. Hierbei wird die Unterscheidung in empfangsbedürftig (z.B. Kündigung) und nicht empfangsbedürftig (z.B. Testament) besonders relevant. Zweiseitige Rechtsgeschäfte sind der Regelfall. Dabei wird der rechtliche Erfolg durch übereinstimmende Willenserklärungen mehrerer Personen herbeigeführt. Hierher gehört der Vertrag.

•   Entgeltliche und unentgeltliche Rechtsgeschäfte:

Entgeltlich ist z.B. der Kauf, unentgeltlich die Leihe.

•   Vermögensrechtliche und personenrechtliche Geschäfte:

Vermögensrechtlich ist z.B. das Erbe, personenrechtlich die Ehe.

Arten der Rechtsgeschäfte

Rechtsgeschäfte unterscheidet man,
dem Grundgedanken des Abstraktionsprinzips folgend,
in Verpflichtungs- und Verfügungsgeschäfte.

Verpflichtungsgeschäfte

Verpflichtungsgeschäfte begründen
Rechte und Pflichten der Beteiligten.

Sie sind weitgehend im (besonderen)
Schuldrecht geregelt.

Verfügungsgeschäfte

Verfügungsgeschäfte wirken unmittelbar
auf ein bestehendes Recht ein.

Sie sind weitgehend im Sachenrecht
geregelt (Ausnahme: Abtretung, § 398).

Einseitige Ver-pflichtungs-geschäfte	Zweiseitige Verpflichtungs-geschäfte	Einseitige Verfügungs-geschäfte	Zweiseitige Verfügungs-geschäfte
			Übereignung von bewegl. Sachen, § 929
Auslobung, § 657	Unterscheiden sich in:	Eigentumsauf-gabe, § 959	Abtretung von Rechten, § 398

Einseitig verpflichtend	Zweiseitig verpflichtend
Schenkung, § 516 Leihe, § 598	Kauf, § 433 Miete, § 535 Werkvertrag, § 631 Dienstvertrag, § 611

3.1. Geschäftsfähigkeit

Tragende Elemente eines Rechtsgeschäfts sind Willenserklärungen. Um ein Rechtsgeschäft zu realisieren und eine wirksame Willenserklärung kund zu tun, ist Geschäftsfähigkeit vonnöten.

Das BGB unterscheidet:

- Geschäftsunfähigkeit (§§ 104, 105)
- beschränkte Geschäftsfähigkeit (§§ 106 bis 113)
- volle Geschäftsfähigkeit (Umkehrschluss aus §§ 2, 106)

3.1.1. Geschäftsunfähigkeit

§ 104

Kleinkinder und Geisteskranke sind geschäftsunfähig.

Definition der Geschäftsunfähigkeit

Geschäftsunfähig ist:

1. wer nicht das siebente Lebensjahr vollendet hat,

2. wer sich in einem die freie Willensbestimmung ausschließenden Zustande krankhafter Störung der Geistestätigkeit befindet, sofern nicht der Zustand seiner Natur nach ein vorübergehender ist.

§ 105

Auch die Willenserklärung eines Volltrunkenen ist nichtig.

Nichtigkeit der Willenserklärung

(1) Die Willenserklärung eines Geschäftsunfähigen ist nichtig.

(2) Nichtig ist auch eine Willenserklärung, die im Zustand der Bewusstlosigkeit oder vorübergehender Störung der Geistestätigkeit abgegeben wird.

Einwendung

Rechtsverhindernde Einwendung des § 105 I:

- Willenserklärung eines
- Geschäftsunfähigen, §§ 105 I, 104 oder eines vorübergehend Unzurechnungsfähigen, § 105 II
- ⮩ Nichtigkeit der Willenserklärung, § 105 I

Beispiel: Der Vierjährige verkauft dem Sechsjährigen seinen Game-Boy. Selbst bei Zustimmung der gesetzlichen Vertreter, meistens der Eltern, sind die Willenserklärungen gem. § 105 I nichtig. Die Eltern könnten jedoch in Vertretung eigene Willenserklärungen für ihre Kinder abgeben, §§ 164, 1629, und dadurch einen wirksamen Kaufvertrag schließen.

3.1.2. Beschränkte Geschäftsfähigkeit

Beschränkte Geschäftsfähigkeit Minderjähriger

§ 106

Ein Minderjähriger, der das siebente Lebensjahr vollendet hat, ist nach Maßgabe der §§ 107 bis 113 in der Geschäftsfähigkeit beschränkt.

• § 2
↳ § 165

Einwilligung des gesetzlichen Vertreters

§ 107

Der Minderjährige bedarf zu einer Willenserklärung, durch die er nicht lediglich einen rechtlichen Vorteil erlangt, der Einwilligung seines gesetzlichen Vertreters.

• §§ 2, 106
↳ §§ 182, 183, 185

Für Rechtsgeschäfte, die lediglich rechtliche Vorteile mit sich bringen (z.B. Schenkung), bedarf der Minderjährige keiner Einwilligung. Rechtsgeschäfte definiert man als lediglich rechtlich vorteilhaft, wenn weder persönliche Pflichten begründet noch vorhandene Rechte aufgehoben oder gemindert werden. Deshalb ist auch der Kauf zum Spottpreis rechtlich gesehen nachteilhaft. Wirtschaftliche Betrachtungen bleiben also außer Acht.

Auch ein »Schnäppchen bei Aldi« ist rechtlich nachteilhaft.

Vertragsschluss ohne Einwilligung

§ 108

(1) Schließt der Minderjährige einen Vertrag ohne die erforderliche Einwilligung des gesetzlichen Vertreters, so hängt die Wirksamkeit des Vertrags von der Genehmigung des Vertreters ab [...]

(3) Ist der Minderjährige unbeschränkt geschäftsfähig geworden, so tritt seine Genehmigung an die Stelle der Genehmigung des Vertreters.

• §§ 2, 106
• §§ 182, 184
• §§ 1629 I, 1626
≠ § 107
≠ §§ 110 – 113

Rechtsverhindernde Einwendung des § 108 I:

Einwendung

* Willenserklärung eines beschränkt Geschäftsfähigen, § 106
* keine Ausnahme nach §§ 112-113 (vorrangig)
* nicht lediglich rechtlicher Vorteil, § 107 Hs. 1
* ohne Einwilligung der gesetzlichen Vertreter, § 107 Hs. 2
* nicht aus dem Taschengeld bewirkt, § 110
↳ Nichtigkeit der Willenserklärung, § 108 I

Paradefall: Der dreizehnjährige M verkauft ohne Genehmigung seiner Eltern ein Fahrrad an K, der es zahlt und gleich mitnimmt.

Wegen des Abstraktionsprinzips wird dieser Vorgang in drei Rechtsgeschäfte unterteilt:

(1) Kaufvertrag, § 433: nach §§ 107, 108 nichtig.

(2) Übereignung des Fahrrades, § 929: nach §§ 107, 108 nichtig. Rückforderung aus § 985, weil M das Eigentum am Fahrrad nie verloren hat.

(3) Übereignung des Geldes nach § 929 wirksam, weil rechtlich vorteilhaft für M. Rückgabe des Geldes an K wegen ungerechtfetigter Bereicherung aus § 812 I 1 1. Alt, weil der Kaufvertrag nichtig ist und somit ein rechtlicher Grund nie bestand.

§ 110

Keine noch offenen
Ratenzahlungsgeschäfte
mit dem Taschengeld

»Taschengeldparagraph«

Ein von dem Minderjährigen ohne Zustimmung des gesetzlichen Vertreters geschlossener Vertrag gilt als von Anfang an wirksam, wenn der Minderjährige die vertragsmäßige Leistung mit Mitteln bewirkt, die ihm zu diesem Zwecke oder zu freier Verfügung von dem Vertreter oder mit dessen Zustimmung von einem Dritten überlassen worden sind.

Bei § 110 handelt es sich um einen Fall der konkludenten Einwilligung. Der Vertrag ist wirksam, wenn der Minderjährige seine Verpflichtung vollständig bezahlt, also »bewirkt« hat.

§ 112

• §§ 1629 I, 1626
• § 184

Selbständiger Betrieb eines Erwerbsgeschäfts

(1) Ermächtigt der gesetzliche Vertreter mit Genehmigung des Vormundschaftsgerichts den Minderjährigen zum selbständigen Betrieb eines Erwerbsgeschäfts, so ist der Minderjährige für solche Rechtsgeschäfte unbeschränkt geschäftsfähig [...].

Beispiel: Ein siebzehnjähriger Tennislehrer kann sich Tennisschläger kaufen soviel er braucht.

§ 113

Dienst- oder Arbeitsverhältnis

(1) Ermächtigt der gesetzliche Vertreter den Minderjährigen, in Dienst oder in Arbeit zu treten, so ist der Minderjährige für solche Rechtsgeschäfte unbeschränkt geschäftsfähig [...].

Beispiel: Die sechszehnjährige Aushilfskraft darf der Gewerkschaft beitreten.

3.2. Willenserklärungen

Die Willenserklärung ist notwendiger Bestandteil jedes Rechtsgeschäfts. Sie ist eine Willensäußerung, die auf die Herbeiführung bestimmter Rechtsfolgen gerichtet ist, die deshalb eintreten, weil sie gewollt sind. Damit ist sie abzugrenzen von sogenannten Realakten, bei denen Rechtsfolgen ohne Willen eintreten (z.B. Übergabe einer Sache gemäß § 929) und rechtsgeschäftsähnlichen Handlungen (z.B. Mahnung). Die Willenserklärung hat eine objektive Komponente (»was wird gesagt«) und eine subjektive Komponente (»was ist tatsächlich gewollt«).

Die Willenserklärung ist auf die Herbeiführung bestimmter Rechtsfolgen gerichtet, die deshalb eintreten, weil sie gewollt sind.

WORAUF ZIELT DIE WILLENSERKLÄRUNG?

Objektive Komponente: Es muss ein bestimmtes Verhalten vorliegen, das den Schluss auf einen bestimmten Rechtsbindungswillen zulässt. Am Rechtsbindungswillen fehlt es bei sog. Gefälligkeitsverhältnissen (gentlemen's agreement). Hierfür muss die Willenserklärung nach §§ 133, 157 im Hinblick darauf ausgelegt werden, wie die Äußerung wirklich gemeint ist. So kann auch konkludentes Handeln als Willenserklärung aufgefasst werden.

Rechtsbindungswille oder »gentlemen's agreement«?

Beispiel: Das Anschieben eines Autos begründet noch keinen Dienstvertrag. Das Einsteigen in ein Taxi begründet dagegen einen Werkvertrag.

Subjektive Komponente: Der subjektive Tatbestand einer Willenserklärung setzt sich aus drei Merkmalen zusammen:

Handlungswille: »Man will etwas äußern«. Die Willenserklärung muss auf einem willensgesteuerten Verhalten beruhen; z.B. bei einem Schlafwandler fehlt der Handlungswille.

Erklärungswille: »Man will irgendetwas rechtlich Bedeutsames äußern«. Der Erklärende beabsichtigt, überhaupt eine Willenserklärung abzugeben; der Erklärungswille fehlt z.B., wenn Alex bei einer Versteigerung seiner Freundin zuwinkt und dies als Mitbieten aufgefasst wird. Weil A aber die Folgen dieser Erklärung kennen konnte, wird dies dennoch als Willenserklärung aufgefasst.

Geschäftswille: »Man beabsichtigt durch die Äußerung eine bestimmte Rechtsfolge«. Es reicht also nicht aus, irgendetwas rechtlich Bedeutsames zu äußern. Z.B. liegt der Geschäftswille vor, wenn Alex 400 € für Dieters »Swatch« bietet. Er fehlt jedoch, wenn A aus Versehen 4.000 € sagt.

Fallen das objektiv Geäußerte und das subjektiv Gewollte auseinander, hält das Gesetz verschiedene Rechtsfolgen bereit.

Man unterscheidet folgende Mängel einer Willenserklärung:

* bewusst falsche Erklärungen: Geheimer Vorbehalt (§ 116) Scheingeschäft (§ 117) und Scherzgeschäft (§ 118)
* unbewusst falsche Erklärungen: Irrtum (§ 119) und falsche Übermittlung (§ 120)
* Täuschung oder Drohung (§ 123).

3.2.1. Bewusst falsche Erklärung

Der Gesetzgeber regelt in den §§ 116-118 drei Konstellationen, bei denen der Erklärende bewusst etwas anderes erklärt, als er will.

§ 116   **Geheimer Vorbehalt**

Eine Willenserklärung ist nicht deshalb nichtig, weil sich der Erklärende insgeheim vorbehält, das Erklärte nicht zu wollen. Die Erklärung ist nichtig, wenn sie einem anderen gegenüber abzugeben ist und dieser den Vorbehalt kennt.

Einwendung

Rechtsverhindernde Einwendung des § 116 S. 2:

* Willenserklärung mit dem Vorbehalt, »es« nicht zu wollen
* Kenntnis des anderen über den Vorbehalt
* ⇨ Nichtigkeit der Willenserklärung, § 116 S. 2

Beispiel: Der »Boss« kündigt einem Arbeiter nur, um seine Kollegen einzuschüchtern. In Wirklichkeit will er das gar nicht und beide wissen dies auch. Die Kündigung ist nicht wirksam.

Scheingeschäft § 117

(1) Wird eine Willenserklärung, die einem anderen gegenüber abzugeben ist, mit dessen Einverständnis nur zum Schein abgegeben, so ist sie nichtig.

(2) Wird durch ein Scheingeschäft ein anderes Rechtsgeschäft verdeckt, so finden die für das verdeckte Rechtsgeschäft geltenden Vorschriften Anwendung.

Rechtsvernichtende Einwendung des § 117 I:

- • Willenserklärung nur zum Schein
- • Einverständnis beider über den Schein
- ⇘ Nichtigkeit der Willenserklärung, § 117 I

Einwendung

Bei der Scheinerklärung gibt der Erklärende mit Einverständnis des Empfängers eine Willenserklärung nur zum Schein ab.

Bloßer Schein bringt kein Sein.

Beispiel: Kauf eines Grundstücks für 5 Mio. €, jedoch notarieller Vertrag nur über 4 Mio. €, um Steuern zu sparen. Damit liegen zwei Verträge vor. Letzterer ist nichtig wegen § 117 I. Ersterer ist eigentlich wirksam, § 117 II, aber mangels Beurkundung bleibt er gem. §§ 311 b I S. 1, 125 S. 1 ebenfalls nichtig.

Mangel der Ernstlichkeit § 118

Eine nicht ernstlich gemeinte Willenserklärung, die in der Erwartung abgegeben wird, der Mangel der Ernstlichkeit werde nicht verkannt werden, ist nichtig.

⇘ § 122

Rechtsverhindernde Einwendung des § 118:

- • Willenserklärung, nicht ernstlich gemeint
- • Erwartung, dass Scherz erkannt wird
- ⇘ Willenserklärung nichtig, § 118

Einwendung

Für spaßhafte Übertreibungen soll der Erklärende nicht haften müssen. Hat jedoch der Erklärungsgegner auf seine Äußerungen vertraut, kann er nach § 122 Ersatz des Vertrauensschadens verlangen.

Beispiel: Albert erklärt augenzwinkernd: »Wenn du das schaffst, verkaufe ich meine Schwiegermutter.«

3.2.2. Irrtümliche Erklärungen

Willenserklärungen erzeugen Rechtsgeschäfte. Fehlt es jedoch im subjektiven Tatbestand der Willenserklärung am Geschäftswillen, so kann das Rechtsgeschäft durch eine Anfechtung wieder »aus der Welt geschafft werden«. Die Anfechtung erfolgt nach der Regelung des § 142. Die hierfür notwendigen Anfechtungsgründe werden in den §§ 119 ff. aufgeführt. Unter bestimmten Umständen muss der Anfechtende Schadensersatz leisten (§ 122).

§ 119

Bei Vertretung § 166 I
↳ §§ 121, 122, 142, 812

Anfechtbarkeit wegen Irrtums

(1) Wer bei der Abgabe einer Willenserklärung über deren Inhalt im Irrtum war oder eine Erklärung dieses Inhalts überhaupt nicht abgeben wollte, kann die Erklärung anfechten, wenn anzunehmen ist, dass er sie bei Kenntnis der Sachlage und bei verständiger Würdigung des Falles nicht abgegeben haben würde.

(2) Als Irrtum über den Inhalt der Erklärung gilt auch der Irrtum über solche Eigenschaften der Person oder der Sache, die im Verkehr als wesentlich angesehen werden.

Eine Erklärung, die nach § 119 im Irrtum abgegeben wurde, ist zunächst wirksam. Für die rückwirkende Nichtigkeit (§ 142 I) bedarf es der Anfechtungserklärung (§ 143) innerhalb der Anfechtungsfrist (§ 121).

Arten des Irrtums:

*   Inhaltsirrtum, § 119 I 1. Alt
*   Erklärungsirrtum, § 119 I 2. Alt
*   Eigenschaftsirrtum über Person oder Sache, § 119 II

Inhaltsirrtum (§ 119 I 1. Alt): Beim Inhaltsirrtum weiß der Erklärende, was er sagt, aber nicht, was er »damit« sagt. *Beispiel: Ein Kölner bestellt auf dem Oktoberfest »ein« Bier, in der Meinung 0,2 Liter zu bekommen.*

Erklärungsirrtum (§ 119 I 2. Alt): Sich versprechen, verschreiben.

Bei Irrtum über den Wert
einer Sache ist keine
Anfechtung möglich.

Eigenschaftsirrtum (§ 119 II): Verkehrswesentliche Eigenschaften einer Sache sind alle wertbildenden Faktoren, nicht aber der Preis selbst (unbeachtlicher Motivirrtum).

Beispiel: Kujau verkauft einen echten Picasso für 1000,– €, hält ihn aber für eine Fälschung. Zwar stellt die Unkenntnis des wahren Werts (1 Mio. €) keinen Irrtum i.S.v. § 119 II dar. Allerdings kann Kujau nach § 119 II anfechten, weil er sich etwa über den Maler irrte.

Anfechtungsfrist

(1) Die Anfechtung muss in den Fällen der §§ 119, 120 ohne schuldhaftes Zögern (unverzüglich) erfolgen, nachdem der Anfechtungsberechtigte von dem Anfechtungsgrund Kenntnis erlangt hat. Die einem Abwesenden gegenüber erfolgte Anfechtung gilt als rechtzeitig erfolgt, wenn die Anfechtungserklärung unverzüglich abgesendet worden ist [...].

§ 121

Hier wird »unverzüglich« definiert, ein Begriff, der in vielen Rechtsgebieten von Bedeutung ist.

Schadensersatzpflicht des Anfechtenden

(1) Ist eine Willenserklärung nach § 118 nichtig oder auf Grund der §§ 119, 120 angefochten, so hat der Erklärende, wenn die Erklärung einem anderen gegenüber abzugeben war, diesem, andernfalls jedem Dritten den Schaden zu ersetzen, den der andere oder der Dritte dadurch erleidet, dass er auf die Gültigkeit der Erklärung vertraut, jedoch nicht über den Betrag des Interesses hinaus, welches der andere oder der Dritte an der Gültigkeit der Erklärung hat.

(2) Die Schadensersatzpflicht tritt nicht ein, wenn der Beschädigte den Grund der Nichtigkeit oder der Anfechtbarkeit kannte oder infolge von Fahrlässigkeit nicht kannte (kennen musste).

§ 122

• §§ 118, 119, 120
• § 143 I
↳ §§ 249 ff.
↳ §§ 311 II, 280 I

Fahrlässigkeit
§ 276 II

Rechtsgeschäfte können zwar durch eine erfolgreiche Anfechtung rückwirkend nichtig gemacht werden; der Anfechtende muss jedoch für die »Kosten« aufkommen, die dem anderen durch das Vertrauen auf die Erklärung entstanden sind (§ 122 I), es sei denn, der andere wusste schon von Anfang an von der Anfechtbarkeit (§ 122 II).

Anspruch auf Ersatz des Vertrauensschadens aus § 122:

* Willenserklärung angefochten, § 142
* Anfechtungsgrund, §§ 119, 120
* Anfechtungsgegner kannte Anfechtbarkeit nicht, § 122 II
↳ Anfechtender ist zum Schadensersatz verpflichtet, §§ 122 I, 249 ff.

Nur der Vertrauensschaden (negatives Interesse) ist zu ersetzen.

Die Anfechtung ist nicht kostenlos.

3.2.3. Täuschung und Drohung

Wer durch Täuschung oder Drohung zur Abgabe einer Willenserklärung »überredet« wurde, kann diese durch Anfechtung nach § 142 wieder rückgängig machen.

§ 123

• § 166 I
↳ §§ 124, 142, 143, 812

≠ § 164

Anfechtbarkeit wegen Täuschung oder Drohung

(1) Wer zur Abgabe einer Willenserklärung durch arglistige Täuschung oder widerrechtlich durch Drohung bestimmt worden ist, kann die Erklärung anfechten.

(2) Hat ein Dritter die Täuschung verübt, so ist eine Erklärung, die einem anderen gegenüber abzugeben war, nur dann anfechtbar, wenn dieser die Täuschung kannte oder kennen musste. Soweit ein anderer als derjenige, welchem gegenüber die Erklärung abzugeben war, aus der Erklärung unmittelbar ein Recht erworben hat, ist die Erklärung ihm gegenüber anfechtbar, wenn er die Täuschung kannte oder kennen musste.

Lügen haben rechts-
geschäftlich kurze Beine.

Arglistige Täuschung, § 123 I 1. Alt:

Täuschung ist ein Verhalten, das darauf abzielt, bei einem anderen eine unrichtige Vorstellung hervorzurufen, zu bestärken oder aufrechtzuerhalten. Dies kann geschehen durch aktives Tun oder Unterlassen (z.B. Verschweigen), soweit sich nach Treu und Glauben (§ 242) eine Aufklärungspflicht ergibt.

Beispiel: Nixon verkauft dem Lauda ein Auto, bei dem er den Tacho von 150.000 km auf 50.000 km runtergedreht hat.

Arglist bedeutet Vorsatz, also die willentliche und wissentliche Täuschung. Die vorsätzliche Täuschung muss den Erklärenden zur Willenserklärung bestimmt haben, also ursächlich gewesen sein. Täuscht nicht der Anfechtungsgegner (oder sein Vertreter oder sonst jemand aus seinem »Lager«), sondern ein Dritter, kommt es nach Abs. 2 auf die Kenntnis des Anfechtungsgegners an.

Widerrechtliche Drohung, § 123 I 2. Alt:

Drohung ist das Inaussichtstellen eines zukünftigen Übels.

Beispiel: Gonzo »motiviert« Rockefeller mit vorgehaltener Pistole zur Unterschrift eines Schecks.

Die Widerrechtlichkeit ergibt sich meist aus dem angedrohten Übel (z.B. Mord), seltener aus dem erstrebten Erfolg (z.B. Veruntreuung).

Sowohl Täuschung als auch Drohung müssen kausal für die Willenserklärung gewesen sein. Zu beachten ist ferner das Abstraktionsprinzip, das Verfügung und Verpflichtung trennt. Im Gegensatz zu § 119 kann bei einer Anfechtung nach § 123 nicht nur das schuldrechtliche Grundgeschäft, sondern auch die dingliche Verfügung angefochten werden (Fehleridentität).

Bei § 123 ist Fehleridentität möglich.

Beispiel: Autohändler verkauft ein KFZ mit Unfallschaden und verschweigt diesen. Der Käufer kann sowohl den Kaufvertrag als auch die Übereignung anfechten.

Anfechtungsfrist

§ 124

↳ §§ 206, 210, 211

(1) Die Anfechtung einer nach § 123 anfechtbaren Willenserklärung kann nur binnen Jahresfrist erfolgen.

(2) Die Frist beginnt im Falle der arglistigen Täuschung mit dem Zeitpunkt, in welchem der Anfechtungsberechtigte die Täuschung entdeckt, im Falle der Drohung mit dem Zeitpunkt, in welchem die Zwangslage aufhört. Auf den Lauf der Frist finden die für die Verjährung geltenden Vorschriften der §§ 206, 210 und 211 entsprechende Anwendung.

(3) Die Anfechtung ist ausgeschlossen, wenn seit der Abgabe der Willenserklärung zehn Jahre verstrichen sind.

Der Weg der Anfechtung	
§ 119: Irrtum	§ 123: Täuschung, Drohung
Rechtlich bedeutsamer Zusammenhang zwischen Willenserklärung und Anfechtungsgrund (Kausalität)	
§ 121, Frist (unverzüglich nach Kenntnis)	§ 124, Frist (ein Jahr nach Erkennen)
§ 143 I, Anfechtungserklärung gegenüber dem richtigen Anfechtungsgegner	
Rechtsfolge des § 142 I: Nichtigkeit der Willenserklärung von Anfang an	
Weitere Rechtsfolge aus § 122: Schadensersatzpflicht des Anfechtenden	

Die Anfechtung erfolgt immer auf Grundlage des § 142 I.

3.2.4. Form der Rechtsgeschäfte

Für den Abschluss von Rechtsgeschäften gilt der Grundsatz der Formfreiheit. In einigen Fällen ist zum Schutz vor Übereilung oder zur Beweissicherung eine bestimmte Form vorgeschrieben.

§ 125

• §§ 311 b I 1, 518,
 §§ 126, 128
≠ §§ 311 b I 2, 518 II

Einwendung

Nichtigkeit wegen Formmangels

Ein Rechtsgeschäft, welches der durch Gesetz vorgeschriebenen Form ermangelt, ist nichtig. Der Mangel der durch Rechtsgeschäft bestimmten Form hat im Zweifel gleichfalls Nichtigkeit zur Folge.

Rechtsverhindernde Einwendung aus § 125:

• Geltung eines Formzwanges (z.B. §§ 311 b, 766)
• Nichteinhaltung der Form (§§ 126, 128)
🖖 grundsätzlich ist das Rechtsgeschäft nichtig, § 125 S. 1

Ein formloser Grundstückskauf § 311 b I 1 oder eine formlose Schenkung, § 518 I sind zwar nichtig gem. § 125 S. 1; es besteht jedoch die Möglichkeit der Heilung, §§ 311 b I 2, 518 II.

§ 126

• §§ 126 a, 126 b

Elektronische Form, § 126 a und Textform, § 126 b sind weitere Formmöglichkeiten.

Gesetzliche Schriftform

(1) Ist durch Gesetz schriftliche Form vorgeschrieben, so muss die Urkunde von dem Aussteller eigenhändig durch Namensunterschrift oder mittels notariell beglaubigten Handzeichens unterzeichnet werden [...].

Der Schriftform bedürfen z.B. das Schuldversprechen und das Schuldanerkenntnis (§§ 780, 781), die Bürgschaft (§ 766) und die Hypothekenabtretung (§ 1154). Im Internet kann die Schriftform auch durch elektronische Signatur ersetzt werden, § 126 a. Ist nur Textform gefordert (§ 126 b), genügt ein Fax oder ein anderes Dokument, das den Erklärenden nennt.

§ 128

Notarielle Beurkundung

Ist durch Gesetz notarielle Beurkundung eines Vertrags vorgeschrieben, so genügt es, wenn zunächst der Antrag und sodann die Annahme des Antrags von einem Notar beurkundet wird.

Die notarielle Beurkundung ist bei Rechtsgeschäften mit »besonderer Tragweite« vorgeschrieben, wie z.B. für den Grundstücksverkauf und Grundstückserwerb (§§ 311 b I 1, 925).

3.2.5. Wirksamwerden von Willenserklärungen

Eine Willenserklärung setzt sich aus dem objektiven und dem subjektiven Tatbestand zusammen (vgl. oben). Die Rechtsfolgen einer Willenserklärung treten aber erst ein, wenn sie abgegeben und wirksam geworden ist.

Zugang gegenüber Abwesenden

§ 130

(1) Eine Willenserklärung, die einem anderen gegenüber abzugeben ist, wird, wenn sie in dessen Abwesenheit abgegeben wird, in dem Zeitpunkt wirksam, in welchem sie ihm zugeht [...].

Eine Willenserklärung gegenüber einem Abwesenden ist zugegangen, wenn sie so in den Machtbereich, z.B. Briefkasten, gelangt ist, so dass deren Kenntnisnahme möglich ist und nach der Verkehrsanschauung auch mit der Kenntnisnahme zu rechnen ist.

Abgabe einer Willenserklärung

Die Abgabe ist bei einer empfangsbedürftigen Willenserklärung gegeben, wenn der Erklärende alles Erforderliche getan hat, damit unter normalen Umständen mit dem Zugang zu rechnen ist.

Zugang gegenüber Anwesenden

Die Willenserklärung gegenüber einem Anwesenden wird wirksam, wenn sie der Empfänger richtig verstanden hat.

Auslegung einer Willenserklärung

§ 133

• §§ 157, 242

Bei der Auslegung einer Willenserklärung ist der wirkliche Wille zu erforschen und nicht an dem buchstäblichen Sinne des Ausdrucks zu haften.

§ 133 (immer zusammen mit § 157 zitieren) besagt, dass Erklärungen nach ihrem wirklichen Sinn auszulegen sind und nicht die wörtliche Formulierung allein gilt.

Es gilt nicht immer der Wortlaut, sondern der Sinn, der sich dahinter verbirgt.

Andererseits gilt nicht nur das subjektiv vom Erklärenden Gewollte, sondern es ist zu fragen, wie die Erklärung nach dem objektiven Empfängerhorizont zu verstehen ist. So kann eine Willenserklärung auch konkludent, d.h. durch schlüssiges Verhalten, bewirkt werden.

3.2.6. Nichtige Rechtsgeschäte

§ 134

↳ § 823 II

Einwendung

Gesetzliches Verbot

> Ein Rechtsgeschäft, das gegen ein gesetzliches Verbot verstößt, ist
> nichtig, wenn sich nicht aus dem Gesetz ein anderes ergibt.

Rechtsverhindernde Einwendung aus § 134:

- Vorliegen eines Verbotsgesetzes
- Verstoß gegen das gesetzliche Verbot
- ↳ Nichtigkeit des Rechtsgeschäfts, § 134

Gesetzliche Verbote (§ 134) ergeben sich in erster Linie aus dem
Strafgesetzbuch, sie können sich aber aus jedem Gesetz herleiten.

Beispiel: Schwarzarbeit, Schenkung zum Zwecke der Bestechung.

Allerdings ist nicht jede gesetzliche Vorschrift ein Verbotsgesetz im
Sinn von § 134. Der Gesetzesverstoß muss so schwerwiegend sein,
dass als einzige Rechtsfolge Nichtigkeit in Frage kommt.

*Beispiel: Zwar ist Betrug nach § 263 Strafgesetzbuch verboten, doch
kann das kein Verbotsgesetz sein, da sonst die Anfechtung wegen Täuschung nach § 123 I sinnlos wäre.*

§ 138

↳ § 826

Einwendung

Anerkannte Definition:
Sittenwidrigkeit

Sittenwidriges Rechtsgeschäft; Wucher

> (1) Ein Rechtsgeschäft, das gegen die guten Sitten verstößt, ist nichtig.
>
> (2) Nichtig ist insbesondere ein Rechtsgeschäft, durch das jemand
> unter Ausbeutung der Zwangslage, der Unerfahrenheit, des Mangels an
> Urteilsvermögen oder der erheblichen Willensschwäche eines anderen
> sich oder einem Dritten für eine Leistung Vermögensvorteile verspre-
> chen oder gewähren lässt, die in einem auffälligen Missverhältnis zu
> der Leistung stehen.

Einwendung der Sittenwidrigkeit:

- Verstoß gegen die guten Sitten, § 138 I, insbesondere Wucher,
  § 138 II
- ↳ Nichtigkeit des Rechtsgeschäfts, § 138 I

Sittenwidrige Geschäfte (§ 138 I): Sittenwidrigkeit ist anzunehmen,
wenn das Geschäft mit dem Anstandsgefühl aller billig und gerecht
Denkenden nicht vereinbar ist. Dabei sind weder besonders »stren ge«
Moralvorstellungen entscheidend, noch können ganz »laxe« Ansichten
der Maßstab sein. Es kommt vielmehr auf den anständigen Durch-
schnittsmenschen an.

Beispiele: Prostitution, Rauschgifthandel, Knebelungsverträge.

Wucherische Geschäfte (§ 138 II): Wucher setzt ein auffälliges Missverhältnis zwischen Leistung und Gegenleistung voraus. Wichtig ist hier, dass der Wucherer bewusst die schlechte Situation des Geschäftsgegners ausnützt.

Beispiele: Übermäßig hoch verzinsliches Darlehen, deutlich überhöhte Miete.

Teilnichtigkeit § 139

Ist ein Teil eines Rechtsgeschäfts nichtig, so ist das ganze Rechtsgeschäft nichtig, wenn nicht anzunehmen ist, dass es auch ohne den nichtigen Teil vorgenommen sein würde.

Beispiel: Gropius und Foster schließen schriftlich einen Mietvertrag über ein Grundstück mit gleichzeitigem Vorkaufsrecht. Wegen der §§ 311 b I 1; 125 S. 1 (notarieller Beurkundung) ist das Vorkaufsrecht als der eine Teil nichtig. Ist deshalb auch der Mietvertrag nichtig?

Voraussetzung für § 139 ist, dass es sich um ein einheitliches und gleichzeitig teilbares Rechtsgeschäft handelt, dessen einer Teil nichtig ist. Um die Frage der Nichtigkeit des Restes zu entscheiden, muss durch Auslegung der hypothetische Parteiwille ermittelt werden. Dieser spricht im Beispiel für die Wirksamkeit der Miete.

Umdeutung § 140

Entspricht ein nichtiges Rechtsgeschäft den Erfordernissen eines anderen Rechtsgeschäfts, so gilt das letztere, wenn anzunehmen ist, dass dessen Geltung bei Kenntnis der Nichtigkeit gewollt sein würde.

Scheitert der von den Parteien gewollte Erfolg an der Nichtigkeit des beabsichtigten Rechtsgeschäftes, kommt eine Umdeutung zur Durchsetzung des mutmaßlichen Willens in Betracht. Hierfür muss wieder der hypothetische Parteiwille ermittelt werden. *Beispiel: Umdeutung einer verspäteten außerordentlichen Kündigung (§ 626 II) in eine fristgemäße ordentliche Kündigung.*

3.2.7. Anfechtung

Neben der anfänglichen Nichtigkeit existiert die Anfechtbarkeit von Rechtsgeschäften. Solche Rechtsgeschäfte sind zunächst gültig, aber mit einem Mangel behaftet, dessen Geltendmachung durch Anfechtung zur Vernichtung des Rechtsgeschäfts führt. In den §§ 119, 120, 123 wurden mögliche Gründe für eine Anfechtung dargestellt. Die §§ 142, 143 regeln, wie die Anfechtung durchzuführen ist und welche Wirkung sie entfaltet.

§ 142

- § 143 I
- §§ 119, 120, 123
- §§ 121, 124
- ⤷ § 142 I
- ⤷ §§ 812 ff.

Die Nichtigkeit wirkt entweder rückwirkend »ex tunc« oder ab dem Zeitpunkt der Geltendmachung »ex nunc«.

Wirkung der Anfechtung

(1) Wird ein anfechtbares Rechtsgeschäft angefochten, so ist es als von Anfang an nichtig anzusehen.

(2) Wer die Anfechtbarkeit kannte oder kennen musste, wird, wenn die Anfechtung erfolgt, so behandelt, wie wenn er die Nichtigkeit des Rechtsgeschäfts gekannt hätte oder hätte kennen müssen.

Ein angefochtenes Rechtsgeschäft ist nach § 142 I von Anfang an nichtig. Der Jurist sagt hier auch: »ex tunc«. Der § 142 II hat die Folge, dass jemand, der die Anfechtbarkeit kannte, sich z. B. nicht auf Gutgläubigkeit im Sinn von § 932 berufen kann.

§ 143

Anfechtungserklärung

(1) Die Anfechtung erfolgt durch Erklärung gegenüber dem Anfechtungsgegner.

(2) Anfechtungsgegner ist bei einem Vertrag der andere Teil, im Falle des § 123 Abs. 2 Satz 2 derjenige, welcher aus dem Vertrag unmittelbar ein Recht erworben hat.

Einwendung

Rechtsvernichtende Einwendung der Anfechtung, § 142:

- Anfechtungsgrund, §§ 119, 120, 123
- erfolgte Anfechtungserklärung, § 143 I
- kausaler Zusammenhang zwischen Willenserklärung und Anfechtungsgrund. Das Erklärte durfte nicht gewollt sein.
- Einhaltung der Fristen nach § 121 bzw. § 124
- ⤷ Nichtigkeit von Anfang an (ex tunc), § 142 I
- ⤷ Herausgabeanspruch bezüglich des schon Erlangten nach § 812 I 2 1. Alt. (weil der Rechtsgrund weggefallen ist)

3.3. Vertragsschluss

»Pacta sunt servanda – Verträge muss man einhalten.« Aber wann liegt ein Vertrag vor? Ein Vertrag kommt durch zwei sich deckende Willenserklärungen (Angebot und Annahme), §§ 145, 147, zustande. Die Annahme des Angebotes ist, wie das Angebot selbst, eine empfangsbedürftige Willenserklärung, die erst mit dem Zugehen beim Anbietenden wirksam wird (§ 130).

Angebot und Annahme – zwei übereinstimmende Willenserklärungen

Die Willenserklärungen müssen wirksam sein (vgl. §§ 104 ff., §§ 116 ff.). Regelmäßig werden Willenserklärungen höchstpersönlich abgegeben, aber auch Vertretung ist möglich, wovon bei den §§ 164 ff. die Rede sein wird.

Die wichtigsten Vertragstypen sind der Kaufvertrag, § 433, der Mietvertrag, § 535, der Dienstvertrag, § 611 (z.B. Arztbesuch) und der Werkvertrag, § 631 (z.B. Taxifahrt).

Der Vertragsschluss kommt also durch die beiden Willenserklärungen Angebot und Annahme zustande, für die folgende Punkte erfüllt sein müssen:

Voraussetzungen für einen Vertragsschluss

Prüfungsschema für den Vertragsschluss

- Vertragsparteien:
- persönlich oder durch wirksame Vertretung nach §§ 164 ff.
- Einigung, d.h. übereinstimmende Willenserklärungen:
- Angebot, § 145
- Annahme, § 147
- Zugang der Erklärungen
- Übereinstimmung (kein Dissens, §§ 154, 155)
- keine Wirksamkeitshindernisse:
- Geschäftsfähigkeit, §§ 104 ff.
- keine Willensmängel, §§ 116 ff.
- Formvorschriften, § 125 ff.
- kein gesetzliches Verbot, Sittenwidrigkeit, §§ 134, 138

Jede der hier aufgezählten Voraussetzungen kann bei einem Vertrag problematisch sein, muss es jedoch nicht. In Prüfungen sollte darauf Wert gelegt werden, dass nur die wirklich problematischen Bereiche angesprochen werden. Wenn ein Vertrag schon als bestehend vorausgesetzt ist, erübrigt sich jede weitere Prüfung des Vertragsschlusses.

3.3.1. Angebot

§ 145

≠ §§ 104 ff.
≠ §§ 116 ff.
• § 130
• § 164
• § 147

Antrag

Wer einem anderen die Schließung eines Vertrags anträgt, ist an den Antrag gebunden, es sei denn, dass er die Gebundenheit ausgeschlossen hat.

Ein wirksames Angebot (Antrag) muss alle notwendigen Informationen für einen Vertragsabschluss enthalten (der Jurist sagt auch: essentiali negotii – das Essentielle der Verhandlungen), so dass der andere nur noch »Ja zu sagen braucht«.

*Beispiel: Alex sagt zu Dieter: »Ich möchte dein Fahrrad für 100,– €
kaufen.« Falls D antwortet: »Einverstanden«, dann ist ein Kaufvertrag
zustande gekommen. Erwidert D jedoch: »Es tut mir leid, ich möchte
es lieber behalten«, so ist das Angebot des A damit abgelehnt und
erloschen. Reagiert D aber: »Mein Fahrrad verkaufe ich nicht für
100,– €, aber für 150,– € kannst Du es haben«, so hat zwar D das
Angebot des A abgelehnt, seinerseits jedoch selbst ein Angebot gemacht (vgl. § 150 II). Es liegt nun an A, dieses anzunehmen.*

Wer einem anderen ein Angebot unterbreitet, ist nach § 145 daran gebunden, sofern einer seine Bindung nicht ausgeschlossen hat, z.B. mit dem Vermerk »Angebot freibleibend«.

Eine »Invitatio ad offerendum« ist kein Antrag.

Kein Angebot ist in der Regel in Zeitungsanzeigen sowie in Schaufenstern oder Regalauslagen zu sehen. Hierbei handelt es sich lediglich um eine Aufforderung an den Leser bzw. Betrachter, seinerseits ein Angebot abzugeben. Der Jurist spricht hier von einer »Invitatio ad offerendum«, weil der Rechtsbindungswille fehlt.

§ 146

Erlöschen des Antrags

Der Antrag erlischt, wenn er dem Antragenden gegenüber abgelehnt oder wenn er nicht diesem gegenüber nach den §§ 147 bis 149 rechtzeitig angenommen wird.

Die einseitige Bindung gegenüber dem Empfänger eines Antrags muss irgendwann enden, damit der Antragende wieder disponieren und sich ggf. einen anderen Vertragspartner suchen kann. Nach § 146 erlischt der Antrag, wenn er nicht rechtzeitig angenommen wird. Somit entfällt die Annahmefähigkeit des Angebotes.

3.3.2. Annahme

Annahmefrist

(1) Der einem Anwesenden gemachte Antrag kann nur sofort angenommen werden. Dies gilt auch von einem mittels Fernsprechers oder einer sonstigen technischen Einrichtung von Person zu Person gemachten Antrage.

(2) Der einem Abwesenden gemachte Antrag kann nur bis zu dem Zeitpunkt angenommen werden, in welchem der Antragende den Eingang der Antwort unter regelmäßigen Umständen erwarten darf.

Obwohl § 147 vom Wortlaut her nur die Annahmefrist regelt, ist es üblich, diesen Paragraphen bei der Annahme eines Angebotes zu zitieren.

§ 147

≠ §§ 104 ff.
≠ §§ 116 ff.
• § 130
• § 164
• § 145

Siehe auch § 362 HGB

Verspätete und abgeänderte Annahme

(1) Die verspätete Annahme eines Antrags gilt als neuer Antrag.

(2) Eine Annahme unter Erweiterungen, Einschränkungen oder sonstigen Änderungen gilt als Ablehnung verbunden mit einem neuen Antrage.

Eine Verpflichtung zur Ablehnung eines Antrages besteht nicht (auch nicht bei Zusendung unbestellter Waren). Schweigen bedeutet grundsätzlich Ablehnung des Antrags. Auch Modifikationen sind als neuer Antrag aufzufassen, § 150 II.

§ 150

Änderungen bedeuten einen neuen Antrag.

Annahme ohne Erklärung an den Antragenden

Der Vertrag kommt durch die Annahme des Antrags zustande, ohne dass die Annahme dem Antragenden gegenüber erklärt zu werden braucht, wenn eine solche Erklärung nach der Verkehrssitte nicht zu erwarten ist oder der Antragende auf sie verzichtet hat. Der Zeitpunkt, in welchem der Antrag erlischt, bestimmt sich nach dem aus dem Antrag oder den Umständen zu entnehmenden Willen des Antragenden.

Beispiel: Sheraton reserviert ein Hotelzimmer bei Hilton. Die Reservierung (Antrag) muss nach § 151 S. 1 nicht mehr bestätigt werden. Verzichtet wird jedoch nicht auf die Annahme, sondern nur auf ihre Erklärung der Annahme.

§ 151

3.3.3. Auslegung

Annahme und Antrag müssen übereinstimmen (Konsens). §§ 154 ff. regeln, wann diese Übereinstimmung nicht vorliegt.

§ 154

• §§ 145, 147
≠ §§ 612, 632

Offener Einigungsmangel

(1) Solange nicht die Parteien sich über alle Punkte eines Vertrags geeinigt haben, über die nach der Erklärung auch nur einer Partei eine Vereinbarung getroffen werden soll, ist im Zweifel der Vertrag nicht geschlossen [...].

Beim offenen Dissens (§ 154) wissen die Parteien, dass sie sich nicht geeinigt haben. Eine Einigung ist vor allem erforderlich über die wesentlichen Vertragsbestandteile, ohne die kein Vertrag vorliegt (beim Mietvertrag z. B. Miethöhe und Mietsache). Bei Nebenpunkten gilt erst die Auslegung und dann die Regel des § 154 I: Der Vertrag ist im Zweifel nicht geschlossen.

§ 155

• §§ 145, 147
≠ §§ 612, 632

Die Parteien müssen sich im Wesentlichen geeinigt haben.

Versteckter Einigungsmangel

Haben sich die Parteien bei einem Vertrag, den sie als geschlossen ansehen, über einen Punkt, über den eine Vereinbarung getroffen werden sollte, in Wirklichkeit nicht geeinigt, so gilt das Vereinbarte, sofern anzunehmen ist, dass der Vertrag auch ohne eine Bestimmung über diesen Punkt geschlossen sein würde.

Beim versteckten Dissens glauben die Parteien, sich geeinigt zu haben, obwohl in Wirklichkeit ein Einigungsmangel vorliegt. Bei Dissens über einen wesentlichen Vertragsbestandteil ist kein Vertrag zustande gekommen (vgl. § 154). Bezieht der Dissens sich auf einen Nebenpunkt, gilt im Zweifel § 155.

§ 157

• §§ 133, 242

Auslegung von Verträgen

Verträge sind so auszulegen, wie Treu und Glauben mit Rücksicht auf die Verkehrssitte es erfordern.

Diese Vorschrift wird meist in Verbindung mit § 133, also der Auslegung einer Willenserklärung, gebraucht. Bei der Auslegung müssen folgende Aspekte berücksichtigt werden. Was wurde erklärt, wie ist es objektiv zu verstehen und »was ist von den Vertragspartnern tatsächlich gewollt«?

3.3.4. Bedingung

Rechtlich gesehen liegt eine Bedingung vor, wenn die Wirksamkeit eines Rechtsgeschäfts von einem ungewissen zukünftigen Ereignis abhängig gemacht wird.

Aufschiebende und auflösende Bedingung   § 158

(1) Wird ein Rechtsgeschäft unter einer aufschiebenden Bedingung vorgenommen, so tritt die von der Bedingung abhängig gemachte Wirkung mit dem Eintritt der Bedingung ein.

(2) Wird ein Rechtsgeschäft unter einer auflösenden Bedingung vorgenommen, so endigt mit dem Eintritt der Bedingung die Wirkung des Rechtsgeschäfts; mit diesem Zeitpunkt tritt der frühere Rechtszustand wieder ein.

Eine Bedingung wird meist deshalb vereinbart, um schon bei Vertragsabschluss möglichen zukünftigen Entwicklungen Rechnung zu tragen. Abzugrenzen ist die Auflage (z.B. § 525), bei der im Gegensatz zur Bedingung das Rechtsgeschäft sofort wirksam wird.

Aufschiebende Bedingung (§ 158 I):

Beispiel: Eigentumsvorbehalt (§ 449); K kauft bei V einen Fernseher (§ 433). Die Übereignung der Kaufsache gemäß § 929 ist aufschiebend bedingt (§ 158 I). D.h., eigentlich ist nur die Einigung aufschiebend bedingt, weil die Übereignung aus Einigung und Übergabe besteht und die Übergabe als Realakt schon erfolgt ist. Bedingung ist hierbei die vollständige Kaufpreiszahlung. Wenn K also die letzte Rate zahlt, erlangt er auch Eigentum. Vorher hatte er nur ein Anwartschaftsrecht.

Auflösende Bedingung (§ 158 II):

Beispiel: Sicherungsübereignung (§§ 929, 930). Schlucker nimmt bei Wucher ein Darlehen gemäß § 488 auf. Zur Sicherheit übereignet S dem W seinen Fuhrpark, der jedoch in seinem Besitz bleibt (Besitzkonstitut, §§ 929, 930). Die Übereignung ist durch die Kreditrückzahlung auflösend bedingt (§ 158 II). Wenn Schlucker sein Darlehen zurückgezahlt hat, fällt auch das Eigentum wieder an ihn zurück, da die Einigung durch den Eintritt der Bedingung wegfällt.

Aufgeschoben ist nicht aufgehoben!

Allgemeiner Teil

3.4. Vertretung und Vollmacht

Vertretung: Eigene
Willenserklärung in
fremdem Namen

Vertretung ist das rechtsgeschäftliche Handeln im Namen des Vertretenen. Keine Vertretung im Sinne des BGB ist das Handeln, das zwar im Interesse eines anderen, aber im eigenen Namen erfolgt; ebenso nicht die bloße Übermittlung einer Erklärung durch Boten. Die Vertretungsmacht kann auf Gesetz (z.B. Vertretung des Kindes durch die Eltern) oder Rechtsgeschäft (Vollmacht) beruhen.

3.4.1. Wirkung der Vertretung

§ 164

- § 167
- §§ 1629 I, 1626
- ✎ § 164 I
- ✎ §§ 177 ff.

Siehe auch §§ 48 ff. HGB

Erklärung des Vertreters

(1) Eine Willenserklärung, die jemand innerhalb der ihm zustehenden Vertretungsmacht im Namen des Vertretenen abgibt, wirkt unmittelbar für und gegen den Vertretenen. Es macht keinen Unterschied, ob die Erklärung ausdrücklich im Namen des Vertretenen erfolgt oder ob die Umstände ergeben, dass sie in dessen Namen erfolgen soll.

(2) Tritt der Wille, in fremdem Namen zu handeln, nicht erkennbar hervor, so kommt der Mangel des Willens, im eigenen Namen zu handeln, nicht in Betracht.

(3) Die Vorschriften des Absatzes 1 finden entsprechende Anwendung, wenn eine gegenüber einem anderen abzugebende Willenserklärung dessen Vertreter gegenüber erfolgt.

Eine vom Vertreter
abgegebene
Willenserklärung wirkt
unmittelbar für und gegen
den Vertretenen.

Wirkung der Vertretung nach § 164 I:

- Abgabe einer Willenserklärung des Vertreters
- in fremdem Namen, also im Namen des Vertretenen (ausdrücklich oder konkludent)
- mit Vertretungsmacht:
    - Bestehen der Vertretungsmacht aufgrund Rechtsgeschäft (sog. Vollmacht, § 167) oder Gesetz (z.B. Eltern, § 1629 I) oder Anscheins- bzw. Duldungsvollmacht
    - Das vom Vertreter getätigte Rechtsgeschäft muss vom Umfang der Vertretungsmacht gedeckt sein
- ✎ Der Vertretene wird so behandelt, als hätte er die Willenserklärung selbst abgegeben, § 164 I

»Geschäft für den, den es
angeht«, verzichtet auf
Offenlegung der Stellver-
tretung.

§ 164 II wiederholt, dass der Vertretungswille geäußert werden muss (»in fremdem Namen«); anderenfalls ist der vermeintliche Vertreter selbst Vertragspartner. Hiervon gibt es eine Ausnahme: Das »Geschäft für den, den es angeht«. Damit ist ein Bargeschäft des täglichen Lebens gemeint, bei dem sich der Vertragspartner keine Gedanken über sein Gegenüber macht.

Beispiel: Kind kauft eine Zeitung für die Eltern, ohne dass sich der Zeitungsverkäufer Gedanken darüber machen würde, wem genau er die Zeitung verkauft.

Häufigster Anknüpfungspunkt für die Vertretung ist die Einigung zwischen den Vertragsparteien (§§ 145, 147).

§ 164 III wiederum muss zitiert werden, wenn der Vertreter eine Willenserklärung empfängt.

Beschränkt geschäftsfähiger Vertreter § 165

Die Wirksamkeit einer von oder gegenüber einem Vertreter abgegebenen Willenserklärung wird nicht dadurch beeinträchtigt, dass der Vertreter in der Geschäftsfähigkeit beschränkt ist.

• §§ 2, 106
↳ § 179 III 2

Willensmängel, Wissenszurechnung § 166

(1) Soweit die rechtlichen Folgen einer Willenserklärung durch Willensmängel oder durch die Kenntnis oder das Kennenmüssen gewisser Umstände beeinflusst werden, kommt nicht die Person des Vertretenen, sondern die des Vertreters in Betracht.

• §§ 119, 123

(2) Hat im Falle einer durch Rechtsgeschäft erteilten Vertretungsmacht (Vollmacht) der Vertreter nach bestimmten Weisungen des Vollmachtgebers gehandelt, so kann sich dieser in Ansehung solcher Umstände, die er selbst kannte, nicht auf die Unkenntnis des Vertreters berufen. Dasselbe gilt von Umständen, die der Vollmachtgeber kennen musste, sofern das Kennenmüssen der Kenntnis gleichsteht.

Legaldefinition: Vollmacht

Bei Eigentumserwerb vom Nichtberechtigten (§ 932) oder Irrtum (§ 119) kommt es bei Vertretung auf die Kenntnis des Vertreters an (§ 166 I). Dies gilt nicht, wenn der Vertretene die bevorstehenden Probleme bei Vollmachterteilung kannte (§ 166 II).

Erteilung der Vollmacht § 167

(1) Die Erteilung der Vollmacht erfolgt durch Erklärung gegenüber dem zu Bevollmächtigenden oder dem Dritten, dem gegenüber die Vertretung stattfinden soll.

• §§ 662 ff.

(2) Die Erklärung bedarf nicht der Form, welche für das Rechtsgeschäft bestimmt ist, auf das sich die Vollmacht bezieht.

Vollmacht betrifft die Außenbeziehungen zu Dritten.	Vollmacht ist die durch Rechtsgeschäft erteilte Vertretungsmacht. Sie wird erteilt durch einseitige, empfangsbedürftige Willenserklärung, die grundsätzlich formfrei ist (§ 167 II). Sie kann entweder gegenüber dem Vertreter (Innenvollmacht) oder gegenüber dem Dritten (Außenvollmacht) erklärt werden (§ 167 I). Inhalt und Umfang der Vollmacht richten sich also nach der Bevollmächtigung (General- oder Einzelvollmacht), die meist im Rahmen eines Auftrags oder Dienstvertrages erteilt wird (§§ 662, 675, 611).

Auftrag betrifft das Innenverhältnis: Vertreter – Vertretener.

Es ist demnach scharf zu trennen zwischen Vollmacht und Auftrag. Die Vollmacht betrifft die Rechte des Bevollmächtigten gegenüber Dritten (Außenverhältnis), der Auftrag das Schuldverhältnis zwischen Auftraggeber und Beauftragten (Innenverhältnis).

Durch die von der Rechtsprechung entwickelte Anscheins- und Duldungsvollmacht ist Vertretungsmacht auch ohne Bevollmächtigung möglich.

Duldungsvollmacht: Der Vertretene weiß, dass der Vertreter für ihn handelt, er schreitet aber nicht dagegen ein.

Beispiel: Der Lagerist schließt seit neuestem Verträge für den Chef ab (ohne Vollmacht). Dieser duldet dies. Nun pocht der Geschäftspartner zu Recht auf Einhaltung eines solchen Kaufvertrags.

Anscheinsvollmacht: Vollmacht wurde nicht erteilt. Der Vertretene kennt das Verhalten seines Vertreters nicht, hätte es aber bei pflichtgemäßer Sorgfalt erkennen müssen.

§ 168   Erlöschen der Vollmacht

• §§ 671, 672

Das Erlöschen der Vollmacht bestimmt sich nach dem ihrer Erteilung zugrunde liegenden Rechtsverhältnis. Die Vollmacht ist auch bei dem Fortbestehen des Rechtsverhältnisses widerruflich, sofern sich nicht aus diesem ein anderes ergibt. Auf die Erklärung des Widerrufs findet die Vorschrift des § 167 Abs. 1 entsprechende Anwendung.

Bei § 168 zeigt sich wieder die Trennung in Außen- und Innenverhältnis. Denn aus § 168 S. 1 ergibt sich, dass, wenn der Auftraggeber den Auftrag zur Stellvertretung widerruft (§ 671 I; »Innenverhältnis«), auch die Vollmacht erlischt (»Außenverhältnis«). Ein Sonderfall ist der Tod des Auftraggebers, denn dadurch wird der Auftrag und damit auch die Vollmacht nicht beendet (§ 672). Nach § 168 S. 2 kann der Vertretene aber auch nur die Vollmacht widerrufen.

3.4.2. Fehlende Vertretungsmacht

Hat der Vertreter ohne Vertretungsmacht gehandelt oder seine Vertretungsmacht überschritten, kann der Vertretene trotzdem ein Interesse am Vertrag haben und nach § 177 I den Vertrag genehmigen. Verweigert er sie, ist der Vertreter entweder zur Erfüllung des Vertrages oder zu Schadensersatz verpflichtet (§ 179 I).

Der Vertretene kann noch nachträglich genehmigen.

Vertrag durch Vertreter ohne Vertretungsmacht

(1) Schließt jemand ohne Vertretungsmacht im Namen eines anderen einen Vertrag, so hängt die Wirksamkeit des Vertrags für und gegen den Vertretenen von dessen Genehmigung ab [...].

§ 177

≠ § 164
• §§ 182, 184

Haftung des Vertreters ohne Vertretungsmacht

(1) Wer als Vertreter einen Vertrag geschlossen hat, ist, sofern er nicht seine Vertretungsmacht nachweist, dem anderen Teil nach dessen Wahl zur Erfüllung oder zum Schadensersatz verpflichtet, wenn der Vertretene die Genehmigung des Vertrags verweigert.

§ 179

≠ §§ 164, 182, 184
• §§ 145, 147
↳ §§ 249 ff.

(2) Hat der Vertreter den Mangel der Vertretungsmacht nicht gekannt, so ist er nur zum Ersatz desjenigen Schadens verpflichtet, welchen der andere Teil dadurch erleidet, dass er auf die Vertretungsmacht vertraut, jedoch nicht über den Betrag des Interesses hinaus, welches der andere Teil an der Wirksamkeit des Vertrags hat.

(3) Der Vertreter haftet nicht, wenn der andere Teil den Mangel der Vertretungsmacht kannte oder kennen musste. Der Vertreter haftet auch dann nicht, wenn er in der Geschäftsfähigkeit beschränkt war [...].

Anspruch gegen den Vertreter ohne Vertretungsmacht:

• Vertragsschluss durch Vertreter ohne Vertretungsmacht, § 179 I
• verweigerte Genehmigung des Vertretenen, § 177 II
• keine Kenntnis des Dritten, § 179 III
↳ Erfüllung des Vertrags, § 179 I oder
↳ Schadensersatz, § 179 I, II

Anspruch

Beispiel: Der Kunsthändler Protz kauft ein Bild völlig überteuert vom Rentner R. Protz gibt sich als Vertreter seines Konkurrenten Goldfinger aus. Es fehlte dem P damit die Vertretungsmacht. Natürlich genehmigt G nicht (§ 177 I). Jetzt kann R von P entweder Erfüllung, d.h. den Kaufpreis (§ 179 I), oder den entgangenen Gewinn als Schadensersatz verlangen.

3.5. Einwilligung, Genehmigung

§ 182

↳ §§ 183, 184

Zustimmung

(1) Hängt die Wirksamkeit eines Vertrags oder eines einseitigen Rechtsgeschäfts, das einem anderen gegenüber vorzunehmen ist, von der Zustimmung eines Dritten ab, so kann die Erteilung sowie die Verweigerung der Zustimmung sowohl dem einen als dem anderen Teile gegenüber erklärt werden [...].

Beispiel: Ein Zehnjähriger will Spielzeug kaufen. Hierfür bedarf er nach den §§ 107, 1629 I der Zustimmung der Eltern, § 182 I.

§ 183

Legaldefinition:
Einwilligung

Einwilligung

Die vorherige Zustimmung (Einwilligung) ist bis zur Vornahme eines Rechtsgeschäfts widerruflich, soweit nicht aus dem ihrer Erteilung zugrunde liegenden Rechtsverhältnis sich ein anderes ergibt [...].

§ 184

Legaldefinition:
Genehmigung

Genehmigung

(1) Die nachträgliche Zustimmung (Genehmigung) wirkt auf den Zeitpunkt der Vornahme des Rechtsgeschäfts zurück, soweit nicht ein anderes bestimmt ist [...].

§ 185

↳ §§ 929 ff.

Verfügung eines Nichtberechtigten

(1) Eine Verfügung, die ein Nichtberechtigter über einen Gegenstand trifft, ist wirksam, wenn sie mit Einwilligung des Berechtigten erfolgt.

(2) Die Verfügung wird wirksam, wenn der Berechtigte sie genehmigt [...].

Nichtberechtigter ist meist eine Person, die über fremde Sachen verfügt, oder ein Minderjähriger, der über seine eigenen Sachen keine Verfügungen treffen darf.

Beispiel: Wenn der Dieb D das Bild des Eigentümers E übereignet (§ 929), ist dies eine Verfügung eines Nichtberechtigten. Diese Verfügung ist nur mit vorheriger Einwilligung (§ 185 I) oder nachträglicher Genehmigung (§ 185 II) wirksam.

4. Verjährung

Aus Gründen der Rechtssicherheit und des Rechtsfriedens gewährleistet das Gesetz diejenigen Ansprüche nur eingeschränkt, die zwar entstanden sind, aber lange Zeit nicht geltend gemacht wurden. Sie unterliegen der Verjährung. Es verjährt jedoch nur der Anspruch, nicht das Recht selbst (§ 194 I). Deshalb muss der Anspruchsgegner erst die Einrede der Verjährung aus § 214 I geltend machen. Tut er das nicht, kann er dennoch zur Leistung verurteilt werden.

Anspruch als Gegenstand der Verjährung

§ 194

Legaldefinition:
Anspruch

(1) Das Recht, von einem anderen ein Tun oder Unterlassen zu verlangen (Anspruch), unterliegt der Verjährung.

(2) Ansprüche aus einem familienrechtlichen Verhältnis unterliegen der Verjährung nicht, soweit sie auf die Herstellung des dem Verhältnis entsprechenden Zustandes für die Zukunft gerichtet sind.

Regelmäßige Verjährungsfrist

§ 195

≠ §§ 196 – 198
≠ §§ 438, 548, 634 a
↳ § 214 I

Die regelmäßige Verjährungsfrist beträgt drei Jahre.

Diese »regelmäßige« Verjährungsfrist gilt also nur dann, wenn das Gesetz keine andere Verjährung vorsieht, was relativ häufig vorkommt. Dazu zählt insbesondere die dreißigjährige Verjährungsfrist in § 197. Weitere wichtige Fälle sind: § 438 (Gewährleistung beim Kauf) und § 634 a (Gewährleistung beim Werkvertrag).

Dreißigjährige Verjährungsfrist

§ 197

(1) In 30 Jahren verjähren, soweit nicht ein anderes bestimmt ist,

1. Herausgabeansprüche aus Eigentum und anderen dinglichen Rechten,

2. familien- und erbrechtliche Ansprüche,

3. rechtskräftig festgestellte Ansprüche, [...]

(2) Soweit Ansprüche nach Absatz 1 Nr. 2 regelmäßig wiederkehrende Leistungen oder Unterhaltsleistungen [...] zum Inhalt haben, tritt an die Stelle der Verjährungsfrist von 30 Jahren die regelmäßige Verjährungsfrist.

Der Herausgabeanspruch aus § 985 verjährt nach § 197 I Nr. 1 in 30 Jahren. Gleiches gilt nach § 197 I Nr. 2 für den Anspruch aus Vermächtnis (§ 1939). Bei einem Unterhaltsanspruch (z.B. § 1626) gilt nach § 197 II jedoch die dreijährige Verjährung (§ 195).

§ 199

• §§ 194 I, §§ 187, 188
≠ § 277
≠ §§ 200, 438, 634 a

• § 823

• §§ 280 ff.

Auch wenn der Gläubiger nichts vom Anspruch weiß, tritt irgendwann Verjährung ein – bei Schadensersatz allerdings langsamer.

§ 200

• §§ 438, 548, 634 a
≠ § 199
Bei Gewährleistung beginnt die Verjährung mit Entstehung des Anspruchs.

Beginn der Verjährungsfristen

(1) Die regelmäßige Verjährungsfrist beginnt mit dem Schluss des Jahres, in dem

1. der Anspruch entstanden ist und

2. der Gläubiger von den den Anspruch begründenden Umständen und der Person des Schuldners Kenntnis erlangt oder ohne grobe Fahrlässigkeit erlangen müsste.

(2) Schadensersatzansprüche, die auf der Verletzung des Lebens, des Körpers, der Gesundheit oder der Freiheit beruhen, verjähren ohne Rücksicht auf ihre Entstehung und die Kenntnis oder grob fahrlässige Unkenntnis in 30 Jahren von der Begehung der Handlung … an.

(3) Sonstige Schadensersatzansprüche verjähren

1. ohne Rücksicht auf die Kenntnis oder grob fahrlässige Unkenntnis in zehn Jahren von ihrer Entstehung an und

2. ohne Rücksicht auf ihre Entstehung und die Kenntnis oder grob fahrlässige Unkenntnis in 30 Jahren von der Begehung der Handlung […] an.

Maßgeblich ist die früher endende Frist.

(4) Andere Ansprüche als Schadensersatzansprüche verjähren ohne Rücksicht auf die Kenntnis oder grob fahrlässige Unkenntnis in zehn Jahren von ihrer Entstehung an. […].

Nach § 199 I ist für den Verjährungsbeginn neben der Entstehung des Anspruchs Kenntnis des Gläubigers erforderlich.

Beispiel: 2002 wird ein Fußballstadion gebaut. 2004 stürzt das neben dem Stadion gelegene Haus von Behnisch ein. Erst 2010 erlangt B Kenntnis davon, dass der Einsturz auf den Stadionbau zurückzuführen ist. Nach § 195 verjähren die Ansprüche eigentlich in drei Jahren. Der Anspruch ist 2004 entstanden (§ 199 I Nr. 1), doch wegen der Kenntnis von der Kausalität in 2010 beginnt die Verjährung nach § 199 I Nr. 2 erst Ende 2010 und endet Ende 2013. Dem steht auch § 199 III Nr. 1 nicht entgegen, da die 10-Jahresfrist mit Entstehung des Anspruchs, also 2004 beginnt.

Beginn anderer Verjährungsfristen

Die Verjährungsfrist von Ansprüchen, die nicht der regelmäßigen Verjährungsfrist unterliegen, beginnt mit der Entstehung des Anspruchs, soweit nicht ein anderer Verjährungsbeginn bestimmt ist.

[…]

Hemmung der Verjährung durch Rechtsverfolgung §§ 204

(1) Die Verjährung wird gehemmt durch

1. die Erhebung der Klage auf Leistung oder auf Feststellung des Anspruchs, auf Erteilung der Vollstreckungsklausel oder auf Erlass des Vollstreckungsurteils, [...]

3. die Zustellung des Mahnbescheids im Mahnverfahren, [...]

5. die Geltendmachung der Aufrechnung des Anspruchs im Prozess, [...].

• § 389

Wirkung der Hemmung § 209

Der Zeitraum, während dessen die Verjährung gehemmt ist, wird in die Verjährungsfrist nicht eingerechnet.

• §§ 204 ff.

Um zu verhindern, dass ein Anspruch verjährt, muss man prozessual tätig werden, also etwa Klage erheben, § 204 I Nr. 1, einen Mahnbescheid zustellen lassen, § 204 I Nr. 3 oder den Anspruch im Prozess aufrechnen, §§ 204 I Nr. 5, 387 ff. Hat man eine solche Handlung vorgenommen, ist nach § 209 die »Uhr der Verjährung« angehalten.

Wirkung der Verjährung § 214

(1) Nach Eintritt der Verjährung ist der Schuldner berechtigt, die Leistung zu verweigern.

• §§ 195 ff.
↳ § 813

(2) Das zur Befriedigung eines verjährten Anspruchs Geleistete kann nicht zurückgefordert werden, auch wenn in Unkenntnis der Verjährung geleistet worden ist. Das Gleiche gilt von einem vertragsmäßigen Anerkenntnis sowie einer Sicherheitsleistung des Schuldners.

Rechtshemmende Einrede der Verjährung aus § 214 I:
• Vollendung der Verjährung
  - Dauer der Frist, z.B. aus §§ 195 ff. oder § 438
  - Beginn der Frist nach § 199
  - ggf. Hemmung der Verjährung, §§ 204, 209 ff.
↳ dauerndes Leistungsverweigerungsrecht gemäß § 214 I

Einrede

Beispiel: V klagt gegen K aus Zahlung einer Kaufpreisschuld (§ 433 II). Der Kaufvertrag ist vor 3 1/2 Jahren geschlossen, so dass nach § 195 die Forderung verjährt ist. Erhebt K im Prozess jedoch nicht die Verjährungseinrede nach § 214 I, wird er trotzdem verurteilt. Wenn K (ohne Prozess) zahlt, und sich dann an die Verjährung erinnert, kann er wegen § 214 II nichts aus § 812 zurückverlangen.

Die Verjährung ist eine Einrede, die geltend gemacht werden muss.

5. Selbsthilfe, Notwehr

Grundsätzlich darf im Rechtsstaat nur der Staat selbst Gewalt zur Durchsetzung von Ansprüchen anwenden. Es steht niemandem zu, anderen gegenüber Zwang auszuüben. Dafür sind ausschließlich die staatlichen Organe, insbesondere die Gerichte, zuständig.

Wer ohne staatlichen Titel sein Recht zwangsweise durchsetzt (z.B. bei einem Streit mit dem Untermieter den elektrischen Strom abstellt), handelt rechtswidrig (verbotene Eigenmacht § 858). Ausnahmsweise darf man Gewalt anwenden, wenn ein Rechtfertigungsgrund nach §§ 227-229 gegeben ist.

§ 227

Rechtfertigungsgrund Notwehr

(1) Eine durch Notwehr gebotene Handlung ist nicht widerrechtlich.

↳ §§ 823 ff.

(2) Notwehr ist diejenige Verteidigung, welche erforderlich ist, um einen gegenwärtigen rechtswidrigen Angriff von sich oder einem anderen abzuwenden.

Notwehr ist ein
Rechtfertigungsgrund.

Rechtfertigungsgrund Notwehr:

*   Notwehrfähiges Rechtsgut: z.B. Leben, Besitz, Eigentum, Ehre, Freiheit, Gesundheit
*   gegenwärtiger, rechtswidriger Angriff
*   Erforderlichkeit der Verteidigungshandlung (also mildestes Mittel), § 227 II
↳   Rechtmäßigkeit der Verteidigung

Beispiel: David schlägt auf Goliath ein. Dieser darf zurückschlagen, um sich zu verteidigen. Hierzu darf er aber höchstens einen Knüppel benutzen; eine Pistole wäre nicht erforderlich, gemäß § 227 II.

§ 228

Rechtfertigungsgrund Notstand

• § 903

Wer eine fremde Sache beschädigt oder zerstört, um eine durch sie drohende Gefahr von sich oder einem anderen abzuwenden, handelt nicht widerrechtlich, wenn die Beschädigung oder die Zerstörung zur Abwendung der Gefahr erforderlich ist und der Schaden nicht außer Verhältnis zu der Gefahr steht. Hat der Handelnde die Gefahr verschuldet, so ist er zum Schadensersatz verpflichtet.

Beispiel: Tötung eines angreifenden tollwütigen Hundes.

Rechtfertigungsgrund Selbsthilfe § 229

Wer zum Zwecke der Selbsthilfe eine Sache wegnimmt, zerstört oder ↳ § 859 II
beschädigt oder wer zum Zwecke der Selbsthilfe einen Verpflichteten,
welcher der Flucht verdächtig ist, festnimmt oder den Widerstand des
Verpflichteten gegen eine Handlung, die dieser zu dulden verpflichtet
ist, beseitigt, handelt nicht widerrechtlich, wenn obrigkeitliche Hilfe
nicht rechtzeitig zu erlangen ist und ohne sofortiges Eingreifen die
Gefahr besteht, dass die Verwirklichung des Anspruchs vereitelt oder
wesentlich erschwert werde.

Beispiel: Wer einen Täter »in flagranti« festnimmt, handelt nach § 229
nicht rechtswidrig und muss auch nicht Schadensersatz (§ 823) etwa
wegen beschädigter Kleidung des Täters leisten. Dies gilt aber nur,
wenn die Polizei nicht schnell genug erreichbar ist.

Grenzen der Selbsthilfe § 230

(1) Die Selbsthilfe darf nicht weiter gehen, als zur Abwendung der
Gefahr erforderlich ist. [...]

Beispiel: Bush darf dem Einbrecher Hussein zwar das Diebesgut ab-
nehmen, ihn jedoch nicht erschießen.

6. Wiederholungsfragen

1. Was ist unter Rechtsfähigkeit zu verstehen? Wer gilt als rechtsfähig? Lösung S. 32

2. Worin liegt der Unterschied zwischen vertretbaren und nicht vertretbaren Sachen? Lösung S. 34

3. Welche Unterscheidungen können für Rechtsgeschäfte getroffen werden? Lösung S. 36

4. Was besagt das Abstraktionsprinzip? Lösung S. 36

5. Was bedeutet: Geschäftsfähigkeit? Was gilt für die Willenserklärungen von Kleinkindern, Geisteskranken, Betrunkenen? Lösung S. 38

6. Bei welchen Rechtsgeschäften benötigt ein Jugendlicher nicht die Zustimmung seiner gesetzlichen Vertreter (d.h. i.d.R.: seiner Eltern)? Lösung S. 40

7. Aus welchen Komponenten setzt sich eine Willenserklärung zusammen? Lösung S. 41

8. Welche Arten von Irrtum berechtigen zur Anfechtung? Lösung S. 44

9. Was ist unter Täuschung und Drohung zu verstehen? Lösung S. 46

10. Wie ist eine der Anfechtung (als rechtsvernichtende Einwendung) immer zu bewerkstelligen? Lösung S. 47 und 52

11. Welche rechtsverhindernden Einwendungen werden im Allgemeinen Teil des BGB behandelt? Lösung S. 23

12. Wie kommt ein Vertragsschluss zustande (hinsichtlich der Vertragsparteien, Einigung und Wirksamkeit)? Lösung S. 53

13. Was versteht man unter Vertretung; wie wird die Vertretungsmacht erteilt und welche Wirkungen hat sie? Lösung S. 58

14. Welche Regelungen kommen zum Tragen bei Überschreiten oder Nichtbestehen der Vertretungsmacht durch den »Vertreter«? Lösung S. 61

15. Was bedeutet es für den Schuldner, wenn der Anspruch verjährt ist? Lösung S. 65

Allgemeines Schuldrecht

1. Inhalt der Schuldverhältnisse

Ein Schuldverhältnis berechtigt eine Person (Gläubiger), von einer anderen Person (Schuldner) eine Leistung zu fordern.

Ein Schuldverhältnis ist ein Rechtsverhältnis, das eine Person (den Gläubiger) berechtigt, von einer anderen Person (dem Schuldner) eine Leistung zu fordern (§ 241). Die sich aus dem Schuldverhältnis ergebende Forderung wird Anspruch genannt (vgl. § 194). Schuldverhältnisse können persönliche Leistungen zum Gegenstand haben oder zur Änderung dinglicher Rechte verpflichten.

Als Rechtsverhältnisse von Person zu Person (im Gegensatz zum Sachenrecht) begründen Schuldverhältnisse nur persönliche Rechtsbeziehungen zwischen den Beteiligten und können daher nur gegen den Schuldner, nicht gegen Dritte durchgesetzt werden.

INHALT DER SCHULDVERHÄLTNISSE

Entstehung der Schuldverhältnisse:

- durch Rechtsgeschäft (z.B. durch Vertrag)
- kraft Gesetzes (ungerechtfertigte Bereicherung, unerlaubte Handlung, Geschäftsführung ohne Auftrag)

Schuldverhältnisse werden aufgrund Rechtsgeschäfts (meistens Vertrag) oder durch Gesetz begründet (§§ 677, 812, 823). Bei Verträgen gilt der Grundsatz der Vertragsfreiheit, d.h., die Beteiligten sind in der Entscheidung frei, ob sie einen Vertrag schließen und welchen Inhalt sie vereinbaren wollen (= Vertragsfreiheit oder Privatautonomie). Manchmal hat ein Vertragspartner durch seine wirtschaftliche Macht ein gewisses Übergewicht. Dort macht das Gesetz manchmal Einschränkungen bezüglich der Privatautonomie; so z.B. im Hinblick auf Allgemeine Geschäftsbedingungen (§§ 305 ff.), oder auf Verbraucherkredite (§§ 491 ff.).

In gleicher Weise wie das erste Kapitel des BGB allgemeine Regelungen für alle Rechtsverhältnisse des Zivilrechts enthält, hat der Gesetzgeber auch im Schuldrecht allgemeine Regelungen vorangestellt. Das sog. Allgemeine Schuldrecht in den §§ 241-432 gilt für Schuldverhältnisse aller Art, während das Besondere Schuldrecht in den §§ 433-853 »häufige Verträge« und gesetzliche Schuldverhältnisse zum Gegenstand hat.

Regelungen des allgemeinen Schuldrechts:

* Leistungspflicht (§§ 241-304): Wer hat wie, wann, wo welche Leistung zu erbringen
* Allgemeines zu Verträgen (§§ 305-397): Allgem. Geschäftsbedingungen, gegenseitige Verträge, Einbeziehung Dritter, Rücktritt, Erlöschen
* Wechsel der Beteiligten (§§ 398-432): Abtretung, Schuldnerwechsel, Gläubigerwechsel, Gesamtschuld.

Regelungen des besonderen Schuldrechts:

* Verträge bei denen eine Leistung um der Gegenleistung willen geschuldet wird (§ 433-661): Kauf, Schenkung, Miete, Leihe, Darlehen, Dienstvertrag, Werkvertrag
* Unvollkommen zweiseitige Beziehungen (§§ 662-687): Auftrag, Geschäftsführung ohne Auftrag (GoA)
* Verträge und Beziehungen, die vorwiegend auf eine einzige Leistung gerichtet sind (§§ 705-782): Gesellschaftsvertrag, Spiel, Wette, Bürgschaft
* Gesetzliche Schuldverhältnisse (§§ 812-853): Ungerechtfertigte Bereicherung, unerlaubte Handlungen.

In Klausuren geht es meist um Fragen, die sich aus einem Vertrag ergeben. Bei der Lösung ist dann eine Art von Klammertechnik zu beachten. Bei einem Kaufvertrag »startet« man beispielsweise die Prüfung im Besonderen Schuldrecht (§§ 433 ff.) und greift dann auf Vorschriften des Allgemeinen Schuldrechts (§§ 241-432) und des Allgemeinen Teils (§§ 1-240) zurück *(Bsp. Ein Kaufvertrag wird gem. §§ 145 ff. geschlossen. Für Pflichtverletzungen gelten die §§ 275 ff.).*

1.1. Allgemeines zur Leistung

Der Schuldner ist gegenüber dem Gläubiger verpflichtet, die richtige Leistung (§§ 242, 243), am richtigen Ort (§§ 269, 270), zur richtigen Zeit (§ 271) zu bewirken (§ 241).

§ 241

↳ § 269, § 270, § 271

↳ §§ 311 II, 280, 282, 324

Schuldverhältnis und Leistungspflicht

(1) Kraft des Schuldverhältnisses ist der Gläubiger berechtigt, von dem Schuldner eine Leistung zu fordern. Die Leistung kann auch in einem Unterlassen bestehen.

(2) Das Schuldverhältnis kann nach seinem Inhalt jeden Teil zur Rücksicht auf die Rechte, Rechtsgüter und Interessen des anderen Teils verpflichten.

Gem. § 241 I richtet sich jede Forderung (Anspruch) auf eine Leistung. Die Leistung kann ein Handeln (z.B. Bau eines Hauses) oder ein Unterlassen (z.B. Mieter verpflichtet sich, mittags nicht Klavier zu spielen) zum Gegenstand haben.

Durch § 241 II wird zu besonderer Rücksichtnahme innerhalb eines Schuldverhältnisses verpflichtet. Dies gilt für Verträge wie für vorvertragliche Schuldverhältnisse (vgl. § 311 II). Folge von fehlender Rücksichtnahme können Schadensersatzansprüche (§§ 280, 282) oder ein Recht zum Rücktritt sein (§ 324).

§ 242

↳ § 133, § 157

Treu und Glauben ist ein Gerechtigkeitsgrundsatz.

Leistung nach Treu und Glauben

Der Schuldner ist verpflichtet, die Leistung so zu bewirken, wie Treu und Glauben mit Rücksicht auf die Verkehrssitte es erfordern.

Zwar wendet sich § 242 nur an den Schuldner; die Rechtsprechung hat jedoch das Prinzip entwickelt, dass sowohl Schuldner als auch Gläubiger Treu und Glauben zu berücksichtigen haben. Besteht zwischen zwei Personen ein Vertrag, so bestimmt dieser die Leistungspflicht. Doch oft sind nicht alle Punkte ausführlich genug vereinbart. Dann muss die Auslegung (§§ 133, 157) zusammen mit § 242 ergeben, wie die Leistung zu bewirken ist. Treu und Glauben ist damit das »Gerechtigkeitskorrektiv« des BGB.

Zu eilfertig darf § 242 aber nicht angewendet werden. Zuerst muss versucht werden, aus den bestehenden gesetzlichen Regelungen und deren Normzweck eine Lösung abzuleiten.

Beispiel: Der arme Schluck schuldet Dagobert 10.000 € und will sie ihm zurückzahlen. Es sind keine Tilgungsmodalitäten vereinbart. Er hat nur 9.999 € dabei. D verweigert die Annahme dieser Leistung (§ 266); dies verstößt jedoch gegen Treu und Glauben (§ 242).

Aus dem Grundsatz von Treu und Glauben nach § 242 leitet sich her:

- Bestimmbarkeit der Art und Weise der Leistung
- Begründung von Nebenpflichten (Vermeiden von Schäden, Obhutspflicht, Sorgfaltspflicht)
- unzulässige Rechtsausübung (Zweckwidrigkeit, Widersprüchlichkeit, vgl. auch §§ 226, 826)

Gattungsschuld

§ 243

(1) Wer eine nur der Gattung nach bestimmte Sache schuldet, hat eine Sache von mittlerer Art und Güte zu leisten.

✎ § 276 I 1
§ 300 II

(2) Hat der Schuldner das zur Leistung einer solchen Sache seinerseits Erforderliche getan, so beschränkt sich das Schuldverhältnis auf diese Sache.

Arten der Schuld nach deren Einzigartigkeit:

- Gattungsschuld, § 243 I
- Speziesschuld (auch Stückschuld genannt), § 243 II
- ✎ bei Gattung
    - meist Garantiepflicht des Schuldners, § 276 I 1
    - Nachlieferungspflicht des Verkäufers, § 439 I

Bei Gattungsschuld hat der Schuldner gem. § 276 I 1 i.d.R. das Beschaffungsrisiko und kann sich nicht auf Nichtverschulden berufen.

Ist bei einem Schuldverhältnis die Leistung eine nur der Art nach bestimmte Sache (z.B. Liefern von einem Zentner Kartoffeln), so spricht man von Gattungsschuld. Im Gegensatz dazu steht die Speziesschuld, bei der eine im einzelnen bestimmte Sache zu leisten ist *(z.B.: Die »Mona Lisa« von da Vinci).*

Praktisch bedeutsam ist die Möglichkeit der Konkretisierung der Gattungsschuld. Ist zum Beispiel »Holschuld« vereinbart (§ 269) und hat der Schuldner eine Sache mittlerer Art und Güte (§ 243 I) ausgesondert (A holt einen Sack Kartoffeln der geforderten Handelsklasse aus seinem Lager), so hat der Schuldner das seinerseits Erforderliche getan. Somit wird aus der ursprünglichen Gattungsschuld eine Stückschuld (§ 243 II).

Gattungsschuld kontra
Stückschuld

1.2. Schadensersatz

»Wer den Schaden hat – hat auch den Spott?« sagt der Volksmund. Der Gesetzgeber verlangt jedoch, dass demjenigen, dem ein Schaden zugefügt wurde, ein angemessener Ausgleich zukommen soll.

Schadensersatz ist entweder der Ausgleich für eine unfreiwillige Einbuße an einem Rechtsgut (Eigentum, Gesundheit usw.) durch unerlaubte Handlung eines anderen oder wird als Folge einer Verletzung der Pflicht aus einem Schuldverhältnis.

Der Schaden kann durch Tun oder Unterlassen zugefügt worden sein. Entscheidend ist, dass das Verhalten des Schädigers ursächlich für den Schaden ist und der Eintritt des Schadens objektiv vorhersehbar war. Die Ansprüche ergeben sich etwa aus den § 280 ff. (vertragliche Pflichtverletzung) oder aus den §§ 823 ff. (unerlaubte Handlung).

Die §§ 249-254 sind keine eigenen Anspruchsgrundlagen!

Art und Umfang des Schadensersatzes bestimmen sich nach den §§ 249-254.

Anspruchsgrundlagen auf Schadensersatz:

- Unerlaubte Handlung, §§ 823 ff.
- Zu vertretende Pflichtverletzung bei Schuldverhältnissen:
  - Schadensersatz statt der Leistung bei Verträgen, §§ 281 ff, 440, 536 a, 636 (positives Interesse)
  - Schadensersatz wegen Verletzung anderer Rechtsgüter bei Verträgen, § 280 I (negatives Interesse)
  - Schadensersatz bei vorvertraglichen Schuldverhältnissen, §§ 311 II, 241 II, 280 I (negatives Interesse)
- Verschuldensunabhängig bei Schuldverhältnissen: Ersatz des Vertrauensschadens (negatives Interesse), §§ 122 I, 179 I,

Bei Schadensersatzansprüchen, die sich aus Schuldverhältnissen ergeben, unterscheidet man positives und negatives Interesse.

- Negatives Interesse: Der geschädigte Gläubiger soll nur den Schaden ersetzt bekommen, den er dadurch erleidet, dass er auf die Existenz des Schuldverhältnisses vertraut hat.
- Positives Interesse: Der geschädigte Gläubiger soll gestellt werden, wie wenn die geschuldete Leistung ordnungsgemäß erbracht worden wäre.

Art und Umfang des Schadensersatzes

§ 249

(1) Wer zum Schadensersatz verpflichtet ist, hat den Zustand herzustellen, der bestehen würde, wenn der zum Ersatz verpflichtende Umstand nicht eingetreten wäre.

(2) Ist wegen Verletzung einer Person oder wegen Beschädigung einer Sache Schadensersatz zu leisten, so kann der Gläubiger statt der Herstellung den dazu erforderlichen Geldbetrag verlangen. [...]

§ 249 drückt den zentralen Gedanken des Schadensrechts aus. Der Geschädigte muss so gestellt werden, als wäre nichts geschehen. Der Jurist spricht deshalb von »Naturalrestitution«. Soweit dies nicht möglich oder zumutbar ist, kann der Geschädigte Schadensersatz in Geld verlangen (§§ 249 II, 250 ff.).

Beispiel: Nach einem Autounfall kann der Geschädigte das zur Reparatur erforderliche Geld verlangen.

Schadensersatz in Geld

§ 251

(1) Soweit die Herstellung nicht möglich oder zur Entschädigung des Gläubigers nicht genügend ist, hat der Ersatzpflichtige den Gläubiger in Geld zu entschädigen.

(2) Der Ersatzpflichtige kann den Gläubiger in Geld entschädigen, wenn die Herstellung nur mit unverhältnismäßigen Aufwendungen möglich ist [...].

Herstellungskosten, § 251 I: Bei der Verletzung einer Person oder Beschädigung einer Sache hat der Geschädigte nach § 249 II ein Wahlrecht zwischen Naturalrestitution und Geldersatz. Nach § 251 I kann der Geschädigte außerdem Geldersatz für Schäden beanspruchen, bei denen Naturalrestitution schon deshalb ausscheidet, weil die Wiederherstellung des früheren Zustandes gar nicht möglich ist.

Geldersatz für die Herstellungskosten

Beispiel: Ein Auto ist bei einem Unfall verbrannt.

Unverhältnismäßige Herstellungskosten, § 251 II: Nur Wertersatz und kein Ersatz der Herstellungskosten schuldet der Schädiger nach § 251 II 1, wenn die Kosten der Wiederherstellung unverhältnismäßig hoch sind.

Wertersatz bei unverhältnismäßiger Wiederherstellung

Beispiel: Der Zeitwert des Autos ist 500 €; die Reparatur würde 4.000 € kosten. Hier kann nicht Wiederherstellung verlangt werden.

§ 252

Entgangener Gewinn

Der zu ersetzende Schaden umfasst auch den entgangenen Gewinn. Als entgangen gilt der Gewinn, welcher nach dem gewöhnlichen Laufe der Dinge oder nach den besonderen Umständen, insbesondere nach den getroffenen Anstalten und Vorkehrungen, mit Wahrscheinlichkeit erwartet werden konnte.

§ 252 S. 1 gilt nur als Klarstellung, denn der entgangene Gewinn ist schon nach § 249 zu ersetzen. § 252 S. 2 entbindet von der Last, einen konkreten Schaden beweisen zu müssen.

Beispiel: Ein Selbständiger kann nach einem Unfall drei Wochen nicht arbeiten; nach § 252 S. 2 kann er zusätzlich Verdienstausfall fordern.

§ 253

Immaterieller Schaden

(1) Wegen eines Schadens, der nicht Vermögensschaden ist, kann Entschädigung in Geld nur in den durch das Gesetz bestimmten Fällen gefordert werden.

(2) Ist wegen einer Verletzung des Körpers, der Gesundheit, der Freiheit oder der sexuellen Selbstbestimmung Schadensersatz zu leisten, kann auch wegen des Schadens, der nicht Vermögensschaden ist, eine billige Entschädigung in Geld gefordert werden.

Schmerzensgeld nur
ausnahmsweise

Nach § 253 I kann für Nichtvermögensschäden (ideeller Schaden) nur in den ausdrücklich im Gesetz geregelten Fällen Geldersatz beansprucht werden. Gem. § 253 II wird immer Schmerzensgeld gewährt bei Verletzungen der körperlichen Integrität. Voraussetzung ist jedoch, dass ein Grundanspruch aus Gesetz (z. B. unerlaubte Handlung, § 823) oder Vertrag (z. B. ärztlicher Behandlungsfehler – Schadensersatz aus Dienstvertrag, §§ 611, 280 I) besteht.

Beispiel: Kein Ersatz für den Ärger, wenn man wegen Autounfalls einen Termin verpasst (§ 253 I). Aber Schmerzensgeld für Schleudertrauma nach Unfall (§§ 823, 253 II).

§ 254

• § 276

Mitverschulden

(1) Hat bei der Entstehung des Schadens ein Verschulden des Beschädigten mitgewirkt, so hängt die Verpflichtung zum Ersatz sowie der Umfang des zu leistenden Ersatzes von den Umständen, insbesondere davon ab, inwieweit der Schaden vorwiegend von dem einen oder dem anderen Teil verursacht worden ist. [...]

- Mitverschulden, § 254 I: Der Anspruch auf Schadensersatz mindert sich oder entfällt vollständig, wenn der Geschädigte den Schaden mit verursacht hat.

Mitverschulden mindert.

Beispiel: Frenzen hat Schumacher beim Unfall die Vorfahrt genommen; Schumacher ist jedoch im Wohngebiet 80 km/h gefahren.

- Ungenügende Schadensabwendung, § 254 II 1: Wenn der Geschädigte nicht in ausreichendem Umfang zur Schadensabwendung oder -minderung beigetragen hat, wird der Anspruch auf Schadensersatz entsprechend gemindert.

Beispiel: Schumacher nimmt sich als Ersatz einen Mietwagen zum Tagestarif, obwohl der Wochentarif billiger ist.

- Mitverschulden des Erfüllungsgehilfen, § 254 II 2: Der Vertragspartner muss sich auch das Mitverschulden seines Erfüllungsgehilfen (§ 278) zurechnen lassen.

Umfang des Schadensersatzes	
§§ 249 ff. Art und Umfang / \	
Naturalrestitution	Wertersatz
§ 249 I tatsächliche Wiederherstellung des ursprünglichen Zustands	§ 251 I 1. Alt Ersatz bei Unmöglichkeit der Wiederherstellung
§ 249 II 1 Geldersatz zur Herstellung des ursprünglichen Zustandes (besondere Form der Naturalherstellung)	§ 251 I 2. Alt. Ersatz bei Unzulänglichkeit der Wiederherstellung
§ 252 Ersatz des entgangenen Gewinns (hat gegenüber § 249 I nur klarstellende Funktion)	§ 251 II Ersatz bei Unzumutbarkeit der Wiederherstellung
§ 253, Schmerzensgeld	
§ 254, Minderung des Schadensersatzes wegen Mitverschuldens	

1.3. Art und Weise der Leistung

§ 266

Teilleistungen

> Der Schuldner ist zu Teilleistungen nicht berechtigt.

Der Gläubiger kann verlangen, dass die geschuldete Leistung voll und ganz zum fälligen Termin bewirkt wird. Allerdings ist es möglich, vertraglich etwas anderes zu vereinbaren.

§ 267

≠ § 613

Leistung durch Dritte

> (1) Hat der Schuldner nicht in Person zu leisten, so kann auch ein Dritter die Leistung bewirken. Die Einwilligung des Schuldners ist nicht erforderlich.
>
> (2) Der Gläubiger kann die Leistung ablehnen, wenn der Schuldner widerspricht.

Soweit nichts anderes vereinbart ist, muss der Schuldner nicht persönlich leisten.

Beispiel: Beim Kaufvertrag kann es dem Verkäufer egal sein, wer den Kaufpreis zahlt. Bei Dienstverträgen ist es häufig der Fall, dass es dem Vertragspartner auf eine bestimmte Person ankommt (vgl. § 613): »Ich will vom Chefarzt persönlich behandelt werden.«

§ 268

Ablösungsrecht des gefährdeten Dritten

> (1) Betreibt der Gläubiger die Zwangsvollstreckung in einen dem Schuldner gehörenden Gegenstand, so ist jeder, der Gefahr läuft, durch die Zwangsvollstreckung ein Recht an dem Gegenstand zu verlieren, berechtigt, den Gläubiger zu befriedigen. Das gleiche Recht steht dem Besitzer einer Sache zu [...].
>
> (2) Die Befriedigung kann auch durch Hinterlegung oder durch Aufrechnung erfolgen.
>
> (3) Soweit der Dritte den Gläubiger befriedigt, geht die Forderung auf ihn über. Der Übergang kann nicht zum Nachteil des Gläubigers geltend gemacht werden.

Ein Dritter, der ein Interesse daran hat, dass eine Sache (Grundstück oder bewegliche Sache) nicht zwangsvollstreckt wird, kann den Gläubiger befriedigen (§ 268 I), um dies zu verhindern.

Beispiel: Hausmieter begleicht Forderung gegen den Eigentümer, um eine drohende Beschlagnahme zu verhindern. Damit geht diese Forderung nach § 268 III auf den Mieter über.

Leistungsort

§ 269

↪ § 446, § 447, § 644

(1) Ist ein Ort für die Leistung weder bestimmt noch aus den Umständen, insbesondere aus der Natur des Schuldverhältnisses, zu entnehmen, so hat die Leistung an dem Ort zu erfolgen, an welchem der Schuldner zur Zeit der Entstehung des Schuldverhältnisses seinen Wohnsitz hatte.

Der Leistungsort bestimmt das »Wo«.

(2) Ist die Verbindlichkeit im Gewerbebetrieb des Schuldners entstanden, so tritt, wenn der Schuldner seine gewerbliche Niederlassung an einem anderen Ort hatte, der Ort der Niederlassung an die Stelle des Wohnsitzes.

(3) Aus dem Umstand allein, dass der Schuldner die Kosten der Versendung übernommen hat, ist nicht zu entnehmen, dass der Ort, nach welchem die Versendung zu erfolgen hat, der Leistungsort sein soll.

Der Ort, an dem die Leistung zu bewirken ist, heißt Leistungs- oder Erfüllungsort. Der Erfüllungsort wird bestimmt entweder durch Parteivereinbarung oder durch Gesetz (§ 269). Davon zu unterscheiden ist der Erfolgsort, wo der rechtsgeschäftliche Erfolg eintritt. Bei Hol- und Bringschuld fallen beide zusammen.

Am Erfüllungsort ist die Leistung zu erbringen.

Arten von Schulden nach dem Leistungsort:

- Holschuld
- Bringschuld
- Schickschuld

Holschuld: Gesetzlicher Regelfall (§ 269 I, II); Erfüllungsort ist beim Schuldner.

Beispiel: Dürer kauft ein Bild bei Goya und holt es dort ab. Mit der Übereignung des Bildes erfüllt der Verkäufer Goya seine Pflicht aus § 433 I. Gleichzeitig tritt der Leistungserfolg ein.

Bringschuld: Erfüllungsort ist beim Gläubiger. Der Schuldner muss die Leistung beim Gläubiger erbringen.

Schickschuld: Der Schuldner muss dem Gläubiger die »Leistung« schicken (z.B. Post oder Spedition).

Leistungsort und Erfolgsort fallen bei der Schickschuld auseinander. Leistungsort ist der Wohnsitz des Schuldners, der das seinerseits Erforderliche getan hat, wenn er die Sache absendet. Erfolgsort ist dort, wo der Gläubiger die Leistung hinschicken lässt. Der § 269 III sagt aus, dass allein aus der Tatsache der Versendung nicht auf eine Schickschuld geschlossen werden kann. Vgl. auch Versendungskauf (§ 447).

Beispiel: K kauft Bild bei V; V soll es per UPS an K liefern lassen. Die Übereignung nach § 929 ist erst dann vollendet, wenn K den Besitz erlangt. V hat jedoch bereits geleistet, sobald er das Bild ordentlich verpackt und beschriftet an UPS übergeben hat.

§ 270

≠ § 243
↳ § 276 I 1

Zahlungsort

(1) Geld hat der Schuldner im Zweifel auf seine Gefahr und seine Kosten dem Gläubiger an dessen Wohnsitz zu übermitteln.

(2) Ist die Forderung im Gewerbebetrieb des Gläubigers entstanden, so tritt, wenn der Gläubiger seine gewerbliche Niederlassung an einem anderen Ort hat, der Ort der Niederlassung an die Stelle des Wohnsitzes.

(3) Erhöhen sich infolge einer nach der Entstehung des Schuldverhältnisses eintretenden Änderung des Wohnsitzes oder der gewerblichen Niederlassung des Gläubigers die Kosten oder die Gefahr der Übermittelung, so hat der Gläubiger im ersteren Falle die Mehrkosten, im letzteren Falle die Gefahr zu tragen.

(4) Die Vorschriften über den Leistungsort bleiben unberührt.

Geld ist eine qualifizierte Schickschuld.

Geld ist eine qualifizierte Schickschuld mit der Besonderheit, dass das Geld auf Risiko des Schuldners reist. Der Schuldner hat mit dem Abschicken das Erforderliche getan; er haftet dafür, dass das Geld auch ankommt, nicht aber, dass es rechtzeitig ankommt.

§ 271

↳ § 556b, § 488 II,
  § 614, § 641

Das »Wann« der Leistung

Leistungszeit

(1) Ist eine Zeit für die Leistung weder bestimmt noch aus den Umständen zu entnehmen, so kann der Gläubiger die Leistung sofort verlangen, der Schuldner sie sofort bewirken.

(2) Ist eine Zeit bestimmt, so ist im Zweifel anzunehmen, dass der Gläubiger die Leistung nicht vor dieser Zeit verlangen, der Schuldner aber sie vorher bewirken kann.

Unter Leistungszeit versteht man einerseits den Zeitpunkt, zu dem der Schuldner die Leistung erbringen »darf«, und andererseits den Zeitpunkt der Fälligkeit, also wann der Schuldner die Leistung erbringen »muss«. Wenn keine Parteivereinbarung über die Zeit der Leistung getroffen wurde, gelten die gesetzlichen Vorschriften (§ 271; Miete, § 556 b; Darlehen, § 609; Dienstvertrag, § 614).

Zurückbehaltungsrecht § 273

(1) Hat der Schuldner aus demselben rechtlichen Verhältnis, auf dem seine Verpflichtung beruht, einen fälligen Anspruch gegen den Gläubiger, so kann er, sofern nicht aus dem Schuldverhältnis sich ein anderes ergibt, die geschuldete Leistung verweigern, bis die ihm gebührende Leistung bewirkt wird (Zurückbehaltungsrecht).

(2) Wer zur Herausgabe eines Gegenstands verpflichtet ist, hat das gleiche Recht, wenn ihm ein fälliger Anspruch wegen Verwendungen auf den Gegenstand oder wegen eines ihm durch diesen verursachten Schadens zusteht, es sei denn, dass er den Gegenstand durch eine vorsätzlich begangene unerlaubte Handlung erlangt hat.

(3) Der Gläubiger kann die Ausübung des Zurückbehaltungsrechts durch Sicherheitsleistung abwenden. Die Sicherheitsleistung durch Bürgen ist ausgeschlossen.

Einrede des Zurückbehaltungsrechts aus § 273 I: *Einrede*

*   Beide Parteien müssen einen Anspruch haben
*   Anspruch des Schuldners muss fällig sein, § 271
*   Die Ansprüche müssen aus demselben rechtlichen Verhältnis stammen (nicht unbedingt aus »einem« Vertrag, einheitlicher Lebensvorgang reicht aus)

↳ das Zurückbehaltungsrecht gibt dem Schuldner eine »Einrede« mit der Wirkung, dass der Schuldner zur Erfüllung Zug um Zug zu verurteilen ist (§ 274).

Beispiel: Junghans hat im Auftrag (§ 662) des Rolex eine Taschenuhr ersteigert. Rolex verlangt sie von Junghans heraus. Dieser kann die Herausgabe nach § 273 I verweigern, bis Rolex ihm die Aufwendungen(des verauslagten Kaufpreises) nach § 670 erstattet.

Der § 273 II betrifft das Zurückbehaltungsrecht bei Verwendungen auf Gegenstände und ist vor allem im Zusammenhang mit dem Zurückbehaltungsrecht des Besitzers zu sehen (§ 1000).

1.4. Verschulden

Im BGB gilt der Grundsatz, dass man nur für das einzustehen hat, was man auch verschuldet hat (vgl. z.B. §§ 823 ff.). Der Jurist nennt das auch »Verschuldensprinzip«. Allerdings ist dieser Grundsatz häufig durchbrochen. So ist z.b. § 433 I 2 (Haftung für Sachmängel beim Kauf) eine verschuldensunabhängige Garantiehaftung, während z.B. § 833 S. 1 (Haftung des Tierhalters), § 1 Produkthaftungsgesetz oder § 7 Straßenverkehrsgesetz Gefährdungshaftungen darstellen.

§ 276

• §§ 277, 278
• § 287 S. 2
↳ §§ 280 ff.
↳ §§ 823 ff.

Verantwortlichkeit des Schuldners

(1) Der Schuldner hat Vorsatz und Fahrlässigkeit zu vertreten, wenn eine strengere oder mildere Haftung weder bestimmt noch aus dem sonstigen Inhalt des Schuldverhältnisses, insbesondere aus der Übernahme einer Garantie oder eines Beschaffungsrisikos zu entnehmen ist. Die Vorschriften der §§ 827 und 828 finden entsprechende Anwendung

(2) Fahrlässig handelt, wer die im Verkehr erforderliche Sorgfalt außer Acht lässt.

(3) Die Haftung wegen Vorsatzes kann dem Schuldner nicht im Voraus erlassen werden.

Vorsätzliche Schädigungen können außer für Erfüllungsgehilfen (§ 278 S. 2) vertraglich nicht ausgeschlossen werden.

§ 276 gilt sowohl innerhalb schon bestehender Schuldverhältnisse als auch im Deliktsrecht, §§ 823 ff., wo das Schuldverhältnis durch die unerlaubte Handlung erst begründet wird. Nach § 276 I 1 hat der Schuldner Vorsatz und Fahrlässigkeit zu vertreten. Daneben haftet er auch, wenn er eine Garantie (z. B. die Zusicherung einer Eigenschaft der Kaufsache, vgl. § 443) oder wenn er das Beschaffungsrisiko (z. B. bei Gattungsschulden) übernommen hat.

Vorsatz ist das Wissen und Wollen des rechtswidrigen Erfolgs.

Legaldefinition: Vorsatz und Fahrlässigkeit

Beispiel: Wenn der Wirt dem Gast absichtlich Rotwein über die Hose schüttet, handelt er vorsätzlich. Wurde er unter Drogen gesetzt, fehlt nach §§ 276 I 2, 827 S. 1 der Vorsatz. Hat er sich wissentlich in den Rauschzustand gebracht, ist er nach § 827 S. 2 dennoch verantwortlich.

Fahrlässig handelt, wer die im Verkehr erforderliche Sorgfalt außer Acht lässt, § 276 II.

Beispiel: Wenn der Wirt seine Küche nicht sauber hält und den Gästen Salmonellen serviert, handelt er fahrlässig.

Sorgfalt in eigenen Angelegenheiten

§ 277

Wer nur für diejenige Sorgfalt einzustehen hat, welche er in eigenen Angelegenheiten anzuwenden pflegt, ist von der Haftung wegen grober Fahrlässigkeit nicht befreit.

• § 708, § 1664
≠ § 276 III

In manchen Fällen reduziert das Gesetz die Haftung auf die eigenübliche Sorgfalt (z.B. Eltern gegenüber ihren Kindern, § 1664). Während Fahrlässigkeit in § 276 eine objektive Dimension hat, stellt die eigenübliche Sorgfalt subjektiv auf den einzelnen ab. Grobe Fahrlässigkeit liegt vor, wenn die Verletzung der Sorgfalt besonders schwerwiegend ist (§ 277).

Beispiel: Indiana Jones hat andere Sorgfaltsvorstellungen als der verbeamtete Sicherheitsbeauftragte.

Haftung für den Erfüllungsgehilfen

§ 278

Der Schuldner hat ein Verschulden seines gesetzlichen Vertreters und der Personen, deren er sich zur Erfüllung seiner Verbindlichkeit bedient, in gleichem Umfange zu vertreten wie eigenes Verschulden. Die Vorschrift des § 276 Abs. 3 findet keine Anwendung.

• § 276
≠ § 831
≠ § 276 III

Haftung für den Erfüllungsgehilfen nach § 278:

Haftung

• Verschulden (§ 276) einer Person,

• die mit Wissen und Wollen des Schuldners in dessen Pflichtenkreis tätig wird (Erfüllungsgehilfe)

• das Verschulden der Hilfsperson muss im Zusammenhang mit der Erfüllung schuldrechtlicher Verpflichtungen stehen

↳ das Verschulden des Erfüllungsgehilfen wird dem Schuldner zugerechnet

§ 278 gilt nur innerhalb bestehender Schuldverhältnisse, nicht aber bei §§ 823 ff., wenn das Schuldverhältnis erst durch die unerlaubte Handlung begründet wird (dort nur Haftung nach § 831).

§ 278 gilt nur innerhalb bestehender Schuldverhältnisse.

Der Restaurator R soll für den Kunstsammler K dessen Picasso renovieren (Werkvertrag, § 631). Der Geselle G zerstört das Bild, indem er aus Versehen Lösungsmittel darüber schüttet. K hat gegen R einen Schadensersatzanspruch aus dem Werkvertrag, weil die Fahrlässigkeit bzw. das Verschulden des G (§ 276) dem R zugerechnet wird (§ 278). Aus der Haftung des Verrichtungsgehilfen gem. § 831 würde K hingegen leer ausgehen, wenn R nachweisen könnte, dass er G sorgfältig ausgesucht hat (Exkulpation).

1.5. Unmöglichkeit (Ausschluss der Leistungspflicht)

Bei Pflichtverletzungen innerhalb von Schuldverhältnissen spricht man von Leistungsstörungen.

Aus jedem Schuldverhältnis ergeben sich Pflichten. Wird eine solche Pflicht verletzt, spricht man im BGB von Leistungsstörungen. Grundnorm ist § 280, der bei Pflichtverletzungen Schadensersatz zuerkennt. Für folgende Pflichtverletzungen existieren detaillierte Regelungen: 1. Unmöglichkeit (Ausschluss der Leistungspflicht, § 275) 2. Verzug (§ 286) 3. Mängel (§§ 434 ff., 536 ff., § 633 ff.).

Die Unmöglichkeit ist nicht zusammenhängend geregelt.

In dieser Reihenfolge werden Leistungsstörungen geprüft. Man beginnt mit der Frage: Ist die Erbringung der Leistung für den Schuldner überhaupt noch möglich bzw. zumutbar? Lautet die Antwort »nein« ist die Leistungspflicht ausgeschlossen, weil die Leistung tatsächlich bzw. praktisch unmöglich ist. Die Rechtsfolgen der Unmöglichkeit sind in §§ 275, 280, 283 bis 285, 311 a, 326 geregelt. § 275 regelt Unmöglichkeit bei allen Schuldverhältnissen und steht im Kapitel »Inhalt der Schuldverhältnisse«. Dagegen behandelt § 326 die Unmöglichkeit bei gegenseitigen Verträgen, während § 311 a die anfängliche Unmöglichkeit regelt.

§ 275

↳ §§ 280 ff., § 311 a
↳ § 326
≠ § 313

Ausschluss der Leistungspflicht (Unmöglichkeit)

(1) Der Anspruch auf Leistung ist ausgeschlossen, soweit diese für den Schuldner oder für jedermann unmöglich ist.

(2) Der Schuldner kann die Leistung verweigern, soweit diese einen Aufwand erfordert, der unter Beachtung des Inhalts des Schuldverhältnisses und der Gebote von Treu und Glauben in einem groben Missverhältnis zu dem Leistungsinteresse des Gläubigers steht. Bei der Bestimmung der dem Schuldner zuzumutenden Anstrengungen ist auch zu berücksichtigen, ob der Schuldner das Leistungshindernis zu vertreten hat.

(3) Der Schuldner kann die Leistung ferner verweigern, wenn er die Leistung persönlich zu erbringen hat und sie ihm unter Abwägung des seiner Leistung entgegenstehenden Hindernisses mit dem Leistungsinteresse des Gläubigers nicht zugemutet werden kann.

(4) Die Rechte des Gläubigers bestimmen sich nach den §§ 280, 283 bis 285, 311 a und 326.

Nach § 275 gibt es echte und faktische Unmöglichkeit.

§ 275 geht davon aus, dass niemand verpflichtet werden kann, eine unmögliche Leistung zu erbringen, weshalb der Schuldner bei Unmöglichkeit von der Leistungspflicht frei wird (§ 275 I). Gem. § 275 II und III gilt dasselbe, wenn die Leistung objektiv zwar noch möglich ist, aber das Gebot von Treu und Glauben eine Leistungserbringung des Schuldners unzumutbar macht.

Rechtsvernichtende Einwendung, § 275 I (echte Unmöglichkeit):

- niemand kann leisten (Unmöglichkeit), § 275 I 2. Alt. oder
- der Schuldner kann nicht leisten (Unvermögen), § 275 I 1. Alt.
- unerheblich, wann Unmöglichkeit eintritt (vor oder nach Vertragsschluss); vgl. § 311 a I
- ⇨ Befreiung von der Leistungspflicht, § 275 I

Beispiel: Das geliehene Buch kann nicht mehr zurückgegeben werden, weil es beim Lesen auf der Kreuzfahrt ins Meer gefallen ist.

Weitere Gründe für Unmöglichkeit nach § 275 I:

- reale Gründe:

Kaufsache wird vor Übereignung zerstört

- rechtliche Gründe:

Kaufsache gehört nicht dem Schuldner

- Wegfall des Leistungsobjekts:

Das zu streichende Haus brennt ab

- Zweckerreichung:

Der Patient wird vor Eintreffen des Arztes wieder gesund

Rechtshemmende Einrede, § 275 II (faktische Unmöglichkeit):

- die Leistung ist möglich, aber
- dem Schuldner nicht zumutbar, weil
- grobes Missverhältnis von Aufwand und Leistungsinteresse des Gläubigers
- dabei zu beachten:
  - Inhalt des Schuldverhältnisses
  - Gebot von Treu und Glauben (§ 242)
  - Vertretenmüssen des Leistungshindernisses, §§ 275 II 2, 276
- keine Störung der Geschäftgrundlage, § 313
- ⇨ dauerndes Leistungsverweigerungsrecht, § 275 II 1

Beispiel: Casanova hat sich einen Ehering ausgeliehen, kann ihn aber nicht zurückgeben (§ 604), weil er ihm entwendet und in einen See geworfen wurde. Die Bergung wäre zwar theoretisch möglich, aber im Verhältnis zum Ring viel zu teuer, weshalb Casanova die Rückgabe nach § 275 II verweigern kann.

Einwendung

Einrede

Auch bei Unzumutbarkeit Ausschluss der Leistungspflicht

Einrede

Rechtshemmende Einrede gem. § 275 III (persönliche Unzumutbarkeit):

- die Leistung ist persönlich zu erbringen
- die Leistung ist auch möglich, aber
- Missverhältnis von Leistungshindernis und Leistungsinteresse des Gläubigers
- ⬎ dauerndes Leistungsverweigerungsrecht, § 275 III

Ähnliche Fälle wie § 275 III (persönliche Unzumutbarkeit) regelt § 313 (Störung der Geschäftsgrundlage).

Beispiel: Opernsängerin weigert sich aufzutreten, weil ihr Kind lebensgefährlich erkrankt ist.

Die Absätze 1 bis 3 von § 275 regeln, was bei Unmöglichkeit mit der Leistungspflicht (z.B. Lieferung der Kaufsache) geschieht. Was mit der Gegenleistungspflicht geschieht (z.B. Zahlung des Kaufpreises) bzw. welche Rechte der Gläubiger der Leistung hat, leitet sich aus den Verweisen in § 275 IV ab.

Rechte des Gläubigers nach § 275 IV:

Rechte des

Gläubigers

- echte Unmöglichkeit nach § 275 I oder
- praktische Unmöglichkeit, §§ 275 II, III
- ⬎ Herausgabe des Ersatzes, § 285
- ⬎ Befreiung von der Gegenleistungspflicht, § 326

Bei Unmöglichkeit kann der Gläubiger zurücktreten oder Ersatz verlangen.

- bei Vertretenmüssen, § 280 I 2 oder
- bei wissentlicher, anfänglicher Unmöglichkeit, § 311 a
- ⬎ Anspruch auf Schadensersatz statt der Leistung, §§ 283, 280 I, 281 I 2, III, V, 311 a II

⬎ Anspruch auf Aufwendungsersatz, § 284

Beispiel: Volker verkauft an Karsten einen gebrauchten BMW für 10.000 €. Dieser wird jedoch vor Übergabe durch einen Brand zerstört. Volker muss nach § 275 I nicht liefern (§ 433 I), verliert nach § 326 I aber auch seinen Zahlungsanspruch (§ 433 II). Karsten kann die Versicherungsleistung, die Volker von der »Voll-Kasko« erhält, fordern (§ 285). Wenn Volker den Brand gelegt hat (Verschulden, § 276), kann Karsten von ihm die Differenz zwischen Kaufpreis (10.000 €) und Marktpreis (12.000 €), also 2.000 € fordern (§ 283). Alternativ kann Karsten auch die Kosten für einen BMW-Spoiler, den er sich schon gekauft hat, als Aufwendungsersatz fordern (§ 284). Letztere Ansprüche greifen auch, wenn der BMW schon vor Abschluss des Kaufvertrags zerstört war und V davon wusste (§ 311 a II).

1.6. Schadensersatz in Schuldverhältnissen

Wird innerhalb eines Schuldverhältnisses eine Pflicht schuldhaft verletzt, so entsteht ein Schadensersatzanspruch. Die zentrale Norm hierbei ist § 280. Alle anderen Formen von Schadensersatz wie etwa »Schadensersatz statt der Leistung« leiten sich hieraus ab.

Schadensersatz wegen Pflichtverletzung

(1) Verletzt der Schuldner eine Pflicht aus dem Schuldverhältnis, so kann der Gläubiger Ersatz des hierdurch entstehenden Schadens verlangen. Dies gilt nicht, wenn der Schuldner die Pflichtverletzung nicht zu vertreten hat.

(2) Schadensersatz wegen Verzögerung der Leistung kann der Gläubiger nur unter der zusätzlichen Voraussetzung des § 286 verlangen.

(3) Schadensersatz statt der Leistung kann der Gläubiger nur unter den zusätzlichen Voraussetzungen des § 281, des § 282 oder des § 283 verlangen.

§ 280 ist die Grundnorm für Schadensersatz innerhalb von Schuldverhältnissen. Über die entsprechenden Verweise gilt § 280 I für alle Arten von Leistungsstörungen. Bei Unmöglichkeit, Verzug sowie Schadensersatz statt der Leistung existieren zusätzliche Voraussetzungen (§§ 275 IV, 286, 281, 282). Für Mangelfolgeschäden und bei vorvertraglichem Vertrauensverhältnis (§ 311 II) ist § 280 I alleinige Anspruchsgrundlage (dann aber nur Ersatz des »negativen Interesses«).

Anspruch auf Schadensersatz wegen Pflichtverletzung aus § 280 I:
* Schuldverhältnis
* Pflichtverletzung des Schuldners
* Vertretenmüssen, §§ 280 I 2, 276, 278 (Beweislastumkehr)
* Schaden und Kausalität
* Ggf. weitere Vssg. in §§ 281, 282, 283
* bei Verzögerungsschaden §§ 280 II, 286
* ↳ Ersatz des durch die Pflichtverletzung entstandenen Schadens, §§ 280 I 1, 249 ff.

Beispiel: Luzifer liefert absichtlich einen defekten Heizofen, der zum Wohnungsbrand führt. Der Käufer Gabriel kann von Luzifer Schadensersatz für die zerstörte Wohnung nach § 280 I verlangen.

---

§ 280

* §§ 281 ff.
* §§ 276, 278
* § 286
↳ §§ 249 ff.

§ 280 I ist die Grundnorm für Schadensersatz in Schuldverhältnissen.

§ 280 I als alleinige Anspruchsgrundlage stellt nur so, als hätte das Schuldverhältnis nie existiert (negatives Interesse).

Anspruch

Ansprüche die nun nach § 280 I bestehen, wurden vor der Schuldrechtsreform aus positiver Vertragsverletzung (PVV) hergeleitet.

§ 281

- § 271
- § 280 I, §§ 276, 278
- §§ 437 Nr. 3, 440
- § 536
- §§ 634 Nr. 4, 636
- ✎ §§ 249 ff.
- ✎ §§ 346 – 348
- ✎ § 323

Schadensersatz statt der Leistung wegen nicht oder nicht wie geschuldet erbrachter Leistung

(1) Soweit der Schuldner die fällige Leistung nicht oder nicht wie geschuldet erbringt, kann der Gläubiger unter den Voraussetzungen des § 280 Abs. 1 Schadensersatz statt der Leistung verlangen, wenn er dem Schuldner erfolglos eine angemessene Frist zur Leistung oder Nacherfüllung bestimmt hat. Hat der Schuldner eine Teilleistung bewirkt, so kann der Gläubiger Schadensersatz statt der ganzen Leistung nur verlangen, wenn er an der Teilleistung kein Interesse hat. Hat der Schuldner die Leistung nicht wie geschuldet bewirkt, so kann der Gläubiger Schadensersatz statt der ganzen Leistung nicht verlangen, wenn die Pflichtverletzung unerheblich ist.

(2) Die Fristsetzung ist entbehrlich, wenn der Schuldner die Leistung ernsthaft und endgültig verweigert oder wenn besondere Umstände vorliegen, die unter Abwägung der beiderseitigen Interessen die sofortige Geltendmachung des Schadenersatzanspruchs rechtfertigen.

(3) Kommt nach der Art der Pflichtverletzung eine Fristsetzung nicht in Betracht, so tritt an deren Stelle eine Abmahnung.

(4) Der Anspruch auf die Leistung ist ausgeschlossen, sobald der Gläubiger statt der Leistung Schadensersatz verlangt hat.

(5) Verlangt der Gläubiger Schadensersatz statt der ganzen Leistung, so ist der Schuldner zur Rückforderung des Geleisteten nach den §§ 346 bis 348 berechtigt.

Anspruch

Anspruch auf Schadensersatz statt der Leistung wegen Nichterfüllung aus §§ 281 I, 280 I:
- Schuldverhältnis (einseitig oder zweiseitig)
- Leistung fällig, § 271 und einredefrei
- Nichterbringung der Leistung (Verzug) oder
- Schlechterfüllung – »Leistung nicht wie geschuldet erbracht«
- Sach- oder Rechtsmängel bei Kauf-, Miet oder Werkvertrag, §§ 434, 435, 437 Nr. 3, 440, 536, 633, 634 Nr. 4, 636
- Erheblichkeit der Schlechtleistung, § 281 I 3
- Erfüllung der Vssg. aus § 280 I
- Pflichtverletzung (durch Schlecht-/Nichtleistung)
- Vertretenmüssen §§ 280 I 2, 276, 278 (Beweislast beim Schuldner)
- Kausalität von Nichtleistung und Schaden
- Fristsetzung zur Leistung bzw. Nacherfüllung, oder
- endgültige Leistungsverweigerung § 281 II 1. Alt. oder
- Verzichtbarkeit der Frist § 281 II 2. Alt. oder
- Abmahnung statt Fristsetzung bei Unterlassen, § 281 III

- Sondervorschriften in §§ 440, 636

• Bei teilweiser Schlecht-/Nichterfüllung fehlendes Interesse hinsichtlich der ordnungsgemäßen Teilleistung, § 281 I 2

↳ Anspruch auf Schadensersatz statt der Leistung, §§ 281 I 1, 249 ff. (inkl. entgangenem Gewinn = Erfüllungsinteresse)

↳ Anspruch des Schuldners auf Rückgewähr des Geleisteten, §§ 281 V, 346 bis 348

↳ mit Verlangen von Schadensersatz – Wegfall des Anspruches auf Leistung, § 281 IV (rechtsvernichtende Einwendung)

> Schadensersatz statt der Leistung bedeutet, dass der Gläubiger so gestellt wird, als wäre erfüllt worden (positives oder Erfüllungsinteresse).

Beispiel: Bruce kauft bei Zack am 1.6. ein Motorrad (Chopper). Z liefert nicht zum vereinbarten 14.6. B droht die Annahme des Motorrads zu verweigern, falls bis zum 30.6. nicht geliefert wird. Z liefert tatsächlich nicht, weil er das Motorrad anderweitig verkauft hat. B kann Schadensersatz aus § 281 I 1 statt der Leistung verlangen (z. B. Differenz zwischen Kaufpreis und höherem Marktpreis). Die Fristsetzung ist entbehrlich, wenn B das Motorrad etwa für seinen am 15.6. gebuchten Urlaub benötigt und dies Z vorher mitteilte (§ 281 II 2. Alt.), oder wenn Z die Lieferung ernstlich und endgültig ablehnt (§ 281 II 1. Alt.). Dann kann B sofort (am 14.6.) Schadensersatz aus § 281 I 1 verlangen.

Variation: Wenn pünktlich geliefert wird, aber die Bremsen des Motorrads infolge schlechter Wartung durch Z defekt sind, kann B dem Z eine Frist zur Beseitigung des Mangels setzen, §§ 439 I, 281 I 1 und nach Ablauf Schadensersatz statt der Leistung nach § 281 I 1 verlangen. Dies würde jedoch nicht gelten wenn lediglich der Rückspiegel einen Riss hätte (unerhebliche Pflichtverletzung, § 281 I 3). Ist der Bremsendefekt für B nicht ersichtlich und erleidet B deshalb einen Unfall, kann B den daraus resultierenden Schaden aus § 280 I verlangen.

Variation: Bruce bestellt bei John für seine Silvester-Biker-Party 12 Kisten kalifornischen Wein. J liefert bis zum 31.12. morgens nur 6 Kisten, weil er über sein Lagerbestand nicht auf dem Laufenden ist. Trotz dieser Teilleistung kann B Schadensersatz statt der ganzen Leistung verlangen, wenn für das Diner nur eine einheitliche Wein-Sorte akzeptabel ist, § 281 I 2. Damit kann B evtl. Mehrkosten für anderweitige Beschaffung von 12 Kisten geltend machen.

§ 282

- § 241 II
- § 280 I, §§ 276, 278
- ⮑ §§ 249 ff.

Anspruch

§ 282 gewährt Schadens-
ersatz statt der Leistung,
wenn eine nicht leistungs-
bezogene Pflicht verletzt
wird.

Schadensersatz statt der Leistung wegen Verletzung einer Pflicht nach § 241 Abs. 2

Verletzt der Schuldner eine Pflicht nach § 241 Abs. 2, kann der Gläubiger unter den Voraussetzungen des § 280 Abs. 1 Schadensersatz statt der Leistung verlangen, wenn ihm die Leistung durch den Schuldner nicht mehr zuzumuten ist.

Anspruch auf Schadensersatz statt der Leistung wegen Verletzung einer nicht leistungsbezogenen Pflicht aus §§ 282, 280 I:

- Verletzung einer Nebenpflicht gem. § 241 II
- Vssg. des 280 I (Schuldverhältnis, Verschulden, §§ 276, 278)
- Leistung nicht mehr zumutbar
- ⮑ Schadensersatz statt der Leistung, § 282

Beispiel: Der dreiste Bohlen soll bei der Rentnerin Verona die Wohnung weißeln. Seine Arbeit ist nicht zu beanstanden, doch während des Malens singt Bohlen ständig obszöne Lieder. Verona bittet ihn wiederholt, im Hinblick auf ihre christliche Gesinnung damit aufzuhören. Da dies eine von Bohlen verschuldete Verletzung der Rücksichtspflicht aus § 241 II ist, kann Verona Bohlen »entlassen« und für den Restaufwand einen anderen Maler beauftragen. Eventuelle Mehrkosten kann sie als Schadensersatz statt der Leistung aus § 282 verlangen.

§ 283

- § 275 I – III
- §§ 280 I, 276, 278
- ⮑ §§ 281 I 2 u. 3, V, 346 ff.
- ⮑ §§ 249 ff.
- ⮑ § 326

Anspruch

§ 283 gewährt Schadens-
ersatz statt der Leistung bei
Unmöglichkeit.

Schadensersatz statt der Leistung bei Ausschluss der Leistungspflicht

Braucht der Schuldner nach § 275 Abs. 1 bis 3 nicht zu leisten, kann der Gläubiger unter den Voraussetzungen des § 280 Abs. 1 Schadensersatz statt der Leistung verlangen. § 281 Abs. 1 Satz 2 und 3 und Abs. 5 finden entsprechende Anwendung.

Anspruch auf Schadensersatz statt der Leistung bei Ausschluss der Leistungspflicht aus § 283:

- Nachträgliche Leistungsbefreiung gem. § 275 I – III (echte oder praktische Unmöglichkeit)
- Vssg. des 280 I (Schuldverhältnis, Pflichtverletzung, Vertretenmüssen, §§ 280 I 2, 276, 278)
- Bei Teilunmöglichkeit fehlendes Interesse an der Restleistung, §§ 283 S.2, 281 I
- ⮑ Anspruch auf Schadensersatz statt der Leistung, § 283 S. 1
- ⮑ Rückgewähr des Geleisteten, §§ 283 S. 2, 280 V, 346 – 348

Beispiel: Kauf eines LKW, der vor Übereignung durch den Verkäufer aufgrund dessen Verschuldens verbrannt ist. Den Kaufpreis in Höhe

*von 80.000 € hat K noch nicht bezahlt. War der Lastzug 100.000 €
wert, so kann K die Differenz von 20.000 € gem. § 283 S. 1 verlangen.
Es ist aber auch entgangener Gewinn einforderbar (§ 252). Hätte K
den Lastzug für 120.000 € weiterverkaufen können, so kann er 40.000
€ verlangen. Musste sich K für einen dringenden Auftrag einen anderen LKW mieten, kann er zusätzlich auch die Mietkosten verlangen.*

Ersatz vergeblicher Aufwendungen

Anstelle des Schadensersatzes statt der Leistung kann der Gläubiger
Ersatz der Aufwendungen verlangen, die er im Vertrauen auf den Erhalt der Leistung gemacht hat und billigerweise machen durfte, es sei
denn, deren Zweck wäre auch ohne die Pflichtverletzung des Schuldners nicht erreicht worden.

Anspruch auf Ersatz vergeblicher Aufwendungen aus §§ 284, 280:
* Vorliegen der Vssg. eines Anspruches auf Schadensersatz statt der
  Leistung (§§ 281, 282 oder 283 i.V.m. § 280 I)
* Aufwendungen, die billigerweise im Vertrauen auf die Leistung
  getätigt wurden
* Vergeblichkeit der Aufwendungen infolge der Pflichtverletzung
  des Schuldners (Kausalität)
↳ Anspruch auf Ersatz der vergeblichen Aufwendung, § 284

*Beispiel: Kopper nimmt einen Kredit auf (§ 488), um ein Aktienpaket
zu zahlen, das ihm Breuer verkauft hat (§ 433). Breuer hat die Aktien
jedoch mittlerweile an seinen Enkel übertragen (§§ 398, 929), so dass
Erfüllung für ihn nicht mehr möglich ist, § 275 I. Kopper kann Schadensersatz statt der Leistung aus §§ 275 IV, 283 verlangen. Allerdings
sind die Zinsen kein Schaden, da sie nicht kausal auf der Pflichtverletzung »Weiterverkauf« beruhen. Sie wären auch im Fall ordnungsge-
mäßer Erfüllung entstanden. Diese sogenannten »frustrierten Aufwendungen« sind nach § 284 ersatzfähig. Kopper kann die Zinsen für den
– nun sinnlosen Kredit – aus § 284 fordern.*

Herausgabe des Ersatzes

(1) Erlangt der Schuldner infolge des Umstands, auf Grund dessen er
die Leistung nach § 275 Abs. 1 bis 3 nicht zu erbringen braucht, für
den geschuldeten Gegenstand einen Ersatz oder einen Ersatzanspruch,
so kann der Gläubiger Herausgabe des als Ersatz Empfangenen oder
Abtretung des Ersatzanspruchs verlangen.

(2) Kann der Gläubiger statt der Leistung Schadensersatz verlangen, so
mindert sich dieser, wenn er von dem in Absatz 1 bestimmten Recht

---

§ 284

• §§ 281 – 283

Anspruch

Bei »frustrierten Aufwen-
dungen« kann nach § 284
Ersatz verlangt werden.

§ 285

• § 275 I – II
⚡ § 276, 278
↳ § 398
↳ § 326 III

Gebrauch macht, um den Wert des erlangten Ersatzes oder Ersatzanspruchs.

Anspruch

Anspruch auf Herausgabe des Ersatzes aus § 285 I:

Der Anspruch auf Herausgabe des Ersatzes ist verschuldensunabhängig.

- Befreiung von der Leistungspflicht nach §§ 275 I – III (echte oder praktische Unmöglichkeit)
- Erlangen eines Ersatzes durch die Unmöglichkeit, d. h.
- Kausalität von Ersatzerlangung und Unmöglichkeit
- kein Verschulden (§§ 276, 278) erforderlich
- ↳ Anspruch auf Herausgabe des Ersatzes oder
- auf Abtretung (§ 398) des Ersatzanspruchs, § 285 I
- wenn die Ersatzleistung verlangt wird, mindert sich nach § 285 II der Schadensersatz statt der Leistung
- ↳ Fortbestehen der Gegenleistungspflicht nach § 326 III

Beispiel: Student Schussel leiht sich von seinem Freund ein mit besonders nützlichen Hinweisen kommentiertes BGB. In der Mensa fällt es ihm in den Gulaschtopf, so dass er es nicht mehr zurückgeben kann, §§ 604 I, 275 I. Der Freund kann entweder Schadensersatz statt der Leistung, § 283 oder den Versicherungsbetrag, den S von seiner Haftpflichtversicherung erhält, verlangen, § 285 I. Dann mindert sich aber der Schadensersatzanspruch, § 285 II.

Schema zum Schadensersatz nach §§ 280 ff.

Schuld-verhältnis	Pflicht-verletzung	Vertreten-müssen	Kausaler Schaden	Weitere Vorauss.
• Vertrag, • schon existierender Anspruch • sonstiges Vertrauens-verhältnis, § 311	• Leistung gar nicht, zu spät oder schlecht erfüllt • Nebenpflichten verletzt (Rücksicht, Sorgfalt, § 241 II)	• Nach § 281 I 2 vermutet • Verschulden nach §§ 276, 278 • Ggf. auch bei besonderer Risiko-zuweisung, z.B. Gattungs-schuld, Garantie	• Schaden muss durch die Pflichtver-letzung verur-sacht sein	• bei §§ 281 ff., Schadens-ersatz statt der Leistung • Fristsetzung etc. • bei Verzug, § 286

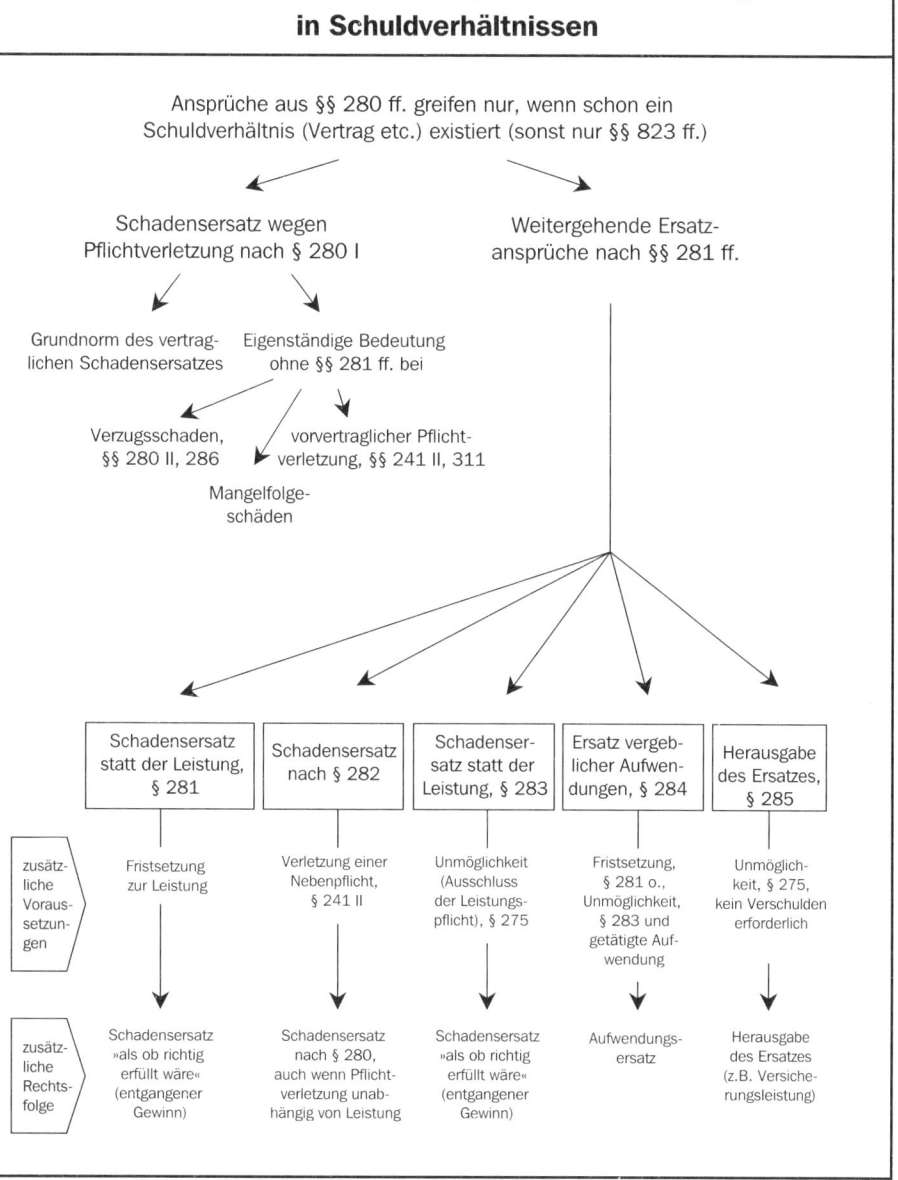

Ansprüche auf Ersatz wegen Pflichtverletzung in Schuldverhältnissen

Ansprüche aus §§ 280 ff. greifen nur, wenn schon ein Schuldverhältnis (Vertrag etc.) existiert (sonst nur §§ 823 ff.)

Schadensersatz wegen Pflichtverletzung nach § 280 I

Weitergehende Ersatzansprüche nach §§ 281 ff.

Grundnorm des vertraglichen Schadensersatzes

Eigenständige Bedeutung ohne §§ 281 ff. bei

Verzugsschaden, §§ 280 II, 286

vorvertraglicher Pflichtverletzung, §§ 241 II, 311

Mangelfolgeschäden

Schadensersatz statt der Leistung, § 281	Schadensersatz nach § 282	Schadensersatz statt der Leistung, § 283	Ersatz vergeblicher Aufwendungen, § 284	Herausgabe des Ersatzes, § 285
zusätzliche Voraussetzungen: Fristsetzung zur Leistung	Verletzung einer Nebenpflicht, § 241 II	Unmöglichkeit (Ausschluss der Leistungspflicht), § 275	Fristsetzung, § 281 o., Unmöglichkeit, § 283 und getätigte Aufwendung	Unmöglichkeit, § 275, kein Verschulden erforderlich
zusätzliche Rechtsfolge: Schadensersatz »als ob richtig erfüllt wäre« (entgangener Gewinn)	Schadensersatz nach § 280, auch wenn Pflichtverletzung unabhängig von Leistung	Schadensersatz »als ob richtig erfüllt wäre« (entgangener Gewinn)	Aufwendungsersatz	Herausgabe des Ersatzes (z.B. Versicherungsleistung)

1.7. Verzug

Von Verzug spricht man, wenn die Leistung oder die Annahme der Leistung durch Versäumnis nicht rechtzeitig erfolgt. Bedeutsam ist die Abgrenzung zwischen Verzug und Unmöglichkeit. Unmöglich ist eine Leistung, wenn sie nicht (mehr) erbracht werden kann. Verzug liegt dagegen dann vor, wenn die Leistung nachholbar ist.

Schuldnerverzug löst Ersatzansprüche aus.

Gläubigerverzug bringt Haftungserleichterungen.

Verzug kann sein:

- Schuldnerverzug (Leistungsverzug, §§ 286 ff., 280 II, 281): *Die Leistung wird zu spät erbracht.*

- Gläubigerverzug (Annahmeverzug, §§ 293 ff.): *Die Leistung wird verspätet angenommen.*

§ 286

- §§ 276, 278
- §§ 13, 14
- ↳ § 280 I, II
- ↳ § 281
- ↳ § 323
- ↳ §§ 287, 288

Verzug des Schuldners

(1) Leistet der Schuldner auf eine Mahnung des Gläubigers nicht, die nach dem Eintritt der Fälligkeit erfolgt, so kommt er durch die Mahnung in Verzug. Der Mahnung stehen die Erhebung der Klage auf die Leistung sowie die Zustellung eines Mahnbescheids im Mahnverfahren gleich.

(2) Der Mahnung bedarf es nicht, wenn

1. für die Leistung eine Zeit nach dem Kalender bestimmt ist,

2. der Leistung ein Ereignis vorauszugehen hat und eine angemessene Zeit für die Leistung in der Weise bestimmt ist, dass sie sich von dem Ereignis an nach dem Kalender berechnen lässt,

3. der Schuldner die Leistung ernsthaft und endgültig verweigert,

4. aus besonderen Gründen unter Abwägung der beiderseitigen Interessen der sofortige Eintritt des Verzugs gerechtfertigt ist.

(3) Der Schuldner einer Entgeltforderung kommt spätestens in Verzug, wenn er nicht innerhalb von 30 Tagen nach Fälligkeit und Zugang einer Rechnung oder gleichwertigen Zahlungsaufstellung leistet; dies gilt gegenüber einem Schuldner, der Verbraucher ist, nur, wenn auf diese Folgen in der Rechnung oder Zahlungsaufstellung besonders hingewiesen worden ist. Wenn der Zeitpunkt des Zugangs der Rechnung oder Zahlungsaufstellung unsicher ist, kommt der Schuldner, der nicht Verbraucher ist, spätestens 30 Tage nach Fälligkeit und Empfang der Gegenleistung in Verzug.

(4) Der Schuldner kommt nicht in Verzug, solange die Leistung infolge eines Umstandes unterbleibt, den er nicht zu vertreten hat.

Merkmale des Schuldnerverzugs:

- Schuldverhältnis
- Erbringbarkeit der Leistung (d.h. keine Unmöglichkeit, § 275)
- Fälligkeit, § 271 und Durchsetzbarkeit
- Nichtleistung
- Mahnung, § 286 I oder
    - kalendarische Fälligkeit, § 286 II Nr. 1 und 2 oder
    - Entbehrlichkeit der Mahnung, § 286 II Nr. 3 und 4 oder
- 30 Tage seit Fälligkeit und Zugang der Rechnung, § 286 III 1 (bei Verbrauchern nach Aufklärung) oder
- 30 Tage nach Fälligkeit und Empfang der Leistung, § 286 III 2
- Vertretenmüssen, §§ 286 IV, 276, 278 (Beweislastumkehr)
- ⇨ Ersatz der Verspätungsschadens gem. § 280 I, II
- ⇨ Schadensersatz statt der Leistung gem. § 281
- ⇨ Rücktrittsrecht, § 323
- ⇨ Verschärfte Haftung, § 287

> Mahnung oder kalendarische Fälligkeiten führen zum Verzug.

Beispiel: Christian (C) hat »Harry Potter« bei Amazon (A) bestellt und erhalten. Weil er nicht zahlt, mahnt ihn A, wodurch nach § 286 I Verzug eintritt. Steht in der Rechnung, dass C zum 1.7. zu zahlen hat bzw. 10 Tage nach Erhalt tritt auch ohne Mahnung Verzug ein, § 286 II Nr. 1 bzw. Nr. 2. Falls davon nichts in der Rechnung steht, kommt C 30 Tage nach Erhalt der Rechnung – ohne Mahnung – in Verzug (Entgeltforderung), wenn in der Rechnung über die Folgen des Verzugs aufgeklärt wird (C ist Verbraucher, § 13), § 286 III 1. Handelt es sich bei C um einen gewerblichen Zwischenhändler (also kein Verbraucher) und ist der Erhalt der Rechnung unsicher, dann tritt 30 Tage nach Erhalt des Buches Verzug ein, § 286 III 2.

Verantwortlichkeit während des Verzugs

Der Schuldner hat während des Verzugs jede Fahrlässigkeit zu vertreten. Er haftet wegen der Leistung auch für Zufall, es sei denn, dass der Schaden auch bei rechtzeitiger Leistung eingetreten sein würde.

§ 287

- § 286
- ≠ § 276

Während des Verzuges muss der Schuldner auch zufällige Schäden ersetzen.

Beispiel: Karajan verkauft dem Sinatra sein Auto, doch liefert er trotz Fälligkeit zum 1.7. nicht, weil er lieber dirigiert (Verzug, §§ 286). Nun schlägt ein Blitz im Fahrzeug ein, und es brennt ab. Trotzdem Karajan die Unmöglichkeit (§ 275) nicht verschuldet hat (§ 276) muss er nach § 287 S. 2 die Unmöglichkeit vertreten und Sinatra kann nach §§ 275 IV, 283, 280 Schadensersatz verlangen.

§ 288

- §§ 286, 280 I
- § 247
- §§ 13, 14

Gem. § 288 kann der Gläubiger bei Verzug Zinsen verlangen, ohne konkret Zinszahlungen nachweisen zu müssen.

Verzugszinsen

(1) Eine Geldschuld ist während des Verzugs zu verzinsen. Der Verzugszinssatz beträgt für das Jahr fünf Prozentpunkte über dem Basiszinssatz.

(2) Bei Rechtsgeschäften, an denen ein Verbraucher nicht beteiligt ist, beträgt der Zinssatz für Entgeltforderungen acht Prozentpunkte über dem Basiszinssatz.

(3) Der Gläubiger kann aus einem anderen Rechtsgrund höhere Zinsen verlangen.

(4) [...]

§ 293

- § 294
- ↘ § 326 II, § 300

Auch der Gläubiger muss sich beeilen.

Annahmeverzug

Der Gläubiger kommt in Verzug, wenn er die ihm angebotene Leistung nicht annimmt.

Annahmeverzug nach § 293:

- Leistungsangebot des Schuldners (§§ 294 ff.)
- Nichtannahme durch den Gläubiger
- ↘ Haftungserleichterung für den Schuldner, § 300 I
- ↘ bei Gattungsschulden Übergang der Leistungsgefahr, § 300 II
- ↘ bei gegenseitigem Vertrag Übergang der Preisgefahr, § 326 II

Beispiel: Biolek bestellt bei Pieroth Wein zur Lieferung am 1.10. (Kaufvertrag, § 433) Pieroth trifft zu diesem Zeitpunkt niemanden bei Biolek an. Nachdem Pieroth den Wein damit vergeblich dem Biolek angeboten hat (Annahmeverzug durch tatsächliches Angebot, §§ 293, 294), wird der Wein im Lager des Pieroth gestohlen. Pieroth wird nach § 275 I von der Schuld frei und kann dennoch den Kaufpreis (§ 433 II) verlangen (§§ 300 II, 326 II).

§ 294

Das tatsächliche Angebot nach § 294 ist der Regelfall.

Tatsächliches Angebot

Die Leistung muss dem Gläubiger so, wie sie zu bewirken ist, tatsächlich angeboten werden.

§ 300

- ≠ § 276
- § 243

Minderung der Haftung

(1) Der Schuldner hat während des Verzugs des Gläubigers nur Vorsatz und grobe Fahrlässigkeit zu vertreten.

(2) Wird eine nur der Gattung nach bestimmte Sache geschuldet, so geht die Gefahr mit dem Zeitpunkt auf den Gläubiger über, in welchem er dadurch in Verzug kommt, dass er die angebotene Sache nicht annimmt.

Beispiel zu § 300 I: Wein fällt während des Gläubigerverzugs durch leichtes Versehen des Verkäufers herunter; der Käufer hat hier keinen Anspruch auf Schadensersatz nach §§ 280, 283, 276, weil der Verkäufer nur grobe Fahrlässigkeit zu vertreten hat.

Beispiel zu § 300 II: Eigentlich ist das Weinliefern eine Bringschuld, d.h. Konkretisierung erst durch Übergabe des Weines, § 243 II. Wegen § 300 II (Angebot) tritt jedoch Konkretisierung und Übergang der Preisgefahr durch Gläubigerverzug ein. Folge bei Untergang des Weines ist, dass der Verkäufer keine Nachlieferungspflicht hat, sondern nach §§ 300 II, 326 II von der Leistung frei wird.

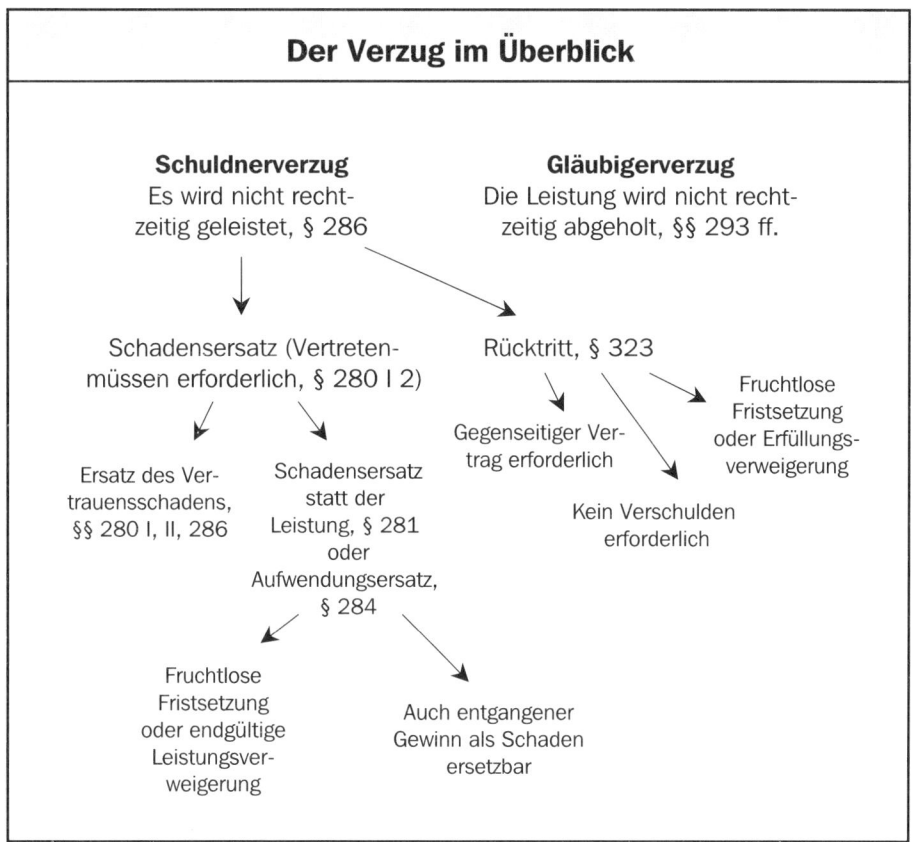

Der Verzug im Überblick

Schuldnerverzug
Es wird nicht rechtzeitig geleistet, § 286

Gläubigerverzug
Die Leistung wird nicht rechtzeitig abgeholt, §§ 293 ff.

Schadensersatz (Vertretenmüssen erforderlich, § 280 I 2)

Rücktritt, § 323

Fruchtlose Fristsetzung oder Erfüllungsverweigerung

Gegenseitiger Vertrag erforderlich

Kein Verschulden erforderlich

Ersatz des Vertrauensschadens, §§ 280 I, II, 286

Schadensersatz statt der Leistung, § 281 oder Aufwendungsersatz, § 284

Fruchtlose Fristsetzung oder endgültige Leistungsverweigerung

Auch entgangener Gewinn als Schaden ersetzbar

1.8. Allgemeine Geschäftsbedingungen

Die Parteien eines Vertrages müssen sich über alle regelungsbedürftigen Punkte einigen. Häufig erleichtert sich eine Vertragspartei den Vertragsabschluss dadurch, dass sie für eine Vielzahl von Verträgen einheitliche Bestimmungen aufstellt, so dass ein Aushandeln der Einzelheiten nicht erforderlich ist.

Allgemeine Geschäftsbedingungen sind oft das »Kleingedruckte« auf der Rückseite von Geschäftspapieren und Formularverträgen.

Diese Bestimmungen werden Allgemeine Geschäftbedingungen, kurz AGB, genannt. Allgemeine Geschäftsbedingungen findet man als »Kleingedrucktes« auf der Rückseite von Geschäftspapieren und Standardverträgen. Die AGB dienen der Fixierung der Vertragseinzelheiten, um die Abwicklung der Geschäfte reibungslos zu gestalten. Andererseits stellen sie oft einen Nachteil für den Kunden dar, weil der AGB-Verwender sie benutzt, um seine Rechtsstellung zu Lasten des Kunden zu verbessern.

Beispiel: Allgemeine Geschäftsbedingungen enthalten Liefer- und Zahlungsbedingungen, Regelungen über Unmöglichkeit, Verzug, Ausschluss der Gewährleistung oder die Ortsbestimmung des Gerichtsstandes, die allesamt den Verwender begünstigen.

Um der rechtlichen Überlegenheit des Verwenders der AGB Grenzen zu setzen, sehen die §§ 305 ff. Schutzvorschriften zugunsten der Kunden vor.

Prüfungsschema für die Wirksamkeit von AGB:

- Anwendungsbereich (§§ 305 I, 310)
- Einbeziehung in den Vertrag
  - Hinweis durch Verwender, Möglichkeit der Kenntnisnahme und Einverständnis des Kunden (§ 305 II, gilt aber nicht gegenüber Unternehmern, § 310 I))
  - keine überraschenden Klauseln (§ 305 c)
  - Individualabreden gehen vor (§ 305 b)
- Inhaltskontrolle
  - Abänderbares Gesetzesrecht (§ 307 III)
  - Klauselverbote (erst § 309, dann § 308, dann § 307 I, II prüfen)
- ⮫ Folge eines Verstoßes ist die Unwirksamkeit der Vertragsklausel und Geltung der gesetzlichen Regelungen (§ 306)

Einbeziehung Allgemeiner Geschäftsbedingungen in den Vertrag

§ 305

(1) Allgemeine Geschäftsbedingungen sind alle für eine Vielzahl von Verträgen vorformulierten Vertragsbedingungen, die eine Vertragspartei (Verwender) der anderen Vertragspartei bei Abschluss eines Vertrags stellt. Gleichgültig ist, ob die Bestimmungen einen äußerlich gesonderten Bestandteil des Vertrags bilden oder in die Vertragsurkunde selbst aufgenommen werden, welchen Umfang sie haben, in welcher Schriftart sie verfasst sind und welche Form der Vertrag hat. Allgemeine Geschäftsbedingungen liegen nicht vor, soweit die Vertragsbedingungen zwischen den Vertragsparteien im Einzelnen ausgehandelt sind.

Definition und Anwendungsbereich der Allgemeinen Geschäftsbedingungen

(2) Allgemeine Geschäftsbedingungen werden nur dann Bestandteil eines Vertrags, wenn der Verwender bei Vertragsschluss

§§ 310, 14

1. die andere Vertragspartei ausdrücklich oder, wenn ein ausdrücklicher Hinweis wegen der Art des Vertragsschlusses nur unter unverhältnismäßigen Schwierigkeiten möglich ist, durch deutlich sichtbaren Aushang am Ort des Vertragsschlusses auf sie hinweist und

2. der anderen Vertragspartei die Möglichkeit verschafft, in zumutbarer Weise, die auch eine für den Verwender erkennbare körperliche Behinderung der anderen Vertragspartei angemessen berücksichtigt, von ihrem Inhalt Kenntnis zu nehmen,

und wenn die andere Vertragspartei mit ihrer Geltung einverstanden ist.

(3) Die Vertragsparteien können für eine bestimmte Art von Rechtsgeschäften die Geltung bestimmter Allgemeiner Geschäftsbedingungen unter Beachtung der in Absatz 2 bezeichneten Erfordernisse im Voraus vereinbaren.

Beispiel: Allgemeine Nutzungsbedingungen des Schwimmbads sind bei Aushang am Eingang Vertragsbestandteil nach § 305 II Nr. 1.

Vorrang der Individualabrede

§ 305 b

Individuelle Vertragsabreden haben Vorrang vor Allgemeinen Geschäftsbedingungen.

Beispiel: In einem Formular-Autokaufvertrag ist die Gewährleistung ausgeschlossen, was unter Privatleuten möglich ist (§§ 444, 474, 475 – kein Verbrauchsgüterkauf). Der Käufer lässt sich jedoch vom Verkäufer zusichern, dass Bremsen und Auspuff mindestens noch ein Jahr reparaturfrei sind. Diese Individualabrede geht nach § 305 b den AGB des Kaufvertrags vor.

§ 306	**Rechtsfolgen bei Nichteinbeziehung und Unwirksamkeit**

(1) Sind Allgemeine Geschäftsbedingungen ganz oder teilweise nicht Vertragsbestandteil geworden oder unwirksam, so bleibt der Vertrag im Übrigen wirksam.

Bei unwirksamen Klauseln gilt das BGB ersatzweise.

(2) Soweit die Bestimmungen nicht Vertragsbestandteil geworden oder unwirksam sind, richtet sich der Inhalt des Vertrags nach den gesetzlichen Vorschriften [...].

§ 307	**Inhaltskontrolle**

• §§ 309, 308
• §§ 310 I, 14

Vor § 307 müssen § 309 und § 308 geprüft werden.

(1) Bestimmungen in Allgemeinen Geschäftsbedingungen sind unwirksam, wenn sie den Vertragspartner des Verwenders entgegen den Geboten von Treu und Glauben unangemessen benachteiligen [...]

(2) Eine unangemessene Benachteiligung ist im Zweifel anzunehmen, wenn eine Bestimmung

Einwendung

1. mit wesentlichen Grundgedanken der gesetzlichen Regelung, von der abgewichen wird, nicht zu vereinbaren ist oder

2. wesentliche Rechte oder Pflichten, die sich aus der Natur des Vertrages ergeben, so einschränkt, dass die Erreichung des Vertragszwecks gefährdet ist [...].

In § 307 I und II findet sich die Generalnorm für AGB, nach der nicht unangemessen benachteiligt werden darf. Die §§ 308 und 309 konkretisieren einzelne unzulässige Klauseln und werden vor § 307 geprüft (diese beiden Paragraphen sind nur auszugsweise abgedruckt).

§ 308	**Klauselverbote mit Wertungsmöglichkeit**

• §§ 145 ff 286, 323
• §§ 310 I, 14

In Allgemeinen Geschäftsbedingungen ist insbesondere unwirksam

1. (Annahme- und Leistungsfrist)

eine Bestimmung, durch die sich der Verwender unangemessen lange oder nicht hinreichend bestimmte Fristen für die Annahme oder Ablehnung eines Angebots oder die Erbringung einer Leistung vorbehält; [...].

• §§ 281, 323, 439, 635

2. (Nachfrist)

eine Bestimmung, durch die sich der Verwender für die von ihm zu bewirkende Leistung abweichend von Rechtsvorschriften eine unangemessen lange oder nicht hinreichend bestimmte Nachfrist vorbehält; [...].

Klauselverbote ohne Wertungsmöglichkeit

§ 309

Auch soweit eine Abweichung von den gesetzlichen Vorschriften zulässig ist, ist in Allgemeinen Geschäftsbedingungen unwirksam

- §§ 437 ff., 633 ff.
- § 474

[...] 8. (Sonstige Haftungsausschlüsse bei Pflichtverletzung) [...]

b) (Mängel)

eine Bestimmung, durch die bei Verträgen über Lieferungen neu hergestellter Sachen und über Werkleistungen

aa) (Ausschluss und Verweisung auf Dritte)

die Ansprüche gegen den Verwender wegen eines Mangels insgesamt oder bezüglich einzelner Teile ausgeschlossen, auf die Einräumung von Ansprüchen gegen Dritte beschränkt oder von der vorherigen gerichtlichen Inanspruchnahme Dritter abhängig gemacht werden;

bb) (Beschränkung auf Nacherfüllung)

die Ansprüche gegen den Verwender insgesamt oder bezüglich einzelner Teile auf ein Recht auf Nacherfüllung beschränkt werden, sofern dem anderen Vertragsteil nicht ausdrücklich das Recht vorbehalten wird, bei Fehlschlagen der Nacherfüllung zu mindern oder, [...] nach seiner Wahl vom Vertrag zurückzutreten;

Wegen §§ 474, 475 (Verbrauchsgüterkauf) hat § 309 Nr. 8 b vor allem für Verträge zwischen Privatleuten sowie für Schadensersatz Bedeutung.

cc) (Aufwendungen bei Nacherfüllung)

die Verpflichtung des Verwenders ausgeschlossen oder beschränkt wird, die zum Zwecke der Nacherfüllung erforderlichen Aufwendungen, insbesondere Transport-, Wege-, Arbeits- und Materialkosten, zu tragen; [...]

ff) (Erleichterung der Verjährung)

die Verjährung von Ansprüchen gegen den Verwender wegen eines Mangels in den Fällen des § 438 Abs. 1 Nr. 2 und des § 634 a Abs. 1 Nr. 2 erleichtert [...]wird; [...].

Beispiel: Der Privatmann Frentzen verkauft Naddel mit Hilfe eines Formularvertrags vom ADAC ein gebrauchtes Fahrzeug »unter Ausschluss jeder Gewährleistung«. Grundsätzlich ist der Ausschluss von § 437 zulässig (§ 444), weil Frentzen nicht als Unternehmer handelt (§ 475). Jedoch handelt sich bei dem Ausschluss der Gewährleistung um eine Allgemeine Geschäftsbedingung (§ 305 I) von Frentzen. Die Voraussetzung für die Einziehung in den Kaufvertrag nach den (§ 305 II) sind gegeben. Die Klausel hält auch der Inhaltskontrolle stand (§§ 307-309). Der Ausschluss der Gewährleistung ist nur bei neuen Sachen (§ 309 Nr. 8 b) unzulässig. Frentzen hat damit die Gewährleistung wirksam ausgeschlossen.

2. Verträge

Während die §§ 241 bis 304 alle Schuldverhältnisse regeln, also auch etwa Ansprüche nach einer unerlaubten Handlung (z. B. Schadensersatz nach Autounfall), gelten die nachfolgenden §§ 311 bis 361 nur für Verträge.

§ 311   **Rechtsgeschäftliche und rechtsgeschäftsähnliche Schuldverhältnisse**

(1) Zur Begründung eines Schuldverhältnisses durch Rechtsgeschäft sowie zur Änderung des Inhalts eines Schuldverhältnisses ist ein Vertrag zwischen den Beteiligten erforderlich, soweit nicht das Gesetz ein anderes vorschreibt.

(2) Ein Schuldverhältnis mit Pflichten nach § 241 Abs. 2 entsteht auch durch

• § 241 II
↳ § 280 I

1. die Aufnahme von Vertragsverhandlungen,

2. die Anbahnung eines Vertrags, bei welcher der eine Teil im Hinblick auf eine etwaige rechtsgeschäftliche Beziehung dem anderen Teil die Möglichkeit zur Einwirkung auf seine Rechte, Rechtsgüter und Interessen gewährt oder ihm diese anvertraut, oder

3. ähnliche geschäftliche Kontakte.

• §§ 164 ff.

(3) Ein Schuldverhältnis mit Pflichten nach § 241 Abs. 2 kann auch zu Personen entstehen, die nicht selbst Vertragspartei werden sollen. Ein solches Schuldverhältnis entsteht insbesondere, wenn der Dritte in besonderem Maße Vertrauen für sich in Anspruch nimmt und dadurch die Vertragsverhandlungen oder den Vertragsschluss erheblich beeinflusst.

Durch § 311 I wird klargestellt, dass zur Begründung von Schuldverhältnissen grundsätzlich Verträge erforderlich sind. Die §§ 433 ff. sehen gesetzliche Regeltypen vor (z.B. Kauf, Miete). Davon abweichend können jedoch auch »atypische Verträge« geschlossen werden (z. B. Leasing). Als Rechtsgrundlage für atypische Verträge sollten immer die §§ 241, 311 zitiert werden.

Anspruch auf Schadensersatz nach § 280 I auch ohne Vertrag möglich

Nach § 311 II entsteht ein Schuldverhältnis auch dann, wenn zwar noch kein Vertrag geschlossen wurde, doch die Beteiligten schon auf dem Weg dahin waren und sich Vertrauen entgegen gebracht haben (vor der Reform des Schuldrechts 2001 sprach man hier von »culpa in contrahendo«). Wegen dieses Vertrauensverhältnisses wird auch ohne Vertrag Schadensersatz gem. § 280 I gewährt. Dies ist wichtig, wenn Vertreter bzw. Gehilfen handeln, weil der Geschäftsherr bei §§ 280 I,

278 nicht wie bei §§ 823, 831 von der Haftung freigestellt wird, wenn er seinen Gehilfen sorgfältig ausgesucht und überwacht hat. Durch § 311 III kann ein Schadensersatzanspruch aus § 280 I auch gegen den Vertreter, der bei Vertragsverhandlungen besonderes Vertrauen in Anspruch nimmt, hergeleitet werden.

Nach §§ 280 I, 311 III Schadensersatzanspruch auch gegen nicht am Vertrag Beteiligte

Anspruch auf Schadensersatz aus §§ 280 I, 311 II, III, 241 II:

- vorvertragliches Schuldverhältnis (Eintritt in Vertragsverhandlungen oder geschäftlicher Kontakt), § 311 II oder
  - besonderes Vertrauensverhältnis zu Dritten, § 311 III
- Verletzung von Obhuts-, Offenbarungs-, Aufklärungs- oder Sorgfaltspflichten, § 241 II
- Vertretenmüssen (§§ 280 I 2, 276, 278)
- Schaden (nur negatives Interesse)
- Kausalität zwischen Pflichtverletzung und Schaden
- ⇨ Anspruch auf Schadensersatz, §§ 280 I, 249 ff.

Anspruch

Bei Schadensersatz wegen Verschulden bei Vertragsverhandlungen wird nur das negative Interesse ersetzt (so zu stellen, als wäre nie verhandelt worden, nicht als ob erfüllt würde).

Beispiel: Der Immobilienhai Schörgmeier fährt mit dem Taxi zum Schloss der Fürstin Gloria, da ihm sein Vermögensberater Blasius das Schloss als Schnäppchen angepriesen hat. Bei der Besichtigung springt der Hofhund Pluto den Schörgmeier an und beißt ihn in die Wade. Der Gärtner André hatte vergessen, den Hund anzuketten. Aufgrund dieses Zwischenfalles kommt es nicht zum Kaufvertrag. Schörgmeier verlangt von Gloria Schadensersatz wegen der Verletzung sowie Ersatz der Taxikosten. Das Treffen zwischen Schörgmeier und Gloria stellt das vorvertragliche Schuldverhältnis dar (§§ 241 II, 311 II Nr. 1). Das Freilaufenlassen des Hundes ist eine Sorgfaltspflichtverletzung. Diese hat André verschuldet (§ 276 II). Da André Erfüllungsgehilfe der Gloria ist, hat sie dies zu vertreten (§ 278). Die Verletzung des Schörgmeier ist der Schaden, der kausal durch die Pflichtverletzung verursacht wurde, so dass nach § 280 I 1 ein Schadensersatzanspruch besteht und Schörgmeier die Arztkosten verlangen kann (nicht jedoch das Taxi, da nicht kausal). Variation: Es kommt zum Kauf, doch stellt sich heraus, dass es sich bei Gloria um eine Betrügerin handelte und ihr das Schloss gar nicht gehörte; sie ist mit dem Kaufpreis auf und davon. Blasius wusste vom zweifelhaften Ruf der Gloria, teilte dies Schörgmeier aber nicht mit, der dadurch nach §§ 311 III, 241 II, 280 I einen Schadensersatzanspruch gegen Blasius hat.

§ 311 a   Leistungshindernis bei Vertragsschluss

- § 275 I – III
- ↳ § 283
- ↳ § 284
- ↳ § 281 I 2, 3, V

(1) Der Wirksamkeit eines Vertrags steht es nicht entgegen, dass der Schuldner nach § 275 Abs. 1 bis 3 nicht zu leisten braucht und das Leistungshindernis schon bei Vertragsschluss vorliegt.

(2) Der Gläubiger kann nach seiner Wahl Schadensersatz statt der Leistung oder Ersatz seiner Aufwendungen in dem in § 284 bestimmten Umfang verlangen. Dies gilt nicht, wenn der Schuldner das Leistungshindernis bei Vertragsschluss nicht kannte und seine Unkenntnis auch nicht zu vertreten hat. § 281 Abs. 1 Satz 2 und 3 und Abs. 5 findet entsprechende Anwendung.

Auch bei anfänglicher Unmöglichkeit bleibt der Vertrag gültig.

Auch für den Fall, dass der Vertragsinhalt von Anfang an unmöglich (§ 275) war, sieht § 311 a I vor, dass der Vertrag gültig ist. Der Gläubiger hat gem. § 311 a II Anspruch auf Schadensersatz statt der Leistung, § 283 bzw. auf Aufwendungsersatz, § 284.

Anspruch bei anfänglicher Unmöglichkeit § 311 a II:

- anfängliche Leistungsbefreiung nach § 275 I – III
- schon bei Vertragsschluss
- Kenntnis der Unmöglichkeit durch den Schuldner bzw. schuldhafte Unkenntnis, §§ 311 a II 2, 276, 278
- ↳ Schadensersatz statt der Leistung nach §§ 311 a II 1, 281 I 2 und 3, V, 346 – 348
- ↳ Aufwendungsersatz §§ 311 a II 1, 284

Leistungshindernis

Beispiel: Polke kauft von Kiefer die beiden Bilder »Ein Milchshake in der Wüste« und »Ein Milchshake auf Ibiza« für 100.000 €, um sie für 120.000 € an Christo weiter zu verkaufen. Die Bilder sind jedoch schon vor Vertragsschluss verbrannt, was Kiefer auch hätte wissen können, wenn er sich bei seinem Lageristen rückversichert hätte. Der Kaufvertrag (§ 433) ist nach § 311 a I gültig. Polke kann von Kiefer Schadensersatz wegen entgangenen Gewinns (20.000 €) aus dem verhinderten Weiterverkauf geltend machen, § 311 a II 1. Sollte Polke eine Anzahlung geleistet haben kann er diese nach §§ 311 a II 1, 281 V, 346 zurück verlangen. Hat Polke zum Kauf einen Kredit aufgenommen, kann er die Zinsen nach § 311 a II 1, 284 als Aufwendungsersatz verlangen. Ist nur eines der Bilder verbrannt, kann Polke Schadensersatz für beide Bilder nur verlangen, wenn ein Bild alleine keinen Sinn macht, §§ 311 a II 3, 281 I 2.

Verträge über Grundstücke, das Vermögen und den Nachlass

§ 311 b

(1) Ein Vertrag, durch den sich der eine Teil verpflichtet, das Eigentum an einem Grundstück zu übertragen oder zu erwerben, bedarf der notariellen Beurkundung. Ein ohne Beachtung dieser Form geschlossener Vertrag wird seinem ganzen Inhalt nach gültig, wenn die Auflassung und die Eintragung in das Grundbuch erfolgen.

(2) Ein Vertrag, durch den sich der eine Teil verpflichtet, sein künftiges Vermögen oder einen Bruchteil seines künftigen Vermögens zu übertragen oder mit einem Nießbrauch zu belasten, ist nichtig.

(3) Ein Vertrag, durch den sich der eine Teil verpflichtet, sein gegenwärtiges Vermögen oder einen Bruchteil seines gegenwärtigen Vermögens zu übertragen oder mit einem Nießbrauch zu belasten, bedarf der notariellen Beurkundung.

(4) Ein Vertrag über den Nachlass eines noch lebenden Dritten ist nichtig. Das gleiche gilt von einem Vertrag über den Pflichtteil oder ein Vermächtnis aus dem Nachlass eines noch lebenden Dritten.

(5) Absatz 4 gilt nicht für einen Vertrag, der unter künftigen gesetzlichen Erben über den gesetzlichen Erbteil oder den Pflichtteil eines von ihnen geschlossen wird. Ein solcher Vertrag bedarf der notariellen Beurkundung

Vor allem klausurrelevant ist § 311 b I, also die Formbedürftigkeit von Verträgen, mit denen Grundstückseigentum übertragen wird. Hier wie auch bei § 311 b III (Übertragung des gesamten Vermögens) und § 311 b V (Vertrag über gesetzliches Erbteil) soll durch die notarielle Beurkundung vor Übereilung geschützt werden.

Formverstoß bei Grundstücksgeschäft, § 311 b I:

- Vertrag über Veräußerung eines
- Grundstücks (auch der wesentlichen Bestandteile, § 94)
- ohne notarielle Beurkundung, § 128
- ⇨ Nichtigkeit, §§ 311 b I, 125 S. 1 (rechtshindernde Einwendung)
- ⇨ Heilbarkeit durch Eintragung, §§ 311 b I, 873, 925

Beispiel: Ein Grundstück wird ohne notarielle Beurkundung verkauft. Damit ist der Kaufvertrag (§ 433) nach §§ 311 b I 1, 125 nichtig. Dieser Formmangel kann jedoch durch Auflassung (Einigung über den Eigentumsübergang) und Eintragung in das Grundbuch (§§ 873, 925) geheilt werden (§ 311 b I 2).

• §§ 433, 873, 925
⇨ § 128, 125

Einwendung

Grundstückskäufe – Arbeit für Notare

2.1. Besondere Vertriebsformen

Wenn der Vertrieb von Waren nicht im üblichen Weg über ein Laden-
geschäft erfolgt, sondern etwa bei Kaffeefahrten oder über das Internet,
besteht die Gefahr, dass die Verbraucher unüberlegt Verträge abschließen. Die §§ 312 ff. gewähren hier Schutz.

§ 312

↳ § 355
↳ § 356
↳ §§ 13, 14

Widerrufsrecht bei Haustürgeschäften

(1) Bei einem Vertrag zwischen einem Unternehmer und einem Verbraucher, der eine entgeltliche Leistung zum Gegenstand hat und zu
dessen Abschluss der Verbraucher

1. durch mündliche Verhandlungen an seinem Arbeitsplatz oder im
Bereich einer Privatwohnung,

2. anlässlich einer vom Unternehmer oder von einem Dritten zumindest
auch im Interesse des Unternehmers durchgeführten Freizeitveranstal-
tung oder

3. im Anschluss an ein überraschendes Ansprechen in Verkehrsmitteln
oder im Bereich öffentlich zugänglicher Verkehrsflächen bestimmt
worden ist (Haustürgeschäft), steht dem Verbraucher ein Widerrufsrecht gemäß § 355 zu. Dem Verbraucher kann anstelle des Widerrufsrechts ein Rückgaberecht nach § 356 eingeräumt werden. [...]

Widerrufsrecht nach §§ 312 I, 355 ff.:

*   Vertrag zwischen
    -   Verbraucher, § 13 und
    -   Unternehmer, § 14 (d. h. der Unternehmer handelt in Aus-
        übung seiner selbständigen oder gewerblichen Tätigkeit; der
        Verbraucher eben nicht im Rahmen dessen)
*   Abschluss eines Vertrages über entgeltliche Leistung durch

Einkäufe auf Kaffeefahrten
können widerrufen werden.

    -   Verhandlungen zu Hause oder in der Arbeit, § 312 I 1 Nr. 1
    -   bei einer Freizeitveranstaltung, § 312 I 1 Nr. 2
    -   in der Öffentlichkeit, § 312 I 1 Nr. 3
↳   Widerrufsrecht des Verbrauchers, §§ 312 I 1, 355
↳   ggf. Rückgaberecht des Verbrauchers, §§ 312 I 2, 356
↳   Anspruch auf Rückgewähr des Geleisteten, §§ 357, 346

*Beispiel: Oma Meysel hat sich eine Heizdecke gekauft. Soweit der Kauf
durch einen Vertreter an der Haustür, auf einer Kaffeefahrt oder durch
einen »Schlepper« auf dem Markt erfolgt ist, kann Meysel ihre Willenserklärung nach §§ 312 I, 355 innerhalb von zwei Wochen widerrufen.*

Fernabsatzverträge

§ 312 b

(1) Fernabsatzverträge sind Verträge über die Lieferung von Waren oder über die Erbringung von Dienstleistungen, einschließlich Finanzdienstleistungen, die zwischen einem Unternehmer und einem Verbraucher unter ausschließlicher Verwendung von Fernkommunikationsmitteln abgeschlossen werden, es sei denn, dass der Vertragsschluss nicht im Rahmen eines für den Fernabsatz organisierten Vertriebs- oder Dienstleistungssystems erfolgt. [...]

↳ § 312 d

(2) Fernkommunikationsmittel sind Kommunikationsmittel, die zur Anbahnung oder zum Abschluss eines Vertrags zwischen einem Verbraucher und einem Unternehmer ohne gleichzeitige körperliche Anwesenheit der Vertragsparteien eingesetzt werden können, insbesondere Briefe, Kataloge, Telefonanrufe, Telekopien, E-Mails sowie Rundfunk, Tele- und Mediendienste [...].

Widerrufs- und Rückgaberecht bei Fernabsatzverträgen

§ 312 d

(1) Dem Verbraucher steht bei einem Fernabsatzvertrag ein Widerrufsrecht nach § 355 zu. Anstelle des Widerrufsrechts kann dem Verbraucher bei Verträgen über die Lieferung von Waren ein Rückgaberecht nach § 356 eingeräumt werden [...].

• § 312 b
↳ § 355
↳ § 356

Widerrufsrecht nach § 312 d I:

* Fernabsatzvertrag § 312 b I
  - Vertrag über Warenlieferung oder Dienstleistung zwischen
  - Verbraucher, § 13 und
  - Unternehmer § 14
* Vertragsschluss ausschließlich mit Fernkommunikationsmittel nach § 312 b II (Telefon, Fax, Internet, E-Mail etc.)

↳ Widerrufsrecht des Verbrauchers nach § 312 d I 1, 355

↳ ggf. Rückgaberecht des Verbrauchers, §§ 312 b I 2, 356

↳ Anspruch auf Rückgewähr des Geleisteten, §§ 357, 346

Einkäufe über den Versandhandel, per Fax, Telefon oder Internet können »annulliert« werden.

Beispiel: Der Großstadt-Single Kasimir bestellt per E-Mail bei Beate Uhse für 499 € das Komplett-Paket »Fun for men« (Kaufvertrag, § 433). Nachdem die Ware bei ihm eintrifft, ist er von dem Inhalt sehr enttäuscht. Nach §§ 312 d I 2, 356 kann er den Kaufvertrag innerhalb von 2 Wochen zurücksenden. Sollte eine Aufklärung über das Rückgaberecht bzw. die Information nach § 312 c II unterblieben sein, kann er den Vertrag innerhalb von 6 Monaten widerrufen, §§ 355 II,III, 312 d II.

2.2. Anpassung und Beendigung von Verträgen

§ 313

- § 242
- ≠ § 275 II, III
- ↳ §§ 346 ff.

Der Prinzip »pacta sunt servanda« – »Verträge muss man halten« wird durch § 313 eingeschränkt.

Störung der Geschäftsgrundlage

(1) Haben sich Umstände, die zur Grundlage des Vertrags geworden sind, nach Vertragsschluss schwerwiegend verändert und hätten die Parteien den Vertrag nicht oder mit anderem Inhalt geschlossen, wenn sie diese Veränderung vorausgesehen hätten, so kann Anpassung des Vertrags verlangt werden, soweit einem Teil unter Berücksichtigung aller Umstände des Einzelfalles, insbesondere der vertraglichen oder gesetzlichen Risikoverteilung, das Festhalten am unveränderten Vertrag nicht zugemutet werden kann.

(2) Einer Veränderung der Umstände steht es gleich, wenn wesentliche Vorstellungen, die zur Grundlage des Vertrags geworden sind, sich als falsch herausstellen.

(3) Ist eine Anpassung des Vertrags nicht möglich oder einem Teil nicht zumutbar, so kann der benachteiligte Teil vom Vertrag zurücktreten. An die Stelle des Rücktrittsrechts tritt für Dauerschuldverhältnisse das Recht zur Kündigung.

Einwendung

Bei Störung der Geschäftsgrundlage Anpassung des Vertrages bis hin zu Rücktritt und Kündigung

Rechte aus Störung der Geschäftsgrundlage, § 313:

- nach Vertragsschluss schwerwiegende Veränderung von
- für den Vertrag grundlegenden Umständen
- bei Kenntnis der Veränderung wäre kein oder ein anderer Vertrag geschlossen worden
- einem Teil ist das Festhalten am unveränderten Vertrag unzumutbar; dabei zu berücksichtigen:
    - alle Umstände des Einzelfalles,
    - vertragliche oder gesetzliche Risikoverteilung oder
- falsche Vorstellungen als Vertragsgrundlage, § 313 II
- ↳ Anspruch auf Anpassung des Vertrages § 313 I

- bei Unmöglichkeit oder
- Unzumutbarkeit der Anpassung, § 313 III 1
- ↳ Recht auf Rücktritt, 313 III 1 oder
- ↳ bei Dauerschuldverhältnissen Recht zur Kündigung, 313 III 2

Beispiel: Öllieferungsvertrag mit fest vereinbarten Preisen über zehn Jahre. Zwischenzeitlich steigt die Inflationsrate völlig unerwartet von 10 % auf 1000 %. Der Öl-Lieferant kann vom Verbraucher nach § 313 I Anpassung des Preises verlangen.

Kündigung von Dauerschuldverhältnissen aus wichtigem Grund

§ 314

(1) Dauerschuldverhältnisse kann jeder Vertragsteil aus wichtigem Grund ohne Einhaltung einer Kündigungsfrist kündigen. Ein wichtiger Grund liegt vor, wenn dem kündigenden Teil unter Berücksichtigung aller Umstände des Einzelfalls und unter Abwägung der beiderseitigen Interessen die Fortsetzung des Vertragsverhältnisses bis zur vereinbarten Beendigung oder bis zum Ablauf einer Kündigungsfrist nicht zugemutet werden kann.

- § 535
- §§ 611, 626
- § 505

(2) Besteht der wichtige Grund in der Verletzung einer Pflicht aus dem Vertrag, ist die Kündigung erst nach erfolglosem Ablauf einer zur Abhilfe bestimmten Frist oder nach erfolgloser Abmahnung zulässig. § 323 Abs. 2 findet entsprechende Anwendung.

(3) Der Berechtigte kann nur innerhalb einer angemessenen Frist kündigen, nachdem er vom Kündigungsgrund Kenntnis erlangt hat.

(4) Die Berechtigung, Schadensersatz zu verlangen, wird durch die Kündigung nicht ausgeschlossen.

↳ § 280 I

Rechtsvernichtende Einwendung der Kündigung aus § 314 I:

Einwendung

- Dauerschuldverhältnis (z. B. Arbeitsvertrag, Mietvertrag)
- wichtiger Grund zur fristlosen Kündigung, § 314 I 2
  - Unzumutbarkeit der Fortsetzung des Vertrags bis zum vereinbarten Ende oder bis zum Ablauf einer Kündigungsfrist
  - unter Berücksichtigung aller Umstände des Einzelfalls und
  - unter Abwägung der beiderseitigen Interessen
- wenn wichtiger Grund in Vertragsverletzung liegt, § 314 II
  - fruchtloses Verstreichen einer Frist zur Abhilfe oder
  - fruchtlose Abmahnung
- Kündigungserklärung innerhalb angemessener Frist, § 314 III
- ↳ Recht zur Kündigung aus wichtigem Grund, § 314 I 1

§ 626: Sondervorschrift für Dienstvertrag

- ↳ Ansprüche auf Schadensersatz bleiben unberührt, § 314 IV

Beispiel: Der Schatzmeister, Helmut Kahl, hat wiederholt für die Partei CDS Spenden angenommen, ohne sie zu deklarieren. Als dies öffentlich wird, muss die CDS Strafe zahlen. Die Parteileitung mahnt Kahl ab (§ 314 II) und verbietet ihm jemals wieder Spenden zu verheimlichen. Nachdem es wieder zu einer heimlichen Spende kommt, kann die Parteileitung dem Kahl den Dienstvertrag (§ 611) aus wichtigem Grund fristlos kündigen, §§ 314 II, 626. Drohender weiterer Schaden für die CDS rechtfertigt das. Daneben kann sie die Kosten für die Strafe gemäß §§ 314 IV, 280 I verlangen.

§ 626: Sondervorschrift für Dienstvertrag

2.3. Gegenseitige Verträge

Bei gegenseitigen Verträgen stehen die Hauptpflichten in einem gegenseitigen Abhängigkeitsverhältnis zueinander.

Beispiel: Beim Kauf (§ 433) handelt es sich um einen typischen Fall des Gegenseitigkeitsverhältnisses: Leistung »Kaufsache« gegen Gegenleistung »Kaufpreis«.

Der Jurist nennt dieses Gegenseitigkeitsverhältnis auch »Synallagma«. Die §§ 320 ff. regeln die Besonderheiten im Gegenseitigkeitsverhältnis ergänzend zu den §§ 280 ff., wenn einer der Vertragspartner seine Pflichten gar nicht oder nicht gehörig erfüllt. Ohne Rücksicht auf das Verschulden entfällt ggf. die Gegenleistungspflicht. Für reine Nebenpflichten, gelten nicht die gesamten Regelungen der §§ 320 ff., sondern allein § 324.

Beispiel: Nebenpflichten des Unternehmers wie Pflicht zur Rücksichtnahme auf sonstige Interessen des Bestellers beim Werkvertrag sind typische Nebenpflichten.

Bevor die §§ 320 ff. angewendet werden, ist auch zu prüfen, ob in den Paragrafen der besonderen Vertragstypen nicht zusätzliche Regelungen enthalten sind. Die wichtigsten gegenseitigen Verträge sind: Kauf, § 433, Miete, § 535, Dienstvertrag, § 611 und Werkvertrag, § 631.

Probleme bei gegenseitigen Verträgen:

- der Vertragspartner »will« seine Pflichten nicht erfüllen: Nichterfüllung (§ 323)
- der Vertragspartner »kann« seine Pflichten nicht erfüllen: Unmöglichkeit (§ 326)
- der Vertragspartner »verspätet« sich, die Pflichten zu erfüllen: Verzug (§ 323)
- der Vertragspartner leistet »schlecht« (§ 323)

Marginalien:

Synallagma bedeutet Gegenseitigkeitsverhältnis.

Zwischen Haupt- und Nebenpflichten muss unterschieden werden.

2.3.1. Nichterfüllung des Vertrages

Die in den §§ 320, 322, 323 nachfolgenden Regelungen stellen sicher, dass jeder Vertragspartner für seine Leistung die entsprechende Gegenleistung auch erhält. Kommt einer der Vertragspartner seiner Pflicht nicht nach, so kann der andere die Leistung auf gerichtlichem Wege »erzwingen« (§ 322), und bis dahin ggf. seine eigene Leistung verweigern, § 320. Gem. § 323 kann er nach Fristsetzung vom Vertrag zurücktreten.

Einrede des nichterfüllten Vertrags

§ 320

≠ § 273 III

(1) Wer aus einem gegenseitigen Vertrag verpflichtet ist, kann die ihm obliegende Leistung bis zur Bewirkung der Gegenleistung verweigern, es sei denn, dass er vorzuleisten verpflichtet ist [...]. Die Vorschrift des § 273 Abs. 3 findet keine Anwendung.

(2) Ist von der einen Seite teilweise geleistet worden, so kann die Gegenleistung insoweit nicht verweigert werden, als die Verweigerung nach den Umständen, insbesondere wegen verhältnismäßiger Geringfügigkeit des rückständigen Teiles, gegen Treu und Glauben verstoßen würde.

Wegen der engen Abhängigkeit von Leistung und Gegenleistung gewährleistet § 320, dass kein Vertragspartner die Leistung erbringen muss, ohne gleichzeitig die Gegenleistung zu erhalten. Im Fall einer Klage wird der Beklagte zur Leistung Zug um Zug gegen die Gegenleistung verurteilt (§ 322).

Rechtshemmende Einrede nach § 320 I 1:

Einrede

- gegenseitiger Vertrag
- Nichtbewirkung der einen Leistung
- keine Vorleistungspflicht
- ⇘ Leistungsverweigerungsrecht nach § 320 I 1

Beispiel: Kaiser Franz kauft bei Völler einen Fußball. Bis zur Übereignung der Kaufsache (§ 433 I 1) kann Kaiser Franz die Zahlung des Kaufpreises (§ 433 II) gemäß § 320 I verweigern.

Leistung Zug um Zug

§ 322

(1) Erhebt aus einem gegenseitigen Vertrag der eine Teil Klage auf die ihm geschuldete Leistung, so hat die Geltendmachung des dem anderen Teile zustehenden Rechtes, die Leistung bis zur Bewirkung der Gegenleistung zu verweigern, nur die Wirkung, dass der andere Teil zur Erfüllung Zug um Zug zu verurteilen ist.

(2) Hat der klagende Teil vorzuleisten, so kann er, wenn der andere Teil im Verzug der Annahme ist, auf Leistung nach Empfang der Gegenleistung klagen.

(3) [...]

Beispiel: Kandinsky kauft von Picasso ein Bild und klagt auf Übereignung (§ 433 I). Das Gericht wird entscheiden, dass Picasso das Bild Zug um Zug gegen den Kaufpreis übereignen und übergeben muss (§ 322 I).

§ 323

• § 271
• §§ 440, 636
≠ §§ 276, 278
↻ §§ 346 ff.

In der Regel Rücktritt erst
nach Fristsetzung

Rücktritt wegen nicht oder nicht vertragsgemäß erbrachter Leistung

(1) Erbringt bei einem gegenseitigen Vertrag der Schuldner eine fällige Leistung nicht oder nicht vertragsgemäß, so kann der Gläubiger, wenn er dem Schuldner erfolglos eine angemessene Frist zur Leistung oder Nacherfüllung bestimmt hat, vom Vertrag zurücktreten.

(2) Die Fristsetzung ist entbehrlich, wenn

1. der Schuldner die Leistung ernsthaft und endgültig verweigert,

2. der Schuldner die Leistung zu einem im Vertrag bestimmten Termin oder innerhalb einer bestimmten Frist nicht bewirkt und der Gläubiger im Vertrag den Fortbestand seines Leistungsinteresses an die Rechtzeitigkeit der Leistung gebunden hat oder

3. besondere Umstände vorliegen, die unter Abwägung der beiderseitigen Interessen den sofortigen Rücktritt rechtfertigen.

(3) Kommt nach der Art der Pflichtverletzung eine Fristsetzung nicht in Betracht, so tritt an deren Stelle eine Abmahnung.

(4) Der Gläubiger kann bereits vor dem Eintritt der Fälligkeit der Leistung zurücktreten, wenn offensichtlich ist, dass die Voraussetzungen des Rücktritts eintreten werden.

(5) Hat der Schuldner eine Teilleistung bewirkt, so kann der Gläubiger vom ganzen Vertrag nur zurücktreten, wenn er an der Teilleistung kein Interesse hat. Hat der Schuldner die Leistung nicht vertragsgemäß bewirkt, so kann der Gläubiger vom Vertrag nicht zurücktreten, wenn die Pflichtverletzung unerheblich ist.

• §§ 293 ff.

(6) Der Rücktritt ist ausgeschlossen, wenn der Gläubiger für den Umstand, der ihn zum Rücktritt berechtigen würde, allein oder weit überwiegend verantwortlich ist oder wenn der vom Schuldner nicht zu vertretende Umstand zu einer Zeit eintritt, zu welcher der Gläubiger im Verzug der Annahme ist.

Einwendung

Recht zum Rücktritt bei Nichterfüllung aus § 323:

• gegenseitiger Vertrag (z. B. Kaufvertrag)
• Leistung fällig, § 271 oder
  - vor Fälligkeit absehbar, dass Vssg. für Rücktritt eintreten, § 323 IV
• Nichterbringung der Leistung oder
• Schlechterfüllung – »Leistung nicht wie geschuldet erbracht«
  - vor allem bei Sach- oder Rechtsmängeln aus Kauf- oder Werkvertrag, §§ 434, 435, 437 Nr. 3, 633, 634 Nr. 4
  - Erheblichkeit der Pflichtverletzung, § 323 V 2

- Fristsetzung zur Leistung bzw. Nacherfüllung, oder

  - endgültige Leistungsverweigerung, § 323 II Nr. 1 oder

  - vertragliche Frist oder Termin, an den Gläubiger sein Leistungsinteresse knüpft, § 323 II Nr. 2 (Fixgeschäft) oder

  - Verzichtbarkeit der Frist, § 323 II Nr. 3 oder

  - Entbehrlichkeit nach §§ 440, 636 oder

  - Abmahnung statt Fristsetzung, § 323 III

- Gläubiger nicht verantwortlich für die Nichtleistung, §§ 323 VI, 276, 278 bzw. Rücktrittsgrund tritt nicht während des Gläubigerverzugs ein, §§ 323 VI, 293 ff.

- Bei teilweiser Schlecht-/Nichterfüllung fehlendes Interesse hinsichtlich der ordnungsgemäßen Teilleistung, § 323 V 1

↳ Rücktrittsrecht nach §§ 323 I (rechtsvernichtende Einwendung) und Herausgabeansprüche nach §§ 346 ff.

↳ Schadensersatz auch nach Rücktritt möglich, § 325

Beispiel (vgl. bei § 281): Bruce kauft bei Zack am 1.6. ein Motorrad (Chopper). Z liefert nicht zum vereinbarten 14.6. B droht die Annahme des Motorrads zu verweigern, falls bis zum 30.6. nicht geliefert wird. Danach kann B nach § 323 I zurücktreten. Die Fristsetzung ist entbehrlich, wenn B das Motorrad etwa für seinen am 15.6. gebuchten Urlaub benötigt und er dies im Kaufvertrag so fest gehalten hat (§ 323 II Nr. 2), oder wenn Z die Lieferung ernstlich und endgültig ablehnt (§ 323 II Nr. 1). Wenn das Motorrad schon am 10.6. (Lieferzeitpunkt 14.6.) auf dem Hof des Z von Hooligans zerstört wird, muss B nicht die Fälligkeit abwarten, sondern kann sofort zurücktreten, § 323 IV. Wenn B am 20.6 einen Unfall erleidet und querschnittsgelähmt wird, ist nach § 323 II Nr. 3 eine Fristsetzung überflüssig. Variation: Wenn pünktlich geliefert wird, aber die Bremsen des Motorrads infolge schlechter Wartung durch Z defekt sind, kann B dem Z eine Frist zur Beseitigung des Mangels setzen, §§ 439, 323 I, 440 und nach Ablauf zurücktreten. Dies würde jedoch nicht gelten wenn lediglich der Rückspiegel einen Riss hätte (unerhebliche Pflichtverletzung, § 323 V 2). Wenn Z das Motorrad nicht rechtzeitig liefern kann, weil B den Lieferanten von Z erschießt, kann B wegen § 323 VI nicht zurücktreten. Rücktritt entfällt auch, wenn sich B zum Liefertermin nicht in seiner Villa befindet, so dass Annahmeverzug besteht §§ 323 VI, 293 ff.

Für Rücktritt ist kein Verschulden erforderlich.

Kein Rücktrittsrecht, wenn der Gläubiger für die Nichtleistung verantwortlich ist.

§ 324

• § 241 II

Einwendung

Rücktritt auch bei
Verletzung von
Rücksichtspflichten

Rücktritt wegen Verletzung einer Pflicht nach § 241 II

Verletzt der Schuldner bei einem gegenseitigen Vertrag eine Pflicht nach § 241 Abs. 2, so kann der Gläubiger zurücktreten, wenn ihm ein Festhalten am Vertrag nicht mehr zuzumuten ist.

Recht zum Rücktritt wegen Verletzung einer Nebenpflicht, § 324:

- • Verletzung einer Nebenpflicht gem. § 241 II
- • Leistung nicht mehr zumutbar (i.d.R. erst nach Abmahnung)
- ↳ Recht zum Rücktritt gemäß § 324 (rechtsvernichtende Einwendung) und Herausgabeansprüche nach §§ 346 ff.

Beispiel: Der dreiste Bohlen soll bei der Rentnerin Verona die Wohnung weißeln (Werkvertrag § 631). Seine Arbeit ist nicht zu beanstanden, doch während des Malens singt Bohlen ständig obszöne Lieder. Verona bittet ihn wiederholt, im Hinblick auf ihre christliche Gesinnung damit aufzuhören. Da dies eine von Bohlen Verletzung der Rücksichtspflicht aus § 241 II ist und ihr die Leistung nicht mehr zumutbar ist, kann Verona nach § 324 vom Werkvertrag zurücktreten.

§ 325

↳ §§ 280 ff.

Schadensersatz und Rücktritt

Das Recht, bei einem gegenseitigen Vertrag Schadensersatz zu verlangen, wird durch den Rücktritt nicht ausgeschlossen

Beispiel (vgl. § 324): Verona tritt wegen der unanständigen Lieder vom Malervertrag zurück. Höhere Kosten für den neuen Maler kann Verona als Schadensersatz nach § 281 verlangen.

2.3.2. Unmöglichkeit bei gegenseitigen Leistungen

Für Unmöglichkeit wird § 275 durch § 326 ergänzt, der die Frage regelt, wie es um den Anspruch auf Gegenleistung steht.

Leistung ist diejenige Pflicht, die unmöglich wird. Die Zahlungspflicht ist immer die Gegenleistung. Diese kann nie unmöglich werden; der Jurist verweist hier auf die lapidare Formel: »Geld hat man zu haben« (die Geldschuld fällt auch unter das »Beschaffungsrisiko« nach § 276 I 1).

Unmöglich wird also die Leistungspflicht des Schuldners, der eine bestimmte Sache, ein Recht oder einen Dienst schuldet. Der § 326 regelt im Gegenzug den Anspruch auf Bezahlung.

Befreiung von der Gegenleistung und Rücktritt beim Ausschluss der Leistungspflicht

§ 326

(1) Braucht der Schuldner nach § 275 Abs. 1 bis 3 nicht zu leisten, entfällt der Anspruch auf die Gegenleistung; bei einer Teilleistung findet § 441 Abs. 3 entsprechende Anwendung. Satz 1 gilt nicht, wenn der Schuldner im Fall der nicht vertragsgemäßen Leistung die Nacherfüllung nach § 275 Abs. 1 bis 3 nicht zu erbringen braucht.

• § 275 I – III, IV
⬂ § 441 III
≠ §§ 446, 644

(2) Ist der Gläubiger für den Umstand, auf Grund dessen der Schuldner nach § 275 Abs. 1 bis 3 nicht zu leisten braucht, allein oder weit überwiegend verantwortlich oder tritt dieser vom Schuldner nicht zu vertretende Umstand zu einer Zeit ein, zu welcher der Gläubiger im Verzug der Annahme ist, so behält der Schuldner den Anspruch auf die Gegenleistung. Er muss sich jedoch dasjenige anrechnen lassen, was er infolge der Befreiung von der Leistung erspart oder durch anderweitige Verwendung seiner Arbeitskraft erwirbt oder zu erwerben böswillig unterlässt.

• §§ 276, 278
• §§ 293 ff.

(3) Verlangt der Gläubiger nach § 285 Herausgabe des für den geschuldeten Gegenstand erlangten Ersatzes oder Abtretung des Ersatzanspruchs, so bleibt er zur Gegenleistung verpflichtet. Diese mindert sich jedoch nach Maßgabe des § 441 Abs. 3 insoweit, als der Wert des Ersatzes oder des Ersatzanspruchs hinter dem Wert der geschuldeten Leistung zurückbleibt.

• § 285
⬂ § 441 III

(4) Soweit die nach dieser Vorschrift nicht geschuldete Gegenleistung bewirkt ist, kann das Geleistete nach den §§ 346 bis 348 zurückgefordert werden.

• §§ 346 ff.

(5) Braucht der Schuldner nach § 275 Abs. 1 bis 3 nicht zu leisten, kann der Gläubiger zurücktreten; auf den Rücktritt findet § 323 mit der Maßgabe entsprechende Anwendung, dass die Fristsetzung entbehrlich ist.

⬂ § 323

Befreiung von der Gegenleistung und Rücktritt bei Ausschluss der Leistungspflicht gem. § 323:

Einwendung

• gegenseitiger Vertrag
• Befreiung von der Leistungspflicht (Unmöglichkeit) nach § 275 I bis III (nicht lediglich der Nacherfüllung, § 326 I 2)

Bei Unmöglichkeit der Leistung ist der Schuldner grundsätzlich von der Gegenleistung befreit.

↳ Befreiung von der Gegenleistungspflicht, § 326 I 1 Hs. 1 (rechtsvernichtende Einwendung)

- bei Teilunmöglichkeit teilweise Befreiung, §§ 326 I 1 Hs. 1, 441 III
- Recht des Gläubigers zum Rücktritt ohne Fristsetzung, §§ 326 V, 323

• bei schon erfolgter Leistung

↳ Anspruch auf Rückgewähr, §§ 326 IV, 346 ff.

• bei Herausgabeverlangen des Ersatzanspruchs nach § 285

↳ Fortbestand der Gegenleistungspflicht, § 326 III 1, bei Minderwertigkeit des Ersatzes Minderung der Gegenleistung, §§ 326 III 2, 441 III

• bei Verantwortlichkeit des Gläubigers für die Unmöglichkeit, § 326 II 1 1. Alt. bzw. vom Schuldner nicht zu vertretender Unmöglichkeit während des Gläubigerverzugs, §§ 326 II 1 2. Alt., 293 ff.

Ist der Gläubiger für die Unmöglichkeit verantwortlich, muss er weiterhin leisten.

↳ Fortbestand der Gegenleistungspflicht, § 326 II 1 abzüglich ersparter Aufwendungen, § 326 II 2

Beispiel: Karstadt kauft von Volvo einen Lastzug. Dieser wird durch Zufall noch vor der Übergabe zerstört. Volvo ist nach § 275 I von der Leistungspflicht aus § 433 I befreit. Dafür muss Karstadt den Kaufpreis nicht mehr bezahlen, § 326 I 1 1. Hs. Wenn nur der Anhänger des Lastzuges zerstört wird, muss Karstadt entsprechend weniger zahlen, §§ 323 I 1 2. Hs., 441 III. Wenn Karstadt bereits eine Anzahlung geleistet hat, kann er diese nach §§ 326 IV, 346 herausverlangen. Wenn Karstadt den Versicherungsanspruch (Vollkasko) verlangt (§ 285), bleibt er nach § 326 III 1 zur Gegenleistung verpflichtet. Wenn Karstadt nach Vertragsschluss, aber vor Übergabe einen Totalschaden des Lastzuges verschuldet (z. B. beim Abholen fährt Karstadt mit einem anderen Truck in den Lastzug), wird Karstadt nach § 326 II 1 1. Alt. nicht von der Gegenleistung frei, sondern muss den Lastzug weiter bezahlen. Auch wenn Karstadt den Lastzug schon hätte abholen sollen und dieser zwischenzeitlich (ohne Fremdeinwirkung) abbrennt, muss er den Lastzug bezahlen, da die Unmöglichkeit im Annahmeverzug erfolgte, § 326 II 1 2. Alt. Hat Volvo einen Versicherungsanspruch erlangt, so kann Karstadt diesen verlangen (§ 285) oder auch den Kaufpreis um den Schrottwert des LKWs mindern § 326 II 2.

2.4. Beteiligung Dritter am Schuldverhältnis

Das Prinzip, dass auch ein Dritter in ein Rechtsverhältnis einbezogen wird, führt zu folgenden Rechtsfiguren: Vertrag zugunsten Dritter, Vertrag mit Schutzwirkung für Dritte und Drittschadensliquidation.

BETEILIGUNG DRITTER

Vertrag zugunsten Dritter   **§ 328**

(1) Durch Vertrag kann eine Leistung an einen Dritten mit der Wirkung bedungen werden, dass <u>der Dritte unmittelbar das Recht erwirbt, die Leistung zu fordern.</u>

(2) In Ermangelung einer besonderen Bestimmung ist aus den Umständen, insbesondere aus dem Zweck des Vertrags, zu entnehmen, ob der Dritte das Recht erwerben, ob das Recht des Dritten sofort oder nur unter gewissen Voraussetzungen entstehen und ob den Vertragschließenden die Befugnis vorbehalten sein soll, das Recht des Dritten ohne dessen Zustimmung aufzuheben oder zu ändern.

§ 328 regelt den echten Vertrag zugunsten Dritter. Hier erwirbt der Dritte einen vollen Anspruch gegen den Schuldner.

Der echte Vertrag zugunsten Dritter

Beispiel: Lebensversicherung zugunsten des Ehepartners.

Echter Vertrag zugunsten Dritter:

- Vertrag mit Anspruchsgrundlage
- Vereinbarung, dass ein Dritter die Leistung fordern soll
- ✎ Der Dritte kann sich entsprechend der vertraglichen Anspruchsgrundlage direkt an den Schuldner halten

Beispiel »echter Vertrag zugunsten Dritter«: Ehemann bestellt ein Jahresabo für »Die Aktuelle«, um es seiner Frau zu schenken. Sie hat direkten Anspruch auf Lieferung aus §§ 433 I 1, 328 I.

Vom Vertrag zugunsten Dritter nach §§ 328 ff. zu unterscheiden ist der nicht geregelte, »unechte Vertrag« zugunsten Dritter, bei dem nur an den Dritten geleistet werden soll, dieser jedoch keinen eigenen Anspruch erlangt.

Beispiel »unechter Vertrag zugunsten Dritter«: Kavalier lässt seiner Liebsten 50 Rosen durch den Blumenhändler bringen.

Schutz Dritter

Vertrag mit Schutzwirkung für Dritte

»Einbeziehung anderer in den vertraglichen Schutzbereich«

Häufig haben geschädigte Personen selbst keinen Vertrag mit einem Schädiger, sind aber dennoch relativ eng mit einem Vertragspartner »verbandelt«, der die privilegierte Vertragshaftung durchsetzen könnte. Um auch diese Personen aus dem Umfeld des Vertragspartners profitieren zu lassen, wurde analog zu § 328 der »Vertrag mit Schutzwirkung zugunsten Dritter« entwickelt.

Vertrag mit Schutzwirkung für Dritte:

- Vorliegen eines Vertrages
- Leistungsnähe (der Dritte muss mit der Leistung in Berührung kommen)

Auf das Wohl und Wehe kommt es an.

- Schutzpflicht des Gläubigers, Verantwortlichkeit für Wohl und Wehe des Dritten
- Drittschutzwirkung muss für den Schuldner erkennbar sein
- ✎ Einbeziehung des Dritten in den Schutzbereich des Vertrags; der Dritte hat einen eigenen vertraglichen Anspruch.

Beispiel: Schlumpf, der Sohn des Mieters Mager, kommt auf der unsachgemäß gebohnerten Haustreppe zu Fall und verletzt sich.

Kann Schlumpf vom Vermieter Völler Schadensersatz aus § 280 I (Verletzung einer Pflicht aus dem Mietvertrag) verlangen, weil dieser für den einwandfreien Zustand der Treppe zu sorgen hat und für das Ver-

schulden seiner Putzfrau Pia nach § 278 haften muss? Das Problem ist, dass Völler in vertraglicher Beziehung mit Mager steht, nicht aber mit Schlumpf. Der Vertrag mit Schutzwirkung für Dritte sieht nun vor, dass Schlumpf in den Schutzbereich des Mietvertrages (§ 535) einbezogen wird. Dies wird damit begründet, dass Schlumpf mit in der Wohnung des Mager wohnt, der Vater für seinen Sohn verantwortlich ist und dies für Völler erkennbar ist. Schlumpf kann daher vertraglichen Schadensersatz von Völler verlangen (§§ 280 I, 535).

Drittschadensliquidation

»Dri-Scha-Li«

»Ausgleich zufälliger Schadensverlagerungen«

Es gibt Konstellationen, bei denen ein Vertragspartner einen Anspruch gegen einen Dritten hat, aber keinen Schaden, ein anderer jedoch den Schaden und keinen Anspruch. Um hier Unbilligkeiten zu vermeiden, wurde die Drittschadensliquidation analog zu § 285 von der Rechtsprechung und Lehre entwickelt.

Die Regelungen der Drittschadensliquidation:

* Einer hat einen vertraglichen Anspruch, aber keinen Schaden
* Ein anderer hat einen Schaden, aber keinen vertraglichen Anspruch
* Zufällige Schadensverlagerung (z.B. § 447 Gewährleistungsregeln, § 831 Haftungsbeschränkung)
* Der Anspruch geht auf den Geschädigten über, § 285 analog.

Beispiel: Verkäufer V versendet an Käufer K eine Vase durch den Transportunternehmer T. Durch dessen Verschulden wird die Vase zerstört. Nach § 275 wird V von seiner Leistungspflicht frei.

V hat gegen T einen Schadensersatzanspruch (§§ 635, 280 I durch Werkvertrag über den Transport und § 823 I), jedoch keinen Schaden, weil er den Kaufpreisanspruch behält (§ 447). Den Schaden hat K, weil er die Vase nicht bekommt, aber trotzdem den Kaufpreis zahlen muss. Gegen T hat K keinen vertraglichen Anspruch, weil er mit ihm in keiner vertraglichen Beziehung steht. Diese Unbilligkeit gleicht die Rechtsfigur der Drittschadensliquidation aus. Danach geht der Anspruch des V gegen T analog § 285 auf K über.

2.5. Rücktritt

Rücktritt bedeutet die Rückgängigmachung eines Schuldverhältnisses durch eine empfangsbedürftige Willenserklärung. Zum Rücktritt von einem Vertrag kann man durch Gesetz (§§ 323 ff.) oder Vertrag berechtigt sein (in einem Vertrag könnte etwa Folgendes stehen: »Bei einer Inflationsrate über 10 % ist der Lieferant zum Rücktritt berechtigt«). Die Wirkung des Rücktritts besteht im Erlöschen der Leistungspflicht und der Pflicht zur Rückgewähr der erbrachten Leistungen (§ 346 I) sowie einer Haftung, falls die Rückgabe nicht mehr möglich ist (§§ 347, 350). Das Recht zum Rücktritt ist ein sogenanntes Gestaltungsrecht, das vom Berechtigten erst ausgeübt werden muss. Die §§ 346 ff. regeln das vertraglich vereinbarte und das gesetzliche Rücktrittsrecht. Zu unterscheiden ist der Rücktritt von der Anfechtung (§ 142), dem Widerruf (z.B. § 355), der Bedingung (§ 158) und der Kündigung (z.B. §§ 542, 626).

Weil mit der Rücktrittserklärung der Vertrag automatisch annulliert ist, gilt der Rücktritt als »Gestaltungsrecht«.

§ 346

- §§ 323 – 326
- § 349
- §§ 440, 636
- §§ 281 V, 357 I

Vertragliches oder gesetzliches Rücktrittsrecht oder Verweisung

Wirkungen des Rücktritts

(1) Hat sich eine Vertragspartei vertraglich den Rücktritt vorbehalten oder steht ihr ein gesetzliches Rücktrittsrecht zu, so sind im Fall des Rücktritts die empfangenen Leistungen zurückzugewähren und die gezogenen Nutzungen herauszugeben.

(2) Statt der Rückgewähr oder Herausgabe hat der Schuldner Wertersatz zu leisten, soweit

1. die Rückgewähr oder die Herausgabe nach der Natur des Erlangten ausgeschlossen ist,

2. er den empfangenen Gegenstand verbraucht, veräußert, belastet, verarbeitet oder umgestaltet hat,

3. der empfangene Gegenstand sich verschlechtert hat oder untergegangen ist; jedoch bleibt die durch die bestimmungsgemäße Ingebrauchnahme entstandene Verschlechterung außer Betracht.

Ist im Vertrag eine Gegenleistung bestimmt, ist sie bei der Berechnung des Wertersatzes zugrunde zu legen […].

(3) Die Pflicht zum Wertersatz entfällt,

1. wenn sich der zum Rücktritt berechtigende Mangel erst während der Verarbeitung oder Umgestaltung des Gegenstandes gezeigt hat,

2. soweit der Gläubiger die Verschlechterung oder den Untergang zu vertreten hat oder der Schaden bei ihm gleichfalls eingetreten wäre,

3. wenn im Fall eines gesetzlichen Rücktrittsrechts die Verschlechterung oder der Untergang beim Berechtigten eingetreten ist, obwohl

dieser diejenige Sorgfalt beobachtet hat, die er in eigenen Angelegenheiten anzuwenden pflegt.

Eine verbleibende Bereicherung ist herauszugeben. ⤷ §§ 818 ff.

(4) Der Gläubiger kann wegen Verletzung einer Pflicht aus Absatz 1 nach Maßgabe der §§ 280 bis 283 Schadensersatz verlangen. ⤷ §§ 280 ff.

Ansprüche auf Rückgewähr nach Rücktritt aus § 346: *Anspruch*

- vertragliches oder gesetzliches Rücktrittsrecht (§§ 323-326, 440, 636) oder Verweisung (z. B. §§ 281 V, 357 I)
- Erklärung des Rücktritts, § 349
⤷ Anspruch auf Rückgewähr der empfangenen Leistungen und der gezogenen Nutzungen, § 346 I
⤷ Bei Unmöglichkeit der Rückgewähr Anspruch auf Wertersatz, § 346 II 1 Nr. 1. – 3. (vgl. Gesetzestext), außer

  Bei Unmöglichkeit der Rückgewähr Wertersatz

- Rücktrittsgrund tritt erst während der Verarbeitung ein, § 346 III 1 Nr. 1
- vom Gläubiger zu vertretende Unmöglichkeit, § 346 III 1 Nr. 2
- Untergang der Sache bei gesetzlichem Rücktrittsrecht trotz eigenüblicher Sorgfalt, § 346 III 1 Nr. 3
⤷ Anspruch auf Herausgabe verbleibender Bereicherung, §§ 346 III 2, 818 ff. (Rechtsfolgenverweisung)
⤷ Anspruch auf Schadensersatz nach §§ 280-283, wenn nicht ordnungsgemäß rückgewährt wird, §§ 346 IV, I

Beispiel: Schumacher hat bei Piech einen Porsche gekauft und sich vertraglich den Rücktritt innerhalb von 30 Tagen vorbehalten. Als er im Stau von einem Radfahrer überholt wird, nimmt er dieses Recht wahr und erklärt den Rücktritt. Gem. § 346 I muss Schumacher den Wagen rückübereignen (§ 929) und für die Nutzung des Wagens Ersatz leisten. Piech muss den Kaufpreis zurückzahlen. Fährt Schumacher den Porsche inzwischen gegen die Wand, muss er nach § 346 II 1 Nr. 3 Wertersatz leisten. Wenn aber Piech vor Rückübereignung mit seinem Audi gegen den Porsche fährt und Totalschaden verursacht, entfällt der Anspruch auf Wertersatz, § 346 III 1 Nr. 2. Allerdings muss Schumacher den Schrottwert herausgeben, §§ 346 III 2, 818 I. Ist der Porsche noch heil, weigert sich Schumacher aber, ihn herauszugeben, kann Piech nach §§ 346 IV, 281 Schadensersatz statt der Leistung verlangen.

2.6. Widerrufs- und Rückgaberecht bei Verbraucherverträgen

Bei Fernabsatzverträgen, Haustürgeschäften und Verbraucherkrediten sowie bei den – wenig klausurrelevanten – Teilzeitwohnrechtsverträgen (Time-Sharing) hat der Verbraucher ein Widerrufs- bzw. ein Rückgaberecht. Die §§ 355 ff. enthalten allgemeine Vorschriften zu Form, Frist und Wirkung dieser Rechte.

§ 355

- § 126 b
- § 130
- § 312 I 1
- § 312 d I 1
- §§ 495 I, 499, 505

↳ §§ 357, 346

Widerrufsrecht bei Verbraucherverträgen

(1) Wird einem Verbraucher durch Gesetz ein Widerrufsrecht nach dieser Vorschrift eingeräumt, so ist er an seine auf den Abschluss des Vertrags gerichtete Willenserklärung nicht mehr gebunden, wenn er sie fristgerecht widerrufen hat. Der Widerruf muss keine Begründung enthalten und ist in Textform oder durch Rücksendung der Sache innerhalb von zwei Wochen gegenüber dem Unternehmer zu erklären; zur Fristwahrung genügt die rechtzeitige Absendung.

(2) Die Frist beginnt mit dem Zeitpunkt, zu dem dem Verbraucher eine deutlich gestaltete Belehrung über sein Widerrufsrecht, die ihm entsprechend den Erfordernissen des eingesetzten Kommunikationsmittels seine Rechte deutlich macht, in Textform mitgeteilt worden ist, [...].

Widerruf (rechtsvernichtende Einwendung) nach § 355:

Einwendung

- Widerrufsrecht und Verweisung gemäß anderer Vorschrift
  - Haustürgeschäfte, § 312 I 1
  - Fernabsatzverträge, § 312 d I 1
  - Verbraucherkredite, §§ 495 I, 499, 505
- Widerrufserklärung, § 355 I 1 und 2 (empfangsbedürftige Willenserklärung nach § 130) in
  - Textform, §§ 355 I 2, 126 b oder Rücksendung der Sache
  - Begründung nicht erforderlich

Widerruf muss in der Regel innerhalb von zwei Wochen erklärt werden.

- Einhaltung der Widerrufsfrist von 2 Wochen, § 355 I 2
  - Fristbeginn mit Belehrung über Widerrufsrecht, § 355 II 1; aber Fristende spätestens nach 6 Monaten, § 355 III
  - rechtzeitige Absendung genügt, § 355 I 2 2. Hs.
- ↳ Bindung des Verbrauchers an den Vertrag entfällt, § 355 I 1 (rechtsvernichtende Einwendung)
- ↳ Gem. § 357 Anwendung der §§ 346 ff. (gesetzlicher Rücktritt)

Beispiel: Karl bestellt über das Internet eine Haarspange für seine dänische Dogge. Weil die Spange dem Hund jedoch nicht steht, will er sie zurückgeben. Da es sich um einen Fernabsatzvertrag (§ 312 b I)

handelt, kann Karl nach §§ 312 d I, 355 den Kaufvertrag widerrufen.
Er muss dies innerhalb von 2 Wochen in Textform (§ 126 b, etwa Fax)
oder durch Rücksendung der Spange tun (§ 355 I 2).

Rückgaberecht bei Verbraucherverträgen

§ 356

(1) Das Widerrufsrecht nach § 355 kann, soweit dies ausdrücklich
durch Gesetz zugelassen ist, beim Vertragsschluss auf Grund eines
Verkaufsprospekts im Vertrag durch ein uneingeschränktes Rückgaberecht ersetzt werden. Voraussetzung ist, dass

• § 312 I 2
• § 312 d I 2
• § 355

Rückgaberecht statt
Widerrufsrecht nur, wenn
ausdrücklich erlaubt

1. im Verkaufsprospekt eine deutlich gestaltete Belehrung über das
Rückgaberecht enthalten ist,

2. der Verbraucher den Verkaufsprospekt in Abwesenheit des Unternehmers eingehend zur Kenntnis nehmen konnte und

3. dem Verbraucher das Rückgaberecht in Textform eingeräumt wird.

(2) Das Rückgaberecht kann innerhalb der Widerrufsfrist, die jedoch
nicht vor Erhalt der Sache beginnt, und nur durch Rücksendung der
Sache oder, wenn die Sache nicht als Paket versandt werden kann,
durch Rücknahmeverlangen ausgeübt werden. § 355 Abs. 1 Satz 2
findet entsprechende Anwendung.

Nach § 356 kann der Verbraucher auch dadurch vor Übereilung geschützt werden, dass ihm ein Rückgaberecht eingeräumt wird. Da die
Rückgabe für den Verbraucher aber ungünstiger als der Widerruf ist
(statt nur den Widerruf fristgerecht abzusenden, muss er die Sache
selbst rechtzeitig zurückschicken), ist das Rückgaberecht für den Unternehmer nur in bestimmten Fällen zugelassen (bei Haustürgeschäften
nach § 312 I 2 und beim Fernabsatz nach § 312 d I 2).

Rechtsfolgen des Widerrufs und der Rückgabe

§ 357

(1) Auf das Widerrufs- und das Rückgaberecht finden, soweit nicht ein
anderes bestimmt ist, die Vorschriften über den gesetzlichen Rücktritt
entsprechende Anwendung [...].

↳ §§ 346 ff.

Gemäß §§ 357 I, 346 ff. muss der Verbraucher die Sache zurückgeben
bzw. Wertersatz leisten, der Unternehmer den schon gezahlten Kaufpreis rückerstatten.

2.7. Erlöschen von Schuldverhältnissen

Einzelne Pflichten oder Schuldverhältnisse im Ganzen können durch Erfüllung, Hinterlegung, Aufrechnung oder Erlass erlöschen. Dabei ist die Erfüllung der Regelfall.

§ 362

• § 267 ff.
↳ §§ 364, 387, 397

Erlöschen durch Leistung

(1) Das Schuldverhältnis erlischt, wenn die geschuldete Leistung an den Gläubiger bewirkt wird.

(2) Wird an einen Dritten zum Zwecke der Erfüllung geleistet, so finden die Vorschriften des § 185 Anwendung.

Einwendung

Rechtsvernichtende Einwendung der Erfüllung, § 362:

• der richtige Schuldner erbringt die richtige Leistung am richtigen Ort (§§ 267 ff.)

• an den richtigen Gläubiger, § 362 I, oder vom Gläubiger genehmigt an einen Dritten, §§ 362 II, 185

↳ Erlöschen des Anspruchs

Durch Erfüllung werden die meisten »Schulden getilgt«. Die Leistung wird ohne Umwege erbracht. Der Schuldner leistet so, wie er und der Gläubiger es vereinbart haben.

Beispiel: Käufer zahlt Kaufpreis sofort und in voller Höhe.

§ 364

Annahme an Erfüllungs statt

(1) Das Schuldverhältnis erlischt, wenn der Gläubiger eine andere als die geschuldete Leistung an Erfüllungs statt annimmt.

(2) Übernimmt der Schuldner zum Zwecke der Befriedigung des Gläubigers diesem gegenüber eine neue Verbindlichkeit, so ist im Zweifel nicht anzunehmen, dass er die Verbindlichkeit an Erfüllungs statt übernimmt.

Unterscheide Leistung an
Erfüllungs statt und
erfüllungshalber.

Beispiel: Zahlung des Kaufpreises mit Scheck anstatt Barzahlung. Wenn etwa bei großen Beträgen nicht bar bezahlt wird, wird allerdings schon bei Vertragsschluss eine sog. Ersetzungsbefugnis vereinbart.

Von der Leistung an Erfüllungs statt zu unterscheiden ist die Leistung erfüllungshalber. Bei der Leistung erfüllungshalber soll trotz der Leistung das Schuldverhältnis bestehen bleiben, bis der Gläubiger sich durch Verwertung des ihm erfüllungshalber geleisteten Gegenstandes befriedigt wird; erst dann erlischt die Schuld.

Aufrechnung

§ 387

Schulden zwei Personen einander Leistungen, die ihrem Gegenstand nach gleichartig sind, so kann jeder Teil seine Forderung gegen die Forderung des anderen Teiles aufrechnen, sobald er die ihm gebührende Leistung fordern und die ihm obliegende Leistung bewirken kann.

- § 388
- § 271
↳ § 389
↳ §§ 204 I Nr. 5

Wirkung der Aufrechnung

§ 389

Die Aufrechnung bewirkt, dass die Forderungen, soweit sie sich decken, als in dem Zeitpunkt als erloschen gelten, in welchem sie zur Aufrechnung geeignet einander gegenübergetreten sind.

Rechtsvernichtende Einwendung der Aufrechnung, § 389:

Einwendung

- Gegenseitigkeit von Forderungen
- Gleichartigkeit der Forderungen, § 387
- Wirksamkeit der Forderungen (einredefrei, vgl. § 390)
- Fälligkeit der Gegenforderungen (§ 271 I)
- Erfüllbarkeit der Hauptforderung (§ 271 II)
- Erklärung der Aufrechnung nach § 388
- ↳ Erlöschen der Ansprüche, soweit sie sich decken

Beispiel: Gerhard hat eine fällige Kaufpreisforderung von 400 € gegen Joschka. Joschka hat eine erfüllbare Forderung auf Rückzahlung eines Darlehens von 1.000 € gegen Gerhard. Die Forderungen sind gleichartig, weil beides Geldschulden sind. Nach Aufrechnung bleibt eine Darlehensforderung von 600 € von Joschka gegen Gerhard übrig.

Gleiches mit Gleichem aufrechnen

Erlass

§ 397

(1) Das Schuldverhältnis erlischt, wenn der Gläubiger dem Schuldner durch Vertrag die Schuld erlässt.

- § 516

(2) Das gleiche gilt, wenn der Gläubiger durch Vertrag mit dem Schuldner anerkennt, dass das Schuldverhältnis nicht bestehe.

Beispiel: Britney schuldet Cher 1.000 €. Will Britney, dass Cher davon befreit sein soll, kann sie ihr entweder durch Vertrag die Schuld erlassen (§ 397 I) oder durch Vertrag festlegen, dass die Schuld nicht besteht (§ 397 II). Häufig in Verbindung mit Schenkung (§ 516).

3. Abtretung

Die Abtretung einer Forderung oder eines Rechts führt zu einem Gläubigerwechsel. Ein Gläubigerwechsel ist auch durch Gesetz oder durch Hoheitsakt (i.d.R. Zwangsvollstreckung) möglich. In den §§ 398 ff. ist der vertragliche Forderungsübergang (Abtretung) geregelt. Diese Vorschriften finden nach § 412 auf einen gesetzlichen Gläubigerwechsel entsprechende Anwendung.

Beispiel für einen <u>vertraglichen Forderungsübergang</u>: Anastacia verkauft eine Forderung (§§ 453, 433) gegen Madonna auf Zahlung von 500 € für 450 € an Whitney und tritt diese zur Erfüllung an Whitney ab (§ 398).

Beispiel für einen <u>gesetzlichen Forderungsübergang</u>: Wenn der Bürge den Gläubiger befriedigt hat, geht dessen Forderung auf den Bürgen über (§ 774 I).

§ 398

- § 412
- ≠ § 399, § 400
- ↳ § 401, 404
- ≠ § 309 Nr. 3

Abtretung

Eine Forderung kann von dem Gläubiger durch Vertrag mit einem anderen auf diesen übertragen werden (Abtretung). Mit dem Abschlusse des Vertrags tritt der neue Gläubiger an die Stelle des bisherigen Gläubigers.

Die Abtretung (Zession) ist ein zwischen bisherigem und neuem Gläubiger geschlossener Vertrag, durch den der bisherige Gläubiger (Zedent) seine Forderung gegen den Schuldner auf den neuen Gläubiger (Zessionar) überträgt (§ 398).

Übergang einer Forderung durch Abtretung, § 398:

- Vertrag zwischen bisherigem und neuem Gläubiger, dass diesem die Forderung zustehen soll (§ 398 S.1)
- der Zedent ist Forderungsinhaber (kein gutgläubiger Erwerb einer Forderung wie beim Eigentumserwerb in § 932)
- Übertragbarkeit der Forderung (§§ 399, 400)
- Bestimmbarkeit der Forderung (keine vagen Erwerbsaussichten, aber dennoch auch künftige Forderungen)
- ↳ Übergang der Forderung (§ 398 S. 2 Verfügungsgeschäft)
- ↳ Übergang der Nebenrechte (§ 401)
- ↳ Erhalt aller Einreden und Einwendungen, die der Schuldner gegen die bisherigen Gläubiger hat (§ 404, außerdem §§ 406, 407)

Obwohl die §§ 398 ff. sich im Allgemeinen Schuldrecht befinden, ist die Abtretung ein Verfügungsgeschäft, durch das der Gläubigerwechsel unmittelbar vollzogen wird. Die Wirksamkeit der Abtretung hängt daher auch nicht von dem ihr zugrundeliegenden Verpflichtungsgeschäft (z.B. Rechtskauf, § 453) ab. Die Abtretung bedarf nicht der Zustimmung des Schuldners.

Abtretung – eine Verfügung im Schuldrecht

Im Interesse der Rechtssicherheit muss Klarheit darüber vorhanden sein, ob und in welchem Umfang diese Forderung überhaupt existiert. Deshalb muss eine Forderung, die abgetreten werden soll, genügend bestimmt, zumindest aber bestimmbar sein. Die Abtretungsvereinbarung muss also so getroffen werden, dass Inhalt, Höhe und Schuldner der Forderung bestimmt sind. Innerhalb dieser Grenzen ist auch eine Abtretung künftiger Forderungen möglich. Sogenannte. Globalabtretungen sind aber ggf. wegen Benachteiligung anderer Gläubiger unwirksam.

Beispiel: Der Großhändler G, dem das Wasser finanziell bis zum Hals steht, tritt all seine Forderungen der Geschäftsverbindungen mit dem Abnehmer A zur Sicherung an die Bank B ab (§ 398 S. 1). Dazu sollen auch alle künftigen Forderungen gehören. Zwar sind die Forderungen ausreichend bestimmt; würde sich die Bank aber alle Forderungen des G abtreten lassen, könnte dies wegen Übersicherung sittenwidrig und nach § 138 nichtig sein, weil andere Gläubiger benachteiligt würden.

Unabtretbarkeit

§ 399

Eine Forderung kann nicht abgetreten werden, wenn die Leistung an einen anderen als den ursprünglichen Gläubiger nicht ohne Veränderung ihres Inhalts erfolgen kann oder wenn die Abtretung durch Vereinbarung mit dem Schuldner ausgeschlossen ist.

Beispiel: Vereinbarung, nach der ein Arbeitnehmer (§ 611) nur für einen bestimmten Arbeitgeber tätig werden will. Eine dennoch vorgenommene Abtretung wäre nach § 399 unwirksam.

Übergang der Nebenrechte

§ 401

(1) Mit der abgetretenen Forderung gehen die Hypotheken, Schiffshypotheken oder Pfandrechte, die für sie bestehen, sowie die Rechte aus einer für sie bestellten Bürgschaft auf den neuen Gläubiger über [...].

↪ § 765, § 883, § 1113

Hypothek (§§ 1113 ff.) und Bürgschaft (§§ 765 ff.) gehen nur mit der durch sie gesicherten Forderung über (Akzessorietät).

Hypothek folgt der Forderung

Beispiel: B bürgt für eine Schuld des S an den C. Tritt C die Forderung an D ab, so ist B auch gegenüber D verpflichtet, § 401 I 1.

§ 404   Einwendungen des Schuldners

Der Schuldner kann dem neuen Gläubiger die Einwendungen entgegensetzen, die zur Zeit der Abtretung der Forderung gegen den bisherigen Gläubiger begründet war.

Die §§ 404 – 408 bezwecken den Schuldnerschutz.

§ 404 ist die wichtigste Vorschrift zum Schutz des Schuldners, der damit sowohl Einwendungen wie Einreden entgegenhalten kann.

Beispiel: Der Schuldner kann sich gegenüber dem neuen Gläubiger darauf berufen, dass die Forderung gegenüber dem alten Gläubiger verjährt war (Einrede der Verjährung, § 214).

§ 406   Aufrechnung gegenüber dem neuen Gläubiger

Der Schuldner kann eine ihm gegen den bisherigen Gläubiger zustehende Forderung auch dem neuen Gläubiger gegenüber aufrechnen, es sei denn, dass er bei dem Erwerb der Forderung von der Abtretung Kenntnis hatte oder dass die Forderung erst nach der Erlangung der Kenntnis und später als die abgetretene Forderung fällig geworden ist.

Beispiel: G tritt Forderungen gegen S an X ab. S hat aber auch Forderungen an G. Nun könnte S diese nicht mehr mit G aufrechnen, weil es am Erfordernis der Gegenseitigkeit (§ 387) fehlt. Diese Gegenseitigkeit wird durch § 406 fingiert.

§ 407   Leistung an den bisherigen Gläubiger

↳ § 816 II

(1) Der neue Gläubiger muss eine Leistung, die der Schuldner nach der Abtretung an den bisherigen Gläubiger bewirkt, sowie jedes Rechtsgeschäft, das nach der Abtretung zwischen dem Schuldner und dem bisherigen Gläubiger in Ansehung der Forderung vorgenommen wird, gegen sich gelten lassen, es sei denn, dass der Schuldner die Abtretung bei der Leistung oder der Vornahme des Rechtsgeschäfts kennt.

(2) [...]

Beispiel: G tritt eine Forderung (Kaufpreis) gegen S an X ab. S weiß dies nicht, zahlt an G und wird von der Schuld frei. Nur positive Kenntnis von der Abtretung kann S schaden, fahrlässige Unkenntnis nicht. X kann nun wegen § 407 I nichts von S verlangen, jedoch hat X jetzt einen Anspruch aus § 816 II gegen G.

Mehrfache Abtretung

§ 408

↳ § 816 II

(1) Wird eine abgetretene Forderung von dem bisherigen Gläubiger nochmals an einen Dritten abgetreten, so finden, wenn der Schuldner an den Dritten leistet oder wenn zwischen dem Schuldner und dem Dritten ein Rechtsgeschäft vorgenommen oder ein Rechtsstreit anhängig wird, zugunsten des Schuldners die Vorschriften des § 407 dem früheren Erwerber gegenüber entsprechende Anwendung.[…]

Der § 408 I erweitert den § 407 auf die mehrfache Abtretung.

Beispiel: G tritt die Forderung gegen S außer an X auch noch an Y ab. Die zweite Abtretung ist unwirksam, da dem G die hierfür notwendige Verfügungsbefugnis durch die erste Abtretung verloren gegangen ist. Zahlt S nun trotzdem an Y, weil er von der ersten Abtretung nichts weiß, so kann der wahre Gläubiger X von S nichts mehr verlangen.

Gesetzlicher Forderungsübergang

§ 412

• § 774, § 1143, § 426 II
↳ §§ 399 – 404, §§ 406 – 410

Der gesetzliche Forderungsübergang wird auch »cessio legis« genannt.

Auf die Übertragung einer Forderung kraft Gesetzes finden die Vorschriften der §§ 399 bis 404, 406 bis 410 entsprechende Anwendung.

Bei einer Reihe von Konstellationen sieht das BGB vor, dass die Forderung auf den übergeht, der sie für einen anderen begleicht (§ 426 II Gesamtschuld, § 1143 Hypothek).

Beispiel: B bürgt (§ 768) für eine Forderung des Gläubigers G gegen den Schuldner S. Diese Forderung ist zusätzlich noch durch eine Hypothek am Grundstück des H gesichert (§ 1113). Der Bürge B befriedigt nun den G, so dass die Forderung auf ihn übergeht, § 774. Da dies ein gesetzlicher Forderungsübergang ist, geht nach §§ 412, 401 auch die Hypothek auf ihn über. Allerdings nur zur Hälfte (nach § 426 analog), weil sonst derjenige Sicherungsgeber einen Vorteil hat, der zuerst zahlt.

4. Schuldübernahme

Befreiende Schuldüber-
nahme bedeutet:
Schuldnerwechsel.

Bei der Schuldübernahme tritt durch Vertrag entweder der neue Schuldner »an die Stelle« des bisherigen Schuldners (befreiende Schuldübernahme, § 414) oder der neue Schuldner tritt »neben« den alten Schuldner, so dass zwei Schuldner selbständig nebeneinander haften (Schuldbeitritt oder kumulative Schuldübernahme, die eine Gesamtschuld entstehen lässt, §§ 421 ff.). Nicht zu verwechseln damit ist die Erfüllungsübernahme nach § 329.

§ 414

≠ § 421

Neuschuldner – Gläubiger

Vertrag zwischen Gläubiger und Übernehmer

Eine Schuld kann von einem Dritten durch Vertrag mit dem Gläubiger in der Weise übernommen werden, dass der Dritte an die Stelle des bisherigen Schuldners tritt.

§ 415

Altschuldner –
Neuschuldner

Vertrag zwischen Schuldner und Übernehmer

(1) Wird die Schuldübernahme von dem Dritten mit dem Schuldner vereinbart, so hängt ihre Wirksamkeit von der Genehmigung des Gläubigers ab. Die Genehmigung kann erst erfolgen, wenn der Schuldner oder der Dritte dem Gläubiger die Schuldübernahme mitgeteilt hat. Bis zur Genehmigung können die Parteien den Vertrag ändern oder aufheben.

(2) Wird die Genehmigung verweigert, so gilt die Schuldübernahme als nicht erfolgt. [...].

(3) Solange nicht der Gläubiger die Genehmigung erteilt hat, ist im Zweifel der Übernehmer dem Schuldner gegenüber verpflichtet, den Gläubiger rechtzeitig zu befriedigen. Das gleiche gilt, wenn der Gläubiger die Genehmigung verweigert.

Zwei Möglichkeiten der befreienden Schuldübernahme:

* bei § 414 schließen Neuschuldner und Gläubiger einen Vertrag
* gemäß § 415 I 1 schließen Alt- und Neuschuldner einen Übernahmevertrag, der jedoch erst mit der Genehmigung des Gläubigers wirksam wird. Es könnte schließlich sein, dass der Neuschuldner weniger zahlungsfähig ist.
* ↳ Schuldnerwechsel nach § 414. Einwendungen bleiben erhalten (§ 417).

Die Schuldübernahme berührt die Interessen des Gläubigers, weil von der Person des neuen Schuldners die Bonität der Forderung abhängt. Daher ist die Mitwirkung des Gläubigers notwendig.

Einwendungen des Übernehmers

§ 417

(1) Der Übernehmer kann dem Gläubiger die Einwendungen entgegensetzen, welche sich aus dem Rechtsverhältnis zwischen dem Gläubiger und dem bisherigen Schuldner ergeben. Eine dem bisherigen Schuldner zustehende Forderung kann er nicht aufrechnen.

(2) [...].

Vertraglicher Schuldbeitritt bedeutet, dass der Gläubiger durch Vertrag neben dem bisherigen Schuldner noch eine andere Person als Schuldner erhält. Ist ein Schuldbeitritt erfolgt, liegt eine Gesamtschuld nach §§ 421 ff. vor.

Schuldbeitritt bedeutet: Es gibt mehrere Schuldner.

Beispiel für Schuldübernahme bzw. Schuldnerwechsel: Bush hat mit Hussein einen Vertrag über die monatliche Lieferung von 2.000 Gewehren zum Preis von 1.000 € während der Laufzeit von fünf Jahren geschlossen (Kaufvertrag, § 433 mit garantierter Abnahmeverpflichtung). Als Bush Präsident wird, braucht er die Gewehre nicht mehr und will diesen Vertrag möglichst unproblematisch loswerden. Allerdings gilt der Grundsatz pacta sunt servanda, so dass er eigentlich der Abnahme- und Zahlungsverpflichtung während der Restlaufzeit der fünf Jahre nachkommen muss. Um sich dieses Problems zu entledigen, möchte er den ganzen Vertrag auf Rumsfeld übertragen, der an den Waffen sehr interessiert ist. Die Abtretung des Anspruchs auf Lieferung der Waffen (§ 433 I) ist zwar unproblematisch abtretbar (§ 398). Da aber mit der Vertragsübertragung auch der Anspruch des Hussein auf Kaufpreiszahlung (§ 433 II) übertragen wird, ist nach § 415 I die Genehmigung (§ 182 I) des Hussein erforderlich (§ 415 I). Wenn Hussein diese Genehmigung erteilt, geht der Vertrag über. Wenn Rumsfeld im Rahmen dieser Vetragsübertragung auch Altschulden des Bush übernimmt, bei denen die Waffenlieferung jedoch mangelhaft war, kann Rumsfeld dem Hussein diese Mängel bzw. die Ansprüche daraus (Nacherfüllung, Minderung etc. §§ 437 ff.) gem. § 417 auch dem Hussein entgegenhalten.

5. Mehrere Schuldner

§ 421

• § 840 I

Gesamtschuldner

Schulden mehrere eine Leistung in der Weise, dass jeder die ganze Leistung zu bewirken verpflichtet, der Gläubiger aber die Leistung nur einmal zu fordern berechtigt ist (Gesamtschuldner), so kann der Gläubiger die Leistung nach seinem Belieben von jedem der Schuldner ganz oder zu einem Teil fordern. Bis zur Bewirkung der ganzen Leistung bleiben sämtliche Schuldner verpflichtet.

Einer von allen

Voraussetzungen für die Gesamtschuld:

- wenn das Gesetz dies vorsieht (z.B. Gesamthaftung mehrerer Mitbürgen, §§ 769, 774, Deliktschuldner, § 840) oder
- wenn eine Gleichstufigkeit gegeben ist, durch:
  - gemeinschaftliche Verpflichtung durch Vertrag oder
  - Schuldbeitritt oder
  - Verbundenheit der Ansprüche (z.B. § 280 I neben § 823)

↳ Gläubiger kann von jedem alles fordern, § 421

↳ Die Erfüllung des einen befreit auch die anderen, § 422 I

↳ Die Gesamtschuldner sind untereinander ausgleichspflichtig, § 426 I, II (»Anspruchsgrundlage«).

§ 421 definiert die Gesamtschuld nicht, sondern geht schon vom Vorliegen einer Gesamtschuld aus. Eine Gesamtschuld ist dadurch gekennzeichnet, dass der Gläubiger mehrere Schuldner hat, von denen er die Leistung beliebig, aber nur einmal beanspruchen kann. Das bedeutet für den Gläubiger eine starke Sicherung (»Paschastellung«).

Gesetzliche
Verweisung

Beispiel für eine gesetzliche Gesamtschuld: Mitglieder einer rechtsradikalen Partei schlagen einen Ausländer zusammen. Die Schläger haften gemeinschaftlich auf Schadensersatz aus §§ 823, 830 I 1, 840 I.

Möglich ist darüber hinaus eine Gesamtschuld auch, wenn mehrere Personen eine Leistung schulden und eine Zweckgemeinschaft gegeben ist. Die Zweckgemeinschaft kann durch Vertrag (Schuldbeitritt) oder durch innere Verbundenheit der Ansprüche gegeben sein, wenn die Leistung des einen auch die Schuld des anderen tilgt.

Zweckgemeinschaft

Beispiel: Reinigung zerstört Designer-Jacke; der ungeschickte Angestellte haftet aus § 823, der Inhaber der Reinigung § 280 I, 631 (Verletzung einer Pflicht aus dem Werkvertrag) gegenüber dem Eigentümer. Eine Gesamtschuld besteht zwischen Reinigung und Angestellten.

Die Gesamtschuld führt zur Ausgleichungspflicht nach § 426.

Wirkung der Erfüllung

§ 422

Einer für alle

(1) Die Erfüllung durch einen Gesamtschuldner wirkt auch für die übrigen Schuldner. Das gleiche gilt von der Leistung an Erfüllungs statt, der Hinterlegung und der Aufrechnung.

(2) Eine Forderung, die einem Gesamtschuldner zusteht, kann nicht von den übrigen Schuldnern aufgerechnet werden.

Ausgleichungspflicht der Gesamtschuldner

§ 426

• § 254

(1) Die Gesamtschuldner sind im Verhältnis zueinander zu gleichen Anteilen verpflichtet, soweit nicht ein anderes bestimmt ist. Kann von einem Gesamtschuldner der auf ihn entfallende Beitrag nicht erlangt werden, so ist der Ausfall von den übrigen zur Ausgleichung verpflichteten Schuldnern zu tragen.

(2) Soweit ein Gesamtschuldner den Gläubiger befriedigt und von den übrigen Schuldnern Ausgleichung verlangen kann, geht die Forderung des Gläubigers gegen die übrigen Schuldner auf ihn über. Der Übergang kann nicht zum Nachteile des Gläubigers geltend gemacht werden.

Ansprüche auf Ausgleich aus § 426:

* Ein Schuldner leistet dem Gläubiger mehr als er im Innenverhältnis gegenüber den anderen Schuldnern verpflichtet ist
↳ Anspruch auf Ausgleich gegen die anderen, § 426 I 1
↳ Übergang der Forderung vom Gläubiger auf den leistenden Schuldner, § 426 II 1

Anspruch

Beispiel: Alois, Edmund und Otto verursachen bei einem Autounfall einen Schaden am Wagen der Angela. A hat den ganzen Schaden bezahlt. Nach §§ 840 I, 823 sind A, E und O aber Gesamtschuldner. A kann von E und O einen angemessenen Ausgleich verlangen, denn nach § 426 I 1 sind sie im Zweifel zu gleichen Teilen verpflichtet. Allerdings kann sich dies bei unterschiedlichen Verschuldensquoten nach § 254 analog verschieben.

Neben § 426 I stellt § 426 II eine eigene Anspruchsgrundlage dar, mit der die Forderung des Geschädigten (hier § 823) auf den zahlenden Schuldner (hier A) übergeht.

6. Wiederholungsfragen

1. Auf welche Weise entstehen Schuldverhältnisse? Lösung S. 70

2. Was besagt der Grundsatz: »Treu und Glauben?« Lösung S. 72

3. Was versteht man unter Konkretisierung der Gattungsschuld?
    Lösung S. 73

4. Was versteht man unter Schadensersatz? Nennen Sie Regelungen,
    die einen Anspruch auf Schadensersatz begründen? Lösung S. 74

5. Was unterscheidet bei vertraglichen Schadensersatzansprüchen
    »negatives Interesse« und »positives Interesse«? Lösung S. 74

6. Der Leistungsort ergibt sich aus der Art der Schuld. Welche Arten
    unterscheidet man? Lösung S. 79

7. Welche zentralen Normen erklären die Haftung für Verschulden?
    Was bedeuten die Begriffe: Vorsatz und Fahrlässigkeit?
    Lösung S. 82

8. Welche Arten von Leistungsstörungen unterscheidet man?
    Lösung S. 84

9. Welche Gründe gibt es für die Unmöglichkeit einer Leistung?
    Nach welchen Kriterien unterscheidet man die Unmöglichkeit?
    Lösung S. 85 ff.

10. Welche Ersatzansprüche hat der Gläubiger, wenn der Schuldner
    nicht ordnungsgemäß leistet? Lösung S. 93

11. Was versteht man unter Verzug? Welche Unterscheidungen trifft
    man hinsichtlich des Schuldners und des Gläubigers?
    Lösung S. 94

12. Was sind Allgemeine Geschäftsbedingungen? Lösung S. 98

13. Was bedeutet Rücktritt; welche Rechtsfolgen sind damit verbun-
    den? Lösung S. 120

14. Wann kann ein Verbraucher einen Vertrag widerrufen?
    Lösung S. 122

15. Wie erlöschen Schuldverhältnisse »normalerweise«?
    Lösung S. 124

16. Was versteht man unter Abtretung; warum ist die Abtretung ein
    Verfügungsgeschäft? Lösung S. 126

Besonderes Schuldrecht

1. Kauf

Der Kaufvertrag ist im BGB besonders ausführlich geregelt; dies entspricht seiner wirtschaftlichen Bedeutung: Fast jeder wickelt täglich Kaufgeschäfte ab. Nicht verwunderlich, dass sogar viele Nichtjuristen mit »§ 433« etwas anzufangen wissen – prompt antworten sie: »Kaufvertrag«. Und schon haben sie sich auf das juristische Glatteis begeben, denn die wenigsten wissen, was in den drei Sätzchen des § 433 wirklich geschrieben steht. Darüber hinaus sind viele der Meinung, dass es sich bei einem Vertrag immer um ein Stück beschriebenes Papier handelt. Falsch – denn auf dem Papier werden lediglich die Inhalte des Vertragsschlusses schriftlich niedergelegt, was zwar sinnvoll, aber nicht notwendig ist.

KAUF

Der Kauf zielt ab auf den Austausch eines Kaufgegenstandes gegen Geld. Voraussetzung ist ein wirksamer Kaufvertrag; daraus ergeben sich die Pflichten für die Vertragsparteien. Lesen Sie bitte den § 433 mehrmals durch, bevor Sie sich die folgenden Beispiele zu Gemüte führen.

Zustandekommen:
Angebot und Annahme

1. Beispiel: Berger (B) inseriert seinen Ferrari zum Verkauf. Am nächsten Tag steht schon der erste Interessent (I) vor der Tür.

Ein Kaufvertrag setzt das Vorhandensein zweier übereinstimmender Willenserklärungen der Vertragsparteien voraus. Das Zeitungsinserat wird lediglich als »Invitatio ad offerendum«, also als Einladung zum Vertragsangebot verstanden. Der Wille des I zum Kauf des Wagens ist ein Angebot gem. § 145. Es steht B offen, dies gem. § 147 anzunehmen. Ein Vertrag kommt also erst dann zustande, wenn B einwilligt und beide Parteien sich über die wesentlichen Vertragsinhalte, vor allem über den Kaufpreis und den Kaufgegenstand geeinigt haben.

2. Beispiel: Im Cafe Meineid verkauft der volltrunkene Glen Grant spaßeshalber dem Wirt »Sonne, Mond und Sterne«.

Wirksamkeitshindernisse

Beginnen wir ganz vorne. Es mangelt bereits an einer wirksamen Willenserklärung, weil die Erklärung eines Volltrunkenen gem. § 105 II nichtig ist. Damit konnte kein Vertrag, welcher Art auch immer, geschlossen werden, und der Fall hätte sich erledigt. Gehen wir trotzdem noch auf die weiteren Wirksamkeitshindernisse ein. Scherzhaft gemeinte Willenserklärungen sind gem. § 118 nichtig. Andererseits würde der Vertrag nicht scheitern, weil er auf eine unmögliche Leistung abzielt, wie sich aus § 311 ergibt.

Voraussetzungen für den Kaufvertrag:

- Einigung der Vertragsparteien (§§ 145, 147):
- über den Kaufgegenstand: Sachen (§ 90) oder Rechte
- über den Kaufpreis
- ggf. Liefer- und Zahlungsmodalitäten etc.
- keine Wirksamkeitshindernisse:
- Geschäftsfähigkeit, §§ 104 ff.
- keine Willensmängel, §§ 116 ff.
- keine Missachtung sonstiger Verbote und Schutzvorschriften

3. Beispiel: Der Weltenbummler (W) plant eine große Reise. Er »verkauft« seinem Freund für insgesamt 50.000 € das Auto, den Hund und die Honorarforderungen an dem Reiseführer, den er geschrieben hat. Der Freund (F) schlägt per Handschlag ein.

Kaufgegenstand: Sache oder Recht

Ein perfekter Kaufvertrag: Es liegen sowohl die Einigung als auch die weiteren Tatbestandsmerkmale des § 433 vor: Danach muss der Kaufgegenstand entweder eine Sache (§ 433 I 1) oder ein Recht (§ 453) sein. Das Auto ist eine Sache gem. § 90.

Übereigung des
Kaufgegenstandes und
Bezahlung

Der Hund ist zwar keine Sache. Gemäß § 90 a wird er jedoch rechtlich wie eine solche behandelt. Bei den Honorarforderungen handelt es sich um Rechte, § 453. Schließlich fordert § 433 II, dass die Gegenleistung eine Geldzahlung, hier 50.000 €, sein muss. Aus dem Kaufvertrag ergeben sich folgende Hauptleistungspflichten: Der Verkäufer hat dem Käufer das Auto und den Hund zu übergeben sowie das Eigentum daran und die Rechte an dem Buch zu verschaffen (§ 433 I). Der Käufer hat den vereinbarten Kaufpreis in Höhe von 50.000,– € zu zahlen (§ 433 II).

Abnahme des
Kaufgegenstandes

4. Beispiel: Gottschalk »verkauft« an Jauch für symbolische 50 Cent seine Waschmaschine, um das alte Ding endlich loszuwerden.

Aus wirtschaftlicher Sicht würde man hier eher eine Schenkung vermuten; aus rechtlicher Betrachtungsweise liegt ein lupenreiner Kaufvertrag vor. Daraus ergibt sich u.a., dass J die Kaufsache auch tatsächlich abnehmen muss (Nebenleistungspflicht aus § 433 II).

Abgrenzung zum
Werkvertrag

5. Beispiel: Der Unternehmensgründer »kauft« bei der Consulting-Firma ein Gutachten über die Erfolgsaussicht seiner Unternehmensidee.

Es liegt kein Kaufvertrag, sondern ein Werkvertrag gem. § 631 vor. Der Werkvertrag ist auf die Erreichung eines bestimmten Arbeitserfolges (Werkes) gegen Entgelt gerichtet. Die Regelungen des Werkvertragsrechts stellen, im Gegensatz zum Kaufrecht, stärker auf den Schutz des Unternehmers ab. Ist das Gutachten unvollständig, hat der Consultant die Möglichkeit der Nachbesserung.

Ein Dienstvertrag ist etwas
völlig anderes.

6. Beispiel: Claudia Schiffer »verkauft« sich teuer. Mit dem Fotografen vereinbart sie ein Stundenhonorar von 5.000 €.

Es liegt kein Kaufvertrag vor, sondern es handelt sich bei diesem Rechtsgeschäft um einen Dienstvertrag nach § 611. Darin wird vereinbart, dass eine Dienstleistung, also ein Tätigwerden für eine bestimmte Zeit, vergütet wird. Deshalb ist der Arbeitsvertrag ein Unterfall des Dienstvertrages.

Wie steht es um die
Erfüllung der Pflichten?

7. Beispiel: John Player zieht sich am Zigarettenautomaten seine Lieblingsmarke für 4,– €.

In juristischer Sekundenschnelle wurden insgesamt drei Rechtsgeschäfte geschlossen: Kaufvertrag, Übereignung des Kaufgegenstandes und Übereignung des Geldes. In den vorangegangenen Fällen ging es lediglich um die Frage, ob ein Kaufvertrag zustande kommt, der gewisse Pflichten der Vertragsparteien nach sich zieht.

Ob diesen Pflichten nachgekommen wurde, ließen die Sachverhalte offen. Anders in diesem letzten Beispiel: Nehmen wir uns die drei Rechtsgeschäfte einzeln vor und rollen noch einmal das in der Einführung dargelegte Abstraktionsprinzip auf. Danach wird auch ein solch einheitlicher Vorgang wie der Zigarettenkauf in ein Verpflichtungsgeschäft und zwei Verfügungsgeschäfte aufgespalten, die voneinander unabhängig, also »abstrakt« sind.

Der Kaufvertrag, § 433, zwischen dem Besitzer des Automaten und dem Käufer P ist das Verpflichtungsgeschäft und kommt hier nicht durch ausdrückliche Erklärungen der Vertragsparteien zustande, sondern wird durch konkludentes (schlüssiges) Handeln geschlossen. Die Vertragsbereitschaft signalisiert der Automatenbesitzer mit dem Aufstellen des Zigarettenautomaten. Den Vertragsschluss machte P durch Einwerfen der 4,– € perfekt.

Der Kaufvertrag, § 433
Verpflichtungsgeschäft

Die Übereignung der Zigaretten und des Geldes sind voneinander rechtlich unabhängige Verfügungsgeschäfte (§ 929). Beide Verfügungsgeschäfte erfordern die Einigung der Vertragsparteien und die Übergabe. Die Einigung wird auch hier durch konkludentes Handeln erklärt. Für die Übergabe des Geldes hat P selbst gesorgt, die Übergabe der Zigaretten erfolgte als »automatische« Konsequenz. Durch den Kaufvertrag alleine wird also kein Eigentum übertragen. Das Eigentum geht erst durch das Verfügungsgeschäft, der Übereignung nach § 929 über, womit die Vertragsparteien ihre Verpflichtungen aus dem Kaufvertrag erfüllen. Gerade wenn es um die Erfüllung der Pflichten geht, können eine Menge Probleme auftreten.

Die Übereignung, § 929
Verfügungsgeschäft

Typische Probleme beim Kauf. Der Verkäufer liefert:

- richtig und rechtzeitig: Erfüllung, § 362 (Normalfall)
- schlecht, weil: Sachmangel, §§ 434 ff.
- schlecht, weil: Rechtsmangel, §§ 435 ff.
- etwas anderes oder zuwenig: §§ 434 III, 437 ff.
- nicht, weil er nicht will: Nichterfüllung, §§ 281, 323
- nicht oder zu spät: Verzug, §§ 286, 280, 281, 323
- nicht, weil er nicht kann: Unmöglichkeit, §§ 275, 311 a, 283

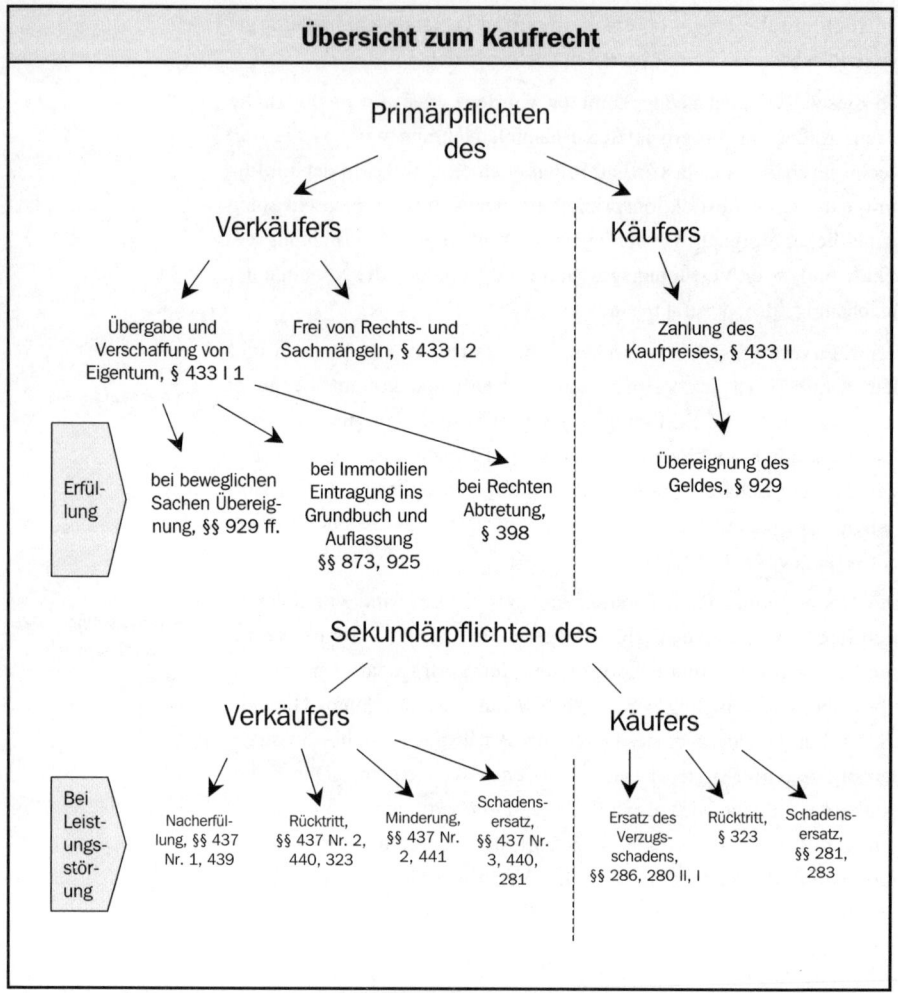

Übersicht zum Kaufrecht

Primärpflichten des

Verkäufers

Käufers

Übergabe und Verschaffung von Eigentum, § 433 I 1

Frei von Rechts- und Sachmängeln, § 433 I 2

Zahlung des Kaufpreises, § 433 II

Erfüllung

bei beweglichen Sachen Übereignung, §§ 929 ff.

bei Immobilien Eintragung ins Grundbuch und Auflassung §§ 873, 925

bei Rechten Abtretung, § 398

Übereignung des Geldes, § 929

Sekundärpflichten des

Verkäufers

Käufers

Bei Leistungsstörung

Nacherfüllung, §§ 437 Nr. 1, 439

Rücktritt, §§ 437 Nr. 2, 440, 323

Minderung, §§ 437 Nr. 2, 441

Schadensersatz, §§ 437 Nr. 3, 440, 281

Ersatz des Verzugsschadens, §§ 286, 280 II, I

Rücktritt, § 323

Schadensersatz, §§ 281, 283

1.1. Kaufvertrag

Pflichten des Verkäufers und des Käufers

§ 433

(1) Durch den Kaufvertrag wird der Verkäufer einer Sache verpflichtet, dem Käufer die Sache zu übergeben und das Eigentum an der Sache zu verschaffen. Der Verkäufer hat dem Käufer die Sache frei von Sach- und Rechtsmängeln zu verschaffen.

- §§ 145, 147
- § 90
- ↳ §§ 929 ff.
- ↳ §§ 873, 925
- ↳ §§ 320 ff.
- § 453
- ↳ §§ 398 ff.

(2) Der Käufer ist verpflichtet, dem Verkäufer den vereinbarten Kaufpreis zu zahlen und die gekaufte Sache abzunehmen.

Ansprüche aus Kaufvertrag, § 433:

Anspruch

- Einigung nach §§ 145, 147 über die Vertragsparteien, den Kaufgegenstand und den Kaufpreis (Vertragsschluss)
- Kaufgegenstand (§ 433 I 1): Sachen (§ 90; also auch Grundstücke) oder Rechte, § 453 I (z.B. Patentrechte, Arztpraxis)
- Kaufpreis (§ 433 II): Der zu entrichtende Kaufpreis muss in Geld bestehen. Wird als Gegenleistung eine Sache oder ein Recht geschuldet, liegt ein Tausch (§ 480) vor
- ↳ Pflichten des Verkäufers (433 I):

  Austausch
  Sache gegen Geld

  - Übergabe sowie Übereignung (bewegliche Sachen), § 929; Auflassung und Eintragung (Grundstücken), §§ 873, 925
  - oder Verschaffung des Rechts durch Abtretung, §§ 453, 398
  - Verschaffung der Sache ohne Sach-/Rechtsmängel, § 433 I 2
- ↳ Pflichten des Käufers (§ 433 II):
  - Kaufpreiszahlung
  - Abnahme (Nebenpflicht)

Beim Kaufvertrag handelt es sich um einen gegenseitigen Vertrag, so dass neben den §§ 275 ff. die §§ 320 ff. Anwendung finden. Nochmals zum Einprägen: Durch den Abschluss des Kaufvertrages erwirbt der Käufer wegen des Abstraktionsprinzips noch kein Eigentum. Das Eigentum geht erst durch das Verfügungsgeschäft (z.B. durch § 929) über, wodurch der Kaufvertrag erfüllt wird!

Beispiel: Gates kauft bei Bush einen Apple für 500 $. Damit ist nach §§ 145, 147 ein Kaufvertrag geschlossen. Bush muss nach § 433 I 1 den Apple an Gates übereignen (§ 929). Gates muss nach § 433 II die 500 $ zahlen (Übereignung des Cash, § 929) und den Apple abnehmen. Funktioniert der Apple nicht, hat Bush die Pflicht zur Mangelfreiheit aus § 433 I 2 verletzt (Ansprüche nach § 437 folgen).

1.2. Gewährleistung beim Kauf

Zentrale Pflichten beim Kaufvertrag sind Übereignung der Kaufsache (§ 433 I 1) gegen Zahlung des Kaufpreises (§ 433 II). Die Sache muss aber auch fehlerfrei und nicht mit Rechten Dritter behaftet sein, § 433 I 2. Wann Rechts- oder Sachmängel gegeben sind und welche Ansprüche der Käufer im Mängelfall hat, regeln die §§ 434 ff. Danach kann der Käufer Nacherfüllung verlangen und falls diese nicht zum Erfolg führt, vom Vertrag zurücktreten, Schadensersatz verlangen oder den Kaufpreis mindern.

§ 434

- §§ 433, 90
- §§ 446, 447
- ≠ §§ 442, 444
- ≠ § 119 II
- ↳ §§ 437 ff.

Siehe auch
§§ 377 HGB

Sachmangel

(1) Die Sache ist frei von Sachmängeln, wenn sie bei Gefahrübergang die vereinbarte Beschaffenheit hat. Soweit die Beschaffenheit nicht vereinbart ist, ist die Sache frei von Sachmängeln,

1. wenn sie sich für die nach dem Vertrag vorausgesetzte Verwendung eignet, sonst

2. wenn sie sich für die gewöhnliche Verwendung eignet und eine Beschaffenheit aufweist, die bei Sachen der gleichen Art üblich ist und die der Käufer nach der Art der Sache erwarten kann.

Zu der Beschaffenheit nach Satz 2 Nr. 2 gehören auch Eigenschaften, die der Käufer nach den öffentlichen Äußerungen des Verkäufers, des Herstellers (§ 4 Abs. 1 und 2 des Produkthaftungsgesetzes) oder seines Gehilfen insbesondere in der Werbung oder bei der Kennzeichnung über bestimmte Eigenschaften der Sache erwarten kann, es sei denn, dass der Verkäufer die Äußerung nicht kannte und auch nicht kennen musste, dass sie im Zeitpunkt des Vertragsschlusses in gleichwertiger Weise berichtigt war oder dass sie die Kaufentscheidung nicht beeinflussen konnte.

(2) Ein Sachmangel ist auch dann gegeben, wenn die vereinbarte Montage durch den Verkäufer oder dessen Erfüllungsgehilfen unsachgemäß durchgeführt worden ist. Ein Sachmangel liegt bei einer zur Montage bestimmten Sache ferner vor, wenn die Montageanleitung mangelhaft ist, es sei denn, die Sache ist fehlerfrei montiert worden.

(3) Einem Sachmangel steht es gleich, wenn der Verkäufer eine andere Sache oder eine zu geringe Menge liefert.

Vssg. und Folgen eines Sachmangels nach § 434:

- Kaufvertrag, § 433
- Abweichung der Ist- von der vereinbarten (Soll-) Beschaffenheit, § 434 I 1; falls Beschaffenheit nicht vereinbart:
  - Nichteignung zum im Vertrag vorausgesetzten Zweck, § 434 I 2 Nr. 1; falls Zweck nicht vorausgesetzt:
  - Nichteignung zur gewöhnlichen Verwendung oder keine übliche Beschaffenheit (Abweichung der Ist- von der Normbeschaffenheit), § 434 I 2 Nr. 2
  - dabei auch Werbeangaben zu berücksichtigen, § 434 I 3 oder
- Fehlmontage, § 434 II 1 oder
- fehlerhafte Montageanleitung (Ikea-Klausel), § 434 II 2 oder
- eine andere Sache als die verkaufte, § 434 III 1. Alt. oder
- Zuweniglieferung, § 434 III 2. Alt.
- Mangel bei Gefahrübergang, §§ 446, 447
- ↳ Ansprüche aus §§ 437, 439, 440, 441 (Nacherfüllung, Rücktritt, Schadensersatz, Aufwendungsersatz, Minderung)

> Ein Sachmangel liegt vor bei einer Abweichung der Ist- von der Soll- oder Norm-Beschaffenheit.

> Auch Quantitätsabweichungen oder Aliud-Lieferungen stellen einen Sachmangel dar.

Beispiel: Yusuf kauft bei Saturn eine Festplatte. Gemäß Kaufvertrag soll die Festplatte 80 GB haben. Nach dem Einbau stellt sich aber heraus, dass die Festplatte nur 20 GB Kapazität hat. Damit liegt ein Mangel nach § 434 I 1 vor. War die Größe der Festplatte nicht gesondert vereinbart, aber in der Zeitungsanzeige von Saturn zitiert, liegt ein Mangel nach § 434 I Satz 2 Nr. 2 und Satz 3 vor. Wurde eine fehlerfreie Festplatte von Saturn – fehlerhaft – eingebaut, liegt nach § 434 II 1 gleichwohl ein Mangel vor. Gleiches gilt bei Selbsteinbau, wenn die Montageanleitung fehlerhaft ist, § 434 II 2. Nach § 434 III liegt ein Mangel auch dann vor, wenn die Festplatte statt von Seagate von Lego ist.

Rechtsmangel

§ 435

Die Sache ist frei von Rechtsmängeln, wenn Dritte in Bezug auf die Sache keine oder nur die im Kaufvertrag übernommenen Rechte gegen den Käufer geltend machen können. Einem Rechtsmangel steht es gleich, wenn im Grundbuch ein Recht eingetragen ist, das nicht besteht.

- § 433
- §§ 1113
- § 1204
- ↳ § 437

Beispiele: Ein Rechtsmangel liegt vor, wenn etwa Urheberrecht am Drehbuch zum Tatort-Film oder Patentrecht für Erfindung nicht beim Verkäufer liegen, § 435. Gleiches gilt bei mit Hypothek belastetem Grundstück, § 435 S. 2.

§ 437

- § 433
- §§ 434, 435
- ↳ § 439
- ↳ §§ 440, 323
- ↳ § 441
- ↳ § 440, 280 ff.

Rechte des Käufers bei Mängeln

Ist die Sache mangelhaft, kann der Käufer, wenn die Voraussetzungen der folgenden Vorschriften vorliegen und soweit nicht ein anderes bestimmt ist,

1. nach § 439 Nacherfüllung verlangen,

2. nach den §§ 440, 323 und 326 Abs. 5 von dem Vertrag zurücktreten oder nach § 441 den Kaufpreis mindern und

3. nach den §§ 440, 280, 281, 283 und 311 a Schadensersatz oder nach § 284 Ersatz vergeblicher Aufwendungen verlangen.

Ansprüche des Käufers bei Mängeln aus § 437:

Anspruch

Bei Mängeln kann der Käufer Nacherfüllung verlangen – führt dies nicht zum Erfolg, sind auch Schadensersatz, Rücktritt und Minderung möglich.

- •   Vorliegen eines Kaufvertrages, § 433
- •   Rechts- oder Sachmangel, §§ 433 I 2, 434, 435 (vgl. dort)
- •   keine Verjährung, § 438
- •   keine Kenntnis des Käufers, § 442
- •   kein Haftungsausschluss, § 444
- ↳   Nacherfüllung, §§ 437 Nr. 1, 439
- ↳   Rücktritt, §§ 437 Nr. 2, 440, 323, 326 V (nach Fristsetzung!)
- ↳   Minderung (Herabsetzung des Kaufpreises), §§ 437 Nr. 2, 441 (nach Fristsetzung!)
- ↳   Schadensersatz nach §§ 437 Nr. 3, 440, 280, 281, 283, 311 a oder Aufwendungsersatz, §§ 437 Nr. 3, 284 (Fristsetzung!)

§ 438

- § 437 Nr. 1 und Nr. 3
- § 200
- ↳ § 214

I.d.R. verjähren die Gewährleistungsansprüche in zwei Jahren.

Einrede

Verjährung der Mängelansprüche

(1) Die in § 437 Nr. 1 und 3 bezeichneten Ansprüche verjähren

1. in 30 Jahren, wenn der Mangel

a) in einem dinglichen Recht eines Dritten, auf Grund dessen Herausgabe der Kaufsache verlangt werden kann, oder

b) in einem sonstigen Recht, das im Grundbuch eingetragen ist,

besteht,

2. in fünf Jahren

a) bei einem Bauwerk und

b) bei einer Sache, die entsprechend ihrer üblichen Verwendungsweise für ein Bauwerk verwendet worden ist und dessen Mangelhaftigkeit verursacht hat, und

3. im Übrigen in zwei Jahren.

(2) Die Verjährung beginnt bei Grundstücken mit der Übergabe, im Übrigen mit der Ablieferung der Sache.

(3) Abweichend von Absatz 1 Nr. 2 und 3 und Absatz 2 verjähren die Ansprüche in der regelmäßigen Verjährungsfrist, wenn der Verkäufer den Mangel arglistig verschwiegen hat. Im Fall des Absatzes 1 Nr. 2 tritt die Verjährung jedoch nicht vor Ablauf der dort bestimmten Frist ein.

↳ § 199 I Nr. 2

(4) Für das in § 437 bezeichnete Rücktrittsrecht gilt § 218. Der Käufer kann trotz einer Unwirksamkeit des Rücktritts nach § 218 Abs. 1 die Zahlung des Kaufpreises insoweit verweigern, als er auf Grund des Rücktritts dazu berechtigt sein würde. Macht er von diesem Recht Gebrauch, kann der Verkäufer vom Vertrag zurücktreten.

• § 437 Nr. 2
↳ § 218

(5) Auf das in § 437 bezeichnete Minderungsrecht finden § 218 und Absatz 4 Satz 2 entsprechende Anwendung.

(Rechtshemmende) Einrede der Verjährung nach §§ 438, 214:
- Anspruch auf Nacherfüllung, §§ 437 Nr. 1, 439 oder
- Anspruch auf Schadensersatz nach §§ 437 Nr. 3, 440, 280 ff.
- bei mobilen Sachen 2 Jahre seit Ablieferung, §§ 438 I Nr. 3, II
- bei Bauwerken 5 Jahre seit Ablieferung §§ 438 I Nr. 2, II
- bei Grundstücken 30 Jahre seit Übergabe, §§ 438 I Nr. 1, II
- bei arglistigem Verschweigen des Mangels erst ab Kenntnis, §§ 438 III 1, 199 I Nr. 2 (regelmäßige Verjährung)
↳ Leistungsverweigerungsrecht des Verkäufers, §§ 438, 214 I

- bei Recht zum Rücktritt, §§ 437 Nr. 2, 440, 323 ff. und
- Verjährung des Nacherfüllungsanspruchs, §§ 437 Nr. 1, 438 I
↳ kein Rücktrittsrecht des Käufers mehr, §§ 438 IV 1, 218 aber

Auch nach Verjährung kann der Käufer den noch nicht gezahlten Kaufpreis verweigern.

↳ Leistungsverweigerungsrecht des Käufers, § 438 IV 2 und
  - Rücktrittsrecht des Verkäufers, § 438 IV 3
- bei Anspruch auf Minderung, §§ 437 Nr. 2, 441 und
- Verjährung des Nacherfüllungsanspruchs, §§ 437 Nr. 1, 438 I
↳ keine Rückforderung der Differenz zum geminderten Kaufpreis, §§ 438 V, 218 I, aber Leistungsverweigerungsrecht des Käufers in Höhe der Minderung, §§ 438 V, IV 2, 218

Beispiel: Yusuf kauft bei Saturn eine Festplatte. 25 Monate später stellt sie sich als fehlerhaft heraus. S kann sich gegenüber Y's Ansprüchen auf Nacherfüllung oder Schadensersatz (§ 437 Nr. 1 und 3) auf Verjährung berufen, §§ 438 I Nr. 3. Hat Y jedoch nicht den ganzen Kaufpreis bezahlt, kann er den Rest entsprechend Minderung bzw. Rücktritt einbehalten, §§ 437 Nr. 2, 438 IV, V, 218.

§ 439   Nachlieferung

• § 437 Nr. 1
• § 243

(1) Der Käufer kann als Nacherfüllung nach seiner Wahl die Beseitigung des Mangels oder die Lieferung einer mangelfreien Sache verlangen.

Nachlieferung nur bei
Gattungsschuld

(2) Der Verkäufer hat die zum Zweck der Nacherfüllung erforderlichen Aufwendungen, insbesondere Transport-, Wege-, Arbeits- und Materialkosten zu tragen.

(3) Der Verkäufer kann die vom Käufer gewählte Art der Nacherfüllung unbeschadet des § 275 Abs. 2 und 3 verweigern, wenn sie nur mit unverhältnismäßigen Kosten möglich ist [...].

↳ § 346 ff.

(4) Liefert der Verkäufer zum Zweck der Nacherfüllung eine mangelfreie Sache, so kann er vom Käufer Rückgewähr der mangelhaften Sache nach Maßgabe der §§ 346 bis 348 verlangen.

Anspruch

Beispiel: Die von Yusuf gekaufte Festplatte ist nicht kompatibel mit den üblichen PC-Systemen, weshalb er nach §§ 437 Nr. 1, 439 I verlangen kann, dass ein Adapter angebracht wird (Nachbesserung) oder ihm eine kompatible Festplatte geliefert wird (Nachlieferung). Nach § 439 II hat der Lieferant evtl. Postgebühren zu zahlen. Ist die Montage eines Adapters teurer als die Festplatte selbst, kann der Lieferant sich auf Nachlieferung beschränken, § 439 III.

§ 440   Besondere Bestimmungen für Rücktritt und Schadensersatz

• § 439; § 437 Nr. 2
↳ §§ 323, 326 V
• § 437 Nr. 2
↳ §§ 280 ff.
↳ § 438 IV

Außer in den Fällen des § 281 Abs. 2 und des § 323 Abs. 2 bedarf es der Fristsetzung auch dann nicht, wenn der Verkäufer beide Arten der Nacherfüllung gemäß § 439 Abs. 3 verweigert oder wenn die dem Käufer zustehende Art der Nacherfüllung fehlgeschlagen oder ihm unzumutbar ist. Eine Nachbesserung gilt nach dem erfolglosen zweiten Versuch als fehlgeschlagen, wenn sich nicht insbesondere aus der Art der Sache oder des Mangels oder den sonstigen Umständen etwas anderes ergibt.

Anspruch

Wegen §§ 281 I 3, 323 V
2 kein Rücktritt oder
Schadensersatz statt der
Leistung, wenn Mangel
unerheblich

Beispiel: Yusuf kauft bei Saturn eine Festplatte, die sich als fehlerhaft herausstellt. Er will Schadensersatz, weil er für eine vergleichbare Festplatte woanders mehr zahlen muss. Bevor Yusuf Schadensersatz statt der Leistung fordern kann (§§ 437 Nr. 3, 440, 281), muss er jedoch unter Fristsetzung Nacherfüllung verlangen (§ 281 I Nr. 1). Wenn es Saturn zum zweiten Mal nicht gelingt, die Festplatte zu reparieren, steht dem Schadenersatz gemäß § 440 Satz 2 und Satz 1, § 281 nichts mehr im Weg.

Minderung

§ 441

- § 437 Nr. 2
- §§ 440, 323
- ↳ § 438 V

(1) Statt zurückzutreten, kann der Käufer den Kaufpreis durch Erklärung gegenüber dem Verkäufer mindern. Der Ausschlussgrund des § 323 Abs. 5 Satz 2 findet keine Anwendung.

(2) Sind auf der Seite des Käufers oder auf der Seite des Verkäufers mehrere beteiligt, so kann die Minderung nur von allen oder gegen alle erklärt werden.

(3) Bei der Minderung ist der Kaufpreis in dem Verhältnis herabzusetzen, in welchem zur Zeit des Vertragsschlusses der Wert der Sache in mangelfreiem Zustand zu dem wirklichen Wert gestanden haben würde. Die Minderung ist, soweit erforderlich, durch Schätzung zu ermitteln.

(4) Hat der Käufer mehr als den geminderten Kaufpreis gezahlt, so ist der Mehrbetrag vom Verkäufer zu erstatten. § 346 Abs. 1 und § 347 Abs. 1 finden entsprechende Anwendung.

↳ §§ 346 I, 347 I

Rechte aus Minderung, § 441:

- Vssg. aus § 437 Nr. 2 (vgl. dort: Mangel etc.)
- Erfolglose Fristsetzung zur Nacherfüllung (= Vssg. für Rücktritt), §§ 437 Nr. 2, 440, 323
- Erklärung der Minderung gegenüber Verkäufer, § 441 I 1, II
- ↳ Recht zur Minderung des Kaufpreises, § 441 I
    - Formel zur Berechnung der Minderung, § 441 III
- ↳ Anspruch auf Rückzahlung des zuviel Gezahlten, § 441 IV

Anspruch

Nach § 441 III lässt sich folgende Formel aufstellen:

Bei Minderung werden Wert und Kaufpreis zueinander in Beziehung gesetzt.

$$\text{Zu zahlender Preis} = \frac{\text{Wert mit Mangel}}{\text{Wert ohne Mangel}} \cdot \text{vereinbarter Preis}$$

Beispiel: Yusuf kauft bei Saturn eine Festplatte für 160 €. Auch nach zweimaliger Reparatur bleibt die Platte fehlerhaft. Ohne diesen Fehler wäre sie 200 € wert. Infolge des Mangels ist sie aber nur 150 € wert (um 1/4 weniger wert). Damit kann Y nach § 441 I den Kaufpreis auf 120 € mindern (Minderung um 1/4). Falls er schon gezahlt hat, kann er die 40 € nach § 441 IV, 346 zurückfordern.

§ 442

Was man weiß, kann
man nicht rügen.

• § 277

Kenntnis des Käufers

(1) Die Rechte des Käufers wegen eines Mangels sind ausgeschlossen, wenn er bei Vertragsschluss den Mangel kennt. Ist dem Käufer ein Mangel infolge grober Fahrlässigkeit unbekannt geblieben, kann der Käufer Rechte wegen dieses Mangels nur geltend machen, wenn der Verkäufer den Mangel arglistig verschwiegen oder eine Garantie für die Beschaffenheit der Sache übernommen hat. [...]

Beispiel: V verkauft einen gebrauchten Opel Manta an K und macht ihn darauf aufmerksam, dass der Auspuff kaputt ist. Gemäß § 442 I 1 hat K keine Ansprüche aus § 437 wegen des Auspuffs, weil er den Mangel bei Vertragsschluss kannte. Wenn V absichtlich nichts vom Auspuff sagt, aber bei der Probefahrt der Auspuff hörbar röhrt und K nicht nachfragt, ist dies grob fahrlässig im Sinn von §§ 442 I 2, 276, 277. Gleichwohl ist die Gewährleistung nach § 442 I 2 nicht ausgeschlossen, weil das Verschweigen von V arglistig war.

§ 443

Neben gesetzlicher
Gewährleistung ist
vertragliche Garantie
möglich.

Beschaffenheits- und Haltbarkeitsgarantie

(1) Übernimmt der Verkäufer oder ein Dritter eine Garantie für die Beschaffenheit der Sache oder dafür, dass die Sache für eine bestimmte Dauer eine bestimmte Beschaffenheit behält (Haltbarkeitsgarantie), so stehen dem Käufer im Garantiefall unbeschadet der gesetzlichen Ansprüche die Rechte aus der Garantie zu den in der Garantieerklärung und der einschlägigen Werbung angegebenen Bedingungen gegenüber demjenigen zu, der die Garantie eingeräumt hat. [...]

Neben den Rechten aus § 437 können dem Käufer zusätzliche Garantierechte eingeräumt werden (z. B. verschuldensunabhängiger Schadensersatz, § 276 I 1, Herstellergarantie).

§ 444

≠ § 475
≠ § 309 Nr. 8 b

Haftungsausschluss

Auf eine Vereinbarung, durch welche die Rechte des Käufers wegen eines Mangels ausgeschlossen oder beschränkt werden, kann sich der Verkäufer nicht berufen, soweit er den Mangel arglistig verschwiegen oder eine Garantie für die Beschaffenheit der Sache übernommen hat.

Aus § 444 ergibt sich im Umkehrschluss, dass Gewährleistungsansprüche vertraglich ausgeschlossen werden können. Allerdings wird dies durch § 475 (Verbrauchsgüterkauf) stark eingeschränkt.

1.3. Gefahrübergang der Kaufsache

Gefahrübergang

§ 446

Mit der Übergabe der verkauften Sache geht die Gefahr des zufälligen Untergangs und der zufälligen Verschlechterung auf den Käufer über. Von der Übergabe an gebühren dem Käufer die Nutzungen und trägt er die Lasten der Sache. [...]

≠ § 326
≠ §§ 276, 278

Die §§ 446, 447 sind Sonderregelungen zu § 326 für den Fall, dass die Unmöglichkeit von keiner Partei zu vertreten ist. § 446 gilt, wenn Übergabe und Übereignung zeitlich auseinanderfallen.

Die Gefahr des zufälligen Untergangs

Beispiel: V verkauft seinen PKW an K. Die Übergabe erfolgt am 15.2. Die förmliche Übereignung (§ 929) soll erst am 1.3. bei Zahlung des Kaufpreises stattfinden. Wenn der PKW am 20.2. durch einen Blitz zerstört wird, muss K wegen § 446 entgegen § 326 trotz der Zufälligkeit des Untergangs den Kaufpreis bezahlen.

Gefahrübergang bei Versendungskauf

§ 447

(1) Versendet der Verkäufer auf Verlangen des Käufers die verkaufte Sache nach einem anderen Ort als dem Erfüllungsort, so geht die Gefahr auf den Käufer über, sobald der Verkäufer die Sache dem Spediteur, dem Frachtführer oder der sonst zur Ausführung der Versendung bestimmten Person oder Anstalt ausgeliefert hat. [...]

• § 269 III
≠ § 326
≠ § 474 II

Zweck von § 447 ist es, den Verkäufer von Risiken des Transportes freizustellen, den er nach dem Kaufvertrag nicht schuldet. Diese Gefahrtragung gilt jedoch nicht beim Verbrauchsgüterkauf, § 474 II.

Beispiel: Der Galerist Valery gibt auf Verlangen des (gewerblichen) Käufers K das verkaufte Bild dem Spediteur S. Dieser verschuldet auf dem Transport die Zerstörung des Bildes. K muss dennoch den Kaufpreis zahlen (§§ 447 I, 269 III). Gegen S hat K jedoch keinen Anspruch, denn der Versendungsvertrag (§ 631) wurde zwischen V und S geschlossen. Auch ein Anspruch aus § 823 I entfällt, weil K noch nicht Eigentümer geworden ist. Dieses unbillige Ergebnis wird mittels der Drittschadensliquidation (vgl. dort S. 119) gelöst. Hat der Käufer das Bild jedoch nicht für seinen eigenen Bilderhandel (also gewerblich), sondern als Privatmann gekauft, ist § 447 I wegen § 474 II gar nicht anwendbar (Verbrauchsgüterkauf). Nach § 326 ist dann Rücktritt vom Vertrag möglich.

1.4. Eigentumsvorbehalt

§ 449

• § 158 I, § 929
• § 323
↳ § 346, § 985

Eigentumsvorbehalt

(1) Hat sich der Verkäufer einer beweglichen Sache das Eigentum bis zur Zahlung des Kaufpreises vorbehalten, so ist im Zweifel anzunehmen, dass das Eigentum unter der aufschiebenden Bedingung vollständiger Zahlung des Kaufpreises übertragen wird (Eigentumsvorbehalt).

(2) Auf Grund des Eigentumsvorbehalts kann der Verkäufer die Sache nur herausverlangen, wenn er vom Vertrag zurückgetreten ist.

(3) Die Vereinbarung eines Eigentumsvorbehalts ist nichtig, soweit der Eigentumsübergang davon abhängig gemacht wird, dass der Käufer Forderungen eines Dritten, insbesondere eines mit dem Verkäufer verbundenen Unternehmens, erfüllt.

In der Praxis behält sich der Verkäufer zur Sicherung seines Kaufpreisanspruches häufig das Eigentum an der Sache vor.

Vssg. und Rechtsfolgen des Eigentumsvorbehalts nach § 449:

• Kaufvertrag, § 433

Das Eigentum bleibt zunächst beim Verkäufer.

• Eigentumsvorbehalt (§ 449), d. h. bei Übereignung nach § 929: vollständige Übergabe, aber Einigung aufschiebend bedingt (§ 158 I) durch Kaufpreiszahlung (§§ 433 II, 362)

• Keine Verbindung von Eigentumsvorbehalt und Forderungen Dritter (vor allem wenn mit Verkäufer verbunden), § 449 III

↳ Käufer erwirbt Anwartschaftsrecht an der Sache (wird im Verhältnis zu Dritten analog zum Eigentum behandelt)

↳ durch vollständige Kaufpreiszahlung Bedingungseintritt (Einigung wird wirksam §§ 158 I, 929, Eigentumserwerb)

↳ erst nach Rücktritt (§ 323) kann der Verkäufer die Sache herausverlangen, § 449 II (Herausgabe nach § 346 oder § 985)

Beispiel: Jörg kauft bei Roland einen Audi TT unter Eigentumsvorbehalt (EV), weil er den Kaufpreis von 50.000 € nicht sofort bezahlen kann (Anzahlung 20.000 €). R bleibt Eigentümer, J erwirbt analog § 929 ein Anwartschaftsrecht. Zahlt J den Restpreis, wird er nach §§ 929, 158 I, 362 Volleigentümer. Zahlt J auch nach wiederholter Mahnung nicht (Verzug § 286) kann R nach §§ 323, 449 II zurücktreten und den Audi nach § 346 herausverlangen. Ist der EV davon abhängig gemacht, dass Jörg den Finanzierungskredit bei der Audi-Bank abzahlt, ist der EV nach § 449 III nichtig.

1.5. Verbrauchsgüterkauf

Kauft ein Verbraucher von einem Unternehmer eine Sache, ist er schutzwürdiger, als wenn etwa zwei Kaufleute einen Kaufvertrag abschließen. Dem tragen die §§ 474 ff. mit besonderen Vorschriften zum Verbrauchsgüterkauf Rechnung.

Begriff der Verbrauchsgüterkaufs

(1) Kauft ein Verbraucher von einem Unternehmer eine bewegliche Sache (Verbrauchsgüterkauf), gelten ergänzend die folgenden Vorschriften. Dies gilt nicht für gebrauchte Sachen, die in einer öffentlichen Versteigerung verkauft werden, an der der Verbraucher persönlich teilnehmen kann.

(2) Die §§ 445 und 447 finden auf die in diesem Untertitel geregelten Kaufverträge keine Anwendung.

§ 474

- § 433
- §§ 13, 14
- ↳ § 475
- ≠ § 447

Verbrauchsgüterkauf, § 474:

- Kaufvertrag über bewegliche Sache, § 433 zwischen
- Verbraucher, § 13 und Unternehmer, § 14
- nicht Versteigerung § 474 I 2
- ↳ Gem. § 474 II Nichtanwendbarkeit von §§ 445 und 447 (Gefahrtragung beim Versendungskauf – vgl. dort)
- ↳ Gem. § 475 I kein nachteiliges Abweichen durch Vertrag von §§ 433-435, 437, 439 – 443 (Gewährleistungsansprüche)
- ↳ Gem. § 475 II keine vertragliche Verkürzung der Gewährleistungsverjährung (§ 437)

Abweichende Vereinbarungen

(1) Auf eine vor Mitteilung eines Mangels an den Unternehmer getroffene Vereinbarung, die zum Nachteil des Verbrauchers von den §§ 433 bis 435, 437, 439 bis 443 sowie von den Vorschriften dieses Untertitels abweicht, kann der Unternehmer sich nicht berufen. Die in Satz 1 bezeichneten Vorschriften finden auch Anwendung, wenn sie durch anderweitige Gestaltungen umgangen werden.

(2) Die Verjährung der in § 437 bezeichneten Ansprüche kann vor Mitteilung eines Mangels an den Unternehmer nicht durch Rechtsgeschäft erleichtert werden, wenn die Vereinbarung zu einer Verjährungsfrist ab dem gesetzlichen Verjährungsbeginn von weniger als zwei Jahren, bei gebrauchten Sachen von weniger als einem Jahr führt.

§ 475

Beim Verbrauchsgüterkauf kann die Gewährleistung nicht ausgeschlossen werden.

Schadensersatz kann nach
§ 475 III auch beim
Verbrauchsgüterkauf
ausgeschlossen werden.

(3) Die Absätze 1 und 2 gelten unbeschadet der §§ 307 bis 309 nicht für den Ausschluss oder die Beschränkung des Anspruchs auf Schadensersatz.

Beispiel: Der Privatmann Yusuf kauft bei Saturn eine Festplatte. Da Saturn weiß, dass dieser Typ von Festplatten häufig fehlerhaft ist, vereinbart er mit Yusuf, dass weder Nacherfüllung noch Rücktritt vom Vertrag möglich sein soll (vgl. § 437). Da es sich um einen Verbrauchsgüterkauf nach § 474 handelt (Yusuf ist Verbraucher, § 13 und Saturn Unternehmer, § 14) ist diese Vereinbarung nach § 475 I nichtig. Schreibt Saturn in den Vertrag, dass für die (neue) Festplatte nur 12 Monate »Garantie« gewährt wird, ist diese Verkürzung der Verjährung (gem. § 438 I Nr. 3 zwei Jahre) nach § 475 II nichtig. Handelt es sich jedoch um eine gebrauchte Festplatte wäre dies zulässig (§ 475 II: ein Jahr bei gebrauchten Sachen).

§ 476   Beweislastumkehr

• § 446

Zeigt sich innerhalb von sechs Monaten seit Gefahrübergang ein Sachmangel, so wird vermutet, dass die Sache bereits bei Gefahrübergang mangelhaft war, es sei denn, diese Vermutung ist mit der Art der Sache oder des Mangels unvereinbar.

Gem. § 434 führt ein Sachmangel nur dann zu Gewährleistungsansprüchen, wenn er schon bei Gefahrübergang (§ 446) vorlag. Zugunsten des Verbrauchers kehrt § 476 die Beweislast um, die sonst beim Käufer liegen würde.

§ 478   Rückgriff des Unternehmers

↳ § 437

Beim Verbrauchsgüterkauf
hat es der Händler leichter
mit dem Rückgriff bei
seinem Lieferanten.

(1) Wenn der Unternehmer die verkaufte neu hergestellte Sache als Folge ihrer Mangelhaftigkeit zurücknehmen musste oder der Verbraucher den Kaufpreis gemindert hat, bedarf es für die in § 437 bezeichneten Rechte des Unternehmers gegen den Unternehmer, der ihm die Sache verkauft hatte (Lieferant), wegen des vom Verbraucher geltend gemachten Mangels einer sonst erforderlichen Fristsetzung nicht. [...]

Muss ein Händler wegen Mangels eine Sache umtauschen, ist er gegenüber seinem Lieferanten privilegiert.

Beispiel: Jens Ullrich tritt wegen Mangelhaftigkeit vom Kauf eines Fahrrads zurück (§ 440). Der Verkäufer Merx kann seinerseits nach § 478 I ohne Fristsetzung vom Kaufvertrag mit dem Lieferanten Scott zurücktreten (§§ 437 Nr. 2, 440).

2. Darlehen

Vertragstypische Pflichten beim Darlehensvertrag   § 488

(1) Durch den Darlehensvertrag wird der Darlehensgeber verpflichtet, dem Darlehensnehmer einen Geldbetrag in der vereinbarten Höhe zur Verfügung zu stellen. Der Darlehensnehmer ist verpflichtet, einen geschuldeten Zins zu zahlen und bei Fälligkeit das zur Verfügung gestellte Darlehen zurückzuerstatten.

- §§ 145, 147
- § 492
↳ §§ 320 ff.
↳ § 495

(2) Die vereinbarten Zinsen sind, soweit nicht ein anderes bestimmt ist, nach dem Ablauf je eines Jahres und, wenn das Darlehen vor dem Ablauf eines Jahres zurückzuerstatten ist, bei der Rückerstattung zu entrichten.

(3) Ist für die Rückerstattung des Darlehens eine Zeit nicht bestimmt, so hängt die Fälligkeit davon ab, dass der Darlehensgeber oder der Darlehensnehmer kündigt. Die Kündigungsfrist beträgt drei Monate. Sind Zinsen nicht geschuldet, so ist der Darlehensnehmer auch ohne Kündigung zur Rückerstattung berechtigt.

Darlehen bedeutet Geld auf Zeit gegen Zinsen.

Ansprüche aus Darlehen, § 488:

- Vertrag, §§ 145 ff. (gegenseitig: §§ 320 ff. anwendbar) über
- zur Verfügung Stellung des vereinbarten Geldbetrags
- bei Verbraucherkrediten gilt Schriftform (§ 492) und Widerrufsrecht (§ 495)
- ↳ Anspruch des Darlehensnehmers auf zeitweise Überlassung des Geldbetrags, § 488 I 1
- ↳ Anspruch des Darlehensgebers auf Zinszahlung (soweit vereinbart), § 488 I 2 (Fälligkeit, § 488 II)
- ↳ Anspruch des Darlehensgebers auf Rückzahlung des Geldbetrages bei Fälligkeit, § 488 I 2 (Fälligkeit, § 488 III)

Beispiel: Haffa nimmt einen Kredit über 1 Mio. € zu 10 % Zinsen bei der B-Bank auf. Nach § 488 I 1 muss die Bank die 1 Mio. € an H überweisen Nach § 488 I 2 muss H – falls vereinbart – Zinsen zahlen und den Kredit bei Fälligkeit (§ 488 III) zurückzahlen.

Verbraucherdarlehensvertrag   § 491

(1) Für entgeltliche Darlehensverträge zwischen einem Unternehmer als Darlehensgeber und einem Verbraucher als Darlehensnehmer (Verbraucherdarlehensvertrag) gelten [...] die folgenden Vorschriften. [...]

- §§ 13, 14

Gewähren Banken Privat-
leuten Kredite gelten
strengere Vorschriften.

Etwa bei Krediten von Banken an Konsumenten (etwa Hypotheken-kredit oder Autofinanzierungskredit) ist der Verbraucher besonders schutzwürdig. Denn es geht um große Beträge und die Bank befindet sich in einer besonderen Machtposition, die sie ausnützen könnte, um dem Kreditnehmer ungünstige Bedingungen zu diktieren. Deshalb sehen die §§ 492 ff. für Darlehen von Unternehmern (§ 14) an Verbraucher (§ 13) spezielle Regelungen vor.

§ 492

• § 126

Schriftform, Vertragsinhalt

(1) Verbraucherdarlehensverträge sind, soweit nicht eine strengere Form vorgeschrieben ist, schriftlich abzuschließen [...].

Folge fehlender Schriftform (§ 126) ist nach § 494 I die Nichtigkeit. Hat der Verbraucher das Geld aber schon erhalten, ist der Vertrag gültig, gilt, statt dem vereinbarten der gesetzliche Zinssatz, § 494 II.

§ 495

↳ § 355

Widerrufsrecht

(1) Dem Darlehensnehmer steht bei einem Verbraucherdarlehensvertrag ein Widerrufsrecht nach § 355 zu [...].

Nach §§ 495 I, 355 kann der Verbraucher den Darlehensvertrag binnen zwei Wochen widerrufen (rechtsvernichtende Einwendung).

Einwendung

§ 505

↳ § 355

Immer, wenn regelmäßig
Sachen geliefert werden
sollen, hat man nach
Vertragsschluss ein Widerrufsrecht.

Ratenlieferungsverträge

(1) Dem Verbraucher steht vorbehaltlich des Satzes 2 bei Verträgen mit einem Unternehmer, in denen die Willenserklärung des Verbrauchers auf den Abschluss eines Vertrags gerichtet ist, der

1. die Lieferung mehrerer als zusammengehörend verkaufter Sachen in Teilleistungen zum Gegenstand hat und bei dem das Entgelt für die Gesamtheit der Sachen in Teilzahlungen zu entrichten ist oder
2. die regelmäßige Lieferung von Sachen gleicher Art zum Gegenstand hat oder
3. die Verpflichtung zum wiederkehrenden Erwerb oder Bezug von Sachen zum Gegenstand hat,

ein Widerrufsrecht gemäß § 355 zu [...].

Auch bei Ratenlieferungsverträgen (z. B. Zeitungsabo nach § 505 I Nr. 2) ist der Verbraucher schutzbedürftig, weil auf Dauer zu Zahlungen verpflichtet. Nach §§ 505 I, 355 steht ihm ein 2-wöchiges Widerrufsrecht zu; der Vertrag ist nach § 505 II formbedürftig.

3. Schenkung

Schenkung ist eine unentgeltliche Zuwendung, durch die jemand aus seinem Vermögen einen anderen bereichert (§ 516 I).

Pflicht des Schenkers

§ 516

(1) Eine Zuwendung, durch die jemand aus seinem Vermögen einen anderen bereichert, ist Schenkung, wenn beide Teile darüber einig sind, dass die Zuwendung unentgeltlich erfolgt.

• §§ 145 ff.
• § 518

(2) Ist die Zuwendung ohne den Willen des anderen erfolgt, so kann ihn der Zuwendende unter Bestimmung einer angemessenen Frist zur Erklärung über die Annahme auffordern. Nach dem Ablauf der Frist gilt die Schenkung als angenommen, wenn nicht der andere sie vorher abgelehnt hat. Im Falle der Ablehnung kann die Herausgabe des Zugewendeten nach den Vorschriften über die Herausgabe einer ungerechtfertigten Bereicherung gefordert werden.

Anspruch aus Schenkung, § 516:

Anspruch

• Einigung (§§ 145 ff.) über
• unentgeltliche Vermögensverschiebung
• Einhalten der Form (§ 518),
↳ Erfüllungsanspruch des Beschenkten (§ 516 I)

SCHENKUNG

Der Grundsatz »Einem geschenkten Gaul schaut man nicht ins Maul« findet sich auch in den §§ 516 ff. wieder. Wegen der Einseitigkeit der Verpflichtung soll der Schenker privilegiert sein. Der Schenker kann die Erfüllung des Schenkungsversprechens verweigern, falls dadurch sein angemessener Unterhalt gefährdet würde (§ 519). Er hat nur Vorsatz und grobe Fahrlässigkeit zu vertreten (§ 521) und haftet nicht für Mängel des Rechts oder der Sache, soweit der Mangel nicht arglistig verschwiegen wurde (§§ 523, 524). Wegen der Unentgeltlichkeit der Schenkung ergeben sich häufig Probleme, die ins Bereicherungsrecht führen.

§ 518

• § 128, § 125 S. 1

Notarielle Form schützt vor Übereilung.

Form des Schenkungsversprechens

(1) Zur Gültigkeit eines Vertrags, durch den eine Leistung schenkweise versprochen wird, ist die notarielle Beurkundung des Versprechens erforderlich [...].

(2) Der Mangel der Form wird durch die Bewirkung der versprochenen Leistung geheilt.

Arten der Schenkung:

• Formlose Handschenkung
• Formbedürftiges Schenkungsversprechen, §§ 516 I, 518 I 1

Die Handschenkung ist die sofort vollzogene Schenkung, weshalb sie keiner Form bedarf. Das Schenkungsversprechen ist ohne notarielle Form nichtig (§§ 518 I, 128, 125). Der Formmangel ist aber durch die Bewirkung des Versprochenen geheilt (§ 518 II).

§ 519

Einrede

Einrede des Notbedarfs

(1) Der Schenker ist berechtigt, die <u>Erfüllung eines schenkweise erteilten Versprechens zu verweigern</u>, soweit er bei Berücksichtigung seiner sonstigen Verpflichtungen außerstande ist, das Versprechen zu erfüllen, ohne dass sein angemessener Unterhalt oder die Erfüllung der ihm kraft Gesetzes obliegenden Unterhaltspflichten gefährdet wird [...].

§ 525

≠ § 812 I 2, 2. Alt.

Schenkung unter Auflage

(1) Wer eine Schenkung unter einer Auflage macht, kann die Vollziehung der Auflage verlangen, wenn er seinerseits geleistet hat [...].

Erfüllt der Beschenkte die Auflage nicht, kann der Schenker das Geschenk nach § 527 wieder zurückfordern. Zu unterscheiden davon ist die sog. Zweckschenkung. Hier soll der Beschenkte zu einem bestimmten Verhalten bewegt werden. Wird der Zweck nicht erreicht, kann das

Geschenk nach § 812 I 2, 2. Alt. (Kondiktion wegen Zweckverfehlung) zurückgefordert werden.

Nichtvollziehung der Auflage

§ 527

(1) Unterbleibt die Vollziehung der Auflage, so kann der Schenker die Herausgabe des Geschenkes unter den für das Rücktrittsrecht bei gegenseitigen Verträgen bestimmten Voraussetzungen nach den Vorschriften über die Herausgabe einer ungerechtfertigten Bereicherung insoweit fordern, als das Geschenk zur Vollziehung der Auflage hätte verwendet werden müssen [...].

Anspruch

• §§ 323 ff.

Wenn Vollziehung der Auflage (§ 525 I) nach §§ 323 ff. (Rücktrittsrecht bei gegenseitigen Verträgen) nicht erfolgt, kann der Schenker nach §§ 812, 818 das Geschenk zurückfordern (§ 527 I).

Beispiel für Auflage: Der Beschenkte soll 10 % des Ertrages der verschenkten Fabrik bedürftigen Kindern spenden.

Widerruf der Schenkung

§ 530

(1) Eine Schenkung kann widerrufen werden, wenn sich der Beschenkte durch eine schwere Verfehlung gegen den Schenker oder einen nahen Angehörigen des Schenkers groben Undankes schuldig macht [...].

Widerrufserklärung

§ 531

(1) Der Widerruf erfolgt durch Erklärung gegenüber dem Beschenkten.

(2) Ist die Schenkung widerrufen, so kann die Herausgabe des Geschenkes nach den Vorschriften über die Herausgabe einer ungerechtfertigten Bereicherung gefordert werden.

Anspruch

§§ 812 ff.

Bei grobem Undank oder schwerer Verfehlung kann der Schenker das Geschenk nach §§ 531 II, 812 ff. zurückfordern.

Beispiel: Ehemann überschreibt aus steuerlichen Gründen ein Haus, das er als Geschäftssitz nutzt, auf seine Frau. Als die beiden sich nicht mehr verstehen, klagt die Frau auf Räumung. Dies ist grober Undank, so dass der Ehemann das Haus nach Widerruf der Schenkung (§ 530) gem. §§ 531 II, 812 herausverlangen kann.

4. Miete und Pacht

Die Miete ist ein gegenseitiger Vertrag auf zeitweilige Überlassung des Gebrauchs einer Sache gegen Zahlung des Mietzinses. In der Praxis spielt der Mietvertrag eine große Rolle, vor allem bei der Grundstücks- und Wohnraummiete, wobei dort einige Besonderheiten gelten (z.B. Eigenbedarfskündigung). Bei der Pacht steht im Gegensatz zur Miete nicht der Gebrauch, sondern die Fruchtziehung, also der Ertrag der Sache, im Vordergrund.

4.1. Mietvertrag

§ 535

• §§ 145, 147
• § 90
↳ §§ 320 ff.
↳ § 546
↳ §§ 536 ff.

Inhalt des Mietvertrags

(1) Durch den Mietvertrag wird der Vermieter verpflichtet, dem Mieter den Gebrauch der Mietsache während der Mietzeit zu gewähren. Der Vermieter hat die Mietsache dem Mieter in einem zum vertragsgemäßen Gebrauch geeigneten Zustand zu überlassen und sie während der Mietzeit in diesem Zustande zu erhalten […]

(2) Der Mieter ist verpflichtet, dem Vermieter den vereinbarten Mietzins zu entrichten.

Ansprüche aus Mietvertrag, § 535:

Miete: Gebrauch einer
Sache gegen Geld

• Vertrag, §§ 145 ff. (gegenseitig: §§ 320 ff. anwendbar) über
• Gewährung des Gebrauchs einer Sache (§ 90) gegen Mietzins
• Schriftform bei Grundstücken, Wohnraum (§ 550)
↳ Hauptleistungspflichten:
  - gem. § 535 I 1 Pflicht des Vermieters zur Gewährung des Gebrauchs der Sache
  - Pflicht des Vermieters zur Instandhaltung, § 535 I 2
  - Entrichtung des Mietzinses (meist Geld) durch den Mieter, § 535 II
↳ Nebenleistungspflichten:
  - Obhuts- und Sorgfaltspflicht für den Mieter (§ 241 II)
  - Rückgabe der Mietsache am Ende der Miete (§ 546)

Von der gesetzlichen Regelung wird bei Wohnraummiete häufig in Formularverträgen zu Lasten des Mieters abgewichen. Dem setzt die Rechtsprechung jedoch vielfach einen Riegel vor. Außerdem sehen die §§ 549 ff. spezielle Regelungen für Wohnraummiete vor.

4.2. Gewährleistung bei Miete

Wie im Kaufrecht gibt es auch im Mietrecht spezielle Vorschriften, die bei Mängeln an der Mietsache gelten.

Mietminderung bei Sach- und Rechtsmängeln

§ 536

(1) Hat die Mietsache zur Zeit der Überlassung an den Mieter einen Mangel, der ihre Tauglichkeit zum vertragsgemäßen Gebrauch aufhebt, oder entsteht während der Mietzeit ein solcher Mangel, so ist der Mieter für die Zeit, in der die Tauglichkeit aufgehoben ist, von der Entrichtung der Miete befreit. Für die Zeit, während der die Tauglichkeit gemindert ist, hat er nur eine angemessen herabgesetzte Miete zu entrichten. Eine unerhebliche Minderung der Tauglichkeit bleibt außer Betracht.

- § 536
- § 535
- ≠ § 536 b
- ≠ § 536 d
- ⅋ § 543 II Nr. 1
- ⅋ § 536 a

(2) Absatz 1 Satz 1 und 2 gilt auch, wenn eine zugesicherte Eigenschaft fehlt oder später wegfällt.

(3) Wird dem Mieter der vertragsgemäße Gebrauch der Mietsache durch das Recht eines Dritten ganz oder zum Teil entzogen, so gelten die Absätze 1 und 2 entsprechend.

(4) Bei einem Mietverhältnis über Wohnraum ist eine zum Nachteil des Mieters abweichende Vereinbarung unwirksam.

Einwendung der Minderung durch den Mieter, § 536:

Einwendung

- Mietvertrag, § 535
- Sachmangel, der vertragsgemäßen Gebrauch ganz, § 536 I 1 oder teilweise verhindert, § 536 I 2 oder
  - Fehlen einer zugesicherten Eigenschaft, § 536 II oder
- Rechtsmangel, § 536 III
- Unkenntnis des Mangels bei Vertragsschluss, § 536 b
- kein vertraglicher Ausschluss der Haftung, § 536 d (bei Wohnraummiete nicht zulässig, § 536 IV)
- Erklärung der Minderung
- ⅋ rechtsvernichtende Einwendung zur teilweisen, § 536 I 2 bis vollständigen Befreiung vom Mietzins, § 536 I 1
- ⅋ fristloses Kündigungsrecht nach Fristsetzung, § 543 II Nr.1, III

Der Mieter kann bei Mängeln die »Miete« kürzen.

Beispiel: Es regnet durch das Dach des Mietshauses. Solange das Loch nicht geflickt ist, kann der Mieter die Zahlung des Mietzinses teilweise verweigern, § 536 I 2 (z. B. nur 400 € statt 500 € Miete). Dies gilt auch, wenn im Mietvertrag »Minderung« ausgeschlossen ist, da diese Klausel nach § 536 IV nichtig ist (Wohnraummiete).

§ 536 a

- § 535
- § 536
- § 286
- §§ 276 ff.
- ≠ §§ 536 b, 536 d
- ↳ §§ 249 ff.

Schadens- und Aufwendungsersatzanspruch des Mieters wegen eines Mangels

(1) Ist ein Mangel im Sinne des § 536 bei Vertragsschluss vorhanden oder entsteht ein solcher Mangel später wegen eines Umstands, den der Vermieter zu vertreten hat, oder kommt der Vermieter mit der Beseitigung eines Mangels in Verzug, so kann der Mieter unbeschadet der Rechte aus § 536 Schadensersatz verlangen.

(2) Der Mieter kann den Mangel selbst beseitigen und Ersatz der erforderlichen Aufwendungen verlangen, wenn

1. der Vermieter mit der Beseitigung des Mangels in Verzug ist oder

2. die umgehende Beseitigung des Mangels zur Erhaltung oder Wiederherstellung des Bestands der Mietsache notwendig ist.

Anspruch

Anspruch auf Schadensersatz oder Aufwendungsersatz, § 536 a:
- Sachmangel (§ 536 I, II) oder Rechtsmangel (§ 536 III)
- bei Vertragsabschluss oder
- vom Vermieter verschuldet (§§ 276, 278)
- Unkenntnis des Mieters vom Mangel, § 536 b
- kein vertraglicher Ausschluss der Haftung, § 536 d
- Anspruch auf Schadensersatz, § 536 a I oder

Wenn der Vermieter »schläft«, kann der Mieter selbst reparieren und die Kosten verlangen.

- bei Verzug (§ 286) des Vermieters, § 536 a II Nr. 1 bzw.
- Dringlichkeit der Reparatur, § 536 a II Nr. 2
- Recht zur Mängelbeseitigung durch den Mieter, § 536 a II und
- Anspruch auf Ersatz erforderlicher Aufwendungen, § 536 a II

Beispiel: Mika mietet sich bei Infra-Rent ein Auto. Ist dieses defekt, kann er das Geld (§ 536 a I) für einen Ersatzwagen verlangen. Soweit Infra-Rent nicht repariert (Verzug), kann Mika den Wagen selbst instand setzen und die Kosten von Infra verlangen (§ 536 a II).

§ 536 b

Der Mieter darf den Mangel nicht kennen ...

Kenntnis des Mieters vom Mangel

Kennt der Mieter bei Vertragschluss den Mangel der Mietsache, so stehen ihm die Rechte aus den §§ 536 und 536 a nicht zu [...].

§ 536 d

... und der Vertrag ihn nicht ausschließen.

Vertraglicher Ausschluss von Rechten des Mieters

Auf eine Vereinbarung, durch die die Rechte des Mieters wegen eines Mangels der Mietsache ausgeschlossen oder beschränkt werden, kann sich der Vermieter nicht berufen, wenn er den Mangel arglistig verschwiegen hat.

4.3. Besonderheiten im Mietrecht

Ende des Mietverhältnisses

§ 542

(1) Ist die Mietzeit nicht bestimmt, so kann jede Vertragspartei das Mietverhältnis nach den gesetzlichen Vorschriften kündigen.

(2) Ein Mietverhältnis, das auf bestimmte Zeit eingegangen ist, endet mit dem Ablauf dieser Zeit, sofern es nicht

1. in den gesetzlich zugelassenen Fällen außerordentlich gekündigt oder

2. verlängert wird.

Die Miete ist ein sogenanntes Dauerschuldverhältnis. Es endet nicht durch einmaliges Bewirken von Leistung und Gegenleistung wie etwa beim Kauf; nur Fristablauf oder Kündigung (einseitige empfangsbedürftige Willenserklärung) bringen es zum Erlöschen.

Beendigung des Mietverhältnisses:

* bei unbefristeter Miete durch ordentliche Kündigung, § 542 I
- Fristen gemäß § 580 a; bei Wohnraum durch §§ 573 ff. eingeschränkt (Eigenbedarf etc.)
* bei befristeter Miete durch Zeitablauf, § 542 II außer
- Außerordentliche Kündigung: §§ 542 II Nr. 1, 543, 554
- Verlängerung, §§ 542 II Nr. 2 (Einigung nach §§ 145, 147)

Einwendung

Rückgabepflicht des Mieters

§ 546

(1) Der Mieter ist verpflichtet, die Mietsache nach Beendigung des Mietverhältnisses zurückzugeben [...].

⮩ §§ 286, 280 ff.

Wenn der Mieter die Sache nach Ende der Miete nicht herausgibt, wozu er nach § 546 I verpflichtet ist, kann der Vermieter ihn in Verzug setzen (§ 286) und Schadensersatz nach den §§ 280 ff. verlangen.

Anspruch

Kurze Verjährung

§ 548

(1) Die Ersatzansprüche des Vermieters wegen Veränderungen oder Verschlechterungen der Mietsache verjähren in sechs Monaten [...].

* § 280 I
* § 536 a II
⮩ § 214 I

(2) Ansprüche des Mieters auf Ersatz von Aufwendungen oder auf Gestattung der Wegnahme einer Einrichtung verjähren in sechs Monaten nach der Beendigung des Mietverhältnisses [...].

4.4. Besonderheiten bei Wohnraummiete

Die §§ 549 ff. gelten nur für die Wohnraummiete und bezwecken meist den Schutz des Mieters von Wohnraum.

§ 553

• § 540

Gestattung der Gebrauchsüberlassung an Dritte

(1) Entsteht für den Mieter nach Abschluss des Mietvertrags ein berechtigtes Interesse, einen Teil des Wohnraums einem Dritten zum Gebrauch zu überlassen, so kann er von dem Vermieter die Erlaubnis hierzu verlangen. Dies gilt nicht, wenn in der Person des Dritten ein wichtiger Grund vorliegt, der Wohnraum übermäßig belegt würde oder dem Vermieter die Überlassung aus sonstigen Gründen nicht zugemutet werden kann. [...].

Untervermietung ist legal.

Zwar bedarf der Mieter für eine Untervermietung der Erlaubnis des Vermieters (§ 540 I), doch muss dieser die Erlaubnis erteilen, soweit keine zwingenden Gründe entgegenstehen, § 553 I.

§ 562

• § 535 II
• §§ 549, 578
• § 90
↳ § 1257, §§ 1204 ff.
≠ § 1207
↳ §§ 562 a, 562 b

Vermieterpfandrecht

(1) Der Vermieter hat für seine Forderungen aus dem Mietverhältnis ein Pfandrecht an den eingebrachten Sachen des Mieters. Es erstreckt sich nicht auf die Sachen, die der Pfändung nicht unterliegen.

(2) Für künftige Entschädigungsforderungen und für die Miete für eine spätere Zeit als das laufende und das folgende Mietjahr kann das Pfandrecht nicht geltend gemacht werden.

Der § 562, ein Fall des gesetzlichen Pfandrechts (§ 1257), soll dem Vermieter eine »automatische Sicherheit« gewähren.

Vermieterpfandrecht aus § 562:

Anspruch

• Mietvertrag (§ 535) über Wohnraum (§§ 549 ff. gelten nur für Wohnraum) oder Grundstücke und Räume (§ 578)
• Forderung aus dem Mietverhältnis (meist Mietzins, § 535 II)
• eingebrachte Sache (d.h. mit Willen des Mieters, nicht nur vorübergehend auf dem Grundstück),

Automatische Sicherheit durch Vermieterpfandrecht

• die im Eigentum des Mieters steht (vgl. §§ 929 ff.)
• Pfändbare Sache, § 562 I 2 (alles, was man beim »Offenbarungseid« nicht behalten darf)
↳ Pfandrecht, § 562 I 1 (ggf. Verkauf, §§ 1257, 1228)
↳ Erlöschen durch Entfernung vom Grundstück, § 562 a
↳ Selbsthilferecht des Vermieters, § 562 b

Kauf bricht nicht Miete

§ 566

(1) Wird der vermietete Wohnraum nach der Überlassung an den Mieter von dem Vermieter an einen Dritten veräußert, so tritt der Erwerber an Stelle des Vermieters in die sich während der Dauer seines Eigentums aus dem Mietverhältnis ergebenden Rechte und Pflichten ein [...].

Durch § 566 behält der Mieter seine Rechte auch gegenüber einem neuen Vermieter; also etwa die durch längeres Wohnen erworbene lange Kündigungsfristen (§ 573 c I).

Mietverhältnisse über Grundstücke und Räume

§ 578

↳ §§ 550, 562 ff., 570

(1) Auf Mietverhältnisse über Grundstücke sind die Vorschriften der §§ 550, 562 bis 562 d, 566 bis 567 b sowie 570 entsprechend anzuwenden.

(2) Auf Mietverhältnisse über Räume, die keine Wohnräume sind, sind die in Abs. 1 genannten Vorschriften [...] entsprechend anzuwenden.

Manche Regelungen des Wohnraummietrechts sind auch für gewerbliche Immobilien sinnvoll, weshalb § 578 bestimmte Vorschriften für anwendbar erklärt (z. B. Schriftform, Vermieterpfandrecht).

4.5. Pacht

Pflichten aus dem Pachtvertrag

§ 581

• § 145, § 147
• § 99
↳ §§ 535 ff.
↳ §§ 320 ff.

(1) Durch den Pachtvertrag wird der Verpächter verpflichtet, dem Pächter den Gebrauch des verpachteten Gegenstands und den Genuss der Früchte, soweit sie nach den Regeln einer ordnungsmäßigen Wirtschaft als Ertrag anzusehen sind, während der Pachtzeit zu gewähren. Der Pächter ist verpflichtet, dem Verpächter die vereinbarte Pacht zu entrichten [...].

Anspruch

Ansprüche aus Pachtvertrag, § 581:

Pacht ist Miete plus Fruchtziehung.

• Vertrag, §§ 145 ff. (gegenseitig: §§ 320 ff. sind anwendbar)
• über Gebrauch und Genuss der Früchte (§ 99)
• eines Gegenstands (d.h. Sachen oder Rechte: Beispiel Aktie)
↳ Verpflichtung des Verpächters zur Überlassung des Gegenstands und zur Gewährung der Fruchtziehung (§ 581 I 1)
↳ Entrichtung des Pachtzinses durch den Pächter (§ 581 I 2)
↳ weitgehende Anwendung des Mietrechts (§ 581 II)

5. Leihe

Die Leihe ist ein Vertrag, bei dem sich der Verleiher verpflichtet, dem Entleiher den zeitlich begrenzten Gebrauch einer Sache unentgeltlich zu gestatten (§ 598). Gegenstand der Leihe können wie bei der Miete bewegliche oder unbewegliche Sachen, nicht aber Rechte sein. Die Leihe ist kein gegenseitiger Vertrag.

§ 598

• §§ 145 ff.
• § 90
≠ §§ 320 ff.

Vertragstypische Pflichten bei der Leihe

Durch den Leihvertrag wird der Verleiher einer Sache verpflichtet, dem Entleiher den <u>Gebrauch der Sache unentgeltlich zu gestatten</u>.

Anspruch auf unentgeltlichen Gebrauch, § 598:

• Abschluss eines Vertrages, §§ 145 ff. (kein bloßes Gefälligkeitsverhältnis, kein Darlehen, § 488, kein Miete § 535)
• über unentgeltlichen Gebrauch einer Sache, § 90
↳ Verleiher hat die Sache zur Verfügung zu stellen, § 598
↳ der Entleiher hat die Sache nach Beendigung der Leihe zurückzugeben, § 604

Die Leihe ist von einem bloßen Gefälligkeitsverhältnis ohne rechtliche Bindung der Beteiligten abzugrenzen. Zu unterscheiden ist die Leihe auch von der Miete (§ 535) denn diese ist entgeltlich. Die Leihe darf auch nicht mit dem Darlehen (§ 488) verwechselt werden, weil bei der Leihe genau dieselbe Sache zurückgegeben werden muss.

»Ein Ei leihen« ist kein Leihvertrag.

Beispiel: Wenn man sich bei der Nachbarin ein Ei »ausleiht«, ist dieser Vorgang rechtlich gesehen ein Darlehen, denn gewöhnlich wird ein anderes Ei zurückgegeben.

§ 604

§§ 320 ff. sind nicht anwendbar

Rückgabepflicht des Entleihers

(1) Der Entleiher ist verpflichtet, die geliehene Sache nach dem Ablauf der für die Leihe bestimmten Zeit zurückzugeben [...].

Anspruch auf Rückgabe der geliehenen Sache, § 604:

• Die Dauer der Leihe richtet sich nach Vereinbarung (§ 604 I)
• oder dem Vertragszweck (§ 604 II)
↳ Ohne vertragliche Regelungen kann der Verleiher die Sache jederzeit zurückverlangen (§ 604 III).

6. Dienstvertrag

Der Dienstvertrag ist ein gegenseitiger Vertrag, bei dem sich der eine Teil (Dienstverpflichteter) zur Leistung der versprochenen Dienste und der andere (Dienstberechtigter) zur Gewährung der vereinbarten Vergütung verpflichtet (§ 611 I). Kennzeichnend für den Dienstvertrag ist also die Leistung von Diensten gegen Entgelt. Der Dienstvertrag ist auch die Grundregelung für Arbeitsverträge, wird jedoch durch viele Einzelgesetze (z.B. Mutterschutzgesetz) modifiziert. Abzugrenzen ist der Dienstvertrag vom Werkvertrag (§ 631) und vom Auftrag (§ 662). Beim Dienstvertrag wird nur ein Tätigwerden geschuldet, beim Werkvertrag (§ 631) ein konkreter Erfolg; der Auftrag dagegen ist unentgeltlich.

1. Hat der Verpflichtete die Tätigkeit selbständig und eigenverantwortlich auszuführen, so spricht man von <u>sog. freien Dienstverträgen</u>. Beispiel: freipraktizierender Arzt.

2. Sind dagegen Dienste von gewisser Dauer in persönlicher und wirtschaftlicher Abhängigkeit zum Dienstberechtigten zu erbringen, so handelt es sich um einen abhängigen Dienstvertrag. Hier wird der Dienstverpflichtete in den Wirtschaftsbetrieb des Berechtigten eingegliedert und unterliegt in weitem Umfang dessen Weisungen. Diesen Unterfall des Dienstvertrages bezeichnet man als Arbeitsvertrag, seine Parteien als Arbeitgeber und Arbeitnehmer.

Näheres zum Arbeitsrecht im Band: »Arbeitsrecht – schnell erfasst«

Pflichten aus dem Dienstvertrag

(1) Durch den Dienstvertrag wird derjenige, welcher Dienste zusagt, zur Leistung der versprochenen Dienste, der andere Teil zur Gewährung der vereinbarten Vergütung verpflichtet.

(2) Gegenstand des Dienstvertrags können Dienste jeder Art sein.

§ 611

• §§ 145 ff.
↳ §§ 323 ff.

Dienste gegen Vergütung

Ansprüche aus Dienstvertrag, § 611:

• Vertragsschluss (§§ 145 ff.) über:
    - die Verpflichtung zur Leistung von Diensten gegen
    - Gewährung einer Vergütung (vgl. § 612)
↳ Anspruch auf Dienstleistung
↳ Anspruch auf Lohn (vgl. § 614)
↳ Es gelten die §§ 320 ff.

Anspruch

§ 612

≠ § 154, 155

Im Zweifel wird die »übliche« Vergütung geschuldet.

Vereinbarung der Vergütung

(1) Eine Vergütung gilt als stillschweigend vereinbart, wenn die Dienstleistung den Umständen nach nur gegen eine Vergütung zu erwarten ist.

(2) Ist die Höhe der Vergütung nicht bestimmt, so ist bei dem Bestehen einer Taxe die taxmäßige Vergütung, in Ermangelung einer Taxe die übliche Vergütung als vereinbart anzusehen.

(3) Bei einem Arbeitsverhältnis darf für gleiche oder für gleichwertige Arbeit nicht wegen des Geschlechts des Arbeitnehmers eine geringere Vergütung vereinbart werden als bei einem Arbeitnehmer des anderen Geschlechts [...].

Auch beim Dienstvertrag müssen sich die Vertragsparteien über alle wesentlichen Punkte einigen. Haben die Parteien die Frage, ob und in welcher Höhe für die Dienste eine Vergütung gewährt werden soll, nicht geregelt, so ist der Vertrag wegen § 612 trotzdem gültig. Soweit nichts anderes vereinbart ist, wird die Vergütung gem. § 614 erst nach Leistung der Dienste fällig. Im Arbeitsrecht wird vieles durch Tarifvertrag oder Betriebsvereinbarung geregelt.

§ 613

≠ § 267

Persönliche Pflichten

Höchstpersönliche Verpflichtung und Berechtigung

Der zur Dienstleistung Verpflichtete hat die Dienste im Zweifel in Person zu leisten. Der Anspruch auf die Dienste ist im Zweifel nicht übertragbar.

§ 613 ist eine Ausnahme zu § 267 I, weil es beim Dienstvertrag den Parteien darauf ankommt, gerade einer bestimmten Person verpflichtet zu sein bzw. diese verpflichtet zu haben.

§ 613 a

Betriebsübergang bricht nicht Arbeitsverhältnis

(1) Geht ein Betrieb oder Betriebsteil durch Rechtsgeschäft auf einen anderen Inhaber über, so tritt dieser in die Rechte und Pflichten aus den im Zeitpunkt des Übergangs bestehenden Arbeitsverhältnissen ein [...].

Durch § 613 a I tritt bei Übergang des Betriebs der neue Inhaber in die Rechte und Pflichten des bisherigen Arbeitsverhältnisses ein. Das heißt, wenn ein Unternehmen verkauft wird, bleibt für den Arbeitnehmer alles beim Alten.

Beendigung; ordentliche Kündigung

§ 620

≠ § 130
⮑ § 626, §§ 623, 126

(1) Das Dienstverhältnis endigt mit dem Ablauf der Zeit, für die es eingegangen ist.

(2) Ist die Dauer des Dienstverhältnisses weder bestimmt noch aus der Beschaffenheit oder dem Zwecke der Dienste zu entnehmen, so kann jeder Teil das Dienstverhältnis nach Maßgabe der §§ 621 bis 623 kündigen.

Die ordentliche Kündigung ist der Regelfall. Sie kommt bei Dienstverhältnissen in Betracht, die auf unbestimmte Zeit eingegangen sind, § 620 II. Bei ihr müssen bestimmte Kündigungsfristen eingehalten werden, die entweder vertraglich vereinbart oder gesetzlich angeordnet sind (vgl. §§ 621, 622, 624). Die Kündigung bedarf nach § 623 der Schriftform.

Außerordentliche Kündigung

§ 626

• § 314

Die Kündigung als »ultima ratio«

(1) Das Dienstverhältnis kann von jedem Vertragsteil aus wichtigem Grund ohne Einhaltung einer Kündigungsfrist gekündigt werden, wenn Tatsachen vorliegen, auf Grund derer dem Kündigenden unter Berücksichtigung aller Umstände des Einzelfalles und unter Abwägung der Interessen beider Vertragsteile die Fortsetzung des Dienstverhältnisses bis zum Ablauf der Kündigungsfrist oder bis zu der vereinbarten Beendigung des Dienstverhältnisses nicht zugemutet werden kann.

(2) Die Kündigung kann nur innerhalb von zwei Wochen erfolgen. Die Frist beginnt mit dem Zeitpunkt, in dem der Kündigungsberechtigte von den für die Kündigung maßgebenden Tatsachen Kenntnis erlangt. Der Kündigende muss dem anderen Teil auf Verlangen den Kündigungsgrund unverzüglich schriftlich mitteilen.

Nach § 626 I kann das Dienstverhältnis von jedem Vertragsteil aus wichtigem Grund ohne Einhaltung einer Kündigungsfrist gekündigt werden. § 626 gilt für alle Dienst- und Arbeitsverhältnisse, gleichgültig, ob sie auf bestimmte oder unbestimmte Zeit eingegangen sind. Immer kommt es jedoch auf die Umstände des Einzelfalles an, wobei es sich bei der Kündigung aus wichtigem Grund immer um das äußerste Mittel handeln muss, um auf eine Verletzung der Pflichten des Dienstvertrages zu reagieren. Das Abwarten bis zur Beendigung des Arbeitsvertrages durch ordentliche Kündigung muss unzumutbar sein.

7. Werkvertrag

Entscheidend ist der Erfolg
durch das Tätigwerden.

Der Werkvertrag ist ein gegenseitiger Vertrag, bei dem sich der eine Teil (Unternehmer) zur Herstellung des versprochenen Werks und der andere (Besteller) zur Entrichtung der vereinbarten Vergütung verpflichtet (§ 631 I). Entscheidend ist also, dass ein konkreter Erfolg geschuldet wird bzw. dass etwas vollendet wird.

Beispiele: Die Reparatur eines Fernsehers, die Anfertigung einer Statue von Helmut Kohl, das Abnähen eines Maßanzuges.

HERSTELLUNG EINES WERKES

Soll der andere Teil überhaupt nur tätig werden, liegt ein Dienstvertrag (§ 611) vor, wobei die Abgrenzung schwierig sein kann.

Beispiel: Eine »Band« ist für eine Party engagiert. Soll sie nur spielen oder auch dafür sorgen, dass gute Stimmung aufkommt?

Abgrenzung:
• § 611 Dienstvertrag
• § 631 Werkvertrag
• § 651 Werklieferung

Soll der Unternehmer das Werk herstellen oder erzeugen, liegt ein Werklieferungsvertrag vor (§ 651), für den Kauf gilt (§§ 433 ff.).

Beispiel: Das Essen im Restaurant.

Im Wirtschaftsleben spielt der Werkvertrag besonders im Handwerk und Baugewerbe eine große Rolle. Der Bauherr schließt Werkverträge mit dem Architekten und den Handwerkern ab. Auch der »Kauf« eines schlüsselfertigen Hauses oder einer Wohnung ist ein Werkvertrag, so dass für diese Fälle ein Nachbesserungsrecht des Unternehmers besteht (§ 635).

7.1. Herstellung eines Werkes

Pflichten aus dem Werkvertrag

(1) Durch den Werkvertrag wird der Unternehmer zur Herstellung des versprochenen Werkes, der Besteller zur Entrichtung der vereinbarten Vergütung verpflichtet.

(2) Gegenstand des Werkvertrags kann sowohl die Herstellung oder Veränderung einer Sache als auch ein anderer durch Arbeit oder Dienstleistung herbeizuführender Erfolg sein.

§ 631

- §§ 145 ff.
≠ § 651
↳ §§ 323 ff.

Ansprüche aus Werkvertrag, § 631:

- Vertragsschluss (§§ 145 ff.) über:
  - ein Werk gegen
  - Vergütung (nicht unbedingt Geld, vgl. § 632)
- ↳ Pflichten des Unternehmers: Herstellung des Werks (Primärpflicht, § 631 I); frei von Mängeln, § 633 I
- ↳ Pflichten des Bestellers: Entrichtung der Vergütung (§§ 631 I, 632, 641), Abnahme des Werks (§ 640), ggf. Mitwirkung an der Herstellung (§ 642)
- ↳ für Lohn und Werk gelten neben den §§ 275 ff. auch die §§ 320 ff.

Gegenstand des Werkvertrags, § 631 II:

- Herstellung oder Veränderung einer Sache
- Ein sonstiger, durch Arbeit und Dienstleistung herbeizuführender Erfolg. Hat der Werkvertrag eine Geschäftsbesorgung zum Gegenstand, so gelten auch die §§ 675, 663 ff.

Vereinbarung der Vergütung

(1) Eine Vergütung gilt als stillschweigend vereinbart, wenn die Herstellung des Werkes den Umständen nach nur gegen eine Vergütung zu erwarten ist.

(2) Ist die Höhe der Vergütung nicht bestimmt, so ist bei dem Bestehen einer Taxe die taxmäßige Vergütung, in Ermangelung einer Taxe die übliche Vergütung als vereinbart anzusehen. [...]

§ 632

≠ § 154, § 155

Der § 632 I fingiert eine Vereinbarung über die Vergütung. Ohne diese wäre der Vertrag sonst nach §§ 154, 155 bei fehlender Vereinbarung über die Vergütung nichtig.

7.2. Gewährleistung beim Werkvertrag

Der Werkvertrag unterliegt als gegenseitiger Vertrag den allgemeinen Regeln über Leistungsstörungen (§§ 275 ff., 320 ff.). Die §§ 633 ff. enthalten Sonderregelungen bei Mängeln des Werkes.

§ 633

• § 631
↳ §§ 634 ff.

Sach- und Rechtsmangel

(1) Der Unternehmer hat dem Besteller das Werk frei von Sach- und Rechtsmängeln zu verschaffen.

(2) Das Werk ist frei von Sachmängeln, wenn es die vereinbarte Beschaffenheit hat. Soweit die Beschaffenheit nicht vereinbart ist, ist das Werk frei von Sachmängeln,

1. wenn es sich für die nach dem Vertrag vorausgesetzte, sonst

2. für die gewöhnliche Verwendung eignet und eine Beschaffenheit aufweist, die bei Werken der gleichen Art üblich ist und die der Besteller nach der Art des Werks erwarten kann.

Einem Sachmangel steht es gleich, wenn der Unternehmer ein anderes als das bestellte Werk oder das Werk in zu geringer Menge herstellt.

(3) Das Werk ist frei von Rechtsmängeln, wenn Dritte in Bezug auf das Werk keine oder nur die im Vertrag übernommenen Rechte gegen den Besteller geltend machen können.

Anspruch auf Lieferung ohne Sach- und Rechtsmängel, § 633:

Anspruch

• Abweichung der Ist- von der vereinbarten Beschaffenheit, § 633 II 1, sonst

• Nichteignung zum im Vertrag vorausgesetzten Zweck, § 633 II 2 Nr. 1, sonst

Mangelfreie Lieferung als vertragliche Hauptpflicht

• Abweichung Ist- von Sollbeschaffenheit, § 633 I 2 Nr. 2 oder

• ein anderes Werk als das bestellte, § 633 II 3 1. Alt. oder
  - Zuweniglieferung, § 633 II 3 2. Alt. oder

• Rechtsmangel, § 633 III
  - Anspruch auf mangelfreie Lieferung (vgl. § 435)

↳ Ansprüche aus §§ 634 Nr. 1 bis 4 (Nacherfüllung, Rücktritt, Schadensersatz, Aufwendungsersatz, Minderung)

Beispiel: Schrempp lässt von Bill Gates ein Standard-EDV-Programm zu einer Netzwerklösung ausbauen, die weltweit alle Standorte verbinden soll (Werkvertrag, § 631). Schafft das EDV-Programm diese Vernetzung nicht, liegt ein Mangel nach § 633 II 1 vor.

Rechte des Bestellers bei Mängeln

§ 634

Ist das Werk mangelhaft, kann der Besteller, wenn die Voraussetzungen der folgenden Vorschriften vorliegen und soweit nicht ein anderes bestimmt ist,

1. nach § 635 Nacherfüllung verlangen,

2. nach § 637 den Mangel selbst beseitigen und Ersatz der erforderlichen Aufwendungen verlangen,

3. nach den §§ 636, 323 und 326 Abs. 5 von dem Vertrag zurücktreten oder nach § 638 die Vergütung mindern und

4. nach den §§ 636, 280, 281, 283 und 311 a Schadensersatz oder nach § 284 Ersatz vergeblicher Aufwendungen verlangen.

- § 631
- § 633
- ≠ § 640 II
- ≠ § 634 a
- ≠ § 639
- ↳ § 635
- ↳ § 637
- ↳ §§ 636, 323
- ↳ §§ 636, 280 ff.

Ansprüche des Bestellers bei Mängeln aus § 634:

Anspruch

- Vorliegen eines Werkvertrages, § 631
- Sachmangel, § 633 II oder Rechtsmangel, § 633 III
- Werk noch nicht abgenommen oder Gewährleistungsansprüche vorbehalten, § 640 II
- keine Verjährung, § 634 a
- kein Haftungsausschluss, § 639
- ↳ Nacherfüllung, §§ 634 Nr. 1, 635
- ↳ Selbstvornahme und Aufwendungsersatz, §§ 634 Nr. 2, 637
- ↳ Rücktritt, §§ 634 Nr. 3, 636, 323, 326 V (Fristsetzung erforderlich)
- ↳ Minderung (Herabsetzung des Werklohns), §§ 634 Nr. 3, 638
- ↳ Schadensersatz nach §§ 634 Nr. 4, 636, 280, 281, 283, 311 a oder Aufwendungsersatz nach §§ 634 Nr. 4, 284

Verjährung der Mängelansprüche

§ 634 a

(1) Die in § 634 Nr. 1, 2 und 4 bezeichneten Ansprüche verjähren

1. vorbehaltlich der Nummer 2 in zwei Jahren bei einem Werk, dessen Erfolg in der Herstellung, Wartung oder Veränderung einer Sache oder in der Erbringung von Planungs- oder Überwachungsleistungen hierfür besteht,

2. in fünf Jahren bei einem Bauwerk und einem Werk, dessen Erfolg in der Erbringung von Planungs- oder Überwachungsleistungen hierfür besteht, und

3. im Übrigen in der regelmäßigen Verjährungsfrist.

(2) Die Verjährung beginnt in den Fällen des Absatzes 1 Nr. 1 und 2 mit der Abnahme.

- § 634
- ↳ § 214

Die Verjährung beginnt mit der Abnahme.

↳ § 199 I Nr. 2

(3) Abweichend von Absatz 1 Nr. 1 und 2 und Absatz 2 verjähren die Ansprüche in der regelmäßigen Verjährungsfrist, wenn der Unternehmer den Mangel arglistig verschwiegen hat. Im Fall des Absatzes 1 Nr. 2 tritt die Verjährung jedoch nicht vor Ablauf der dort bestimmten Frist ein.

• §§ 634 I Nr. 3, 636, 323
↳ § 218 I

(4) Für das in § 634 bezeichnete Rücktrittsrecht gilt § 218. Der Besteller kann trotz einer Unwirksamkeit des Rücktritts nach § 218 Abs. 1 die Zahlung der Vergütung insoweit verweigern, als er auf Grund des Rücktritts dazu berechtigt sein würde. Macht er von diesem Recht Gebrauch, kann der Unternehmer vom Vertrag zurücktreten.

(5) Auf das in § 634 bezeichnete Minderungsrecht finden § 218 und Absatz 4 Satz 2 entsprechende Anwendung.

Verjährung nach § 634 a:

- Anspruch auf Nacherfüllung, §§ 634 Nr. 1, 635 oder
- Anspruch auf Selbstvornahme und Aufwendungsersatz, §§ 634 Nr. 2, 637 oder
- Anspruch auf Schadensersatz nach §§ 634 Nr. 4, 636, 280 ff.
- bei körperlichen Arbeitsprodukten 2 Jahre seit Abnahme, §§ 634 a I Nr.1, II, 640

Auch nach Eintritt der
Verjährung kann der
Besteller den Werklohn
wegen Mängeln verweigern.

- bei Bauwerken 5 Jahre seit Abnahme §§ 634 a I Nr. 2, II, 640
- bei unkörperlichen Sachen 3 Jahre seit Abnahme, §§ 634 a I Nr. 3, II, 640, 195 (regelmäßige Verjährung)
- bei arglistigem Verschweigen des Mangels erst ab Kenntnis, §§ 634 a III, 199 I Nr. 2 (regelmäßiger Verjährungsbeginn)
- ↳ Leistungsverweigerungsrecht des Unternehmers §§ 634 a, 214
- bei Recht zum Rücktritt, §§ 634 Nr. 3, 636, 323 ff. und
- Verjährung des Nacherfüllungsanspruchs, §§ 634 Nr. 1, 635
- ↳ Wegfall des Rücktrittsrechts, §§ 634 a IV 1, 218 aber
- ↳ Leistungsverweigerungsrecht des Bestellers, §§ 634 a IV 2
- ↳ Rücktrittsrecht des Unternehmers, § 634 a IV 3
- bei Anspruch auf Minderung, §§ 634 Nr. 3, 638 und
- Verjährung des Nacherfüllungsanspruchs, §§ 634 Nr. 1, 634 a I
- ↳ keine Rückforderung der Differenz zum geminderten Kaufpreis, §§ 634 a V, 218 I aber Leistungsverweigerungsrecht des Käufers in Höhe der Minderung, §§ 634 a V, IV 2

Beispiel: S bestellt bei G eine Netzwerklösung. 3 1/2 Jahre nach Abnahme führt ein Programmfehler zu Produktionsausfällen. Gewährleistungsansprüche sind nach §§ 634 a I Nr. 3, 199 I Nr. 2 noch nicht verjährt, falls S erst jetzt Kenntnis vom Mangel erhält.

Nacherfüllung

§ 635

(1) Verlangt der Besteller Nacherfüllung, so kann der Unternehmer nach seiner Wahl den Mangel beseitigen oder ein neues Werk herstellen.

- § 631
- § 634 Nr. 1
↳ §§ 346-348

(2) Der Unternehmer hat die zum Zweck der Nacherfüllung erforderlichen Aufwendungen, insbesondere Transport-, Wege-, Arbeits- und Materialkosten zu tragen.

(3) Der Unternehmer kann die Nacherfüllung unbeschadet des § 275 Abs. 2 und 3 verweigern, wenn sie nur mit unverhältnismäßigen Kosten möglich ist.

(4) Stellt der Unternehmer ein neues Werk her, so kann er vom Besteller Rückgewähr des mangelhaften Werks nach Maßgabe der §§ 346 bis 348 verlangen.

Beispiel: Schrempp bestellt bei Bill Gates die Erweiterung eines Programms zu einer Netzwerklösung, die weltweit alle Standorte verbinden soll. Die Anpassung funktioniert jedoch nicht. Nach §§ 634 Nr. 1, 635 I kann Schrempp Nacherfüllung verlangen. Gates kann gemäß § 635 I entweder das Programm funktionsfähig machen oder ein gänzlich Neues schreiben. In letzterem Fall kann Gates das alte Programm nach § 635 IV, 346 herausverlangen. Zusätzlich kann Schrempp Aufwendungen seitens seiner Beschäftigten nach § 635 II verlangen.

Anspruch

Rücktritt und Schadensersatz

§ 636

Außer in den Fällen der §§ 281 Abs. 2 und 323 Abs. 2 bedarf es der Fristsetzung auch dann nicht, wenn der Unternehmer die Nacherfüllung gemäß § 635 Abs. 3 verweigert oder wenn die Nacherfüllung fehlgeschlagen oder dem Besteller unzumutbar ist.

- § 634 Nr. 3
↳ §§ 323 ff.
↳ §§ 280 ff.

Beispiel (vgl. bei § 635): Wenn Bill Gates sich weigert, das Programm zum Laufen zu bringen, kann Schrempp ohne weitere Fristsetzung nach §§ 634 Nr. 3, 636, 323 vom Vertrag zurücktreten oder nach §§ 634 Nr. 4, 636, 281 Schadensersatz statt der Leistung verlangen (etwa zusätzliche Kosten durch andere Programmierung).

Anspruch

§ 637

- § 634 Nr. 2
- ✎ § 323 II

Anspruch

Wenn der Unternehmer nicht »spurt«, kann der Besteller selbst reparieren.

Selbstvornahme

(1) Der Besteller kann wegen eines Mangels des Werks nach erfolglosem Ablauf einer von ihm zur Nacherfüllung bestimmten angemessenen Frist den Mangel selbst beseitigen und Ersatz der erforderlichen Aufwendungen verlangen, wenn nicht der Unternehmer die Nacherfüllung zu Recht verweigert.

(2) § 323 Abs. 2 findet entsprechende Anwendung. Der Bestimmung einer Frist bedarf es auch dann nicht, wenn die Nacherfüllung fehlgeschlagen oder dem Besteller unzumutbar ist.

(3) Der Besteller kann von dem Unternehmer für die zur Beseitigung des Mangels erforderlichen Aufwendungen Vorschuss verlangen.

Beispiel (vgl. § 635): Bringt Gates das defekte Netzwerkprogramm nicht innerhalb einer zum 1.7. gesetzten Frist zum Laufen (§ 635), kann Schrempp dies nach §§ 634 Nr. 2, 637 I selbst übernehmen und die Kosten von Gates verlangen. Für den Lohn der Programmierer kann Schrempp nach § 637 III Vorschuss verlangen.

§ 638

- § 634 Nr. 3
- § 323
- ✎ § 346 I, 347

Anspruch

Zur Berechnung der Minderung vgl. bei § 441

Minderung

(1) Statt zurückzutreten, kann der Besteller die Vergütung durch Erklärung gegenüber dem Unternehmer mindern. Der Ausschlussgrund des § 323 Abs. 5 Satz 2 findet keine Anwendung.

(2) Sind auf der Seite des Bestellers oder auf der Seite des Unternehmers mehrere beteiligt, so kann die Minderung nur von allen oder gegen alle erklärt werden.

(3) Bei der Minderung ist die Vergütung in dem Verhältnis herabzusetzen, in welchem zur Zeit des Vertragsschlusses der Wert des Werks in mangelfreiem Zustand zu dem wirklichen Wert gestanden haben würde. Die Minderung ist, soweit erforderlich, durch Schätzung zu ermitteln.

(4) Hat der Besteller mehr als die geminderte Vergütung gezahlt, so ist der Mehrbetrag vom Unternehmer zu erstatten. § 346 Abs. 1 und § 347 Abs. 1 finden entsprechende Anwendung.

Beispiel (vgl. bei § 635): Wenn das Programm zwar läuft, aber immer wieder abstürzt und Gates nicht repariert, kann Schrempp nach §§ 634 Nr. 3, 638 I Minderung verlangen (bei Werklohn von 2 Mio. €, Wert des Programms ohne Mangel 2,4 Mio. €, mit Mangel 1,8 Mio. € beträgt der geminderte Werklohn 1,6 Mio. €, § 638 III).

Haftungsausschluss § 639

Auf eine Vereinbarung, durch welche die Rechte des Bestellers wegen eines Mangels ausgeschlossen oder beschränkt werden, kann sich der Unternehmer nicht berufen, soweit er den Mangel arglistig verschwiegen oder eine Garantie für die Beschaffenheit des Werks übernommen hat.

7.3. Besonderheiten im Werkvertragsrecht

Abnahme des Werkes § 640

(1) Der Besteller ist verpflichtet, das vertragsmäßig hergestellte Werk abzunehmen, sofern nicht nach der Beschaffenheit des Werkes die Abnahme ausgeschlossen ist. [...]

(2) Nimmt der Besteller ein mangelhaftes Werk gemäß Absatz 1 Satz 1 ab, obschon er den Mangel kennt, so stehen ihm die in § 634 Nr. 1 bis 3 bezeichneten Rechte nur zu, wenn er sich seine Rechte wegen des Mangels bei der Abnahme vorbehält.

Abnahme bedeutet die körperliche Entgegennahme des Werkes sowie die Billigung des Werkes als vertragsgemäß.

Fälligkeit der Vergütung § 641

(1) Die Vergütung ist bei der Abnahme des Werkes zu entrichten. Ist ≠ § 269
das Werk in Teilen abzunehmen und die Vergütung für die einzelnen Teile bestimmt, so ist die Vergütung für jeden Teil bei dessen Abnahme zu entrichten. [...]

(4) Eine in Geld festgesetzte Vergütung hat der Besteller von der Abnahme des Werkes an zu verzinsen, sofern nicht die Vergütung gestundet ist.

Anspruch

§ 641 I ist keine Anspruchsgrundlage, sondern nur eine Zeitbestimmung, die für den Verzug bedeutsam ist (§ 286). Soweit nichts anderes vereinbart ist, ist der Unternehmer vorleistungspflichtig. Dagegen ist § 641 IV hinsichtlich der Zinsen eine eigene Anspruchsgrundlage.

Fälligkeit bei Abnahme

Gefahrtragung beim Werkvertrag § 644

(1) Der Unternehmer trägt die Gefahr bis zur Abnahme des Werkes. ≠ § 326
Kommt der Besteller in Verzug der Annahme, so geht die Gefahr auf • § 293
ihn über. Für den zufälligen Untergang und eine zufällige Verschlech- • § 640
terung des von dem Besteller gelieferten Stoffes ist der Unternehmer nicht verantwortlich. [...]

Der § 644 I ist eine Spezialvorschrift zu § 326 über die Gefahrtragung am Werk. Der Unternehmer kann also Vergütung verlangen, wenn das Werk abgenommen ist (§ 640), jedoch noch nicht erfüllt ist und die Sache zufällig untergeht.

§ 647

• § 631
• § 90
↻ § 1257
≠ § 1207

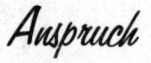

Pfandrecht am Eigentum
des Bestellers

Unternehmerpfandrecht

Der Unternehmer hat für seine Forderungen aus dem Vertrag ein Pfandrecht an den von ihm hergestellten oder ausgebesserten beweglichen Sachen des Bestellers, wenn sie bei der Herstellung oder zum Zwecke der Ausbesserung in seinen Besitz gelangt sind.

Unternehmerpfandrecht aus § 647:

• Werkvertrag, § 631
• Forderung des Unternehmers hieraus
• Objekte des Werkvertrags (bewegliche Sachen, § 90) aus dem Eigentum des Bestellers (kein gutgläubiger Erwerb nach § 1207 möglich)
• Besitz des Unternehmers an diesen Sachen
↻ Pfandrecht des Unternehmers an der Sache, §§ 1257, 1204

Beispiel: Kunde (K) bringt sein Auto zur Inspektion. Solange K nicht zahlt, kann die Werkstatt (W) das Auto wegen § 647 behalten (vgl. § 1257 gesetzliches Pfandrecht) und ggf. verwerten (§ 1228). Das Auto muss jedoch im Eigentum des Kunden sein.

§ 648

↻ §§ 1113, 1184,
 1185, 873

Sicherungshypothek für Bauforderung

(1) Der Unternehmer eines Bauwerks oder eines einzelnen Teiles eines Bauwerks kann für seine Forderungen aus dem Vertrag die Einräumung einer Sicherungshypothek an dem Baugrundstück des Bestellers verlangen.

Ein Bauunternehmer kann zu Sicherung seiner Forderung vom Besteller verlangen, dass ihm nach §§ 1113, 1184, 1185, 873 eine Sicherungshypothek eingetragen wird.

7.4. Werklieferungsvertrag

Ein Werklieferungsvertrag ist gegeben, wenn der Unternehmer eine bewegliche Sache herstellen und dem Besteller liefern soll. Wegen der Ähnlichkeit zum Kaufvertrag finden weitgehend die Vorschriften über den Kauf Anwendung.

Anwendung von Kaufrecht bei Werklieferungsvertrag

§ 651

- § 631
- § 90
⤷ §§ 433 ff.
⤷ §§ 929 ff.
⤷ § 442 I 1
- § 91
⤷ §§ 642 ff.
⤷ §§ 446, 447

Auf einen Vertrag, der die Lieferung herzustellender oder zu erzeugender beweglicher Sachen zum Gegenstand hat, finden die Vorschriften über den Kauf Anwendung. § 442 Abs. 1 Satz 1 findet bei diesen Verträgen auch Anwendung, wenn der Mangel auf den vom Besteller gelieferten Stoff zurückzuführen ist. Soweit es sich bei den herzustellenden oder zu erzeugenden beweglichen Sachen um nicht vertretbare Sachen handelt, sind auch die §§ 642, 643, 645, 649 und 650 mit der Maßgabe anzuwenden, dass an die Stelle der Abnahme der nach den §§ 446 und 447 maßgebliche Zeitpunkt tritt.

Werklieferungsvertrag nach § 651:

- Werkvertrag nach § 631 über Lieferung einer
- herzustellenden oder zu erzeugenden
- beweglichen Sache, § 90
  - Anwendung von Kaufrecht, §§ 651 Satz 1, 433 ff.
  - Ausschluss der Gewährleistung nach § 442 I 1 auch dann, wenn Mangel auf Material des Bestellers beruht, § 651 Satz 2
- wenn nicht vertretbare Sache (§ 91) geschuldet wird
  - gem. § 651 Satz 3 Anwendung der §§ 642 ff.

Für den Werklieferungsvertrag gilt weitgehend Kaufrecht.

Beispiel: Armani lässt sich bei Joop einen Anzug fertigen, der auch den Stoff besorgt. Da es sich um die Herstellung einer beweglichen Sache handelt (§ 90) sind nach § 651 Satz 1 die §§ 433 ff. anwendbar. Joop schuldet neben der Anfertigung des Anzugs (§§ 631 I, 651) auch die Übereignung und Übergabe (§ 433 I). Zwickt die Anzughose im Schritt, sind für die Gewährleistung die §§ 437 ff. anwendbar. Beruht der schlechte Sitz des Anzugs jedoch auf der Minderwertigkeit des – von Armani gestellten – Stoffs, ist Joop nach §§ 651 Satz 2, 442 I 1 nicht gewährleistungspflichtig. Da es sich bei einem Maßanzug um eine nicht vertretbare Sache (§ 91) handelt, kann Joop nach §§ 651 Satz 3, 642, 643 den Vertrag kündigen, wenn Armani auch nach Mahnung nicht zum Maßnehmen erscheint.

8. Auftrag

Umgangssprachlich wird das Wort Auftrag häufig in einem anderem Sinne gebraucht. *Beispiel: Der »Auftrag« zur Lieferung bestimmter Waren ist ein Antrag auf Abschluss eines Kaufvertrags (§§ 145, 433).* Im BGB dagegen ist ein Auftrag ein Vertrag über eine unentgeltliche Geschäftsbesorgung (vgl. § 662).

§ 662

• §§ 145 ff.
↳ § 667
↳ § 670
≠ §§ 631, 611

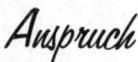

Der Auftrag ist unentgeltlich.

Wesen des Auftrags

Durch die Annahme eines Auftrags verpflichtet sich der Beauftragte, ein ihm von dem Auftraggeber übertragenes Geschäft für diesen unentgeltlich zu besorgen.

Ansprüche aus Auftrag, § 662:

- Einigung (§§ 145 ff.), d.h. übereinstimmende Willenserklärungen über eine
- unentgeltliche
- Geschäftsbesorgung für einen anderen (d.h. fremdnützige Tätigkeit rechtlicher oder tatsächlicher Art)
- ↳ Anspruch auf Besorgung des Geschäfts (§ 662)
- ↳ Anspruch des Auftraggebers auf Herausgabe des Erlangten (§ 667)
- ↳ Anspruch des Beauftragten auf Aufwendungsersatz (§ 670)

Der Auftrag unterscheidet sich von einem bloßen Gefälligkeitsverhältnis, da es dort- am Rechtsbindungswillen mangelt. Vom Dienst- und Werkvertrag unterscheidet sich der Auftrag durch das Merkmal der Unentgeltlichkeit. Allerdings finden bei einer entgeltlichen Geschäftsbesorgung teilweise Auftragsregeln Anwendung (§ 675).

Beispiel: Schröder »beauftragt« Eichel, ihm eine Kiste Rotwein aus der Toskana mitzubringen.

Der Beauftragte ist grundsätzlich an die Weisungen des Auftraggebers gebunden und darf nur ausnahmsweise, wenn er glauben darf, dass der Auftraggeber es billigen würde, von ihnen abweichen (§ 665). Er hat dem Auftraggeber erforderliche Nachricht zu geben (§ 666). Bei Verletzung dieser Pflichten ist der Beauftragte zum Schadensersatz nach § 280 I verpflichtet.

Pflicht zur Herausgabe des Erlangten

§ 667

Der Beauftragte ist verpflichtet, dem Auftraggeber alles, was er zur Ausführung des Auftrags erhält und was er aus der Geschäftsbesorgung erlangt, herauszugeben.

Anspruch auf Herausgabe aus § 667:

Anspruch

*   Auftrag, § 662

↳ Anspruch des Auftraggebers auf Herausgabe des Erhaltenen (z.B. Restgeld für den Kauf einer Sache) und auf

↳ Herausgabe des Erlangten (z.b. die gekaufte Sache)

Ersatz von Aufwendungen

§ 670

Macht der Beauftragte zum Zwecke der Ausführung des Auftrags Aufwendungen, die er den Umständen nach für erforderlich halten darf, so ist der Auftraggeber zum Ersatz verpflichtet.

Anspruch auf Aufwendungsersatz aus § 670:

Anspruch

*   Auftrag, § 662

*   Getätigte Aufwendungen, die erforderlich erschienen

↳ Anspruch des Beauftragten auf Aufwendungsersatz

Aufwendungen sind Vermögensopfer, die freiwillig zur Ausführung des Auftrags erbracht wurden oder sich als typische Folge ergeben, nicht jedoch die Arbeitskraft, da sie keinen Vermögenswert besitzt.

Beispiel: Der Bevollmächtigte (B) reist für Rothschild (R) zur Auktion, um für ihn ein Bild zu ersteigern. B kann aus § 670 die Reisekosten verlangen. Dagegen kann R das ersteigerte Bild und eventuelles Restgeld aus § 667 fordern.

Widerruf; Kündigung

§ 671

(1) Der Auftrag kann von dem Auftraggeber jederzeit widerrufen, von dem Beauftragten jederzeit gekündigt werden.

Der Auftrag ist nicht sehr beständig.

(2) Der Beauftragte darf nur in der Art kündigen, dass der Auftraggeber für die Besorgung des Geschäfts anderweit Fürsorge treffen kann, es sei denn, dass ein wichtiger Grund für die unzeitige Kündigung vorliegt. Kündigt er ohne solchen Grund zur Unzeit, so hat er dem Auftraggeber den daraus entstehenden Schaden zu ersetzen. Kündigt er ohne solchen Grund zur Unzeit, so hat er dem Auftraggeber den daraus entstehenden Schaden zu ersetzen [...].

§ 672

↳ § 168

Tod oder Geschäftsunfähigkeit des Auftraggebers

Der Auftrag erlischt im Zweifel nicht durch den Tod oder den Eintritt der Geschäftsunfähigkeit des Auftraggebers. Erlischt der Auftrag, so hat der Beauftragte, wenn mit dem Aufschub Gefahr verbunden ist, die Besorgung des übertragenen Geschäfts fortzusetzen, bis der Erbe oder der gesetzliche Vertreter des Auftraggebers anderweit Fürsorge treffen kann; der Auftrag gilt insoweit als fortbestehend.

Häufig wird mit der Auftragserteilung eine Bevollmächtigung nach § 167 verbunden. Es ist jedoch scharf zu trennen zwischen Auftrag und Vollmacht. Auftrag betrifft das Innenverhältnis, Vollmacht das Außenverhältnis. Wäre der Auftrag mit dem Tod des Auftraggebers beendet, würde wegen § 168 I 1 auch die Vollmacht erlöschen. Dies verhindert § 672.

§ 675

• §§ 145 ff.

Siehe auch
§§ 354, 383 ff. HGB

↳ § 823
↳ § 611, § 631

Entgeltliche Geschäftsbesorgung

(1) Auf einen Dienstvertrag oder einen Werkvertrag, der eine Geschäftsbesorgung zum Gegenstand hat, finden, soweit in diesem Untertitel nichts Abweichendes bestimmt wird, die Vorschriften der §§ 663, 665 bis 670, 672 bis 674 und, wenn dem Verpflichteten das Recht zusteht, ohne Einhaltung einer Kündigungsfrist zu kündigen, auch die Vorschriften des § 671 Abs. 2 entsprechende Anwendung.

(2) Wer einem anderen einen Rat oder eine Empfehlung erteilt, ist, unbeschadet der sich aus einem Vertragsverhältnis oder einer unerlaubten Handlung ergebenden Verantwortlichkeit, zum Ersatz des aus der Befolgung des Rates oder der Empfehlung entstehenden Schadens nicht verpflichtet.

§ 675 I sagt aus, dass bei Dienst- und Werkverträgen (§§ 611, 631), die die selbständige Wahrnehmung fremder Vermögensinteressen zum Gegenstand haben, die Regeln des Auftrages zur Anwendung kommen.

Beispiel: Kontoführung durch die Bank.

Durch § 675 II wird klargestellt, dass die Erteilung eines Rates keinen Vertrag begründet, aus dem man haften müsste, denn dabei fehlt i.d.R. der Rechtsbindungswille.

9. Geschäftsführung ohne Auftrag

Geschäftsführung ohne Auftrag (GoA) ist die Besorgung fremder Geschäfte ohne Auftrag oder sonstige Berechtigung (§ 677). Sie kommt im täglichen Leben häufig vor.

GoA – eigenmächtiges Handeln im Interesse eines anderen

Beispiel: Jemand besorgt für seinen Freund eine Kinokarte, weil er vermutet, dass dieser den Film gerne sehen möchte. Auch Erste Hilfe für einen Bewusstlosen oder das Retten eines Selbstmörders stellt eine Geschäftsführung ohne Auftrag (echte GoA) dar.

LEBENSRETTUNG IST GoA.

Der Geschäftsführer ohne Auftrag führt eigenmächtig ein Geschäft für einen anderen aus, weil er glaubt, dass es dessen Interessen dient (sog. berechtigte GoA). Das Vorgehen des Handelnden kann für den Betroffenen erwünscht und dienlich sein. Hier ist es angebracht, den Helfer zu privilegieren, d.h., Lasten und Risiken auf den Betroffenen, also den Geschäftsherrn, zu verlagern.

Andererseits muss der einzelne vor »Besserwissern« geschützt werden, die sich keine Gedanken über den Nutzen ihres Handelns machen (sog. unberechtigte GoA). Denn jeder hat grundsätzlich das Recht, seine eigenen Angelegenheiten selbst zu regeln.

Anderes gilt für Personen, die ein fremdes Geschäft irrtümlich oder wissentlich wie ihr eigenes behandeln (unechte GoA).

Geschäftsführung ohne Auftrag

Besorgung eines Geschäfts
ohne Auftrag

Objektiv fremdes Geschäft oder neutrales
Geschäft mit Fremdgeschäftsführungswillen

Echte GoA, § 677

Fehlender
Fremdgeschäftsführungswille

Unechte GoA, § 687

Berechtigte GoA § 683	Unberechtigte GoA § 684	Irrtümliche Eigen- geschäfsführung § 687 I	Angemaßte Eigen- geschäfsführung § 687 II
Der Geschäftsführer handelt im Interesse und mutmaßlichen Willen des Geschäftsherrn	Der Geschäftsführer handelt zwar »für« den Geschäftsherrn, aber nicht in dessen Interesse und Willen	Der Geschäftsführer glaubt, die fremden Geschäfte, die er tätigt, seien seine eigenen.	Der Geschäftsführer weiß um die Fremdheit der Geschäfte, tätigt sie aber trotzdem oder gerade deshalb

Ansprüche des Geschäftsführers gegen den Geschäftsherrn

Aufwendungsersatz §§ 683 S. 1, 670	Herausgabe der Bereichung §§ 684 S. 1, 818 ff.	Keine	Keine

Ansprüche des Geschäftsherrn gegen den Geschäftsführer

Herausgabe des Erlangten §§ 681 S. 2, 667	Herausgabe des Erlangten §§ 681 S. 2, 667 Ersatz möglicher Schäden, § 678	Keine	Herausgabe des Erlangten §§ 681 S. 2, 667 ggf . Ersatz möglicher Schäden, § 678

9.1. Echte GoA

Sorgfaltspflichten des Geschäftsführers

Wer ein Geschäft für einen anderen besorgt, ohne von ihm beauftragt oder ihm gegenüber sonst dazu berechtigt zu sein, hat das Geschäft so zu führen, wie das Interesse des Geschäftsherrn mit Rücksicht auf dessen wirklichen oder mutmaßlichen Willen es erfordert.

Ansprüche aus berechtigter GoA nach §§ 683 S. 1, 677:

- Geschäftsbesorgung
- für einen anderen:
  - mit dem Bewusstsein, dass ein fremdes Geschäft vorliegt,
  - und dem Willen, es als fremdes Geschäft zu führen
- ohne Auftrag (§ 662) oder sonstige Berechtigung
- Rechtmäßigkeit der Übernahme, § 683:
  - Übernahme entspricht dem Interesse des Geschäftsherrn (objektiv nützlich) und dem
  - wirklichen oder mutmaßlichen Willen (Ausnahme § 679)

↳ Anspruch des Geschäftsführers auf Aufwendungsersatz, §§ 683, 670

↳ Anspruch des Geschäftsherrn auf Herausgabe des Erlangten, §§ 681 S. 2, 667

↳ Entstehen eines gesetzlichen Schuldverhältnisses (d.h. Schadensersatz nach § 280 I möglich)

↳ Rechtsgrund nach § 812, Rechtfertigung nach § 823, Recht zum Besitz nach § 986

Der Geschäftsführer muss ein fremdes Geschäft besorgen: Beim objektiv-fremden Geschäft, bei dem sich die Fremdheit schon aus den Umständen ergibt, wird der Fremdgeschäftsführungswille vermutet. Bei neutralen und subjektiv-fremden Geschäften muss der Fremdgeschäftsführungswille dagegen bewiesen werden.

Beispiel: Erste-Hilfe-Leistung bei Unfallopfer ist ein objektiv fremdes Geschäft, d.h., Eigennutz scheidet von vornherein aus.

Das Besorgen von Kinokarten für einen Freund ist im Moment des Kaufs neutral und wird erst durch den Fremdgeschäftsführungswillen zu einem fremden Geschäft.

§ 677

↳ § 683, § 670
↳ § 681, § 667
≠ § 662
↳ § 812
↳ § 823
↳ § 986
↳ §§ 280 ff.

Ansprüche

Fremdes Geschäft und Fremdgeschäftsführungswille

§ 678   Geschäftsführung gegen den Willen des Geschäftsherrn

≠ § 276

Steht die Übernahme der Geschäftsführung mit dem wirklichen oder dem mutmaßlichen Willen des Geschäftsherrn in Widerspruch und musste der Geschäftsführer dies erkennen, so ist er dem Geschäftsherrn zum Ersatz des aus der Geschäftsführung entstehenden Schadens auch dann verpflichtet, wenn ihm ein sonstiges Verschulden nicht zur Last fällt.

Schadensersatzanspruch bei unberechtigter GoA, § 678:

Anspruch

- Geschäftsführung ohne Auftrag nach § 677
- Entgegenstehender Wille des Geschäftsherrn, wovon der Geschäftsführer weiß
- ↳ Schadensersatz über §§ 280 ff. hinaus auch dann, wenn Geschäftsführer weder vorsätzlich noch fahrlässig gehandelt hat

Beispiel: Armani bringt die Hose des Dior in die Reinigung, obwohl Dior sie selber waschen wollte. In der Reinigung geht die Hose auf Kindergröße ein. Hierfür muss Armani haften.

§ 679   Unbeachtlichkeit des Willens des Geschäftsherrn

↳ § 683 S. 2

Ein der Geschäftsführung entgegenstehender Wille des Geschäftsherrn kommt nicht in Betracht, wenn ohne die Geschäftsführung eine Pflicht des Geschäftsherrn, deren Erfüllung im öffentlichen Interesse liegt, oder eine gesetzliche Unterhaltspflicht des Geschäftsherrn nicht rechtzeitig erfüllt werden würde.

Beispiel: Bergung eines umgestürzten Tankwagens durch die Feuerwehr, obwohl der Eigentümer ihn später selbst bergen wollte.

§ 680   Geschäftsführung zur Gefahrenabwehr

≠ § 276

Bezweckt die Geschäftsführung die Abwendung einer dem Geschäftsherrn drohenden dringenden Gefahr, so hat der Geschäftsführer nur Vorsatz und grobe Fahrlässigkeit zu vertreten.

Beispiel: Ein Autofahrer verunglückt bei einem Unfall. Ein hilfsbereiter Passant beißt bei einem unachtsamen Wiederbelebungsversuch in die Lippe des A. Obwohl der A einen Anspruch aus § 823 I wegen Körperverletzung hätte, entfällt dieser, weil P nur leicht fahrlässig handelte, was nach § 680 unbeachtlich ist.

Pflichten des Geschäftsführers

§ 681

Der Geschäftsführer hat die Übernahme der Geschäftsführung, sobald es tunlich ist, dem Geschäftsherrn anzuzeigen und, wenn nicht mit dem Aufschub Gefahr verbunden ist, dessen Entschließung abzuwarten. Im Übrigen finden auf die Verpflichtungen des Geschäftsführers die für einen Beauftragten geltenden Vorschriften der §§ 666 bis 668 entsprechende Anwendung.

• § 677
• § 687 II
↳ § 670

Verletzungen von Pflichten innerhalb einer GoA führen zu einem Schadensersatzanspruch aus §§ 280 ff.

Anspruch

Anspruch auf Herausgabe des Erlangten, § 681 S. 2:

• Berechtigte GoA, §§ 677, 683 S. 1 oder
• Angemaßte Eigengeschäftsführung, § 687 II
↳ Anspruch des Geschäftsherrn auf Herausgabe des Erlangten, §§ 681 S. 2; 667 (Verweis ins Auftragsrecht)

Beispiel: Beuys verkauft bei guter Gelegenheit ein dem Dali gehörendes Gemälde. Nach §§ 681 S. 2, 667 kann Dali von Beuys den Erlös fordern. Darüber hinaus kann Dali von Beuys Schadensersatz aus §§ 280 ff. verlangen.

Recht des Geschäftsführers auf Aufwendungsersatz

§ 683

Entspricht die Übernahme der Geschäftsführung dem Interesse und dem wirklichen oder dem mutmaßlichen Willen des Geschäftsherrn, so kann der Geschäftsführer wie ein Beauftragter Ersatz seiner Aufwendungen verlangen. In den Fällen des § 679 steht dieser Anspruch dem Geschäftsführer zu, auch wenn die Übernahme der Geschäftsführung mit dem Willen des Geschäftsherrn in Widerspruch steht.

• § 677
↳ § 670

Anspruch auf Aufwendungsersatz, § 683 S. 1:

Anspruch

• Berechtigte GoA nach §§ 683 S. 1, 677
↳ Anspruch des Geschäftsführers auf Aufwendungsersatz, § 670

Der Aufwendungsersatz umfasst auch angemessenen Gewinn, Schadensersatz und Arbeitskraft.

Beispiel: Die Bergwacht, die einen Helikopter chartert, um einen Verschütteten zu retten, kann die Kosten hierfür von dem Verschütteten nach §§ 683 S. 1, 670 fordern.

§ 684

• § 677
≠ § 683
↳ § 818 ff.

Anspruch

Herausgabe der Bereicherung

Liegen die Voraussetzungen des § 683 nicht vor, so ist der Geschäftsherr verpflichtet, dem Geschäftsführer alles, was er durch die Geschäftsführung erlangt, nach den Vorschriften über die Herausgabe einer ungerechtfertigten Bereicherung herauszugeben. Genehmigt der Geschäftsherr die Geschäftsführung, so steht dem Geschäftsführer der im § 683 bestimmte Anspruch zu.

Anspruch bei unberechtigter GoA auf Herausgabe der Bereicherung, §§ 684 S. 1, 818 ff.:

• Geschäftsbesorgung
• für einen anderen,
    - mit dem Bewusstsein, dass ein fremdes Geschäft vorliegt,
    - und dem Willen, es als fremdes zu führen
• ohne Auftrag (§ 662) oder sonstige Berechtigung
• Unrechtmäßigkeit der Übernahme, weil die Geschäftsführung nicht dem Interesse und/oder dem Willen des Geschäftsherrn entspricht

↳ § 684 S. 1: Herausgabepflicht des Geschäftsherrn an den Geschäftsführer. Hierbei handelt es sich um eine Rechtsfolgenverweisung; es sind nur die §§ 818 ff., nicht mehr die §§ 812 ff. zu prüfen

↳ § 684 S. 2: Bei Genehmigung durch den Geschäftsherrn Aufwendungsersatz nach § 683

Beispiel: Anton zahlt eine Kaufpreisschuld des Bruno an Cäsar. Tatsächlich wollte Bruno gar nicht zahlen, weil die Schuld noch nicht fällig war. In diesem Fall kann Anton das Geld nicht als Aufwendung nach § 683, sondern aufgrund der Bereicherung nach § 684 S. 1 herausfordern.

9.2. Unechte GoA

Die Eigengeschäftsführung (unechte GoA) kann in zweifacher Weise geschehen: Entweder glaubt der Handelnde irrtümlich, er besorge ein eigenes Geschäft (§ 687 I) oder er erkennt die Fremdheit, behandelt aber das Geschäft als sein eigenes (§ 687 II).

Eigengeschäftsführung   **§ 687**

(1) Die Vorschriften der §§ 677 bis 686 finden keine Anwendung, wenn jemand ein fremdes Geschäft in der Meinung besorgt, dass es sein eigenes sei.

≠ § 677
↳ § 681, § 670

(2) Behandelt jemand ein fremdes Geschäft als sein eigenes, obwohl er weiß, dass er nicht dazu berechtigt ist, so kann der Geschäftsherr die sich aus den §§ 677, 678, 681, 682 ergebenden Ansprüche geltend machen. Macht er sie geltend, so ist er dem Geschäftsführer nach § 684 Satz 1 verpflichtet.

Für die irrtümliche Eigengeschäftsführung stellt § 687 I klar, dass die Vorschriften der §§ 677 bis 686 keine Anwendung finden. Vielmehr gelten für das Verhältnis zwischen dem Eigengeschäftsführer und demjenigen, dem das Geschäft objektiv zuzurechnen ist, die allgemeinen Bestimmungen über unerlaubte Handlung (§§ 823 ff.) und ungerechtfertigte Bereicherung (§§ 812 ff.).

Irrtümliche Eigengeschäftsführung

Beispiel: Ein Maschinenbauingenieur verwendet eine Konstruktion, die patentrechtlich geschützt ist, wusste aber davon nichts.

Bei der angemaßten Eigengeschäftsführung führt der Handelnde ein objektiv fremdes Geschäft wissentlich ausschließlich zu seinem eigenen Vorteil.

Beispiel: Dieb verkauft ein gestohlenes Buch mit hohem Gewinn weiter. Diesen Gewinn kann der Eigentümer nicht nach § 823, aber nach § 687 II, § 681 S. 2, § 667 (und nach § 816 I) verlangen.

Angemaßte Eigengeschäftsführung nach § 687 II:

Angemaßte Eigengeschäftsführung

- GoA nach § 677 »ohne« Fremdgeschäftsführungswillen
- Wissen um die Fremdheit des Geschäfts (Wissenmüssen reicht nicht)
- ↳ Anspruch des Geschäftsherrn auf Schadensersatz, § 678
- ↳ Anspruch des Geschäftsherrn auf Herausgabe des Erlangten, §§ 687 II 1; 681 S. 2; 667

10. Gesellschaft

Näheres zu Gesellschaften
im Band »Handelsrecht –
schnell erfasst«

Eine Gesellschaft ist eine vertragliche Verbindung mehrerer Personen zur Erreichung eines gemeinsamen Zwecks (§ 705). Der Zweck kann auf Erzielung von Gewinn gerichtet oder ein ideeller (gesellschaftlicher, wissenschaftlicher oder künstlerischer) sein.

Beispiel: mehrere Personen kaufen ein Los oder einen Lottoschein.

Die praktisch bedeutsamsten Gesellschaften sind durch besondere Gesetze geregelt. So unterliegen die Handelsgesellschaften (OHG und KG) den Normen des Handelsgesetzbuches (HGB). Dennoch wird auch dort ergänzend auf die §§ 705 ff. BGB verwiesen.

§ 705

Inhalt des Gesellschaftsvertrages

Durch den Gesellschaftsvertrag verpflichten sich die Gesellschafter gegenseitig, die Erreichung eines gemeinsamen Zweckes in der durch den Vertrag bestimmten Weise zu fördern, insbesondere die vereinbarten Beiträge zu leisten.

• § 145, § 147
↳ § 721, § 722

Siehe auch
OHG, §§ 105 ff. HGB
KG, §§ 161 ff. HGB

Gesellschaft nach § 705:

- • Vertragsschluss (ausdrücklich oder auch konkludent)
- • zur Erreichung eines gemeinsamen Zwecks
- ↳ Pflicht zur Förderung des Zwecks
- ↳ Leistung der Beiträge (§§ 705, 706 ff.)
- ↳ Gewinn- und Verlustverteilung nach §§ 721, 722

Die Gesellschaft des Bürgerlichen Rechts (BGB-Gesellschaft oder GbR) ist keine juristische Person, doch wird ihr Teilrechtsfähigkeit zugebilligt. Bei einem Vertrag mit einer BGB-Gesellschaft steht man in Rechtsbeziehung zu allen Gesellschaftern gleichzeitig.

Maßgebend für die Rechte und Pflichten aus der Gesellschaft ist in erster Linie der Gesellschaftsvertrag.

§ 706

Beitragspflicht der Gesellschafter

(1) Die Gesellschafter haben in Ermangelung einer anderen Vereinbarung gleiche Beiträge zu leisten [...].

Die Beiträgshöhe bzw. deren Aufstockung wird meist im Gesellschaftsvertrag vereinbart oder durch Mehrheitsbeschluss entschieden. Grundsätzlich besteht gem. § 707 keine Nachschusspflicht.

Haftung der Gesellschafter untereinander

§ 708

Ein Gesellschafter hat bei der Erfüllung der ihm obliegenden Verpflichtungen nur für diejenige Sorgfalt einzustehen, welche er in eigenen Angelegenheiten anzuwenden pflegt.

↳ § 277

Der Maßstab für schuldhaftes Verhalten der Gesellschafter untereinander ist auf ihre eigenübliche Sorgfalt gem. § 277 begrenzt.

Verschuldensmaßstab

Haftung der Gesellschafter gegenüber Dritten

Primär haftet für alle Verbindlichkeiten der Gesellschaft das Gesellschaftsvermögen. Daneben haben die Gesellschafter als Gesamtschuldner für Gesellschaftsverbindlichkeiten unmittelbar und persönlich zu haften. Die persönliche Haftung der Gesellschafter kann jedoch bei rechtsgeschäftlich begründeten Verbindlichkeiten eingeschränkt werden, wenn der Gesellschaftsvertrag die Vertretungsmacht des Gesellschafters in entsprechender Weise beschneidet. Diese Haftungsbeschränkung muss jedoch Dritten gegenüber erkennbar sein.

Haftung für Gesellschaftsschulden:

- Vorliegen einer BGB-Gesellschaft
- Bestehen eines Anspruchs
- gegen die BGB-Gesellschaft
- ↳ Haftung der Gesellschafter als Gesamthänder mit dem Gesellschaftsvermögen nach § 718 BGB
- ↳ Haftung der Gesellschafter als Gesamthänder daneben mit ihrem Privatvermögen gemäß §§ 421, 427 BGB
- ↳ Haftungsbeschränkungen sind jedoch möglich
- ↳ ausgeschiedene Gesellschafter haften für Altverbindlichkeiten
- ↳ eingetretene Gesellschafter haften nicht für alte Verbindlichkeiten (außer bei Schuldbeitritt)

Haftung der Gesellschafter mit dem Gesellschaftsvermögen, daneben auch mit dem Privatvermögen

Gemeinschaftliche Geschäftsführung

§ 709

(1) Die Führung der Geschäfte der Gesellschaft steht den Gesellschaftern gemeinschaftlich zu; für jedes Geschäft ist die Zustimmung aller Gesellschafter erforderlich.

(2) Hat nach dem Gesellschaftsvertrage die Mehrheit der Stimmen zu entscheiden, so ist die Mehrheit im Zweifel nach der Zahl der Gesellschafter zu berechnen.

Die Geschäftsführung betrifft das Innenverhältnis, die Vertretungsmacht das Außenverhältnis.

Regelfall ist die gemeinschaftliche Geschäftsführung (§ 709 I). Die
Geschäftsführungsbefugnis kann aber auch einzelnen Gesellschaftern
allein übertragen werden (§ 710). Sie betrifft alle gewöhnlichen Geschäfte und kann durch Beschluss der Gesellschafter jederzeit entzogen
werden – insbesondere dann, wenn wichtige Gründe wie grobe Pflichtverletzung oder Unfähigkeit des Geschäftsführenden vorliegen (§ 715).
Bei Verletzung oder Überschreitung der Geschäftsführungsaufgaben ist
der Geschäftsführer gegenüber der Gesellschaft schadensersatzpflichtig
aus §§ 280 ff.

Mögliche Regelungen der Geschäftsführungsbefugnis:

- Gesamtgeschäftsführung (alle Gesellschafter nehmen gemein-
  schaftlich an der Geschäftsführung teil), § 709 I (= gesetzlicher
  Regelfall)
- Gesamtgeschäftsführung (Mehrheitsentscheid), § 709 II
- Einzelgeschäftsführung, § 710, durch bestimmte Gesellschafter
  mit Widerspruchsrecht der Mitgesellschafter, § 711
- Einzelgeschäftsführung durch bestimmte Gesellschafter ohne
  Widerspruchsrecht der anderen Gesellschafter
- Notgeschäftsführung auch von nicht befugten Gesellschaftern
  möglich, § 744 II (= Regelung über Gemeinschaft).

§ 714   Vertretungsmacht

↳ §§ 164 ff.

Soweit einem Gesellschafter nach dem Gesellschaftsvertrag die Befugnis zur Geschäftsführung zusteht, ist er im Zweifel auch ermächtigt, die
anderen Gesellschafter Dritten gegenüber zu vertreten.

Die Vertretungsmacht ist die Befugnis, im Namen der Gesellschaft mit
Wirkung für und gegen alle Gesellschafter rechtsgeschäftliche Erklärungen abzugeben und entgegenzunehmen.

Die Vertretungsmacht ist
meist an die Geschäfts-
führungsbefugnis ge-
koppelt.

Der § 714 sieht vor, dass die Vertretungsbefugnis mit den Geschäfts-
führungsbefugnissen gleich läuft. Während die Geschäftsführungsaufgaben das Innenverhältnis betreffen, bezieht sich die Vertretungsmacht
auf das Außenverhältnis. Die Vertretungsmacht wird nach derselben
Vorschrift wie die Geschäftsführungsbefugnis entzogen (§ 715). Vertretungsmacht kann auch gemäß §§ 164 ff. an Dritte übertragen werden
(Bevollmächtigung).

Gesellschaftsvermögen § 718

(1) Die Beiträge der Gesellschafter und die durch die Geschäftsführung für die Gesellschaft erworbenen Gegenstände werden gemeinschaftliches Vermögen der Gesellschafter (Gesellschaftsvermögen).

(2) Zu dem Gesellschaftsvermögen gehört auch, was auf Grund eines zu dem Gesellschaftsvermögen gehörenden Rechts oder als Ersatz für die Zerstörung, Beschädigung oder Entziehung eines zu dem Gesellschaftsvermögen gehörenden Gegenstands erworben wird.

Das Gesellschaftsvermögen, das sich aus Geldeinlagen, Gütern, Forderungen und Rechten zusammensetzt, bezeichnet man als »Gesamthandsvermögen«. Der einzelne Gesellschafter hat keine Rechte an den bestimmten Gegenständen, sondern nur die Gesellschafter in ihrer Gesamtheit können darüber verfügen.

Gesamthandsvermögen

Gewinn- und Verlustverteilung § 721

(1) Ein Gesellschafter kann den Rechnungsabschluss und die Verteilung des Gewinns und Verlustes erst nach der Auflösung der Gesellschaft verlangen.

(2) Ist die Gesellschaft von längerer Dauer, so hat der Rechnungsabschluss und die Gewinnverteilung im Zweifel am Schluss jedes Geschäftsjahrs zu erfolgen.

Alle Gesellschafter haben, sofern im Gesellschaftsvertrag keine anderen Regelungen vorgesehen sind, den gleichen Anteil am Gewinn und Verlust (§ 722).

Beendigung der Gesellschaft

Das Ende einer Gesellschaft verläuft in zwei Stufen: Durch Auflösung (§§ 723 ff.) und Liquidation (§§ 730 ff.).

Ende durch Auflösung und Liquidation

Die BGB-Gesellschaft wird aufgelöst durch: Beschluss der Gesellschaft, Erreichung bzw. Unmöglichkeit des Gesellschaftszwecks, Zeitablauf oder durch Ausscheiden eines Gesellschafters (wenn keine Regelungen für das Fortbestehen getroffen wurden).

Der Auflösung folgt die Liquidation, nach deren Abschluss die Gesellschaft erst beendet ist. Bei der Liquidation bereitet vor allem das Auseinanderteilen des Gesamthandsvermögens Probleme.

11. Bürgschaft

»Den Bürgen sollst du
würgen.«

Die Bürgschaft hat im Wirtschaftsleben vor allem bei der Sicherung von Krediten Bedeutung. Oftmals sind die Banken hier nicht zimperlich, so dass z.B. hilfsbereite Verwandte durch eine einzige Bürgschaft in den lebenslangen Schuldenturm getrieben wurden (Stichwort: »Den Bürgen sollst du würgen«). Die Bürgschaft ist ein schuldrechtlicher Vertrag zwischen Bürgen und Gläubiger, wonach der Bürge für die Schuld des Dritten einsteht. Die Sicherheit des Gläubigers besteht darin, dass er zwei Schuldner erhält, die er aus verschiedenen Verträgen in Anspruch nehmen kann, wobei die Bürgschaft mit der Hauptverbindlichkeit steht und fällt.

§ 765

≠ § 421
≠ § 119 II
≠ § 123 II

Bürgschaftsvertrag

(1) Durch den Bürgschaftsvertrag verpflichtet sich der Bürge gegenüber dem Gläubiger eines Dritten, für die Erfüllung der Verbindlichkeit des Dritten einzustehen.

(2) Die Bürgschaft kann auch für eine künftige oder eine bedingte Verbindlichkeit übernommen werden.

Anspruch

Anspruch aus Bürgschaft nach § 765:

- Bürgschaftsvertrag (einseitig verpflichtend für den Bürgen)
- schriftliche Bürgschaftserklärung (§ 766 S. 1)
- Bestehen einer Hauptverbindlichkeit des Gläubigers. Die Bürgschaft ist vom jeweiligen Bestand der Hauptforderung abhängig = Akzessorietät der Bürgschaft (§ 767 I 1)
- keine Einreden gegen die Hauptverbindlichkeit (§ 768)
- keine Einreden oder Einwendungen des Bürgen (§ 771)
- ↳ Anspruch auf Erfüllung der Verbindlichkeit durch den Bürgen im Umfang von § 767

§ 766

↳ § 125, § 126

Siehe auch § 350 HGB

Schriftform der Bürgschaftserklärung

Zur Gültigkeit des Bürgschaftsvertrags ist schriftliche Erteilung der Bürgschaftserklärung erforderlich. […] Soweit der Bürge die Hauptverbindlichkeit erfüllt, wird der Mangel der Form geheilt.

Nur die Erklärung des Bürgen (meistens Annahme nach § 147), nicht die des Gläubigers, muss beurkundet werden.

Umfang der Bürgschaftsschuld

§ 767

(1) Für die Verpflichtung des Bürgen ist der jeweilige Bestand der Hauptverbindlichkeit maßgebend [...].

↳ § 437
§§ 280 ff., 323 ff.

Der Bürge kann wegen § 768 alle Einwendungen und Einreden, die dem Hauptschuldner zustehen (z.B. Nichtigkeit des Vertrags, Verjährung), geltend machen (§ 768). Kann der Hauptschuldner anfechten oder mit einer Gegenforderung aufrechnen, kann der Bürge mit dem Hinweis darauf ebenfalls die Leistung verweigern (§ 770).

Akzessorietät der Bürgschaft

Die Bürgschaft erlischt:

*   mit dem Erlöschen der Hauptverbindlichkeit (z.B. Erfüllung)
*   wenn der Gläubiger eine andere Sicherheit aufgibt, wird der Bürge im Umfang dieser Sicherheit frei (§ 776)
*   durch Ablauf der für die Bürgschaft bestimmten Zeit (§ 777 I).

Einrede der Vorausklage

§ 771

Der Bürge kann die Befriedigung des Gläubigers verweigern, solange nicht der Gläubiger eine Zwangsvollstreckung gegen den Hauptschuldner ohne Erfolg versucht hat [...].

↳ § 773 I Nr. 1

Siehe auch § 346 HGB

Zunächst muss sich der Gläubiger an den Schuldner wenden; erst wenn dies erfolglos war, kann er sich nach § 771 an den Bürgen halten. Die Einrede der Vorausklage ist ausgeschlossen, wenn der Bürge gem. § 773 I Nr. 1 eine selbstschuldnerische Bürgschaft abgegeben hat.

Gesetzlicher Forderungsübergang

§ 774

(1) Soweit der Bürge den Gläubiger befriedigt, geht die Forderung des Gläubigers gegen den Hauptschuldner auf ihn über. Der Übergang kann nicht zum Nachteil des Gläubigers geltend gemacht werden. Einwendungen des Hauptschuldners aus einem zwischen ihm und dem Bürgen bestehenden Rechtsverhältnis bleiben unberührt.

• §§ 362 ff.
↳ § 412, §§ 398 ff.

(2) Mitbürgen haften einander nur nach § 426.

↳ § 426

Aus einem der Bürgschaft zugrundeliegenden Rechtsverhältnis zwischen Bürgen und Schuldner kann sich ein Ersatzanspruch des Bürgen ergeben, wenn dieser den Gläubiger befriedigt hat.

Der Bürge kann beim Schuldner Rückgriff nehmen.

12. Ungerechtfertigte Bereicherung

Bei der ungerechtfertigten Bereicherung handelt es sich um ein gesetzliches Schuldverhältnis mit dem Zweck, ungerechtfertigte Vermögensverschiebungen wieder auszugleichen. Sie liegt vor, wenn jemand ohne rechtlichen Grund auf Kosten eines anderen etwas erlangt hat (§ 812 I). Um diese »Ungerechtigkeit« wieder zu egalisieren, geben die §§ 812 ff. dem Entreicherten einen Ausgleichsanspruch. Bei der ungerechtfertigten Bereicherung geht es nicht wie beim Schadensersatz darum, die Einbuße, die der Entreicherte an seinen Gütern erlitten hat, auszugleichen; vielmehr soll die Vermögensvermehrung beim Bereicherten zugunsten des Entreicherten wieder beseitigt werden. Bei der Anwendung des Bereicherungsrechts verwendet der Jurist häufig den Begriff »Kondiktion«.

Ungerechtfertigte Bereicherung oder Kondiktion

Das Bereicherungsrecht – Folge des Abstraktionsprinzips

Die Notwendigkeit dieser Vorschriften ergibt sich besonders aus dem Abstraktionsprinzip, das dem BGB zugrunde liegt.

Beispiel: A übereignet an B aufgrund eines nichtigen Kaufvertrags ein Bild. Trotz der Nichtigkeit des Kaufvertrags bleibt der Eigentumserwerb des B vorerst wirksam. Hier hilft § 812 weiter.

§ 812

≠ §§ 814, 815, 817
≠ § 993 I
� § 818 ff.

Anspruch

Ungerechtfertigte Bereicherung

(1) Wer durch die Leistung eines anderen oder in sonstiger Weise auf dessen Kosten etwas ohne rechtlichen Grund erlangt, ist ihm zur Herausgabe verpflichtet. Diese Verpflichtung besteht auch dann, wenn der rechtliche Grund später wegfällt oder der mit einer Leistung nach dem Inhalt des Rechtsgeschäfts bezweckte Erfolg nicht eintritt.

(2) Als Leistung gilt auch die durch Vertrag erfolgte Anerkennung des Bestehens oder des Nichtbestehens eines Schuldverhältnisses.

§ 812 ist Ausgangspunkt jeder Prüfung im Bereicherungsrecht, »einer Norm, bei der es auf jedes einzelne Wort ankommt«. Der erste Satz des ersten Absatzes von § 812 unterscheidet die zwei Grundtatbestände des Bereicherungsrechts, nämlich Bereicherung durch die Leistung eines anderen und Bereicherung in sonstiger Weise.

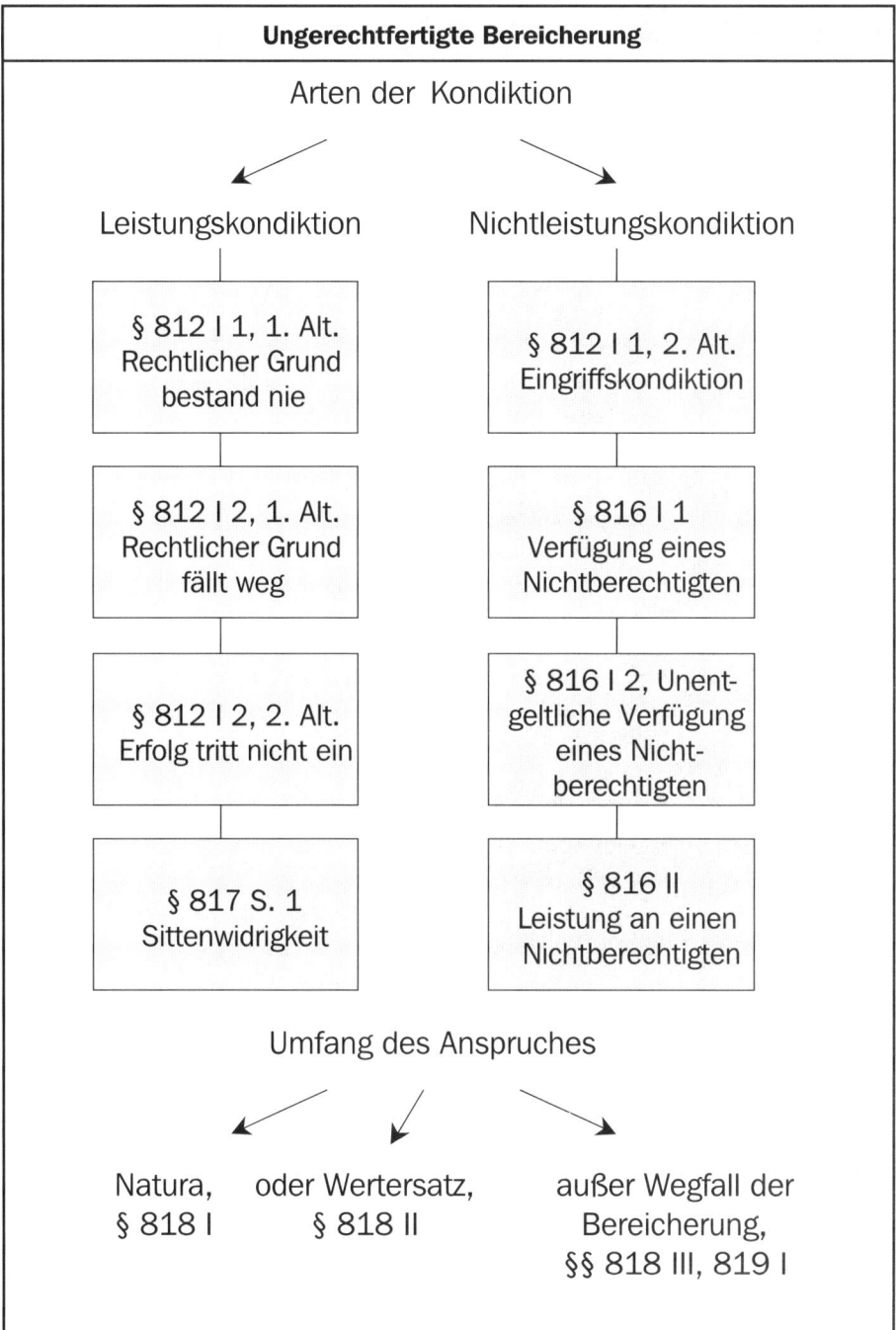

12.1. Leistungskondiktion

Eine Leistungskondiktion kommt in Betracht, wenn der Anspruchssteller dem Anspruchsgegner etwas ohne Rechtsgrund geleistet hat. Die Bereicherung, also »das Erlangte«, kann jeder vermögenswerte Vorteil sein wie: Eigentum, Besitz, Forderungen, Rechte oder auch Befreiung von Verbindlichkeiten.

Unter Leistung versteht man jede bewusste zweckgerichtete Mehrung fremden Vermögens. In diesem Leistungsbegriff ist das Tatbestandsmerkmal »auf dessen Kosten« enthalten.

Weiterhin darf es keinen Rechtsgrund für die Leistung geben. Typischer Fall eines Rechtsgrundes ist ein Vertrag.

Anspruch aus Leistungskondiktion nach § 812 I 1 1. Alt.

Anspruch

Der Rechtsgrund hat von Anfang an nicht bestanden.

- Etwas erlangt
- durch Leistung
- der Rechtsgrund hat nie bestanden
- ↳ Herausgabeanspruch im Umfang der §§ 818 ff.

Beispiel: Die übereigneten Sachen (§ 929) infolge eines von Anfang an nichtigen Vertrages (etwa wegen Sittenwidrigkeit, § 138) können zurückgefordert werden.

Anspruch aus Leistungskondiktion nach § 812 I 2 1. Alt.

Anspruch

Der Rechtsgrund für die Leistung fällt später weg.

- Etwas erlangt
- durch Leistung
- der rechtliche Grund für die Leistung fällt später weg
- ↳ Herausgabeanspruch im Umfang der §§ 818 ff.

Beispiel: Nach Anfechtung (§ 142 I) eines Kaufvertrages oder Widerruf einer Schenkung (§ 531 II) können die übereigneten Sachen zurückgefordert werden.

Anspruch aus Leistungskondiktion nach § 812 I 2 2. Alt.

Anspruch

Nichteintritt des bezweckten Erfolgs

- Etwas erlangt
- durch Leistung
- Nichteintritt des bezweckten Erfolgs
- ↳ Herausgabeanspruch im Umfang der §§ 818 ff.

Für § 812 I 2 2. Alt muss bei der Leistung ein Erfolg bezweckt gewesen sein, der über den Inhalt des Vertrags hinausgeht und nicht erreicht wurde. Die Parteien müssen sich auch über diesen Zweck geeinigt haben.

Beispiel: Xaver trägt die Renovierungskosten für das Haus seines Vaters in der Erwartung, dass er ihn als Erben einsetzt.

Kenntnis der Nichtschuld

Das zum Zwecke der Erfüllung einer Verbindlichkeit Geleistete kann nicht zurückgefordert werden, wenn der Leistende gewusst hat, dass er zur Leistung nicht verpflichtet war, oder wenn die Leistung einer sittlichen Pflicht oder einer auf den Anstand zu nehmenden Rücksicht entsprach.

§ 814

• § 812 I 1 1. Alt.

Ausnahme, wenn der Rechtsgrund von Anfang an nicht bestand

Beispiel: Edmund kann nichts zurückfordern, wenn er den Kaufpreis bezahlt hat, obwohl er wusste, dass diese Forderung verjährt war. Das gleiche gilt für gegebene Trinkgelder (sittliche Pflicht).

Verstoß gegen Gesetz oder gute Sitten

War der Zweck einer Leistung in der Art bestimmt, dass der Empfänger durch die Annahme gegen ein gesetzliches Verbot oder gegen die guten Sitten verstoßen hat, so ist der Empfänger zur Herausgabe verpflichtet. Die Rückforderung ist ausgeschlossen, wenn dem Leistenden gleichfalls ein solcher Verstoß zur Last fällt [...].

§ 817

• § 138
↳ § 819 II
↳ § 242

Anspruch aus Leistungskondiktion nach § 817 S. 1

• Etwas erlangt
• durch Leistung
• Gesetzes- oder Sittenverstoß des Empfängers
• positive Kenntnis des Verstoßes
• kein Ausschluss nach § 817 S. 2
↳ Herausgabeanspruch im Umfang der §§ 818 ff.

Anspruch

Gesetzes- oder Sittenverstoß des Empfängers

Beispiel: Ein Bauherr lässt schwarzarbeiten. Wegen §§ 134, 138 ist der Werkvertrag (§ 631) nichtig (Verstoß gegen das Gesetz zur Bekämpfung der Schwarzarbeit). Der Schwarzarbeiter hätte zwar gemäß § 817 S. 1 Anspruch auf Wertersatz für seine geleistete Arbeit; da aber der Schwarzarbeiter genauso gegen das Gesetz verstoßen hat wie der Auftraggeber, kann er wegen § 817 S. 2 nichts verlangen (durch die Rechtsprechung wird dieses Ergebnis aber nach Treu und Glauben korrigiert, § 242).

12.2. Nichtleistungskondiktion

Die praktisch bedeutsamste Nichtleistungskondiktion ist die Eingriffskondiktion. Daneben gibt es die Verwendungs- und die Rückgriffskondiktion.

Anspruch aus Eingriffskondiktion nach § 812 I 1 2. Alt.:

Anspruch

- Anwendbarkeit (§ 993 I) bzw. kein Spezialfall (§ 816)
- etwas erlangt

Bereicherung in sonstiger Weise, also nicht durch Leistung des Entreicherten

- in sonstiger Weise, also nicht durch Leistung des Entreicherten
- auf Kosten des Entreicherten
- ohne rechtlichen Grund (der erlangte Vorteil gebührt nach der Rechtsordnung einem anderen)
- ↳ Herausgabeanspruch im Umfang der §§ 818 ff.

Ein Eingriff i.S.v. § 812 I 1 2. Alt. ist gegeben, wenn in die Rechte des Bereicherungsgläubigers eingegriffen wird.

Beispiel: Verwertung einer Idee, die ein anderer patentiert hat.

Wichtig: Bevor untersucht wird, ob eine Bereicherung in sonstiger Weise gegeben ist, muss zunächst geprüft werden, ob nicht eine Bereicherung durch Leistung vorliegt; denn diese schließt hinsichtlich desselben Bereicherungsgegenstandes eine Bereicherung in sonstiger Weise grundsätzlich aus.

Beispiel: Blaupunkt (B) verschenkt seinen Fernseher an Grundig (G), obwohl der Verkäufer (V) noch einen Eigentumsvorbehalt (§ 449) auf denselben hat. V hat keine Eingriffskondiktion gegen G, weil er den Fernseher <u>durch Leistung</u> des B erhalten hat.

§ 816

- § 932
- § 184, § 185 II
- § 516
- ≠ § 822

Verfügung eines Nichtberechtigten

(1) Trifft ein Nichtberechtigter über einen Gegenstand eine Verfügung, die dem Berechtigten gegenüber wirksam ist, so ist er dem Berechtigten zur Herausgabe des durch die Verfügung Erlangten verpflichtet. Erfolgt die Verfügung unentgeltlich, so trifft die gleiche Verpflichtung denjenigen, welcher auf Grund der Verfügung unmittelbar einen rechtlichen Vorteil erlangt.

- § 407, § 408

(2) Wird an einen Nichtberechtigten eine Leistung bewirkt, die dem Berechtigten gegenüber wirksam ist, so ist der Nichtberechtigte dem Berechtigten zur Herausgabe des Geleisteten verpflichtet.

Sondertatbestände der Eingriffskondiktion enthält § 816. Diese Vorschrift ist vor § 812 zu prüfen (Spezialität).

Anspruch auf Herausgabe des Erlangten aus § 816 I 1:

- Verfügung über einen Gegenstand (= jedes Rechtsgeschäft, durch das auf ein bestehendes Recht eingewirkt werden soll, z.B. Übereignung, § 929)
- eines Nichtberechtigten
- Entgeltlichkeit der Verfügung
- Wirksamkeit der Verfügung gegenüber dem Berechtigten (etwa durch §§ 932 ff., 892 etc.)
- ↳ Herausgabe des Erlangten (z.B. Verkaufserlös)

Anspruch

Entgeltliche Verfügung
eines Nichtberechtigten

In manchen Fällen sieht das Gesetz vor, dass auch eine Verfügung eines Nichtberechtigten über ein fremdes Recht wirksam ist. Hier erleidet der Rechtsinhaber einen Vermögensverlust, während der Nichtberechtigte, wenn er gegen Entgelt verfügt hat, einen Vermögenszuwachs erlangt. Dies wird durch § 816 I 1 korrigiert.

Beispiel: Nietzsche (N) verkauft und übereignet das von Böll (B) geliehene Buch an den gutgläubigen Konsalik (K). Wegen §§ 929, 932 ist K Eigentümer geworden. Nach § 816 I kann B jedoch von N den Erlös verlangen (außerdem nach §§ 604, 275, 285).

Anspruch auf Herausgabe des Erlangten aus § 816 I 2:

- Verfügung eines Nichtberechtigten (vgl. § 816 I 1)
- Unentgeltlichkeit der Verfügung (d.h. Schenkung)
- ↳ Anspruch auf Herausgabe gegen den Beschenkten

Anspruch

Unentgeltliche Verfügung
eines Nichtberechtigten

Beispiel: Nietzsche (N) verschenkt das von Böll (B) geliehene Buch an Konsalik (K). Nun kann B von K das Buch nach § 816 I 2 wieder herausverlangen. Beachten Sie aber den Unterschied zu § 822.

Anspruch auf Herausgabe des Geleisteten aus § 816 II

- Leistung an einen Nichtberechtigten
- Wirksamkeit gegenüber dem Berechtigten (§§ 407, 408)
- ↳ Herausgabe des Geleisteten (§§ 818 ff.)

Anspruch

Leistung an einen
Nichtberechtigten

Beispiel: Quelle hat eine Forderung gegen Schuldig an die Commerzbank abgetreten (§ 398). S weiß davon nichts und leistet an Q. C kann nach § 816 II das Erlangte von Q herausfordern.

12.3. Umfang des Anspruchs

§ 818

• §§ 812 ff.
↳ § 99, § 100

↳ § 292 I, § 286,
   §§ 987 ff.

Umfang des Bereicherungsanspruchs

(1) Die Verpflichtung zur Herausgabe erstreckt sich auf die gezogenen Nutzungen sowie auf dasjenige, was der Empfänger auf Grund eines erlangten Rechtes oder als Ersatz für die Zerstörung, Beschädigung oder Entziehung des erlangten Gegenstands erwirbt.

(2) Ist die Herausgabe wegen der Beschaffenheit des Erlangten nicht möglich oder ist der Empfänger aus einem anderen Grund zur Herausgabe außerstande, so hat er den Wert zu ersetzen.

(3) Die Verpflichtung zur Herausgabe oder zum Ersatz des Wertes ist ausgeschlossen, soweit der Empfänger nicht mehr bereichert ist.

(4) Von dem Eintritt der Rechtshängigkeit an haftet der Empfänger nach den allgemeinen Vorschriften.

Umfang des Bereicherungsanspruchs, § 818:

• Kondiktion nach §§ 812, 816, 817

↳ Herausgabe des Erlangten (§ 812 I) in natura (§ 818 I) sowie von Folgevorteilen

↳ ist die Herausgabe nicht möglich, Wertersatz, § 818 II

↳ bei Gutgläubigkeit ist Wegfall der Bereicherung möglich, §§ 818 III, IV, 819 I

Herausgabe des Erlangten und der Nutzungen

§ 818 I: Herausgabe des Erlangten in natura (§ 812), auch die gezogenen Nutzungen (§ 100).

Beispiel: Der Burger hat eine Kuh rechtsgrundlos an King übereignet. B kann die Kuh wieder herausverlangen. Hat sie zwischenzeitlich gekalbt, so bekommt er auch das Kalb der Kuh.

oder Wertersatz

§ 818 II: Wertersatz, wenn die Herausgabe nicht möglich ist.

Beispiel: Wurde die Kuh verkauft, so wird der Verkehrswert geschuldet, nicht jedoch der Erlös.

§ 818 III: Ausnahmsweise kann die Herausgabepflicht entfallen, wenn die Bereicherung weggefallen ist. Nicht weggefallen ist die Bereicherung, wenn Aufwendungen erspart wurden.

Beispiel: Ist die Kuh gestorben, ist Burger nicht mehr bereichert.

Veräußert B die Kuh und kauft dafür Lebensmittel, so ist er bereichert, weil er diese in jedem Fall gebraucht hätte. Geht B jedoch mit dem

Erlös der verkauften Kuh ins Freudenhaus, was er sonst nicht gemacht hätte (Luxusaufwendungen), so gilt er als nicht mehr bereichert und muss nichts herausgeben.

§ 818 IV: Eintritt der Rechtshängigkeit (d.h. Klage vor Gericht) ist bei der Fallbearbeitung selten. Im folgenden § 819 I werden jedoch Rechtshängigkeit und Bösgläubigkeit gleichgesetzt. Bösgläubigkeit bedeutet hierbei, dass der Bereicherte wusste, dass seine Vermögensvermehrung unrechtmäßig ist. Für diese Bösgläubigkeit soll der Bereicherte verschärft haften, und zwar nach den allgemeinen Vorschriften, insbesondere nach §§ 292 I, 286, 987 ff.

Kein Wegfall der Bereicherung bei Bösgläubigkeit

Beispiel: Wenn dem Dieb die gestohlene Kuh verendet, kann er sich nicht auf den Wegfall der Bereicherung berufen.

Bösgläubigkeit und Gesetzes- oder Sittenverstoß

§ 819

(1) Kennt der Empfänger den Mangel des rechtlichen Grundes bei dem Empfang oder erfährt er ihn später, so ist er von dem Empfang oder der Erlangung der Kenntnis an zur Herausgabe verpflichtet, wie wenn der Anspruch auf Herausgabe zu dieser Zeit rechtshängig geworden wäre.

↳ § 818 IV
• §§ 106, 107, 828

(2) Verstößt der Empfänger durch die Annahme der Leistung gegen ein gesetzliches Verbot oder gegen die guten Sitten, so ist er von dem Empfang der Leistung an in der gleichen Weise verpflichtet.

• §§ 138, § 817

§ 819 I verweist direkt auf § 818 IV und somit auf die verschärfte Haftung. Für Bösgläubigkeit ist positive Kenntnis erforderlich, grob fahrlässige Unkenntnis reicht nicht aus. Bei Minderjährigen ist bei der Leistungskondiktion auf die Kenntnis der Eltern abzustellen (§§ 107, 108 analog). Bei der Eingriffskondiktion ist für die Bösgläubigkeit die Einsichtsfähigkeit entscheidend (§ 828 analog).

Herausgabepflicht Dritter

§ 822

Wendet der Empfänger das Erlangte unentgeltlich einem Dritten zu, so ist, soweit infolgedessen die Verpflichtung des Empfängers zur Herausgabe der Bereicherung ausgeschlossen ist, der Dritte zur Herausgabe verpflichtet, wie wenn er die Zuwendung von dem Gläubiger ohne rechtlichen Grund erhalten hätte.

• §§ 812
• §§ 818 III

Anspruch

13. Unerlaubte Handlungen

Unerlaubte Handlung oder
Delikt

Die §§ 823 ff. sind die wichtigsten Normen für Schäden im Alltag, da der Geschädigte mit dem Schädiger meistens keinen Vertrag hat. Die §§ 823 ff. begründen ein gesetzliches Schuldverhältnis. Der Jurist spricht vom sog. Deliktsrecht.

Das Deliktsrecht unterscheidet zwei Arten von Tatbeständen:

*   Haftung aus verschuldetem Unrecht (§§ 823, 826, 831, 839)
*   Gefährdungshaftung (§ 833, Tierhalterhaftung, § 7 Straßenverkehrsgesetz)

Die Haftung aus verschuldetem Unrecht greift ein, wenn der Schädiger das schädigende Ereignis rechtswidrig und vorsätzlich oder fahrlässig begangen hat.

Die Gefährdungshaftung greift dann ein, wenn der Schädiger einen Schaden dadurch verursacht hat, dass er eine »gefährliche Sache« in den Verkehr gebracht hat. *(Beispiel: KFZ, Kernkraftwerk, Eisenbahn)*

Eine Besonderheit stellt die Verschuldungsvermutung dar, bei der der Schädiger die Beweislast für seine Unschuld trägt. Hierzu gehört z.B. die Haftung für den Verrichtungsgehilfen (§ 831 I 2) und die Produkthaftung.

UNERLAUBTE HANDLUNG

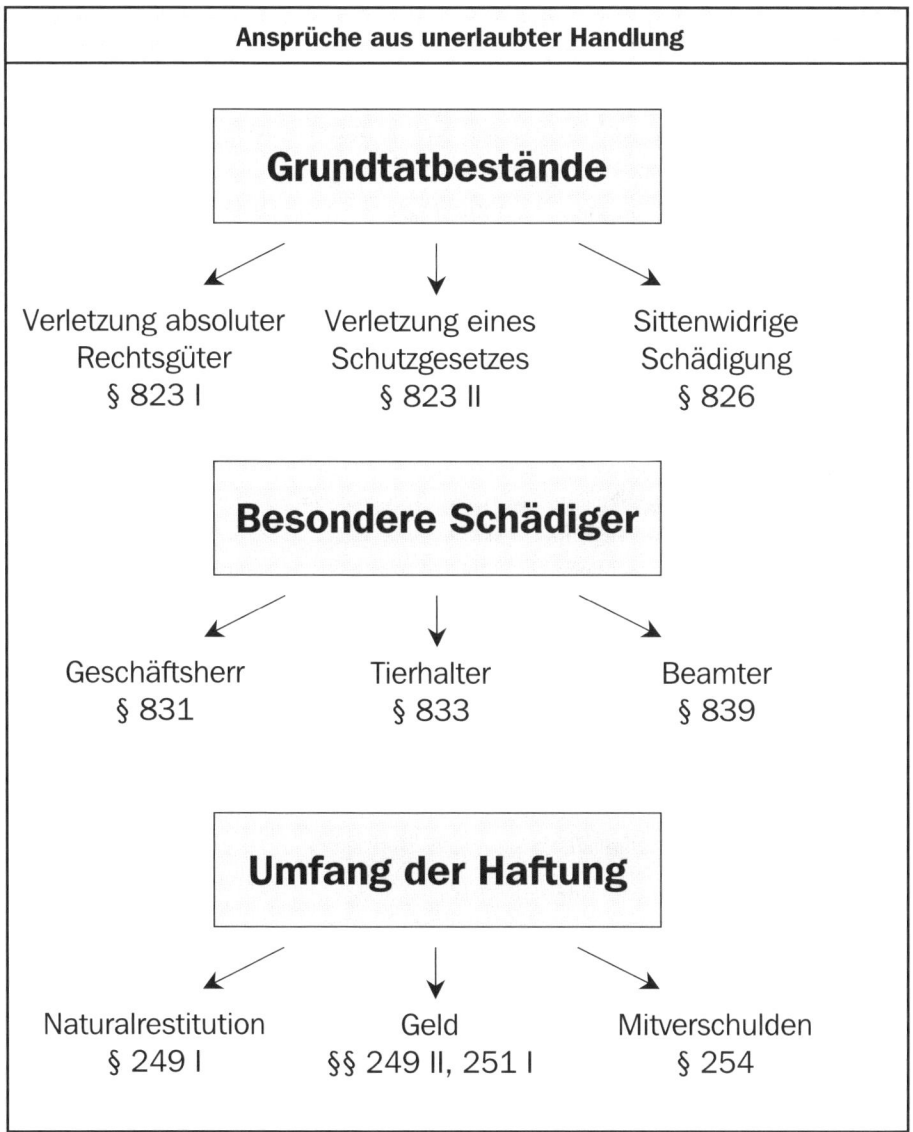

Ansprüche aus unerlaubter Handlung

Grundtatbestände

Verletzung absoluter
Rechtsgüter
§ 823 I

Verletzung eines
Schutzgesetzes
§ 823 II

Sittenwidrige
Schädigung
§ 826

Besondere Schädiger

Geschäftsherr
§ 831

Tierhalter
§ 833

Beamter
§ 839

Umfang der Haftung

Naturalrestitution
§ 249 I

Geld
§§ 249 II, 251 I

Mitverschulden
§ 254

§ 823

- § 276
- ≠ § 278
- ≠ § 227
- § 827, § 828
- ✎ §§ 249 ff.
- ✎ § 254

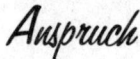

Verletzung absoluter
Rechtsgüter

§ 823 I schützt: Leben,
Körper, Gesundheit,
Freiheit, Eigentum und
sonstige Rechte.

Unerlaubte Handlung

(1) Wer vorsätzlich oder fahrlässig das Leben, den Körper, die Gesundheit, die Freiheit, das Eigentum oder ein sonstiges Recht eines anderen widerrechtlich verletzt, ist dem anderen zum Ersatz des daraus entstehenden Schadens verpflichtet.

(2) Die gleiche Verpflichtung trifft denjenigen, welcher gegen ein den Schutz eines anderen bezweckendes Gesetz verstößt. Ist nach dem Inhalt des Gesetzes ein Verstoß gegen dieses auch ohne Verschulden möglich, so tritt die Ersatzpflicht nur im Falle des Verschuldens ein.

Schadensersatzanspruch aus § 823 I:

- Objektiver Tatbestand:
- Verletzung eines Rechtsguts: Leben, Körper, Gesundheit, Freiheit, Eigentum oder sonstige Rechte, nicht aber Vermögensschäden
- Handlung: bewusstes Tun oder ein Unterlassen, wenn eine Handlungspflicht besteht (wer gefährliche Stoffe in Verkehr bringt, hat für deren Sicherung zu sorgen)
- Haftungsbegründende Kausalität: ursächlicher Zusammenhang zwischen Handeln und Rechtsgutverletzung; unter Berücksichtigung der Kriterien: Äquivalenz (natürliche Kausalität); Adäquanz (unwahrscheinliche Kausalverläufe fallen heraus) und Schutzzweck der Norm
- Rechtswidrigkeit:
- Rechtswidrigkeit wird »indiziert«, sofern keine besonderen Gründe vorliegen, z.B. Notwehr (§ 227) oder Notstand (§ 904)
- Verschulden:
- Vorsatz und Fahrlässigkeit gem. § 276 (nicht § 278)
- Deliktsfähigkeit des Täters (§§ 827, 828)
- Schaden
- Haftungsausfüllende Kausalität: Ursächlicher Zusammenhang zwischen Rechtsgutverletzung und Schaden
- ✎ Schadensersatz nach § 823 I i.V.m. §§ 249 ff. (Naturalrestitution und entgangener Gewinn)
- ✎ ggf. Minderung bei Mitverschulden des Geschädigten, § 254

Der Schutzbereich von § 823 I erstreckt sich nicht nur auf die genannten Rechtsgüter: Leben, Körper, Freiheit, Eigentum, sondern auch auf sonstige Rechte, wie z.B. allgemeine Persönlichkeitsrechte, Namensrechte oder Patentrechte.

Reine Vermögensschäden werden dagegen nur bei Verstoß gegen Schutzgesetze (§ 823 II) bei sittenwidriger Schädigung mit umfasst.

Beispiel: Bush fährt aufgrund zu hoher Geschwindigkeit einen Fuß-
gänger an. Hierin liegt eine Handlung. Körper und Gesundheit des
Fußgängers wurden verletzt, wofür die Handlung des Bush äquivalent
kausal war. Wegen zu hoher Geschwindigkeit einen Unfall zu verursa-
chen, ist nicht unwahrscheinlich (adäquate Kausalität). Die Rechts-
widrigkeit ist indiziert. Verschulden nach § 276 I 2 liegt vor, weil das
schnelle Fahren zumindest fahrlässig ist. Wenn der Fußgänger ope-
riert werden muss, liegt darin ein Schaden. Dieser Schaden wurde
durch die Körperverletzung verursacht (haftungsausfüllende Kausali-
tät). Daher hat Bush dem Fußgänger die Heilungskosten gem. § 249 II
1 und etwaigen Verdienstausfall (§ 252) zu ersetzen.

Schadensersatzanspruch aus § 823 II:

Anspruch

Verletzung eines
Schutzgesetzes

§ 823 II ersetzt auch
Vermögensschäden.

- Verletzung eines Schutzgesetzes
- Rechtswidrigkeit und Verschulden (vgl. bei § 823 I)
- Schaden (Vermögensschaden reicht)
- Kausalität zwischen Schutzgesetzverletzung und Schaden
- ↳ Schadensersatz nach § 823 II 1 1 i.V.m. §§ 823 I, 249 ff. (Natural-
  restitution und entgangener Gewinn)

↳ ggf. Minderung bei Mitverschulden des Geschädigten, § 254

Schutzgesetze sind alle Rechtsnormen, welche den einzelnen und nicht
nur die Gesamtheit schützen wollen: ein Teil der Strafvorschriften,
polizeiliche Vorschriften, gewerberechtliche aber auch privatrechtliche
Schutzbestimmungen.

Bezogen auf obiges Beispiel wäre § 3 Straßenverkehrsordnung (ange-
passte Geschwindigkeit) Schutzgesetz, so dass der Fußgänger Scha-
densersatz auch aus § 823 II fordern kann. Der Vorteil von § 823 II
liegt darin, dass u.U. auch Vermögensschäden ersetzt werden. Denn
jemand, der aufgrund eines Unfalls im Stau steht und dadurch ein
Geschäft verpasst, hat keine Rechtsgutverletzung gemäß § 823 I, aber
einen Vermögensschaden zu beklagen. Andererseits darf die Haftung
auch nicht ausufern. Deshalb ist immer sorgfältig zu prüfen, ob eine
Vorschrift auch genau den Schutz des betreffenden Geschädigten be-
zweckt. Das wäre bei staubedingten Verzögerungen zu verneinen, weil
sonst der Verursacher alle Stauopfer entschädigen müsste.

§ 826

↳ §§ 249 ff.

Sittenwidrige vorsätzliche Schädigung

Wer in einer gegen die guten Sitten verstoßenden Weise einem anderen vorsätzlich Schaden zufügt, ist dem anderen zum Ersatz des Schadens verpflichtet.

Anspruch

Anspruch auf Schadensersatz aus § 826:

- Schaden
- durch eine sittenwidrige Handlung verursacht (Handlung, die gegen das Anstandsgefühl aller billig und gerecht Denkenden verstößt)

Sittenwidrige vorsätzliche Schädigung

- Vorsatz: Der Täter muss um die Möglichkeit des Schadens wissen und ihn zumindest billigend in Kauf nehmen
- ↳ Schadensersatz nach §§ 249 ff.

§ 826 ist für den Geschädigten von Vorteil, da er auch Vermögensschäden umfasst. Allerdings stehen die Hürden der Sittenwidrigkeit und des Vorsatzes einem Anspruch häufig entgegen.

Beispiel: Ein TÜV-Gutachter nimmt seine eigene Rostlaube ab und verkauft sie überteuert.

§ 827

Ausschluss und Minderung der Verantwortlichkeit

Wer im Zustand der Bewusstlosigkeit oder in einem die freie Willensbestimmung ausschließenden Zustand krankhafter Störung der Geistestätigkeit einem anderen Schaden zufügt, ist für den Schaden nicht verantwortlich. Hat er sich durch geistige Getränke oder ähnliche Mittel in einen vorübergehenden Zustand dieser Art versetzt, so ist er für einen Schaden, den er in diesem Zustand widerrechtlich verursacht, in gleicher Weise verantwortlich, wie wenn ihm Fahrlässigkeit zur Last fiele; die Verantwortlichkeit tritt nicht ein, wenn er ohne Verschulden in den Zustand geraten ist.

Auch der sinnlos Betrunkene kann haften.

§ 828

Minderjährige

(1) Wer nicht das siebente Lebensjahr vollendet hat, ist für einen Schaden, den er einem anderen zufügt, nicht verantwortlich.

(2) [...].

(3) Wer das 18. Lebensjahr noch nicht vollendet hat, ist, sofern seine Verantwortlichkeit nicht nach Absatz 1 oder 2 ausgeschlossen ist, für den Schaden, den er einem anderen zufügt, nicht verantwortlich, wenn er bei der Begehung der schädigenden Handlung nicht die zur Erkenntnis der Verantwortlichkeit erforderliche Einsicht hat.

Haftung für den Verrichtungsgehilfen

§ 831

• § 823
≠ § 278

(1) Wer einen anderen zu einer Verrichtung bestellt, ist zum Ersatz des Schadens verpflichtet, den der andere in Ausführung der Verrichtung einem Dritten widerrechtlich zufügt. Die Ersatzpflicht tritt nicht ein, wenn der Geschäftsherr bei der Auswahl der bestellten Person und, sofern er Vorrichtungen oder Gerätschaften zu beschaffen oder die Ausführung der Verrichtung zu leiten hat, bei der Beschaffung oder der Leitung die im Verkehr erforderliche Sorgfalt beobachtet oder wenn der Schaden auch bei Anwendung dieser Sorgfalt entstanden sein würde.

(2) Die gleiche Verantwortlichkeit trifft denjenigen, welcher für den Geschäftsherrn die Besorgung eines der im Absatz 1 Satz 2 bezeichneten Geschäfte durch Vertrag übernimmt.

Im Deliktsrecht wird das Verschulden des Gehilfen nicht zugerechnet (§ 278 gilt nicht), sondern der Geschäftsherr haftet nach § 831 für vermutetes eigenes Verschulden bei der Auswahl des Gehilfen.

Anspruch auf Schadensersatz nach § 831:

Anspruch

Schädigende Handlungen eines Verrichtungsgehilfen

• Verrichtungsgehilfe
• Schaden verursacht durch den Verrichtungsgehilfen, §§ 823 ff. (Verschulden nicht erforderlich, Widerrechtlichkeit reicht)
• in Ausführung der Verrichtung
• kein Ausschluss der Haftung nach § 831 I 2 (Exkulpation)
↳ Anspruch auf Schadensersatz (§§ 249 ff.) gegen den Geschäftsherrn

Verrichtungsgehilfe ist derjenige, dem vom Geschäftsherrn eine Tätigkeit übertragen worden ist und der von den Weisungen des Geschäftsherrn abhängig ist.

Haftung nur für sozial abhängigen Gehilfen

Von der Verschuldensvermutung aus § 831 I 1 kann sich der Geschäftsherr entlasten (Exkulpation), wenn er den Verrichtungsgehilfen sorgfältig ausgewählt hat.

Beispiel: Ein Baggerfahrer kappt versehentlich die öffentliche Telefonleitung. Der Chef haftet nicht aus § 831, wenn weder die Zeugnisse bei der Einstellung noch die spätere Arbeit ein Indiz für eine zu befürchtende Ungeschicklichkeit gegeben hatten.

Besonderes Schuldrecht

§ 833

✎ §§ 249 ff.

Anspruch

Der Tierhalter haftet.

Haftung des Tierhalters

Wird durch ein Tier ein Mensch getötet oder der Körper oder die Gesundheit eines Menschen verletzt oder eine Sache beschädigt, so ist derjenige, welcher das Tier hält, verpflichtet, dem Verletzten den daraus entstehenden Schaden zu ersetzen. Die Ersatzpflicht tritt nicht ein, wenn der Schaden durch ein Haustier verursacht wird, das dem Beruf, der Erwerbstätigkeit oder dem Unterhalt des Tierhalters zu dienen bestimmt ist, und entweder der Tierhalter bei der Beaufsichtigung des Tieres die im Verkehr erforderliche Sorgfalt beobachtet oder der Schaden auch bei Anwendung dieser Sorgfalt entstanden sein würde.

Unterscheidung zwischen »Spaßtier« (§ 833 S. 1; Gefährdungshaftung) und Nutztier (§ 833 S. 2; Möglichkeit der Exkulpation).

§ 839

Anspruch

Der Staat haftet für den Beamten.

Haftung bei Amtspflichtverletzung

(1) Verletzt ein Beamter vorsätzlich oder fahrlässig die ihm einem Dritten gegenüber obliegende Amtspflicht, so hat er dem Dritten den daraus entstehenden Schaden zu ersetzen. Fällt dem Beamten nur Fahrlässigkeit zur Last, so kann er nur dann in Anspruch genommen werden, wenn der Verletzte nicht auf andere Weise Ersatz zu erlangen vermag [...].

Abweichend vom Wortlaut des § 839 leitet Art. 34 Grundgesetz die Amtshaftung grundsätzlich auf den Staat über. Der Staat kann sich also nicht hinter seinen Beamten verstecken, sondern haftet immer direkt. Nur wenn der Beamte vorsätzlich oder grob fahrlässig handelte, kann der Staat (aber nicht der Geschädigte) Rückgriff nehmen. Zu beachten ist noch, dass ein Beamter i.S.v. § 839 nicht nur der Beamte im statusrechtlichen Sinn ist, sondern jeder, der staatliche Befugnisse hat (auch TÜV-Angestellte usw.).

Schadensersatzanspruch aus Amtshaftung aus § 839 I:

- Verletzung einer Amtspflicht
- durch jemand der für den Staat im hoheitlichen Auftrag tätig ist (vgl. Art. 34 Grundgesetz)
- Schaden kausal durch Amtspflichtverletzung verursacht
- Amtspflicht hat gerade den Schutz den Geschädigten zum Ziel
- ✎ Schadensersatz (auch Vermögensschaden)

Beispiel: Die Gemeinde plant ein Wohngebiet für Einfamilienhäuser.
Aufgrund mangelnder Recherche erkennt die Gemeinde nicht, dass es

sich bei dem Gelände um eine ehemalige Giftmülldeponie handelt. Nachdem die Häuslebauer eingezogen sind und schlimme Ausschläge und Allergien entwickeln, stellt sich heraus, dass diese auf dem Giftmüll im Boden beruhen. Weiterhin dort zu wohnen ist unzumutbar Nun können die Häuslebauer nach § 839 I BGB Schadensersatz verlangen, da es sich bei der gemeindlichen Fehlplanung (hoheitliche Aufgabe) um eine drittbezogene Amtspflichtverletzung handelt. Der Schadensersatz umfasst die Sanierung des Bodens oder, soweit dies nicht möglich ist, die Baukosten der Häuser.

Haftung mehrerer § 840

(1) Sind für den aus einer unerlaubten Handlung entstehenden Schaden mehrere nebeneinander verantwortlich, so haften sie als Gesamtschuldner [...].

• § 823
↳ § 426, § 254

Im Innenverhältnis der Schädiger wird je nach Verschuldensanteil gemäß § 254 analog, § 426 ausgeglichen (Gesamtschuld).

Herausgabeanspruch nach Eintritt der Verjährung § 852

Hat der Ersatzpflichtige durch eine unerlaubte Handlung auf Kosten des Verletzten etwas erlangt, so ist er auch nach Eintritt der Verjährung des Anspruchs auf Ersatz des aus einer unerlaubten Handlung entstandenen Schadens zur Herausgabe nach den Vorschriften über die Herausgabe einer ungerechtfertigten Bereicherung verpflichtet. Dieser Anspruch verjährt in zehn Jahren von seiner Entstehung an, ohne Rücksicht auf die Entstehung in 30 Jahren von der Begehung der Verletzungshandlung oder dem sonstigen, den Schaden auslösenden Ereignis an.

• §§ 823 ff.
↳ §§ 812 ff.
≠ § 199

Beispiel: Zlof entführt Reemtsma und erhält 10 Mio. € Lösegeld. Als Zlof gefasst wird, bleibt das Lösegeld jedoch verschwunden. Erst 4 Jahre später taucht es wieder auf. Zu diesem Zeitpunkt ist der Schadensersatzanspruch (§§ 823 II BGB, 239 a StGB) schon verjährt, §§ 195, 199. Jedoch kann Reemtsma das Lösegeld weiterhin nach §§ 852, 812 ff. entspr. ungerechtfertigter Bereicherung verlangen.

14. Wiederholungsfragen

1. Wie zeigt sich das Abstraktionsprinzip bei Abschluss und Erfüllung eines Kaufvertrags? Lösung S. 139

2. Welche Pflichten ergeben sich für den Verkäufer und den Käufer aufgrund des Kaufvertrages? Lösung S. 141

3. Welche Ansprüche hat der Käufer, wenn die Kaufsache mangelhaft ist? Lösung S. 144

4. Wodurch ist der Vermieter bezüglich seiner Forderungen gegen den Mieter gesichert? Lösung S. 162

5. Was unterscheidet den Dienstvertrag vom Werkvertrag und vom Auftrag? Lösung S. 166

6. Die Gewährleistungsvorschriften des Werkvertragsrechts unterscheiden sich von denen des Kaufrechts. Wodurch? Lösung S. 171, 172

7. Die Unterscheidung zwischen Werkvertrag und Kaufvertrag ist mitunter eine »Gratwanderung«. Welche Norm schafft hier Klarheit? Lösung S. 177

8. Wodurch ist der Auftrag charakterisiert? Lösung S. 178

9. Wie kann jemand, der einem Unfallopfer Erste Hilfe leistet, seine Aufwendungen zurückverlangen? Lösung S. 185

10. Ist die BGB-Gesellschaft eine juristische Person? Lösung S. 188

11. Was versteht man unter Bürgschaft? Was geschieht wenn der Bürge den Gläubiger befriedigt? Lösung S. 192

12. Bei der ungerechtfertigten Bereicherung unterscheidet man zwei Hauptarten der Kondiktion. Welche? Lösung S. 195

13. In welchem Fall kann sich der Bereicherte auf den Wegfall der Bereicherung berufen? Lösung S. 200

14. Was unterscheidet in § 823 (unerlaubte Handlung) die Absätze I und II? Lösung S. 204, 205

15. Was ist unter Exkulpation im Zusammenhang mit § 831 zu verstehen? Lösung S. 207

Sachenrecht

1. Besitz

Besitz ist die tatsächliche Herrschaft einer Person über eine Sache, während unter Eigentum die rechtliche Herrschaft über eine Sache zu verstehen ist.

BESITZ

Erwerb des Besitzes

(1) Der Besitz einer Sache wird durch die Erlangung der tatsächlichen Gewalt über die Sache erworben.

(2) Die Einigung des bisherigen Besitzers und des Erwerbers genügt zum Erwerb, wenn der Erwerber in der Lage ist, die Gewalt über die Sache auszuüben.

Besitz ist ein tatsächliches Verhältnis einer Person zu einer Sache und gewährt mit den §§ 859 ff., 1007 eine Reihe von Rechten. Der § 854 meint den unmittelbaren Besitzer. Davon unterscheidet man den mittelbaren Besitzer nach § 868.

Man unterscheidet folgende Besitzer:

* Unmittelbarer Besitzer ist, wer die (direkte) tatsächliche Herrschaft über eine Sache (§ 854) ausübt.

Beispiele: Unmittelbarer Besitzer ist sowohl der Eigentümer und Lenker eines Autos, als auch derjenige, der sich ein Auto gemietet hat, ebenso wie der Dieb eines Autos.

- Mittelbarer Besitzer ist, wer eine (indirekte) Beziehung zur Sache hat, weil er die Sache, etwa aufgrund von Miete o.a. Benutzungsrechten, einem anderen überlassen hat (§ 868).

Beispiele: Mittelbarer Besitzer ist der Vermieter des Autos oder aber die Bank, die zur Sicherung des Finanzierungskredits das Eigentum am Auto hält und bei der der Fahrzeugbrief zur Kreditsicherung hinterlegt ist.

- Besitzdiener ist, wer aus einem sozialen Abhängigkeitsverhältnis heraus in einer bestimmten Weise mit einer Sache umzugehen hat (§ 855), ohne selbst Besitzer zu sein.

Beispiel: Der angestellte Chauffeur ist »nur« Besitzdiener, auch wenn er das Auto selbst fährt und pflegt.

- Eigenbesitzer ist, wer eine Sache als ihm gehörend besitzt (§ 872), ob zu Recht oder nicht, ist dabei unerheblich.
- Fremdbesitzer ist, wer eine Sache wie eine fremde behandelt.

Besitzdiener
§ 855

Übt jemand die tatsächliche Gewalt über eine Sache für einen anderen in dessen Haushalt oder Erwerbsgeschäft oder in einem ähnlichen Verhältnis aus, vermöge dessen er den sich auf die Sache beziehenden Weisungen des anderen Folge zu leisten hat, so ist nur der andere Besitzer.

✎ § 860

Definition: Besitzdiener

Verbotene Eigenmacht
§ 858

(1) Wer dem Besitzer ohne dessen Willen den Besitz entzieht oder ihn im Besitz stört, handelt, sofern nicht das Gesetz die Entziehung oder die Störung gestattet, widerrechtlich (verbotene Eigenmacht).

(2) Der durch verbotene Eigenmacht erlangte Besitz ist fehlerhaft. Die Fehlerhaftigkeit muss der Nachfolger im Besitz gegen sich gelten lassen, wenn er Erbe des Besitzers ist oder die Fehlerhaftigkeit des Besitzes seines Vorgängers bei dem Erwerb kennt.

• § 854
✎ § 859, § 861, § 862

Prinzipiell hat nur der Staat das Gewaltmonopol, um gegen Unrechtmäßigkeiten (z.B. Besitzverletzungen) vorzugehen. Eine Ausnahme gilt für den Rechtfertigungsgrund der Selbsthilfe. Gegen Besitzverletzungen dürfen sich unter den Voraussetzungen des § 859 sowohl der Besitzer als auch der Besitzdiener (§ 860) wehren.

Selbsthilfe – Ausnahme vom Gewaltmonopol des Staates

§ 859

• § 854
• § 858
↳ § 229

Selbsthilfe des Besitzers

(1) Der Besitzer darf sich verbotener Eigenmacht mit Gewalt erwehren.

(2) Wird eine bewegliche Sache dem Besitzer mittels verbotener Eigenmacht weggenommen, so darf er sie dem auf frischer Tat betroffenen oder verfolgten Täter mit Gewalt wieder abnehmen.

(3) Wird dem Besitzer eines Grundstücks der Besitz durch verbotene Eigenmacht entzogen, so darf er sofort nach der Entziehung sich des Besitzes durch Entsetzung des Täters wieder bemächtigen [...].

Beispiel: Ullrich sieht, wie ein Dieb sein Fahrrad stiehlt. Nur wenn er ihn »auf frischer Tat ertappt« hat bzw. sofort verfolgt, darf er ihm das Fahrrad wieder wegnehmen. Dies gilt nicht mehr am nächsten Tag; dann muss die Polizei eingeschaltet werden.

§ 861

• § 854
• § 858
↳ § 985, § 1007

Anspruch wegen Besitzentziehung

(1) Wird der Besitz durch verbotene Eigenmacht dem Besitzer entzogen, so kann dieser die Wiedereinräumung des Besitzes von demjenigen verlangen, welcher ihm gegenüber fehlerhaft besitzt.

(2) Der Anspruch ist ausgeschlossen, wenn der entzogene Besitz dem gegenwärtigen Besitzer oder dessen Rechtsvorgänger gegenüber fehlerhaft war und in dem letzten Jahre vor der Entziehung erlangt worden ist.

Anspruch

Anspruch des »besseren«
Besitzers

Herausgabeanspruch nach § 861:

• Besitzentziehung
• durch verbotene Eigenmacht, § 858
• Nichtvorliegen des § 861 II
↳ Herausgabe der Sache, § 861 I
↳ daneben sind Ansprüche aus § 985 und § 1007 möglich

Beispiel: Ein Dieb stiehlt den geleasten BMW des Reitzle, der ihn nach § 861 I vom Dieb zurückfordern kann.

§ 862

• § 854
• § 858
↳ § 1004

Anspruch wegen Besitzstörung

(1) Wird der Besitzer durch verbotene Eigenmacht im Besitz gestört, so kann er von dem Störer die Beseitigung der Störung verlangen. Sind weitere Störungen zu besorgen, so kann der Besitzer auf Unterlassung klagen.

(2) [...].

Unterlassungsanspruch des Besitzers aus § 862:

Anspruch

- Besitzstörung
- durch verbotene Eigenmacht, § 858
- ↳ Unterlassungsanspruch des Besitzers, § 862 I
- ↳ bei schuldhafter Besitzverletzung Anspruch auf Schadensersatz aus § 823 I, denn der Besitz ist ein »sonstiges Recht«

Beispiel: Laute Musik von Robbie stört den Wohnungsnachbarn Wolfgang Amadeus. Damit kann Amadeus nach § 862 I auf Unterlassung klagen.

Mittelbarer Besitz

§ 868

Besitzt jemand eine Sache als Nießbraucher, Pfandgläubiger, Pächter, Mieter, Verwahrer oder in einem ähnlichen Verhältnis, vermöge dessen er einem anderen gegenüber auf Zeit zum Besitz berechtigt oder verpflichtet ist, so ist auch der andere Besitzer (mittelbarer Besitz).

Definition: mittelbarer Besitzer
↳ § 930

Mittelbarer Besitz ist die tatsächliche Beziehung einer Person zur Sache, vermittelt durch den, der die Sache unmittelbar besitzt (vergeistigte Sachherrschaft).

Beispiel: Der Mieter der Wohnung ist unmittelbarer Besitzer, der Vermieter ist nur mittelbarer Besitzer. Erforderlich ist ein Besitzmittlungsverhältnis (Besitzkonstitut), hier das Mietverhältnis.

Beispiel Sicherungsübereignung: Eigentum an gekauftem Neuwagen ist zur Kreditsicherung bei einer Bank, die dadurch mittelbarer Besitzer ist; der Käufer selbst ist unmittelbarer Besitzer.

Eigenbesitz

§ 872

Wer eine Sache als ihm gehörend besitzt, ist Eigenbesitzer.

Beispiel: Ein Leasingnehmer besitzt das Auto als ihm gehörend. Dagegen hat der Schuster hinsichtlich der zu reparierenden Schuhe Fremdbesitz.

2. Rechte an Grundstücken

Der Unterschied zwischen dem Recht an beweglichen Sachen und dem Recht an Grundstücken ist schon darin sichtbar, dass über die Grundstücke öffentliche Register (Grundbücher) geführt werden.

Jedes Grundstück und jede Wohnung stehen im Grundbuch.

Das Grundbuch enthält sämtliche Grundstücke des Bezirks, für den es geführt wird (Grundbuchzwang), so dass immer bestimmbar ist, wem ein Grundstück gehört. Die große wirtschaftliche Bedeutung von Grundstückseigentum erfordert Klarheit über den dinglichen Rechtszustand an Grundstücken.

Im BGB sprechen die §§ 873 ff. von Grundstücken. Wegen § 94 (wesentlicher Bestandteil eines Grundstücks) gehört auch das Gebäude untrennbar zum Grundstück. Um auch gesondert Eigentum an einer Wohnung erwerben zu können, wurde neben dem BGB das Wohnungseigentumsgesetz erlassen (vgl. § 1 I WEG).

Im Grundbuch stehen:

- Eigentumslage des Grundstücks
- Belastung des Grundstücks (Hypothek, Grundschuld)
- Vormerkungen (§ 883) und Widersprüche (§ 899)

2.1. Rechtsänderungen an Grundstücken

Die Übertragung des Eigentums an einer Sache muss offenkundig gemacht werden. Bei beweglichen Sachen genügt hierfür die Übergabe (§ 929); bei unbeweglichen Sachen (Grundstücke, Gebäude) muss diese Rechtsänderung im Grundbuch eingetragen werden.

Erwerb durch Einigung und Eintragung

§ 873

- § 145, § 147
- § 925
- ↳ § 311 b I
- ≠ § 883

(1) Zur Übertragung des Eigentums an einem Grundstück, zur Belastung eines Grundstücks mit einem Recht sowie zur Übertragung oder Belastung eines solchen Rechts ist die Einigung des Berechtigten und des anderen Teils über den Eintritt der Rechtsänderung und die Eintragung der Rechtsänderung in das Grundbuch erforderlich, soweit nicht das Gesetz ein anderes vorschreibt.

(2) Vor der Eintragung sind die Beteiligten an die Einigung nur gebunden, wenn die Erklärungen notariell beurkundet oder vor dem Grundbuchamt abgegeben oder bei diesem eingereicht sind oder wenn der Berechtigte dem anderen Teil eine den Vorschriften der Grundbuchordnung entsprechende Eintragungsbewilligung ausgehändigt hat.

Übertragung von Rechten an Grundstücken, § 873:

- Einigung von Veräußerer und Erwerber (§§ 145 ff.) über den Eigentumsübergang oder die Belastung (z.B. Hypothek)
- eines Grundstücks (und seiner Bestandteile, § 94) oder einer Wohnung, § 1 Wohnungseigentumsgesetz
- ggf. Einhaltung der Form (§ 925)
- Eintragung ins Grundbuch
- ↳ Eigentumsübergang bzw. Belastung des Grundstücks

Wird ein Grundstück verkauft (§ 433), so erfolgt die Eigentumsübertragung nach §§ 925, 873 ff. (Abstraktionsprinzip).

Der § 873 gilt nicht nur für die Eigentumsübertragung, sondern auch für die Belastung mit einer Hypothek. § 879 regelt die Rangfolge mehrerer Rechte an Grundstücken. Darin wird klargestellt, dass derjenige, dessen Hypothek als erste eingetragen ist, sich z.B. bei Zahlungsunfähigkeit des Schuldners auch zuerst aus dem Grundstück befriedigen kann (durch Zwangsversteigerung etc.).

2.2. Die Vormerkung

§ 883

• § 885
↳ § 401
≠ § 888

Wesen und Wirkung der Vormerkung

(1) Zur Sicherung des Anspruchs auf Einräumung oder Aufhebung eines Rechts an einem Grundstück oder an einem das Grundstück belastenden Recht oder auf Änderung des Inhalts oder des Ranges eines solchen Rechts kann eine Vormerkung in das Grundbuch eingetragen werden. Die Eintragung einer Vormerkung ist auch zur Sicherung eines künftigen oder eines bedingten Anspruchs zulässig.

Die Vormerkung bewirkt relative Unwirksamkeit.

(2) Eine Verfügung, die nach der Eintragung der Vormerkung über das Grundstück oder das Recht getroffen wird, ist insoweit unwirksam, als sie den Anspruch vereiteln oder beeinträchtigen würde. Dies gilt auch, wenn die Verfügung im Wege der Zwangsvollstreckung oder der Arrestvollziehung oder durch den Insolvenzverwalter erfolgt.

(3) Der Rang des Rechts, auf dessen Einräumung der Anspruch gerichtet ist, bestimmt sich nach der Eintragung der Vormerkung.

Wirkung einer Vormerkung, § 883:

- Schuldrechtlicher Anspruch (z.B. aus Kaufvertrag, § 433 I)
- auf Änderung eines Grundstücksrechts
- Bewilligung des Eigentümers (§ 885 I)
- Eintragung ins Grundbuch
- ↳ Relative Unwirksamkeit weiterer Verfügungen (§ 883 II)
- ↳ Anspruch auf Löschungsbewilligung (§ 888 I)

Die Vormerkung ist streng akzessorisch zur bestehenden Forderung.

Für die Übertragung eines Grundstückes ist die Eintragung nach § 873 erforderlich. Dies kann lange Zeit in Anspruch nehmen, wenn die Grundbuchämter langsam sind. Damit aber der alte Eigentümer inzwischen nicht anderweitig das Grundstück übereignet, kann der Erwerber eine Vormerkung ins Grundbuch eintragen lassen. Diese ist viel schneller zu erreichen und macht dennoch alle weiteren Verfügungen unwirksam (§ 883 II). Eine Vormerkung ist streng akzessorisch zu einer bestehenden Forderung, d.h., sie steht und fällt mit der Forderung.

Beispiel: Dagobert (D) verkauft an Goofy (G) ein Grundstück. G lässt eine Vormerkung eintragen. Trotzdem verkauft D das Grundstück noch einmal an Pluto (P). Auch wenn es P gelingt, als neuer Eigentümer ins Grundbuch eingetragen zu werden, ist diese Verfügung gegenüber G unwirksam (§ 883 II).

Eintragung der Vormerkung

§ 885

≠ § 873
↳ § 893
↳ § 398

(1) Die Eintragung einer Vormerkung erfolgt auf Grund einer einstweiligen Verfügung oder auf Grund der Bewilligung desjenigen, dessen Grundstück oder dessen Recht von der Vormerkung betroffen wird. Zur Erlassung der einstweiligen Verfügung ist nicht erforderlich, dass eine Gefährdung des zu sichernden Anspruchs glaubhaft gemacht wird [...].

Eine Vormerkung entsteht entweder durch Bewilligung des Eigentümers oder durch einstweilige Verfügung (Gericht). Ist der Bewilligende nicht Eigentümer des Grundstücks, kann die Vormerkung auch gutgläubig erworben werden (vgl. § 893). Die Übertragung der Vormerkung erfolgt durch Übertragung des Anspruchs, d.h. nach §§ 398 ff. durch Abtretung (Akzessorietät!).

Anspruch des Vormerkungsberechtigten

§ 888

• § 885
• § 883 II
≠ § 894

(1) Soweit der Erwerb eines eingetragenen Rechts oder eines Rechts an einem solchen Recht gegenüber demjenigen, zu dessen Gunsten die Vormerkung besteht, unwirksam ist, kann dieser von dem Erwerber die Zustimmung zu der Eintragung oder der Löschung verlangen, die zur Verwirklichung des durch die Vormerkung gesicherten Anspruchs erforderlich ist.

(2) Das Gleiche gilt, wenn der Anspruch durch ein Veräußerungsverbot gesichert ist.

Anspruch auf Löschungsbewilligung, § 888 I:

• relative Unwirksamkeit nach § 883 II
↳ Anspruch des »Vorgemerkten« auf Löschungsbewilligung

Anspruch

Beispiel: Goofy (G) kauft von Dagobert (D) ein Grundstück und lässt die Vormerkung eintragen. Dagobert übereignet das Grundstück jedoch an Pluto (P), und P wird als neuer Eigentümer im Grundbuch eingetragen. Wegen § 883 II ist P gegenüber G nicht Eigentümer geworden, obwohl er als solcher im Grundbuch steht. Jetzt hat G einen Anspruch darauf, dass P darin einwilligt, als Eigentümer im Grundbuch wieder gelöscht zu werden (§ 888 I).

2.3. Falsche Eintragungen im Grundbuch

Auf das Grundbuch darf
man vertrauen.

Dem Grundbuch als öffentlich geführtem Register wird hohes Vertrauen entgegengebracht, § 891. Grundsätzlich darf jeder davon ausgehen, dass alle Grundbucheintragungen ihre Richtigkeit haben. Der gute Glaube an die Richtigkeit wird sogar so weit geschützt, dass der Erwerb eines Rechtes an einem Grundstück auch von einem Nichtberechtigten möglich ist, § 892.

§ 892

• § 873
≠ § 899
≠ § 181

Öffentlicher Glaube des Grundbuchs

(1) Zugunsten desjenigen, welcher ein Recht an einem Grundstück oder ein Recht an einem solchen Recht durch Rechtsgeschäft erwirbt, gilt der Inhalt des Grundbuchs als richtig, es sei denn, dass ein Widerspruch gegen die Richtigkeit eingetragen oder die Unrichtigkeit dem Erwerber bekannt ist. Ist der Berechtigte in der Verfügung über ein im Grundbuch eingetragenes Recht zugunsten einer bestimmten Person beschränkt, so ist die Beschränkung dem Erwerber gegenüber nur wirksam, wenn sie aus dem Grundbuch ersichtlich oder dem Erwerber bekannt ist [...].

Gutgläubiger Erwerb eines Grundstücks, § 892:

*   Erwerb eines Rechts an einem Grundstück (Eigentum, Hypothek o.ä.) durch Einigung und Eintragung (§ 873)
*   nicht durch Gesetz (z.B. § 1922 Erbschaft)
*   durch Verkehrsgeschäft (kein Insichgeschäft, § 181)
*   Divergenz zwischen wahrer Rechtslage und Eintragung
*   Gutgläubigkeit des Erwerbers
*   kein Widerruf eingetragen (§ 899)
*   Das Grundbuch gilt zugunsten des Erwerbers als richtig. Er erwirbt das Recht, auch wenn der eingetragene Veräußerer nicht Eigentümer war.

Beispiel: Der im Grundbuch eingetragene Nichteigentümer Norbert verkauft (§§ 433, 311 b) und übereignet ein Grundstück an Lothar, der als Eigentümer eingetragen wird (§§ 873, 925); wirklicher Eigentümer war aber Egon, wovon Lothar nichts wusste. Wegen § 892 wird Lothar neuer Eigentümer.

Rechtsgeschäft mit dem Eingetragenen

§ 893

• § 885, § 883

Die Vorschrift des § 892 findet entsprechende Anwendung, wenn an denjenigen, für welchen ein Recht im Grundbuch eingetragen ist, auf Grund dieses Rechts eine Leistung bewirkt oder wenn zwischen ihm und einem anderen in Ansehung dieses Rechts ein nicht unter die Vorschrift des § 892 fallendes Rechtsgeschäft vorgenommen wird, das eine Verfügung über das Recht enthält.

Beispiel: Norbert verkauft an Lothar ein Grundstück (§§ 433, 311 b). Die Auflassung ist erfolgt (§ 925), nicht aber die Eintragung (§ 873), sondern lediglich die Vormerkung (§ 885). Jetzt meldet sich der wahre Eigentümer Egon, so dass ein gutgläubiger Erwerb nach § 892 nicht mehr möglich wäre. Allerdings hat L nach §§ 893, 892 die Vormerkung gutgläubig erworben, was für den gutgläubigen Erwerb des Grundstücks durch L ausreicht.

Anspruch auf Berichtigung des Grundbuchs

§ 894

↳ § 873
↳ § 899

Steht der Inhalt des Grundbuchs in Ansehung eines Rechts an dem Grundstück, eines Rechts an einem solchen Recht oder einer Verfügungsbeschränkung der in § 892 Abs. 1 bezeichneten Art mit der wirklichen Rechtslage nicht im Einklang, so kann derjenige, dessen Recht nicht oder nicht richtig eingetragen oder durch die Eintragung einer nicht bestehenden Belastung oder Beschränkung beeinträchtigt ist, die Zustimmung zu der Berichtigung des Grundbuchs von demjenigen verlangen, dessen Recht durch die Berichtigung betroffen wird.

Divergenz von formellem und materiellem Recht

Grundbuchberichtigungsanspruch, § 894:

• Auseinanderfallen der im Grundbuch eingetragenen (formellen) Rechtslage und tatsächlicher (materieller) Rechtslage

↳ Anspruch des wirklich Berechtigten gegenüber dem Eingetragenen auf Zustimmung zur Grundbuchberichtigung

Beispiel: Lothar wird im Grundbuch als Eigentümer eingetragen, obwohl das Grundstück dem Egon gehört. Egon kann von Lothar nach § 894 Zustimmung zur Grundbuchberichtigung verlangen.

3. Eigentum

Eigentum ist die unmittelbare, rechtliche Herrschaft über eine Sache. Das Eigentum ist das umfassendste Recht über eine Sache (Eigentum im Gegensatz zu sonstigen dinglichen Rechten, die nur ein beschränktes Herrschaftsrecht gewähren). Grundsätzlich werden dem Eigentümer weitest reichendste Befugnisse eingeräumt.

Der Erwerb und Verlust von Eigentum hat im Zusammenhang mit dem Eigentumsrecht besondere Bedeutung. Dies geschieht in der Regel durch Rechtsgeschäft; das Gesetz sieht daneben noch andere Möglichkeiten des Eigentumserwerbes vor. Die Unterscheidung zwischen dem Eigentumserwerb an Grundstücken und an beweglichen Sachen ist fundamental.

EIGENTUM

§ 903   **Befugnisse des Eigentümers**

Der Eigentümer einer Sache kann, soweit nicht das Gesetz oder Rechte Dritter entgegenstehen, mit der Sache nach Belieben verfahren und andere von jeder Einwirkung ausschließen. [...]

Der Eigentümer kann mit seinem Eigentum grundsätzlich machen, wozu er Lust hat. Dies findet seine Grenzen in den Interessen Dritter. Dies zeigt sich in den §§ 904, 906 oder ganz allgemein in Art. 14 II Grundgesetz (Sozialpflichtigkeit des Eigentums).

Rechtfertigungsgrund Notstand

§ 904

Der Eigentümer einer Sache ist nicht berechtigt, die Einwirkung eines anderen auf die Sache zu verbieten, wenn die Einwirkung zur Abwendung einer gegenwärtigen Gefahr notwendig und der drohende Schaden gegenüber dem aus der Einwirkung dem Eigentümer entstehenden Schaden unverhältnismäßig groß ist. Der Eigentümer kann Ersatz des ihm entstehenden Schadens verlangen.

≠ § 823
↳ § 228

Notstand, § 904:

- Eingriff in Eigentum
- zur Abwendung einer gegenwärtigen Gefahr
- drohender Schaden ist viel größer als Schaden am Eigentum
- ↳ Rechtfertigung der Handlung, § 904 S. 1
- ↳ Anspruch des Eigentümers gegen den Schädiger, § 904 S. 2

Auch Eigentum gilt nicht unbegrenzt.

Beispiel: Es brennt in der Wohnung des Nero. Deshalb bricht N in die Wohnung seines Nachbarn Caesar ein, wo sich der rettende Feuerlöscher befindet. Wegen § 904 S. 1 macht sich N nicht strafbar, muss dem C aber die zerstörte Tür und den verbrauchten Löschschaum ersetzen, § 904 S. 2.

Duldungspflicht des Eigentümers

§ 906

(1) Der Eigentümer eines Grundstücks kann die Zuführung von Gasen, Dämpfen, Gerüchen, Rauch, Ruß, Wärme, Geräusch, Erschütterungen und ähnliche von einem anderen Grundstück ausgehende Einwirkungen insoweit nicht verbieten, als die Einwirkung die Benutzung seines Grundstücks nicht oder nur unwesentlich beeinträchtigt. [...]

(2) Das Gleiche gilt insoweit, als eine wesentliche Beeinträchtigung durch eine ortsübliche Benutzung des anderen Grundstücks herbeigeführt wird und nicht durch Maßnahmen verhindert werden kann, die Benutzern dieser Art wirtschaftlich zumutbar sind. Hat der Eigentümer hiernach eine Einwirkung zu dulden, so kann er von dem Benutzer des anderen Grundstücks einen angemessenen Ausgleich in Geld verlangen, wenn die Einwirkung eine ortsübliche Benutzung seines Grundstücks oder dessen Ertrag über das zumutbare Maß hinaus beeinträchtigt. [...]

Der Grundstückseigentümer kann unzumutbare Immissionen untersagen.

3.1. Eigentumserwerb an Grundstücken

Regelfall des Eigentums-
erwerbs an einem Grund-
stück: Auflassung (§ 925)
und Eintragung (§ 873)

Im Regelfall wird Eigentum am Grundstück durch ein Rechtsgeschäft erworben, nämlich durch die Einigung des Veräußerers und Erwerbers (Auflassung) und Eintragung in das Grundbuch (§§ 925, 873). Wegen der Eigentumsvermutung, die sich bei Grundstücken mit der Grundbucheintragung nach § 891 I ergibt, kann Grundstückseigentum auch vom Nichtberechtigten erworben werden, soweit der Erwerber gutgläubig ist, § 892 I.

Erwerb und Verlust des Eigentums an Grundstücken:

- Erwerb vom Berechtigten, §§ 925 I, 873 I
- Erwerb vom eingetragenen Nichtberechtigten, bei gutem Glauben an das Eigentum, §§ 925 I, 873 I, 892 I
- Sonstiger Erwerb:
- Ersitzung (30 Jahre Eigenbesitz und Eintragung), § 900
- Enteignung (staatlicher Hoheitsakt).

§ 925

- §§ 145, 147
- § 873
- § 125, § 128
- § 311 b I

Auflassung

(1) Die zur Übertragung des Eigentums an einem Grundstück nach § 873 erforderliche Einigung des Veräußerers und des Erwerbers (Auflassung) muss bei gleichzeitiger Anwesenheit beider Teile vor einer zuständigen Stelle erklärt werden. Zur Entgegennahme der Auflassung ist jeder Notar zuständig [...].

Übertragung des Eigentums an Grundstücken:

- Auflassung, § 925
- Einigung des Veräußerers und Erwerbers (§§ 145, 147, 873)
- bei gleichzeitiger Anwesenheit beider
- vor einem Notar, § 925 I 2
- über eine unbewegliche Sache, § 94
- Eintragung ins Grundbuch, § 873
- ⇨ Übertragung des Eigentums an einem Grundstück

Der Notar schützt vor
Übereilung.

Auflassung bedeutet die Einigung über einen Grundstückserwerb. Die Eigentumsübertragung eines Grundstücks hat wirtschaftlich weitreichende Folgen. Durch die notarielle Beurkundung werden die Vertragspartner vor Übereilung geschützt und das Grundstück mit der gebotenen Genauigkeit bezeichnet.

3.2. Eigentumserwerb beweglicher Sachen

Das Eigentum an einer beweglichen Sache wird meistens durch Übereignung erworben. Hierzu ist die Einigung zwischen dem Erwerber und Veräußerer sowie Übergabe der Sache erforderlich. Regelfall ist § 929; die Übergabe kann jedoch nach §§ 930, 931 ersetzt werden. Wegen der Eigentumsvermutung des Besitzers gem. § 1006 I 1 kann Eigentum auch vom Nichteigentümer erworben werden, sofern der Erwerber gutgläubig ist, §§ 932-934.

Regelfall des Eigentumserwerbs an beweglichen Sachen, § 929 S. 1: Einigung und Übergabe (Realakt)

Erwerb und Verlust des Eigentums an beweglichen Sachen:

- Erwerb vom Berechtigten durch Einigung, § 929 S. 1 und:
  - Übergabe = Erlangung des unmittelbaren Besitzes, § 929
  - Vermittlung des mittelbaren Besitzes, § 930
  - Abtretung des Herausgabeanspruches, §§ 931, 398
- Erwerb vom Nichtberechtigten durch Einigung (§ 929 S. 1), und guten Glauben (§ 932 II), an die Eigentümerstellung, über nicht abhanden gekommene Sachen (§ 935) und:
  - Übergabe = Erlangung des unmittelbaren Besitzes, § 932
  - Vermittlung des mittelbaren Besitzes, § 933
  - Abtretung des Herausgabeanspruches, § 934
- Verbindung, Vermischung, Verarbeitung:
  - Verbindung mit einer »wichtigeren« Sache, §§ 946, 947
  - Vermischung mit einer »anderen« Sache, § 948
  - Verarbeitung zu einer »neuen« Sache, § 950
- Sonstiger Erwerb:
- Ersitzung (10 Jahre Eigenbesitz), § 937
- Aneignung (einer herrenlosen Sache), § 958
- Fund (nach Anzeige und Zeitablauf), § 973

Der Eigentümerwechsel an beweglichen Sachen kann nur auf eine der hier aufgezählten Arten stattfinden.

Zielt eine Frage auf die Eigentumslage ab, so gilt der in der Einleitung dargestellte Prüfungsaufbau nicht (»wer will was von wem woraus«). Vielmehr wählt man den sog. historischen Aufbau. Man durchforstet dabei die Vergangenheit, um einen Zeitpunkt zu finden, bei dem die Eigentumslage eindeutig war. Von dort aus untersucht man jeden möglichen Eigentümerwechsel bis in die Gegenwart hinein.

Die Eigentumslage prüft man aus der Vergangenheit heraus (historischer Aufbau).

3.2.1. Eigentumserwerb vom Berechtigten

§ 929

* §§ 90
* § 145, § 147
↳ § 932

Erwerb durch Einigung und Übergabe

Zur Übertragung des Eigentums an einer beweglichen Sache ist erforderlich, dass der Eigentümer die Sache dem Erwerber übergibt und beide darüber einig sind, dass das Eigentum übergehen soll. Ist der Erwerber im Besitz der Sache, so genügt die Einigung über den Übergang des Eigentums.

Übereignung nach § 929:

* Einigung zwischen Eigentümer und Erwerber, § 929 S. 1
* bewegliche Sache (§ 90)
* Übergabe (§ 929 S. 1), d.h. Besitzwechsel (entbehrlich, wenn der Erwerber bereits im Besitz ist, § 929 S. 2)
↳ Eigentumsübergang

Beispiel: Alfons kauft ein Schnitzel (§ 433). Der Metzger übergibt ihm das Schnitzel. Indem Alfons das Schnitzel entgegennimmt, ist konkludent die Einigung erklärt. Das Schnitzel ist übereignet.

§ 930

* § 145, § 147
* § 868
↳ § 933

Besitzkonstitut

Ist der Eigentümer im Besitz der Sache, so kann die Übergabe dadurch ersetzt werden, dass zwischen ihm und dem Erwerber ein Rechtsverhältnis vereinbart wird, vermöge dessen der Erwerber den mittelbaren Besitz erlangt.

§ 930 trägt Konstellationen Rechnung, bei denen der Veräußerer die Sache behalten soll.

Einigung und mittelbarer Besitz

Übereignung nach §§ 929, 930:

* Einigung zwischen Eigentümer und Erwerber, § 929 S. 1
* bewegliche Sache (§ 90)
* Übergabe wird ersetzt durch eine Vereinbarung eines konkreten Besitzmittlungsverhältnisses (Besitzkonstitut, § 868)
↳ Eigentumsübergang, Erlangung des mittelbaren Besitzes
↳ Der alte Besitzer behält (vorläufig) den Besitzanspruch

Beispiel: Das Museum verkauft einen van Gogh an einen Kunstliebhaber. Dieser willigt bei der Übereignung ein, dass das Bild in den Ausstellungsräumen des Museums bleibt.

Bei einem Besitzkonstitut nach §§ 930, 868 bleibt der alte Eigentümer in unmittelbarem Besitz der Sache, während er dem Erwerber den Besitz an der Sache »mittelt«, also auch für ihn besitzt. Die Einräumung des mittelbaren Besitzes kann aber nur durch ein konkretes Besitzmittlungsverhältnis erfolgen. Häufiger Anwendungsfall ist die Sicherungsübereignung. Sie erlaubt es dem Schuldner, die Sache weiter zu gebrauchen, ohne dass die Sicherheit des Gläubigers geschmälert ist. Auch der Eigentumsvorbehalt (§ 449) lässt den Verkäufer als mittelbaren Besitzer Eigentümer sein.

Sicherungsübereignung:
* zu sichernde Forderung
* Übereignung nach §§ 929, 930 zur Sicherung der Forderung
* Sicherungsvertrag, gleichzeitig Besitzkonstitut i.S.d. § 868

Beispiel: Zur Sicherung eines Ratenkredits (Darlehen, § 488) wird das Eigentum am damit finanzierten Auto auf die Bank übertragen (§§ 929, 930). Der Käufer bleibt unmittelbarer Besitzer. Die Bank, als mittelbare Besitzerin ist Eigentümerin.

Abtretung des Herausgabeanspruchs

Ist ein Dritter im Besitz der Sache, so kann die Übergabe dadurch ersetzt werden, dass der Eigentümer dem Erwerber den Anspruch auf Herausgabe der Sache abtritt.

§ 931
* § 929, §§ 145 ff.
* § 398
≠ § 985
↻ § 934

Übereignung nach §§ 929, 931:
* Einigung zwischen Eigentümer und Erwerber, § 929 S. 1
* bewegliche Sache (§ 90)
* Herausgabeanspruch des Eigentümers gegen den unmittelbaren Besitzer (nicht aus § 985)
* Abtretung des Anspruchs an den Erwerber, §§ 931, 398
↻ Eigentumsübergang

Einigung und Abtretung

Der Herausgabeanspruch i.S.v. § 931 darf sich nicht allein aus dem Eigentum herleiten (§ 985); er muss eine schuldrechtliche Grundlage haben (z.B. Rückgabeansprüche aus Leihe, § 604).

Beispiel: Fischer hat Schröder ein Buch geliehen. Dieses verkauft Fischer an Merkel. Das Eigentum an dem Buch geht auf M über, indem F den Rückgabeanspruch aus der Leihe gegen S gem. §§ 929, 931, 398 abtritt. Somit wird M Eigentümer.

3.2.2. Eigentumserwerb vom Nichtberechtigten

§ 932

• § 929
≠ § 142 II
≠ § 935

Siehe auch
§ 366 HGB.

Gutgläubiger Erwerb vom Nichtberechtigten

(1) Durch eine nach § 929 erfolgte Veräußerung wird der Erwerber auch dann Eigentümer, wenn die Sache nicht dem Veräußerer gehört, es sei denn, dass er zu der Zeit, zu der er nach diesen Vorschriften das Eigentum erwerben würde, nicht in gutem Glauben ist. In dem Falle des § 929 Satz 2 gilt dies jedoch nur dann, wenn der Erwerber den Besitz von dem Veräußerer erlangt hatte.

(2) Der Erwerber ist nicht in gutem Glauben, wenn ihm bekannt oder infolge grober Fahrlässigkeit unbekannt ist, dass die Sache nicht dem Veräußerer gehört.

Schutz des Geschäfts-
verkehrs durch gut-
gläubigen Erwerb

Gutgläubiger Erwerb nach §§ 929, 932:

• Einigung zwischen Veräußerer und Erwerber, § 929 S. 1
• Übergabe nach § 929
• Veräußerer ist nicht Eigentümer
• Gutgläubigkeit des Erwerbers, § 932 II
• keine abhanden gekommene Sache, § 935
↳ Eigentumserwerb von Nichtberechtigten, § 932

Beispiel: Meinhoff übereignet ein von Ensslin geliehenes Buch an Baader, der von der Eigentumslage nichts weiß.

§ 933

• § 929, 930
• § 932 II
≠ § 935

Gutgläubiger Erwerb bei Besitzkonstitut

Gehört eine nach § 930 veräußerte Sache nicht dem Veräußerer, so wird der Erwerber Eigentümer, wenn ihm die Sache von dem Veräußerer übergeben wird, es sei denn, dass er zu dieser Zeit nicht in gutem Glauben ist.

Gutgläubiger Erwerb nach §§ 929, 930, 933:

• Einigung zwischen Veräußerer und Erwerber, § 929 S. 1
• Übergabeersatz nach § 930
• Veräußerer ist nicht Eigentümer
• Gutgläubigkeit des Erwerbers, § 932 II
• keine abhanden gekommene Sache, § 935
• Unmittelbarer Besitz des Erwerbers
↳ Erwerb des Eigentums vom Nichtberechtigten, § 933

Beispiel: Gottschalk hat einen Fernseher unter Eigentumsvorbehalt von Saturn gekauft und übereignet ihn zur Sicherheit nach §§ 929, 930

*an Jauch, obwohl Saturn noch Vorbehaltseigentum, § 449, hat. Gut-
gläubiger Erwerb ist erst mit Übergabe an Jauch möglich, § 933.*

Gutgläubiger Erwerb bei Forderungsabtretung

§ 934

Gehört eine nach § 931 veräußerte Sache nicht dem Veräußerer, so
wird der Erwerber, wenn der Veräußerer mittelbarer Besitzer der Sache
ist, mit der Abtretung des Anspruchs, anderenfalls dann Eigentümer,
wenn er den Besitz der Sache von dem Dritten erlangt, es sei denn,
dass er zur Zeit der Abtretung oder des Besitzerwerbs nicht in gutem
Glauben ist.

- § 929, 931
- § 932 II
- ≠ § 935

Gutgläubiger Erwerb nach §§ 929, 931, 934:

- Übereignung nach §§ 929, 931
- Veräußerer ist nicht Eigentümer
- Gutgläubigkeit des Erwerbers, § 932 II
- keine abhanden gekommene Sache, § 935
- ✍ Erwerb des Eigentums vom Nichtberechtigten, § 934

*An das Beispiel zu § 933 anknüpfend: Jauch ist nicht Eigentümer ge-
worden, aber übereignet nach § 931 weiter an Kerner, der mit Abtretung des Herausgabeanspruchs Eigentümer wird (§ 934).*

Abhanden gekommene Sachen

§ 935

(1) Der Erwerb des Eigentums auf Grund der §§ 932 bis 934 tritt nicht
ein, wenn die Sache dem Eigentümer gestohlen worden, verloren gegangen oder sonst abhanden gekommen war [...].

- §§ 932-934

Kein gutgläubiger Erwerb
von Diebes- und Hehler-
ware

Eigentumsschutz nach § 935:

- Erwerb nach §§ 932 bis 934
- Sache gestohlen, verloren, abhanden gekommen, § 935 I 1
- Kein Geld, Schecks etc., § 935 II
- ✍ kein gutgläubiger Erwerb nach §§ 932 bis 934

Wer »unfreiwillig« den Besitz an einer Sache verloren hat, wird durch
§ 935 I geschützt (Ausnahmen für Geld und Schecks, nach § 935 II).
Anders, wenn der Eigentümer den Besitz freiwillig aufgegeben hat. In
diesem Fall wäre die Gutgläubigkeit des Erwerbers nach §§ 932-934
geschützt.

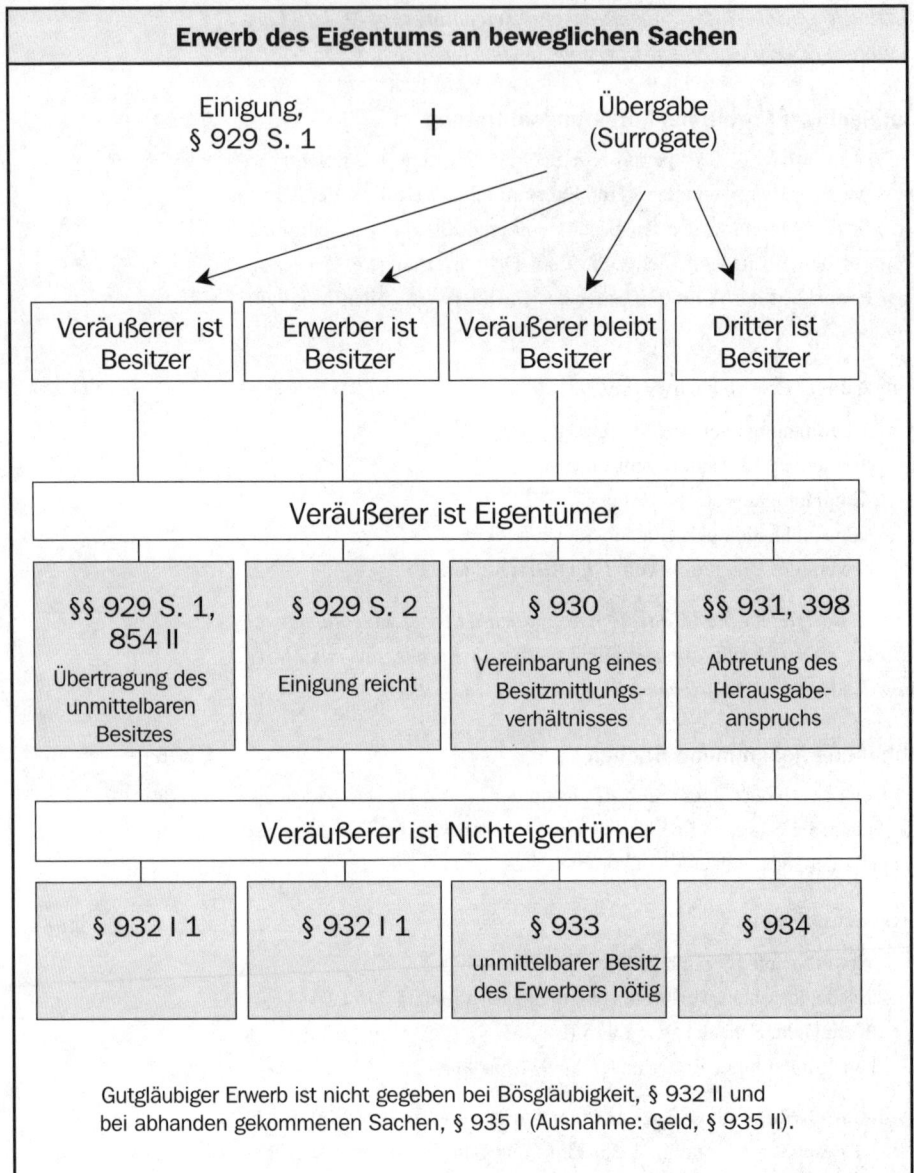

Erwerb des Eigentums an beweglichen Sachen

Einigung, § 929 S. 1   +   Übergabe (Surrogate)

Veräußerer ist Besitzer	Erwerber ist Besitzer	Veräußerer bleibt Besitzer	Dritter ist Besitzer

Veräußerer ist Eigentümer

§§ 929 S. 1, 854 II	§ 929 S. 2	§ 930	§§ 931, 398
Übertragung des unmittelbaren Besitzes	Einigung reicht	Vereinbarung eines Besitzmittlungs-verhältnisses	Abtretung des Herausgabe-anspruchs

Veräußerer ist Nichteigentümer

§ 932 I 1	§ 932 I 1	§ 933	§ 934
		unmittelbarer Besitz des Erwerbers nötig	

Gutgläubiger Erwerb ist nicht gegeben bei Bösgläubigkeit, § 932 II und bei abhanden gekommenen Sachen, § 935 I (Ausnahme: Geld, § 935 II).

3.2.3. Verbindung, Vermischung, Verarbeitung

Um die Eigentumsverhältnisse im täglichen Leben zu vereinfachen, sehen die §§ 946 ff. vor, dass bei irreversiblen Vermengungen von Sachen das Eigentum an den »Nebensachen« erlischt. Für den Eigentumsverlust gibt § 951 einen Ausgleichsanspruch.

Eigentum durch
Veränderung

Verbindung mit einem Grundstück

§ 946

Wird eine bewegliche Sache mit einem Grundstück dergestalt verbunden, dass sie wesentlicher Bestandteil des Grundstücks wird, so erstreckt sich das Eigentum an dem Grundstück auf diese Sache.

• § 94, § 95
↳ § 951

Eigentumserwerb nach § 946:
* Verbindung einer beweglichen Sache mit einem Grundstück
* Sache wird zum wesentlichen Bestandteil (§§ 94, 95)
↳ Eigentum am Grundstück umfasst die verbundenen Sachen
↳ Ausgleichsanspruch nach § 951

Beispiel: Ein Gebäude wird mit seiner Errichtung wesentlicher Bestandteil des Grundstücks, § 94 I. Dasselbe gilt für die Heizungsanlage im Wohnhaus gem. § 94 II.

Verbindung mit beweglichen Sachen

§ 947

(1) Werden bewegliche Sachen miteinander dergestalt verbunden, dass sie wesentliche Bestandteile einer einheitlichen Sache werden, so werden die bisherigen Eigentümer Miteigentümer dieser Sache; die Anteile bestimmen sich nach dem Verhältnis des Wertes, den die Sachen zur Zeit der Verbindung haben.

• § 93
↳ § 1008 ff.
↳ § 951

(2) Ist eine der Sachen als die Hauptsache anzusehen, so erwirbt ihr Eigentümer das Alleineigentum.

Eigentumserwerb nach § 947:
* Verbindung von beweglichen Sachen
* zu wesentlichen Bestandteilen (d.h. Untrennbarkeit, § 93)
↳ Ist eine Sache als Hauptsache anzusehen, wird deren Eigentümer auch Eigentümer der Nebensachen (§ 947 II)
↳ Wenn keine Sache zur Hauptsache geworden ist, entsteht Miteigentum (§§ 947 I, 741 ff., 1008 ff.)
↳ Ausgleichsanspruch nach § 951

§ 948

- § 90
- ⤷ § 947
- ⤷ § 951

Vermischung von beweglichen Sachen

(1) Werden bewegliche Sachen miteinander untrennbar vermischt oder vermengt, so finden die Vorschriften des § 947 entsprechende Anwendung [...].

§ 950

Verarbeitung von beweglichen Sachen

(1) Wer durch Verarbeitung oder Umbildung eines oder mehrerer Stoffe eine neue bewegliche Sache herstellt, erwirbt das Eigentum an der neuen Sache, sofern nicht der Wert der Verarbeitung oder der Umbildung erheblich geringer ist als der Wert des Stoffes [...].

Eigentumserwerb nach § 950:

- Verarbeitung beweglicher Sachen
- Entstehen einer neuen Sache
- durch erhebliche Arbeitsleistung
- ⤷ Eigentumserwerb des Herstellers, § 950 I 1
- ⤷ Ausgleichsanspruch nach § 951

Verarbeitungsklausel

Beispiel: Der Bauer (B) verkauft an den Metzger (M) eine Kuh unter Eigentumsvorbehalt. Verarbeitet M die Kuh zu Salami, wird M als Hersteller gem. § 950 Eigentümer der Würste. Damit der Eigentumsvorbehalt des B nicht leerläuft, können die Parteien vereinbaren, dass M für B verarbeitet, also B der Hersteller ist.

§ 951

- §§ 946-950
- ⤷ § 812 ff.

Entschädigung für Rechtsverlust

(1) Wer infolge der Vorschriften der §§ 946 bis 950 einen Rechtsverlust erleidet, kann von demjenigen, zu dessen Gunsten die Rechtsänderung eintritt, Vergütung in Geld nach den Vorschriften über die Herausgabe einer ungerechtfertigten Bereicherung fordern. Die Wiederherstellung des früheren Zustands kann nicht verlangt werden [...].

Anspruch

Anspruch auf Ersatz für Bereicherung, §§ 951, 812:

- Eigentumsverlust nach §§ 946 bis 950
- ⤷ Anspruch nach § 812 I S. 1 2. Alt (Eingriffskondiktion)

Rechtsgrundverweisung nach § 812

Bei § 951 handelt es sich hier um eine sogenannte Rechtsgrundverweisung, d.h., § 812 muss voll geprüft werden. § 951 I S. 1 verhindert nur die Qualifizierung der §§ 946 bis 950 als rechtlichen Grund.

3.2.4. Ersitzung, Aneignung, Fund

Ersitzung

§ 937

(1) Wer eine bewegliche Sache zehn Jahre im Eigenbesitz hat, erwirbt das Eigentum (Ersitzung).

(2) Die Ersitzung ist ausgeschlossen, wenn der Erwerber bei dem Erwerb des Eigenbesitzes nicht in gutem Glauben ist oder wenn er später erfährt, dass ihm das Eigentum nicht zusteht.

Aneignung

§ 958

• § 90
• §§ 959
• § 872

(1) Wer eine herrenlose bewegliche Sache in Eigenbesitz nimmt, erwirbt das Eigentum an der Sache.

(2) Das Eigentum wird nicht erworben, wenn die Aneignung gesetzlich verboten ist oder wenn durch die Besitzergreifung das Aneignungsrecht eines anderen verletzt wird.

Eigentumserwerb durch Aneignung, § 958:

• bewegliche Sache, § 90
• Herrenlosigkeit, §§ 959, 960
• Eigenbesitznahme, § 872
↳ Eigentumserwerb, § 958 I

Herrenlos ist eine Sache, wenn noch nie Eigentum bestanden hat (z.B. § 960 I wilde Tiere) oder das Eigentum aufgegeben wurde (§ 959 z.B. Abstellen für den Sperrmüll).

Finderlohn

§ 971

(1) Der Finder kann von dem Empfangsberechtigten einen Finderlohn verlangen. Der Finderlohn beträgt von dem Wert der Sache bis zu 500 Euro fünf vom Hundert, von dem Mehrwert drei vom Hundert, bei Tieren drei vom Hundert. Hat die Sache nur für den Empfangsberechtigten einen Wert, so ist der Finderlohn nach billigem Ermessen zu bestimmen. [...]

Anspruch

Eigentumserwerb des Finders

§ 973

(1) Mit dem Ablauf von sechs Monaten nach der Anzeige des Fundes bei der zuständigen Behörde erwirbt der Finder das Eigentum an der Sache, es sei denn, dass vorher ein Empfangsberechtigter dem Finder bekannt geworden ist oder sein Recht bei der zuständigen Behörde angemeldet hat. Mit dem Erwerb des Eigentums erlöschen die sonstigen Rechte an der Sache.

4. Ansprüche aus dem Eigentum

Wichtigster Anspruch aus dem Eigentum ist der Eigentumsherausgabeanspruch (§ 985). Aber auch die Ansprüche des Eigentümers gegen
den unrechtmäßigen Besitzer (§§ 987 ff.) sowie die Gegenansprüche
des unrechtmäßigen Besitzers (§§ 994 ff.) sind von hoher, praktischer
Bedeutung. Außerdem zu beachten ist der Unterlassungs- und Beseitigungsanspruch aus § 1004.

DEINS ODER MEINS

Verhältnis von Eigentümer
und unberechtigtem
Besitzer

Die §§ 987 bis 993 regeln die Ansprüche des Eigentümers gegen den
unberechtigten Besitzer auf Herausgabe der Nutzungen (§ 987, 988)
und Schadensersatz (§ 989, 990). Besondere Bedeutung hat das Eigentümer-Besitzer-Verhältnis (E-B-V), weil es andere Ansprüche (§§ 812,
823) weitgehend ausschließt (§§ 992, 993 I 2. Hs). Die §§ 994 ff. regeln die Gegenansprüche des Besitzers gegen den Eigentümer auf
Ersatz der Verwendungen, die er am Eigentum vornahm.

Ansprüche aus dem E-B-V setzen immer das Vorhandensein der sogenannten Vindikationslage voraus. Vindikationslage bedeutet, dass der
eine Eigentum an einer Sache hat und der andere den Besitz, aber kein
Besitzrecht hat; kurz gesagt, es besteht ein Anspruch aus § 985.

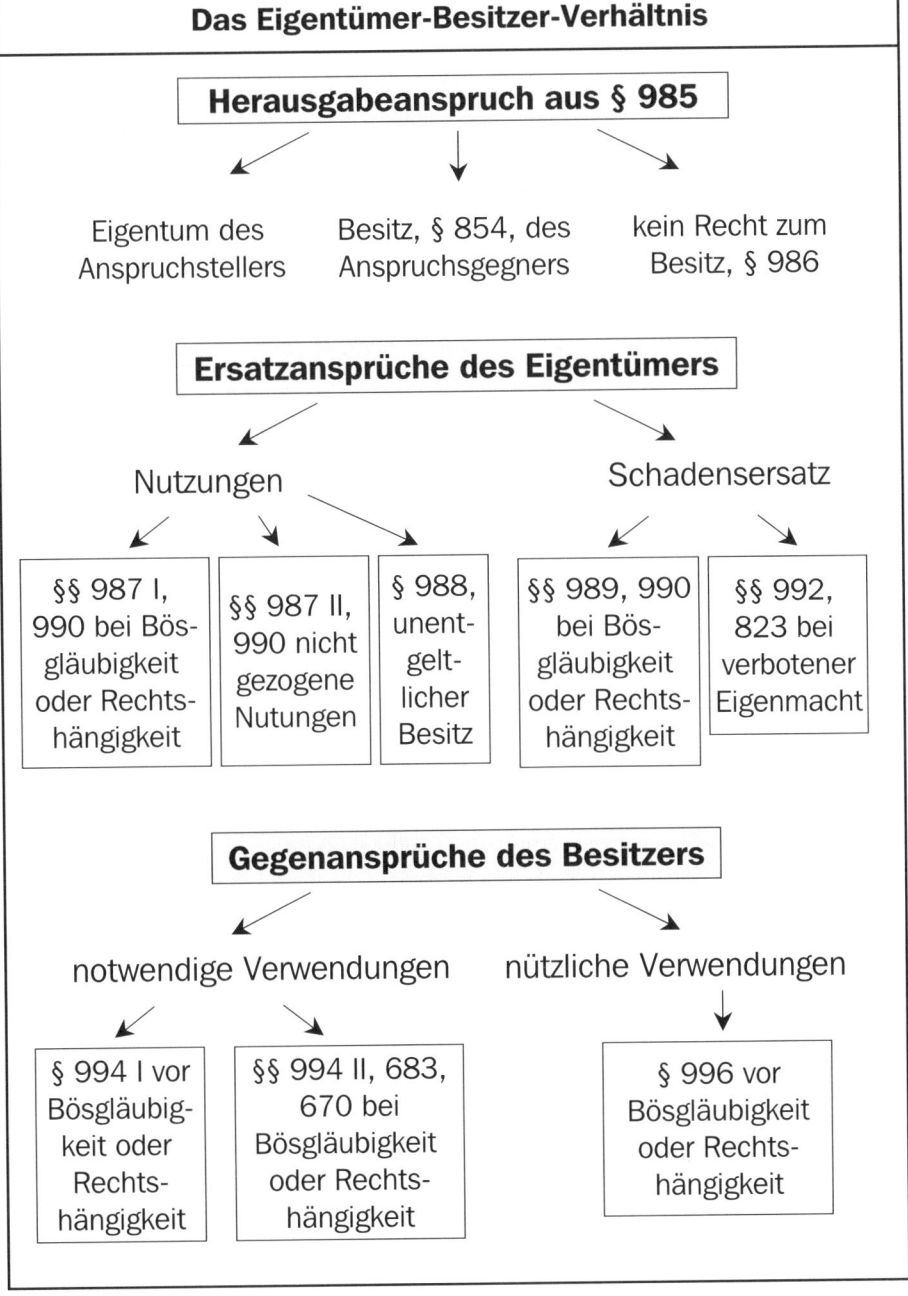

Das Eigentümer-Besitzer-Verhältnis

Herausgabeanspruch aus § 985

Eigentum des
Anspruchstellers

Besitz, § 854, des
Anspruchsgegners

kein Recht zum
Besitz, § 986

Ersatzansprüche des Eigentümers

Nutzungen

Schadensersatz

§§ 987 I, 990 bei Bösgläubigkeit oder Rechtshängigkeit

§§ 987 II, 990 nicht gezogene Nutungen

§ 988, unentgeltlicher Besitz

§§ 989, 990 bei Bösgläubigkeit oder Rechtshängigkeit

§§ 992, 823 bei verbotener Eigenmacht

Gegenansprüche des Besitzers

notwendige Verwendungen

nützliche Verwendungen

§ 994 I vor Bösgläubigkeit oder Rechtshängigkeit

§§ 994 II, 683, 670 bei Bösgläubigkeit oder Rechtshängigkeit

§ 996 vor Bösgläubigkeit oder Rechtshängigkeit

4.1. Herausgabeanspruch des Eigentümers

§ 985

≠ § 986
↳ § 861, § 1007
↳ §§ 987 ff.

Herausgabeanspruch

Der Eigentümer kann von dem Besitzer die Herausgabe der Sache verlangen.

§ 986

≠ § 677, § 683
≠ § 433, § 449
  § 535

Einwendungen des Besitzers

(1) Der Besitzer kann die Herausgabe der Sache verweigern, wenn er oder der mittelbare Besitzer, von dem er sein Recht zum Besitz ableitet, dem Eigentümer gegenüber zum Besitz berechtigt ist. Ist der mittelbare Besitzer dem Eigentümer gegenüber zur Überlassung des Besitzes an den Besitzer nicht befugt, so kann der Eigentümer von dem Besitzer die Herausgabe der Sache an den mittelbaren Besitzer oder, wenn dieser den Besitz nicht wieder übernehmen kann oder will, an sich selbst verlangen.

(2) Der Besitzer einer Sache, die nach § 931 durch Abtretung des Anspruchs auf Herausgabe veräußert worden ist, kann dem neuen Eigentümer die Einwendungen entgegensetzen, welche ihm gegen den abgetretenen Anspruch zustehen.

Anspruch

Eigentumsherausgabeanspruch aus § 985:

- • Anspruchssteller ist Eigentümer der Sache, § 90
- • Anspruchsgegner ist im Besitz (§§ 854, 868) der Sache
- • kein Recht zum Besitz:
- - eigenes Besitzrecht des Besitzers, § 986 I 1 1. Alt. (etwa aus schuldrechtlichen Verträgen z.B. Miete, Leihe etc.) oder
- - bei gestuftem Besitz: des mittelbaren Besitzers

Eigentumsherausgabe-
anspruch oder Vindikation

- - bei Übereignung nach § 931, Einwendungserhalt, § 986 II
- ↳ Anspruch auf Herausgabe der Sache, § 985
- ↳ Ansprüche aus §§ 987 ff., Nutzungsersatz, Schadensersatz

Bei der Prüfung dieser Voraussetzungen geht man historisch vor: Man prüft die Eigentumslage aus der Vergangenheit heraus.

Beispiel: Stuck (S) hat sein Auto an Lauda (L) vermietet und kündigt ihm jetzt den Vertrag. L hatte durch den Mietvertrag ein Besitzrecht nach § 986 I 1, das jedoch durch die Kündigung des Mietvertrages erloschen ist. S hat einen Anspruch aus § 985.

4.2. Ersatzansprüche des Eigentümers

Nutzungen nach Rechtshängigkeit

§ 987

(1) Der Besitzer hat dem Eigentümer die Nutzungen herauszugeben, die er nach dem Eintritt der Rechtshängigkeit zieht.

- §§ 985, 986
- §§ 99, 100
- § 990 I 1
- §§ 276, 278

(2) Zieht der Besitzer nach dem Eintritt der Rechtshängigkeit Nutzungen nicht, die er nach den Regeln einer ordnungsgemäßen Wirtschaft ziehen könnte, so ist er dem Eigentümer zum Ersatz verpflichtet, soweit ihm ein Verschulden zur Last fällt.

Anspruch auf Nutzungsersatz, § 987 I, 990:

Anspruch

- Eigentümer-Besitzer-Verhältnis, §§ 985, 986 (Eigentum des Anspruchstellers, Besitz des Anspruchgegners, fehlendes Besitzrecht) zur Zeit der Nutzungsziehung
- Nutzungsziehung (§§ 99, 100) nach:
- Eintritt der Rechtshängigkeit, § 987 I (Erhebung einer Klage)
- oder bösgläubiger Erwerb des Besitzes, §§ 990 I 1, 932 II
- ⮑ Anspruch des Eigentümers auf Herausgabe der gezogenen Nutzungen, § 987 I
- ⮑ Anspruch auf Ersatz für schuldhaft (§§ 276, 278) nicht gezogene Nutzungen, § 987 II

Beispiel: Dieb (D) stiehlt dem Jahn (J) ein Huhn. D muss die Eier nach §§ 987 I, 990 I 1 herausgeben. Wenn D das Huhn des J an Birkel (B) verkauft und B erfährt erst später vom Diebstahl, muss B nur die ab dann gelegten Eier herausgeben (§§ 987 I, 990 I 2). Wenn D die Eier nicht einsammelt, muss er nach § 987 II Wertersatz leisten. Über § 992 gelten ferner die §§ 823 ff.

Nutzungen des unentgeltlichen Besitzers

§ 988

Hat ein Besitzer, der die Sache als ihm gehörig oder zum Zwecke der Ausübung eines ihm in Wirklichkeit nicht zustehenden Nutzungsrechts an der Sache besitzt, den Besitz unentgeltlich erlangt, so ist er dem Eigentümer gegenüber zur Herausgabe der Nutzungen, die er vor dem Eintritt der Rechtshängigkeit zieht, nach den Vorschriften über die Herausgabe einer ungerechtfertigten Bereicherung verpflichtet.

- §§ 985, 986
- §§ 99, 100
- ⮑ §§ 818 ff., 818 III

Anspruch

Anspruch auf Nutzungsersatz aus § 988:

- Eigentümer-Besitzer-Verhältnis, §§ 985, 986 (Eigentum des Anspruchstellers, Besitz des Anspruchsgegners, fehlendes Besitzrecht) zur Zeit der Nutzungsziehung
- Nutzungsziehung (§§ 99, 100)
- Gutgläubigkeit

Unentgeltlich gleich
rechtsgrundlos

- unentgeltliche (oder rechtsgrundlose) Besitzerlangung
- ✍ Anspruch des Eigentümers auf Nutzungsherausgabe, §§ 988,
  818 ff.

Nach § 987 I muss der Besitzer nur die Nutzungen herausgeben, die er
nach Kenntnisnahme seiner Nichtberechtigung zieht. Dieser Vorteil ist
jedoch nicht gerechtfertigt, wenn er den Besitz unentgeltlich erlangt
hat, was § 988 korrigiert. Der Verweis ins Bereicherungsrecht ist eine
sog. Rechtsfolgenverweisung. Es muss nur nach §§ 818 ff. der Umfang
des Anspruchs bestimmt werden. Wichtig ist dabei die Möglichkeit des
Bereicherungswegfalls (§ 818 III).

*Beispiel: Dieb schenkt seinem Freund ein gestohlenes Huhn, was die-
ser nicht weiß. Der Freund muss alle Eier herausgeben, auch wenn er
erst später vom Diebstahl erfährt.*

§ 989

- § 985, § 986
- § 990 I
- § 276, § 278
- ✍ §§ 249 ff.

Schadensersatz nach Rechtshängigkeit

Der Besitzer ist von dem Eintritt der Rechtshängigkeit an dem Eigentümer für den Schaden verantwortlich, der dadurch entsteht, dass infolge seines Verschuldens die Sache verschlechtert wird, untergeht
oder aus einem anderen Grunde von ihm nicht herausgegeben werden
kann.

Anspruch

Anspruch auf Schadensersatz aus §§ 989, 990:

- Eigentümer-Besitzer-Verhältnis, §§ 985, 986 (Eigentum des Anspruchstellers, Besitz des Anspruchsgegners, fehlendes Besitzrecht) zur Zeit der schädigenden Handlung
- Rechtshängigkeit oder Bösgläubigkeit (§§ 990 I, 932 II)
- Verschlechterung oder Untergang der Sache
- durch Verschulden des Besitzers (§§ 276, 278)
- ✍ Schadensersatzansprüche des Eigentümers (§§ 249 ff.)

*Beispiel: Baader klaut den Wagen der Gloria und fährt ihn zu Schrott.
Gloria kann nun Schadensersatz nicht nur aus § 823 (vgl. § 992), sondern auch aus §§ 989, 990 verlangen.*

Gleichstellung von Bösgläubigkeit mit Rechtshängigkeit

§ 990
- § 166 I, § 831
- § 932
↳ § 987, § 989

(1) War der Besitzer bei dem Erwerb des Besitzes nicht in gutem Glauben, so haftet er dem Eigentümer von der Zeit des Erwerbs an nach den §§ 987, 989. Erfährt der Besitzer später, dass er zum Besitz nicht berechtigt ist, so haftet er in gleicher Weise von der Erlangung der Kenntnis an.

(2) Eine weitergehende Haftung des Besitzers wegen Verzugs bleibt unberührt.

§ 990 stellt den bösgläubigen Besitz mit dem Eintritt der Rechtshängigkeit in §§ 987, 989 gleich. Bösgläubigkeit bedeutet, dass der Besitzer weiß, dass er nicht zum Besitz berechtigt ist, oder dass er es grob fahrlässig nicht weiß (§ 932). Der böse Glaube ist möglich, sowohl bei Besitzerwerb (§ 990 I 1) als auch später (§ 990 I 2).

Haftung des deliktischen Besitzers

§ 992
- § 858
↳ §§ 823 ff.

Hat sich der Besitzer durch verbotene Eigenmacht oder durch eine Straftat den Besitz verschafft, so haftet er dem Eigentümer nach den Vorschriften über den Schadensersatz wegen unerlaubter Handlungen.

Wegen § 993 I 2. Hs sind Ansprüche aus §§ 823 ff. im Eigentümer-Besitzer-Verhältnis ausgeschlossen. Dies gilt aber nicht bei verbotener Eigenmacht (§ 858) oder einer Straftat (z.B. Betrug).

Privilegierung des gutgläubigen Besitzers

§ 993
≠ § 812 ff.
≠ §§ 823 ff.
↳ §§ 818 ff. und § 816

(1) Liegen die in den §§ 987 bis 992 bezeichneten Voraussetzungen nicht vor, so hat der Besitzer die gezogenen Früchte, soweit sie nach den Regeln einer ordnungsmäßigen Wirtschaft nicht als Ertrag der Sache anzusehen sind, nach den Vorschriften über die Herausgabe einer ungerechtfertigten Bereicherung herauszugeben; im Übrigen ist er weder zur Herausgabe von Nutzungen noch zum Schadensersatze verpflichtet [...].

Privilegierung des gut-
gläubigen Besitzers

§ 993 I 1. Hs besagt, dass der gutgläubige unverklagte Besitzer die normalerweise zu erwartenden Nutzungen behalten darf. Die Gutgläubigkeit soll nicht bestraft werden. Sog. »Übermaßfrüchte« müssen jedoch nach § 818 ff. herausgegeben werden.

§ 993 I 2. Hs besagt, dass neben Ansprüchen aus §§ 987 ff. die §§ 812 ff., 823 ff. ausscheiden. Beachten Sie aber §§ 992, 988.

4.3. Gegenansprüche des Besitzers

Möglicherweise hat der Besitzer für den Erhalt und die Verbesserung der Sache Vermögensopfer erbracht, z.B. Füttern eines Pferdes. Hierfür steht dem Besitzer eine Reihe von Ersatzansprüchen zu (§§ 994, 996). Um die Ansprüche auch wirklich durchsetzen zu können, hat er ein Recht auf Zurückbehaltung (§§ 1000, 1001). Es wird zwischen notwendigen und nützlichen Verwendungen sowie sogenannten Luxusaufwendungen unterschieden.

§ 994

• § 985, § 986
↳ § 996
↳ § 1000

↳ § 683, § 670

Notwendige Verwendungen

(1) Der Besitzer kann <u>für die auf die Sache gemachten notwendigen Verwendungen von dem Eigentümer Ersatz verlangen</u>. Die gewöhnlichen Erhaltungskosten sind ihm jedoch für die Zeit, für welche ihm die Nutzungen verbleiben, nicht zu ersetzen.

(2) Macht der Besitzer nach dem Eintritt der Rechtshängigkeit oder nach dem Beginn der im § 990 bestimmten Haftung notwendige Verwendungen, so bestimmt sich die Ersatzpflicht des Eigentümers nach den Vorschriften über die Geschäftsführung ohne Auftrag.

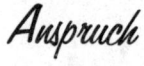

Verwendungen –
alles was verbessert

Anspruch des Besitzers auf Verwendungsersatz, § 994:

- E-B-V, §§ 985, 986 zur Zeit der Verwendungsvornahme
- Verwendungen: alle willentlichen Vermögensaufwendungen, die der Sache zugute kommen sollen, ohne sie grundlegend zu verändern
- Notwendige Verwendung: objektiv erforderlich (der Eigentümer hätte sie sowieso durchführen müssen), § 994 I 1
- unter Abzug der Erhaltungskosten, § 994 I 2
- Besitzer ist gutgläubig und unverklagt
- ↳ Anspruch des Besitzers auf Verwendungsersatz, § 994 I
- ↳ nach Rechtshängigkeit bzw. Bösgläubigkeit, Ansprüche aus GoA (§§ 994 II, 683, 670), Rechtsgrundverweis
- ↳ Zurückbehaltungsrecht nach § 1000

Beispiel: Reparatur eines Autos ist notwendige Verwendung nach § 994 I 1; Inspektionen des Autos sind dagegen als Erhaltungskosten nach § 994 I 2 anzusehen.

Nützliche Verwendungen

§ 996

- § 985, § 986

↳ § 1000

Für andere als notwendige Verwendungen kann der Besitzer Ersatz nur insoweit verlangen, als sie vor dem Eintritt der Rechtshängigkeit und vor dem Beginn der im § 990 bestimmten Haftung gemacht werden und der Wert der Sache durch sie noch zu der Zeit erhöht ist, zu welcher der Eigentümer die Sache wiedererlangt.

Kein Ersatz für Luxusaufwendungen

Eine nützliche Verwendung ist z.B. der Unterbodenschutz für ein Auto, jedoch nicht ein Elfenbeinlenkrad (sog. Luxusaufwendung). Die Wertsteigerung muss noch zum Zeitpunkt der Rückgabe vorhanden, z.B. muss der Unterbodenschutz noch dicht sein.

Anspruch

Anspruch des Besitzers auf Verwendungsersatz, § 996:

- E-B-V, §§ 985, 986 zur Zeit der Verwendungsvornahme
- Besitzer ist gutgläubig und unverklagt
- Nützliche Verwendungen: zwar nicht notwendige Vermögensaufwendungen, aber wertsteigernd für die Sache
- Wertsteigerung noch während der Rückgabe

↳ Verwendungsersatzanspruch des Besitzers, § 996

↳ Zurückbehaltungsrecht nach § 1000

Zurückbehaltungsrecht des Besitzers

§ 1000

- § 985, § 986
- § 994 I, § 996

Der Besitzer kann die <u>Herausgabe der Sache verweigern</u>, bis er wegen der ihm zu ersetzenden Verwendungen befriedigt wird. Das Zurückbehaltungsrecht steht ihm nicht zu, wenn er die Sache durch eine vorsätzlich begangene unerlaubte Handlung erlangt hat.

Einrede

Zurückbehaltungsrecht nach § 1000:

- E-B-V, §§ 985, 986 zur Zeit der Verwendungsvornahme
- Besitzer ist gutgläubig und unverklagt
- Besitzer hat Verwendungsersatzanspruch aus §§ 994, 996
- Sache nicht durch unerlaubte Handlung erlangt, § 1000 S. 2

↳ Zurückbehaltungsrecht nach § 1000

§ 1000 gibt dem Besitzer eine – den Anspruch aus § 985 hemmende – Einrede. D.h., solange der Eigentümer nicht die Verwendungen ersetzt, muss der Besitzer die Sache nicht herausgeben. § 1000 gibt jedoch kein Recht zum Besitz i.S.d. § 986 I 1.

4.4. Beseitigung und Unterlassung

§ 1004

Beseitigungs- und Unterlassungsanspruch

(1) Wird das Eigentum in anderer Weise als durch Entziehung oder Vorenthaltung des Besitzes beeinträchtigt, so kann der Eigentümer von dem Störer die Beseitigung der Beeinträchtigung verlangen. Sind weitere Beeinträchtigungen zu besorgen, so kann der Eigentümer auf Unterlassung klagen.

(2) Der Anspruch ist ausgeschlossen, wenn der Eigentümer zur Duldung verpflichtet ist.

Die Ansprüche aus § 1004 schützen den Eigentümer gegen Beeinträchtigungen des Eigentums. § 1004 wird analog auch auf viele andere Rechte angewandt. Als schützenswertes Recht wird nicht nur das Eigentum gesehen, sondern, wie in § 823 I definiert, auch Leben, Körper, Freiheit, Besitz u.v.a.m.

Wegen des Verzichts auf das Verschuldenserfordernis muss darauf geachtet werden, dass der Beseitigungsanspruch nicht zu einer Umgehung der Schadensersatzvorschriften aus §§ 823 ff. führt.

Ansprüche aus § 1004:

Anspruch

- Objektiv widerrechtliche Beeinträchtigung des Eigentums oder eines anderen absoluten Rechts (Leben, Gesundheit, Namensrecht, Patentrecht, Freiheit vgl. § 823 I)
- Beeinträchtigung durch den Anspruchsgegner = Störer
- keine Duldungsverpflichtung (§ 1004 II)
  - vertraglich vereinbarte Duldungspflicht
  - gesetzlich geregelte Duldung, § 906 oder Notstand, § 904
- ↳ Beseitigungsanspruch (§ 1004 I 1) bei Fortdauer der Beeinträchtigung
- ↳ Unterlassungsanspruch (§ 1004 I 2) bei Wiederholungsgefahr oder drohender Gefahr (Störung muss entgegen dem Wortlaut noch nicht eingetreten sein)

Beispiel: Töpfer (T) hat auf seinem Grundstück einen Baum umgesägt, der auf das Grundstück des Fischer (F) fällt. F kann aus § 1004 I 1 Beseitigung verlangen. Falls T darüber hinaus einen Hund hat, der immer auf dem Grundstück des F seine Geschäfte verrichtet, kann F nach § 1004 I 2 Unterlassung verlangen.

4.5. »Eigentumsähnlicher« Besitzschutz

Eigentumsvermutung für den Besitzer

§ 1006

(1) Zugunsten des Besitzers einer beweglichen Sache wird vermutet, dass er Eigentümer der Sache sei. Dies gilt jedoch nicht einem früheren Besitzer gegenüber, dem die Sache gestohlen worden, verloren gegangen oder sonst abhanden gekommen ist, es sei denn, dass es sich um Geld oder Inhaberpapiere handelt [...].

Bei beweglichen Sachen wird der Nachweis von Ansprüchen aus dem Eigentum durch § 1006 I erleichtert, wonach der Besitz eine gesetzliche Eigentumsvermutung begründet.

Ansprüche des früheren Besitzers

§ 1007

↳ § 985, § 861

(1) Wer eine bewegliche Sache im Besitz gehabt hat, kann von dem Besitzer die Herausgabe der Sache verlangen, wenn dieser bei dem Erwerb des Besitzes nicht in gutem Glauben war.

(2) Ist die Sache dem früheren Besitzer gestohlen worden, verloren gegangen oder sonst abhanden gekommen, so kann er die Herausgabe auch von einem gutgläubigen Besitzer verlangen, es sei denn, dass dieser Eigentümer der Sache ist oder die Sache ihm vor der Besitzzeit des früheren Besitzers abhanden gekommen war. Auf Geld und Inhaberpapiere findet diese Vorschrift keine Anwendung.

(3) Der Anspruch ist ausgeschlossen, wenn der frühere Besitzer bei dem Erwerb des Besitzes nicht in gutem Glauben war oder wenn er den Besitz aufgegeben hat. Im Übrigen finden die Vorschriften der §§ 986 bis 1003 entsprechende Anwendung.

Ansprüche auf Herausgabe aus § 1007 I, II

Anspruch

- bewegliche Sache, § 90
- früherer Besitz des Anspruchsstellers
- jetziger Besitz des Anspruchsgegners
- § 1007 I: Bösgläubigkeit des Besitzers zur Zeit des Besitzerwerbs oder
- § 1007 II: abhanden gekommene Sache, § 935
- kein Ausschluss durch § 1007 III
- ↳ früherer Besitzer kann Herausgabe der Sache verlangen

§ 1007 I und II bilden zwei selbständige Anspruchsgrundlagen.

5. Hypothek und Grundschuld

Hypothek und Grundschuld dienen in der Regel der Sicherung von Kreditgeschäften. Sie sind Pfandrechte für den Kreditgeber an einem Grundstück des Kreditnehmers. Der Hypothekengläubiger (Hypothekar) kann sich bei Nichtzahlung der Forderung (z.B. des Darlehens) durch die Verwertung des Grundstücks (Zwangsvollstreckung) befriedigen. Der Gläubiger hat einen Anspruch auf Duldung der Zwangsvollstreckung in das Grundstück aus § 1147. Dies ist die wichtigste Anspruchsgrundlage im Hypothekenrecht.

Hypothek, Grundschuld und Pfand ist gemein, dass der Gläubiger ein Verwertungsrecht an der Sache hat.

Eine Hypothek kann nur für eine »bestimmte« Geldforderung bestellt werden. Als Sicherungsrecht ist die Hypothek abhängig von der zu sichernden Forderung (Akzessorietät der Hypothek von der Forderung). Das Grundstück haftet für die gesicherte Forderung in der Weise, dass der Eigentümer die Befriedigung des Gläubigers aus dem Grundstück dulden muss, erforderlichenfalls im Wege der Zwangsversteigerung. Das Grundstück haftet für die Hauptforderung, für die Zinsen sowie für die Kosten der Betreibung der Hypothek. Die Grundschuld dagegen ist nicht akzessorisch, d.h., sie ist dinglich unabhängig – abstrakt – von der gesicherten Forderung. Auch für den Inhaber einer Grundschuld ist § 1147 die maßgebliche Anspruchsgrundlage.

5.1. Hypothek

§ 1113

- § 648
- § 488 I
- § 873, §§ 145 ff.
- § 1147

Begriff der Hypothek

(1) Ein Grundstück kann in der Weise belastet werden, dass an denjenigen, zu dessen Gunsten die Belastung erfolgt, eine bestimmte Geldsumme zur Befriedigung wegen einer ihm zustehenden Forderung aus dem Grundstück zu zahlen ist (Hypothek).

(2) Die Hypothek kann auch für eine künftige oder eine bedingte Forderung bestellt werden.

Trennen Sie stets zwischen persönlicher Forderung und Hypothek. Die Forderung (z. B. Darlehensanspruch) ist das Band des Gläubigers zum persönlichen Schuldner, der dingliche Hypothekenanspruch ist das rechtliche Band des Gläubigers zum Grundstück.

Beispiel: Die Commerzbank gibt dem Fleißig einen Kredit für seinen Hausbau und lässt sich zur Sicherung dieser Darlehensforderung

(§ 488) eine Hypothek am Grundstück bestellen (§ 1113 I), was durch Einigung, §§ 145 ff., 873 und Eintragung in das Grundbuch erfolgt, §§ 873, 1115.

Eintragung der Hypothek

§ 1115

• § 873

(1) Bei der Eintragung der Hypothek müssen der Gläubiger, der Geldbetrag der Forderung und, wenn die Forderung verzinslich ist, der Zinssatz, wenn andere Nebenleistungen zu entrichten sind, ihr Geldbetrag im Grundbuch angegeben werden; im Übrigen kann zur Bezeichnung der Forderung auf die Eintragungsbewilligung Bezug genommen werden.

(2) Bei der Eintragung der Hypothek für ein Darlehen einer Kreditanstalt, deren Satzung von der zuständigen Behörde öffentlich bekannt gemacht worden ist, genügt zur Bezeichnung der außer den Zinsen satzungsgemäß zu entrichtenden Nebenleistungen die Bezugnahme auf die Satzung.

Als Belastung eines Grundstücks erfolgt die Bestellung der Hypothek durch Einigung und Eintragung ins Grundbuch nach § 873 I, wobei auch die Daten nach § 1115 einzutragen sind.

Brief- und Buchhypothek

§ 1116

(1) Über die Hypothek wird ein Hypothekenbrief erteilt.

(2) Die Erteilung des Briefes kann ausgeschlossen werden. Die Ausschließung kann auch nachträglich erfolgen. Zu der Ausschließung ist die Einigung des Gläubigers und des Eigentümers sowie die Eintragung in das Grundbuch erforderlich; die Vorschriften des § 873 Abs. 2 und der §§ 876, 878 finden entsprechende Anwendung [...].

Der Brief macht die Hypothek verkehrsfähig.

Es gibt zwei Arten von Hypotheken: die Brief- und die Buchhypothek. Die Regel ist die Briefhypothek, da diese verkehrsfähiger ist. Der Hypothekenbrief wird vom Grundbuchamt ausgestellt und ist eine öffentliche Urkunde mit allen wesentlichen Angaben zur Hypothek. Die Übertragung der Hypothek erfolgt durch Übergabe und schriftliche Abtretungserklärung.

§ 1117

• § 929 S. 2,
↳ § 930, § 931

Erwerb der Briefhypothek

(1) Der Gläubiger erwirbt, sofern nicht die Erteilung des Hypothekenbriefs ausgeschlossen ist, die Hypothek erst, wenn ihm der Brief von dem Eigentümer des Grundstücks übergeben wird. Auf die Übergabe finden die Vorschriften des § 929 Satz 2 und der §§ 930, 931 Anwendung.

(2) Die Übergabe des Briefes kann durch die Vereinbarung ersetzt werden, dass der Gläubiger berechtigt sein soll, sich den Brief von dem Grundbuchamt aushändigen zu lassen.

(3) Ist der Gläubiger im Besitz des Briefes, so wird vermutet, dass die Übergabe erfolgt sei.

Übertragung einer Hypothek:

• Wirksame Einigung zwischen Eigentümer und Hypothekar (§§ 145, 147, 873 I, 1113 I)
• Eintragung der Hypothek ins Grundbuch, §§ 873 I, 1115
• Verfügungsberechtigung des Veräußerers
• Bestehen einer gültigen Forderung § 1113 (Akzessorietät)
• Übergabe des Hypothekenbriefes (§ 1117) oder
• bei der Buchhypothek die Einigung über den Ausschluss eines Hypothekenbriefes nach § 1116 II.

§ 1138

↳ § 892
≠ § 1137

Öffentlicher Glaube des Grundbuchs

Die Vorschriften der §§ 891 bis 899 gelten für die Hypothek auch in Ansehung der Forderung und der dem Eigentümer nach § 1137 zustehenden Einreden.

Beispiel: Die Hypo-Bank hat eine Hypothek für eine Darlehensforderung (§ 488) am Grundstück des Martin. Sie überträgt die Hypothek und Forderung zusammen durch Abtretung, §§ 1153 f., § 398, an die Invest-Bank. Wenn aber aus irgendeinem Grund die Forderung nicht besteht, kann sie auch nicht abgetreten werden. Damit wäre nach § 892 kein gutgläubiger Erwerb mehr möglich. Für diesen Fall fingiert § 1138 die Forderung, so dass die Hypothek kraft öffentlichen Glaubens weiterhin gutgläubig nach § 892 erworben werden kann. Jedoch erwirbt die Invest-Bank damit nur die Hypothek und nicht die Forderung, d.h., es besteht nur ein Anspruch aus § 1147, nicht aus § 488.

Befriedigungsrecht des Eigentümers

§ 1142

✎ § 1143

(1) Der Eigentümer ist berechtigt, den Gläubiger zu befriedigen, wenn die Forderung ihm gegenüber fällig geworden oder wenn der persönliche Schuldner zur Leistung berechtigt ist.

(2) Die Befriedigung kann auch durch Hinterlegung oder durch Aufrechnung erfolgen.

Sind Schuldner und Grundstückseigentümer nicht identisch, könnte letzterer ein Interesse daran haben, dass sein Grundstück nicht versteigert wird. Dies kann er erreichen, indem er den Gläubiger nach § 1142 befriedigt, womit nach § 1143 I auch die Forderung gegen den Schuldner auf ihn übergeht.

Übergang der Forderung

§ 1143

• § 1142
✎ § 774 I

(1) Ist der Eigentümer nicht der persönliche Schuldner, so geht, soweit er den Gläubiger befriedigt, die Forderung auf ihn über. Die für einen Bürgen geltenden Vorschriften des § 774 Abs. 1 finden entsprechende Anwendung [...].

Beispiel: Emil, auf dessen Grundstück eine Hypothek für eine Kaufpreisforderung gegen seinen Sohn S lastet, zahlt an den Gläubiger (§§ 1142 I, 362). Damit steht die Forderung aus § 433 II wegen § 1143 I dem Emil zu.

Befriedigung durch Zwangsvollstreckung

§ 1147

• § 1113, 873
≉ § 1137

Die Befriedigung des Gläubigers aus dem Grundstück und den Gegenständen, auf die sich die Hypothek erstreckt, erfolgt im Wege der Zwangsvollstreckung.

Anspruch auf Duldung der Zwangsvollstreckung in das Grundstück, §§ 1147, 1113:

Anspruch

- • Anspruchssteller muss Inhaber der Hypothek sein
- - Anspruchssteller hat sie vom Eigentümer erworben oder
- - dem Anspruchssteller wurde die Hypothek durch Abtretung nach §§ 398 ff., 1154 übertragen
- • Fälligkeit der Hypothek, § 1141
- • keine Einreden, § 1137
- ✎ Anspruch auf Duldung der Zwangsvollstreckung, § 1147 (durch Zwangsversteigerung oder Zwangsverwaltung)

Keine Geldforderung, sondern Befriedigung aus dem Grundstück

§ 1153

- § 398
- § 1154

Hypothek folgt der Forderung

(1) Mit der Übertragung der Forderung geht die Hypothek auf den neuen Gläubiger über.

(2) Die Forderung kann nicht ohne die Hypothek, die Hypothek kann nicht ohne die Forderung übertragen werden.

§ 1153 ist Folge der Akzessorietät der Hypothek, wonach mit Abtretung der Forderung (§ 398) auch die Hypothek mit übergehen muss. Dabei ist die Form des § 1154 zu beachten.

§ 1154

↳ § 126, § 125
≠ § 125

Die Hypothek wird durch Abtretung der Forderung übertragen.

Abtretung der Forderung

(1) Zur Abtretung der Forderung ist Erteilung der Abtretungserklärung in schriftlicher Form und Übergabe des Hypothekenbriefs erforderlich; die Vorschrift des § 1117 findet Anwendung. Der bisherige Gläubiger hat auf Verlangen des neuen Gläubigers die Abtretungserklärung auf seine Kosten öffentlich beglaubigen zu lassen.

(2) Die schriftliche Form der Abtretungserklärung kann dadurch ersetzt werden, dass die Abtretung in das Grundbuch eingetragen wird.

(3) Ist die Erteilung des Hypothekenbriefs ausgeschlossen, so finden auf die Abtretung der Forderung die Vorschriften der §§ 873, 878 entsprechende Anwendung.

Beispiel: Die Hypo-Bank gewährt dem Klein einen Kredit (§ 488) und erhält zur Sicherung eine Hypothek bestellt, §§ 873, 1113. Wenn die H die Forderung nach §§ 1153, 398 an die Commerzbank abtritt, muss dies nach § 1154 schriftlich (§ 126) erfolgen und der Hypothekenbrief übergeben werden.

§ 1163

- § 362
- ↳ § 1172

Ohne Forderung gehört die Hypothek dem Eigentümer.

Eigentümerhypothek

(1) Ist die Forderung, für welche die Hypothek bestellt ist, nicht zur Entstehung gelangt, so steht die Hypothek dem Eigentümer zu. Erlischt die Forderung, so erwirbt der Eigentümer die Hypothek.

(2) Eine Hypothek, für welche die Erteilung des Hypothekenbriefs nicht ausgeschlossen ist, steht bis zur Übergabe des Briefes an den Gläubiger dem Eigentümer zu.

5.2. Grundschuld

Die Grundschuld belastet ein Grundstück in der Weise, dass an den Berechtigten eine bestimmte Geldsumme aus dem Grundstück zu zahlen ist (§ 1191). Der Anspruch des Gläubigers ist wie bei der Hypothek darauf gerichtet, dass der Eigentümer die Zwangsvollstreckung in das Grundstück dulden muss (§ 1147). Im Unterschied zur Hypothek ist die Grundschuld nicht akzessorisch, d.h., sie ist in ihrem Bestand unabhängig von dem Bestehen einer persönlichen Forderung, auch wenn sie vielfach der Sicherung einer solchen Forderung (z.B. Darlehen) dient. Das Band zwischen Forderung und Grundschuld ist der sogenannte Sicherungsvertrag. Bei sonst wirksamer Bestellung entsteht die Grundschuld auch, wenn die zu sichernde Forderung nicht zur Entstehung gelangt, z.B. das Darlehen nicht ausbezahlt wird.

Die Grundschuld ist nicht akzessorisch, sondern abstrakt.

Begriff der Grundschuld

§ 1191

(1) Ein Grundstück kann in der Weise belastet werden, dass an denjenigen, zu dessen Gunsten die Belastung erfolgt, eine bestimmte Geldsumme aus dem Grundstück zu zahlen ist (Grundschuld).

(2) Die Belastung kann auch in der Weise erfolgen, dass Zinsen von der Geldsumme sowie andere Nebenleistungen aus dem Grundstück zu entrichten sind.

Anwendbare Vorschriftem

§ 1192

(1) Auf die Grundschuld finden die Vorschriften über die Hypothek entsprechende Anwendung, soweit sich nicht daraus ein anderes ergibt, dass die Grundschuld nicht eine Forderung voraussetzt.

(2) Für Zinsen der Grundschuld gelten die Vorschriften über die Zinsen einer Hypothekenforderung.

↳ § 1115, § 1116, § 1117, § 1147
≠ § 1137, § 1113, § 1153, § 1163 I

Wenn eine Vorschrift der §§ 1113 ff. auf die Akzessorietät der Hypothek abstellt, ist sie nicht auf die Grundschuld anwendbar.

Eigentümergrundschuld

§ 1196

(1) Eine Grundschuld kann auch für den Eigentümer bestellt werden. [...]

6. Pfandrecht

Ein Pfandrecht ist gegeben, wenn eine bewegliche Sache zur Sicherung einer Forderung dem Gläubiger übergeben (verpfändet) wird. Da also der Gläubiger die Sache unmittelbar erhält, spricht man auch vom **Faustpfandrecht** »Faustpfand«. Dies ist gleichzeitig der Grund für die geringe praktische Bedeutung des vertraglichen Pfandrechts, denn der Schuldner kann die Sache zu dieser Zeit nicht nutzen. In der Praxis hat sich deshalb die Sicherungsübereignung durchgesetzt (vgl. § 930), bei der der Schuldner die Sache zwar behalten und benutzen kann, der Gläubiger jedoch Eigentümer ist. Bedeutsamer als das vertragliche Pfandrecht sind die gesetzlichen Pfandrechte (z.B. Unternehmerpfandrecht, § 647; Vermieterpfandrecht, § 562), für die über § 1257 die Regelungen der §§ 1204 ff. weitgehend Anwendung finden.

Das Pfandrecht berechtigt den Gläubiger, einen bestimmten fremden Gegenstand zu veräußern und sich aus dem Erlös zu befriedigen, wenn die gesicherte Forderung nicht bezahlt wird. Der Pfandgläubiger erwirbt also weder das Eigentum noch das Recht, den Pfandgläubiger persönlich in Anspruch zu nehmen. Klassische Anwendung: die öffentliche Pfandleihanstalt.

§ 1204

• § 90
↳ § 1228

Begriff

(1) Eine bewegliche Sache kann zur Sicherung einer Forderung in der Weise belastet werden, dass der Gläubiger berechtigt ist, Befriedigung aus der Sache zu suchen (Pfandrecht).

(2) Das Pfandrecht kann auch für eine künftige oder eine bedingte Forderung bestellt werden.

§ 1205

• § 90
• §§ 145 ff.
• § 854, § 868
↳ § 1228

Bestellung

(1) Zur Bestellung des Pfandrechts ist erforderlich, dass der Eigentümer die Sache dem Gläubiger übergibt und beide darüber einig sind, dass dem Gläubiger das Pfandrecht zustehen soll. Ist der Gläubiger im Besitz der Sache, so genügt die Einigung über die Entstehung des Pfandrechts.

(2) Die Übergabe einer im mittelbaren Besitz des Eigentümers befindlichen Sache kann dadurch ersetzt werden, dass der Eigentümer den mittelbaren Besitz auf den Pfandgläubiger überträgt und die Verpfändung dem Besitzer anzeigt.

Entstehen eines rechtsgeschäftlichen Pfandrechts:

- wirksame Einigung (§§ 145 ff.) über die Belastung einer beweglichen Sache mit einem Verwertungsrecht des Gläubigers zur Sicherung einer bestimmbaren Forderung
- Übergabe der beweglichen Sache durch
  - Verschaffung des unmittelbaren Besitzes §§ 1205 I 2; 854
  - oder Verschaffung des mittelbaren Besitzes (§§ 1205 II; 870)
- Verfügungsberechtigung des Veräußerers. Der Pfandschuldner muss Eigentümer der Sache sein oder kraft Gesetzes zur Verfügung befugt sein
- Bestand der zu sichernden Forderung des Gläubigers gegen den Schuldner § 1204

> Das Pfandrecht steht und fällt mit der gesicherten Forderung.

- ⇨ Entstehen eines Pfandrechts §§ 1204, 1205, das nur so lange existiert, bis die Forderung erlischt § 1252 = Akzessorietät
- ⇨ Pfandrecht gibt ein dingliches Besitzrecht i.S.v. § 986 I
- ⇨ Anspruch auf Herausgabe des Pfandes nach § 1231
- ⇨ Recht zur Verwertung des Pfandes nach § 1228

Verpfändung durch Nichtberechtigten § 1207

Gehört die Sache nicht dem Verpfänder, so finden auf die Verpfändung die für den Erwerb des Eigentums geltenden Vorschriften der §§ 932, 934, 935 entsprechende Anwendung.

Gutgläubiger Erwerb eines Pfandrechts, § 1207:

- Bestellung eines rechtsgeschäftlichen Pfandrechts (gilt nicht für gesetzliche Pfandrechte nach § 1257)
- Verpfänder ist nicht Eigentümer
- Gläubiger ist gutgläubig (vgl. § 932 II)
- Besitzwechsel nach §§ 932 bis 934
- ⇨ Erwerb des Pfandrechts durch Gläubiger, obwohl Schuldner nicht Eigentümer war
- ⇨ Verwertungsrecht nach § 1228

Befriedigung durch Pfandverkauf § 1228

> - § 1204
> - §§ 1234, 1235
> - ⇨ § 1252

(1) Die Befriedigung des Pfandgläubigers aus dem Pfand erfolgt durch Verkauf.

(2) Der Pfandgläubiger ist zum Verkauf berechtigt, sobald die Forderung ganz oder zum Teil fällig ist. Besteht der geschuldete Gegenstand nicht in Geld, so ist der Verkauf erst zulässig, wenn die Forderung in eine Geldforderung übergegangen ist.

Anspruch

Anspruch auf Befriedigung aus dem Pfand, §§ 1228, 1204:

- • Bestehen eines Pfandrechts, § 1204
- • Fälligkeit der Forderung (§ 1228 II S. 1, Leistungszeit, § 271)
- ↳ Berechtigung zum Verkauf des Pfandes nach §§ 1233 ff. (nach Androhung, § 1234)
- ↳ Verkauf durch öffentliche Versteigerung (§ 1235)
- ↳ Wenn die Sache versteigert ist und genug eingebracht hat, erlischt die Forderung, § 1252

§ 1234   **Kein Verkauf ohne Androhung**

(1) Der Pfandgläubiger hat dem Eigentümer den Verkauf vorher anzudrohen und dabei den Geldbetrag zu bezeichnen, wegen dessen der Verkauf stattfinden soll. Die Androhung kann erst nach dem Eintritt der Verkaufsberechtigung erfolgen; sie darf unterbleiben, wenn sie untunlich ist.

(2) Der Verkauf darf nicht vor dem Ablauf eines Monats nach der Androhung erfolgen. Ist die Androhung untunlich, so wird der Monat von dem Eintritt der Verkaufsberechtigung an berechnet.

Durch die Verkaufsandrohung hat der Schuldner nochmals Gelegenheit, den Pfandverkauf durch Befriedigung der Forderung zu verhindern.

§ 1235   **Öffentliche Versteigerung oder freihändiger Verkauf**

(1) Der Verkauf des Pfandes ist im Wege öffentlicher Versteigerung zu bewirken.

(2) Hat das Pfand einen Börsen- oder Marktpreis, so findet die Vorschrift des § 1221 Anwendung.

§ 1239   **Mitbieten durch Gläubiger und Eigentümer**

(1) Der Pfandgläubiger und der Eigentümer können bei der Versteigerung mitbieten. Erhält der Pfandgläubiger den Zuschlag, so ist der Kaufpreis als von ihm empfangen anzusehen.

(2) Das Gebot des Eigentümers darf zurückgewiesen werden, wenn nicht der Betrag bar erlegt wird. Das Gleiche gilt von dem Gebot des Schuldners, wenn das Pfand für eine fremde Schuld haftet.

Gutgläubiger Erwerb des Pfandes

§ 1244

Wird eine Sache als Pfand veräußert, ohne dass dem Veräußerer ein Pfandrecht zusteht oder den Erfordernissen genügt wird, von denen die Rechtmäßigkeit der Veräußerung abhängt, so finden die Vorschriften der §§ 932 bis 934, 936 entsprechende Anwendung, wenn die Veräußerung nach § 1233 Abs. 2 erfolgt ist oder die Vorschriften des § 1235 oder des in § 1240 Abs. 2 beobachtet worden sind.

≠ § 935

Selbst wenn der Gläubiger gar kein Pfandrecht hatte, wird der Ersteigerer Eigentümer an der Sache, auch wenn diese gestohlen war, denn auf § 935 wird in § 1244 nicht verwiesen.

Erlös aus dem Pfand

§ 1247

Soweit der Erlös aus dem Pfande dem Pfandgläubiger zu seiner Befriedigung gebührt, gilt die Forderung als von dem Eigentümer berichtigt. Im Übrigen tritt der Erlös an die Stelle des Pfandes.

Übersteigt der Erlös die Forderung nicht, gilt die Forderung nur in Höhe des Erlöses als erloschen, § 1247 S. 1. Übersteigt der Erlös die Forderung, steht der Mehrwert dem ursprünglichen Eigentümer (Schuldner) zu, § 1247 S. 2.

Pfandrecht erlischt mit der Forderung

§ 1252

Das Pfandrecht erlischt mit der Forderung, für die es besteht.

Gesetzliches Pfandrecht

§ 1257

Die Vorschriften über das durch Rechtsgeschäft bestellte Pfandrecht finden auf ein kraft Gesetzes entstandenes Pfandrecht entsprechende Anwendung.

• § 562, § 647
≠ § 1207
↳ §§ 1204 ff.

Gesetzliche Pfandrechte sind z.B. Unternehmerpfandrecht (§ 647) und Vermieterpfandrecht (§ 562). Beachten Sie: § 1207 über den gutgläubigen Erwerb von Pfandrechten gilt nicht für das gesetzliche Pfandrecht. Dies ergibt sich daraus, dass § 1257 zwar in die Vorschriften der §§ 1204 ff. verweist, jedoch wird in § 1257 von einem schon entstandenen Pfandrecht gesprochen, während es nach § 1207 erst entstehen würde.

Für das gesetzliche Pfandrecht gelten die §§ 1204 ff. entsprechend.

7. Wiederholungsfragen

1. Was versteht man unter Besitz? Welche Arten von Besitz unterscheidet man? Lösung S. 212, 213

2. Was bedeutet »verbotene Eigenmacht«; welche Ansprüche ergeben sich daraus für den Besitzer? Lösung S. 213, 214

3. Welche Bedeutung hat das Grundbuch? Weshalb kann ein gutgläubiger Dritter auch auf falsche Eintragungen darin vertrauen? Lösung S. 216, 217, 220

4. Was bewirkt eine Vormerkung? Wie steht die Vormerkung zur Forderung? Lösung S. 218 f.

5. Wie erwirbt man Eigentum an einem Grundstück und wie wird das Eigentum an einem Grundstück i.d.R. übertragen? Lösung S. 217, 224

6. Der Eigentumserwerb an beweglichen Sachen ist eines der zentralen Themen des BGB. Welche Arten sind darin vorgesehen? Lösung S. 225

7. Der Regelfall der Eigentumsübertragung vom Berechtigten ist § 929. Zählen Sie die darin genannten Voraussetzungen einzeln auf. Lösung S. 226

8. Welche Rolle spielt der gute Glaube an die Verfügungsbefugnis beim Eigentumserwerb vom Nichtberechtigten? Lösung S. 228

9. Welche Voraussetzungen hat der Herausgabeanspruch (§ 985) des Eigentümers gegen den Besitzer? Lösung S. 236

10. Was versteht man unter Eigentümer-Besitzer-Verhältnis (E-B-V)? Lösung S. 234

11. Welche Ansprüche hat der Eigentümer gegen den Besitzer aus E-B-V; welche Vorschrift schützt dabei den gutgläubigen Besitzer? Lösung S. 235

12. Welche Gegenrechte (Ansprüche und Einreden) hat der Besitzer gegen den Eigentümer aus E-B-V? Lösung S. 240, 241

13. Unterlassungs- und Beseitigungsansprüche gegen Beeinträchtigungen des Eigentums sind in § 1004 I mit der Einschränkung des § 1004 II geregelt. Welche Rechtsgüter werden darin noch geschützt? Lösung S. 242

14. Wie kann man eine Hypothek erwerben? Welche Ansprüche hat der Hypothekar bei Fälligkeit? Lösung S. 244 ff.

15. Was versteht man unter Pfandrecht? Welche Ansprüche hat der Pfandgläubiger bei Fälligkeit? Lösung S. 250 ff.

Familien- und Erbrecht

1. Familienrecht

Das Familienrecht (§§ 1297-1921) regelt die Beziehungen der Familienmitglieder untereinander und zu Dritten. Hierunter fallen insbesondere das Recht der Ehe und die elterliche Sorge. Aber auch Pflegschaft und Betreuung (anstelle der früheren Vormundschaft) werden darin behandelt. Die folgenden Seiten bieten einen knappen Einblick in das Familienrecht.

DIE FAMILIE

1.1. Ehe

Die Ehe ist eine enge Lebensgemeinschaft zweier unterschiedlich geschlechtlicher Partner, die besonderen staatlichen Schutz erfahren soll. Mittlerweile können jedoch auch gleichgeschlechtliche Partner durch die eingetragene Lebenspartnerschaft einen gewissen Schutz erlangen.

Dem BGB sind die Beziehungen innerhalb der Ehe (§§ 1353 ff.) und die Scheidung (§§ 1564 ff.) zu entnehmen. Wie die Ehe geschlossen und angefochten wird, ist gesondert im Ehegesetz geregelt.

Eheliche Lebensgemeinschaft § 1353

(1) Die Ehe wird auf Lebenszeit geschlossen. Die Ehegatten sind einander zur ehelichen Lebensgemeinschaft verpflichtet […].

(2) Ein Ehegatte ist nicht verpflichtet, dem Verlangen des anderen Ehegatten nach Herstellung der Gemeinschaft Folge zu leisten, wenn sich das Verlangen als Missbrauch seines Rechtes darstellt oder wenn die Ehe gescheitert ist.

Die gegenseitige Gemeinschaftsverpflichtung (§ 1353 I) ist bedeutsam, weil dadurch bei gegenseitigen Hilfeleistungen gerade kein besonderer Vertrag anzunehmen ist. Nur wenn die Tätigkeit über das »Eheübliche« hinausgeht, kann man eventuell eine BGB-Gesellschaft konstruieren (§§ 705 ff.). Eine BGB-Gesellschaft wird auch manchmal bei der gesetzlich nicht geregelten nichtehelichen Lebensgemeinschaft angenommen.

> Die Vollziehung der Ehe ist nicht einklagbar.

Beispiel: Wenn der Mann 20 Jahre ohne Lohn in der Anwaltskanzlei seiner Frau mitarbeitet, sind die §§ 705 ff. anzuwenden.

Geschäfte zur Deckung des Lebensbedarfs § 1357

(1) Jeder Ehegatte ist berechtigt, Geschäfte zur angemessenen Deckung des Lebensbedarfs der Familie mit Wirkung auch für den anderen Ehegatten zu besorgen. Durch solche Geschäfte werden beide Ehegatten berechtigt und verpflichtet, es sei denn, dass sich aus den Umständen etwas anderes ergibt […].

> ↳ §§ 164 ff.

Der Ehepartner bedarf bei der Stellvertretung (§ 164) keiner ausdrücklichen Vertretungsmacht des anderen, soweit es sich um die angemessene Deckung des Lebensbedarfs handelt.

Beispiel: Frau kauft Lebensmittel bei Tante Emma »für sich und ihre Familie« ein und lässt anschreiben. Tante Emma kann den Ehemann wegen der Bezahlung nach §§ 433, 164 in Anspruch nehmen. Bei § 1357 kommt es auf die Angemessenheit an; ein Pelzmantel dient wohl nur bei Millionären der Deckung des Lebensbedarfs.

Sorgfaltspflicht § 1359

Die Ehegatten haben bei der Erfüllung der sich aus dem ehelichen Verhältnis ergebenden Verpflichtungen einander nur für diejenige Sorgfalt einzustehen, welche sie in eigenen Angelegenheiten anzuwenden pflegen.

> ↳ § 277

§ 1363 Zugewinngemeinschaft

(1) Die Ehegatten leben im Güterstand der Zugewinngemeinschaft, wenn sie nicht durch Ehevertrag etwas anderes vereinbaren.

Auch bei der Zugewinngemeinschaft bleiben die Vermögen der Eheleute getrennt.

(2) Das Vermögen des Mannes und das Vermögen der Frau werden nicht gemeinschaftliches Vermögen der Ehegatten; dies gilt auch für Vermögen, das ein Ehegatte nach der Eheschließung erwirbt. Der Zugewinn, den die Ehegatten in der Ehe erzielen, wird jedoch ausgeglichen, wenn die Zugewinngemeinschaft endet.

Das eheliche Güterrecht regelt, was aus dem Vermögen der Ehepartner während und nach der Ehe wird. Der Normalfall ist die Zugewinngemeinschaft. Es ist aber auch möglich, durch Ehevertrag Gütertrennung oder Gütergemeinschaft zu vereinbaren.

Bei der Zugewinngemeinschaft bleiben die Vermögen der beiden Ehepartner getrennt (§ 1363 II 1). Bei einer Scheidung entsteht jedoch ein Ausgleichsanspruch, wonach derjenige, der während der Ehe mehr »dazugewonnen« hat, die Hälfte dieses Zuwachses dem anderen abgeben muss (§§ 1363 II 2, 1378).

§ 1564 Scheidung durch Urteil

Eine Ehe kann nur durch gerichtliches Urteil auf Antrag eines oder beider Ehegatten geschieden werden. Die Ehe ist mit der Rechtskraft des Urteils aufgelöst. Die Voraussetzungen, unter denen die Scheidung begehrt werden kann, ergeben sich aus den folgenden Vorschriften.

Die Scheidung kann von beiden Ehepartnern beantragt werden (§ 1564 S. 1). Seit 1976 gilt nicht mehr das Verschuldens-, sondern das Zerrüttungsprinzip (§ 1565). Die Ehepartner müssen ein bzw. drei Jahre getrennt gelebt haben (§ 1566), was auch in derselben Wohnung möglich ist (§ 1567).

§ 1565 Zerrüttungsprinzip

Bei der Scheidung gilt das Zerrüttungsprinzip.

(1) Eine Ehe kann geschieden werden, wenn sie gescheitert ist. Die Ehe ist gescheitert, wenn die Lebensgemeinschaft der Ehegatten nicht mehr besteht und nicht erwartet werden kann, dass die Ehegatten sie wiederherstellen. [...]

1.2. Verwandte und Schwäger

Verwandtschaft

§ 1589

Personen, deren eine von der anderen abstammt, sind in gerader Linie verwandt. Personen, die nicht in gerader Linie verwandt sind, aber von derselben dritten Person abstammen, sind in der Seitenlinie verwandt. Der Grad der Verwandtschaft bestimmt sich nach der Zahl der sie vermittelnden Geburten.

Verwandt ist, wer voneinander abstammt, also Eltern und Kinder, nicht aber Eheleute. Geschwister sind im 2. Grad verwandt, Cousins und Cousinen im 4. Grad verwandt (Geburt des einen Cousins, Geburt der Mutter/Vater des einen Cousins, Geburt des Bruders/Schwester der Mutter/Vater, Geburt des anderen Cousins).

Schwägerschaft

§ 1590

Ein Ehepaar ist nicht verwandt.

(1) Die Verwandten eines Ehegatten sind mit dem anderen Ehegatten verschwägert. Die Linie und der Grad der Schwägerschaft bestimmen sich nach der Linie und dem Grad der sie vermittelnden Verwandtschaft [...].

1.3. Eltern und Kinder

Elterliche Sorge; Selbständigkeit des Kindes

§ 1626

↳ § 277

(1) Die Eltern haben die Pflicht und das Recht, für das minderjährige Kind zu sorgen (elterliche Sorge). [...].

Elterliche Sorge ist mehr eine Pflicht als ein Recht.

(2) Bei der Pflege und Erziehung berücksichtigen die Eltern die wachsende Fähigkeit und das wachsende Bedürfnis des Kindes zu selbständigem verantwortungsbewußtem Handeln. [...].

Vertretung des Kindes

§ 1629

↳ § 164

(1) Die elterliche Sorge umfasst die Vertretung des Kindes. Die Eltern vertreten das Kind gemeinschaftlich [...].

§ 1629 ermöglicht den Eltern Rechtsgeschäfte in Vertretung (§ 164) des Kindes zu tätigen.

2. Erbrecht

Alljährlich wird in der Bundesrepublik ein Vermögen etwa in der Höhe eines Zehntels des Bruttosozialproduktes vererbt. Häufig streiten sich die Erben um die Aufteilung hinterlassener Vermögen, gleichgültig, ob es um ein paar Tausender oder um Millionen geht. Mit steigender Tendenz werden diese Streitereien vor den Gerichten ausgetragen. Oft genug tragen die Erblasser selbst dazu bei, denn etwa 80 Prozent der Deutschen hinterlassen weder Testament noch Erbvertrag.

In den §§ 1922-2385 ist geregelt, was im Todesfall mit den Rechten und Pflichten des Verstorbenen geschieht. Das Erbrecht, wie auch das Familienrecht, wird man in Prüfungen selten brauchen, deshalb wird es in diesem Buch knapper behandelt als die vorangegangenen Kapitel.

Als Erbschaft – auch Nachlass genannt – wird das Vermögen bezeichnet, das im Erbfall als Ganzes auf die Erben übergeht. Vermögen sind alle Rechte wie Eigentum, Besitz, Forderungen, die einen in Geld messbaren Wert darstellen. Die Kehrseite der Medaille ist, dass zur Erbschaft auch alle Verbindlichkeiten des Erblassers zählen. Nicht vererblich sind sog. »höchstpersönliche Rechte«, wie z.B. Mitgliedschaftsrechte in Vereinen.

Übergang der Rechte und Pflichten bei einer Erbschaft:

- Erbfolgebestimmung durch Testament, § 1937 oder
- durch Erbvertrag oder
- durch Gesetz, §§ 1924 ff.
- ✍ Übergang aller Rechte, § 1922
- ✍ Übergang aller Pflichten, § 1967

Im Erbrecht stecken mancherlei Fallstricke, die es zu umgehen gilt, will der Erblasser ungewollte Begünstigungen vermeiden.

Beispiel: Ein (nicht notarielles) Testament muss handschriftlich abgefasst werden, andernfalls ist es ungültig, §§ 2231, 2247.

Beispiel: Auch wer sich auf die gesetzliche Erbfolge verlässt, kann böse Überraschungen erleben: »Das kinderlose Paar hielt ein Testament für unnötig, weil außer dem Ehepartner keine Erbnachfolger zu sehen waren. Im Todesfall taucht jedoch plötzlich ein uneheliches Kind auf.«

2.1. Gesetzliche Erbfolge

Soweit kein Testament besteht (§ 1937), bestimmt sich die Erbfolge nach den gesetzlichen Regelungen der §§ 1924 ff.

Darin wird unterschieden: Erben erster Ordnung sind die Kinder und deren Kinder usw. (§ 1924). Erben zweiter Ordnung sind die Eltern und deren Kinder (§ 1925). Sind bereits Erben der ersten Ordnung vorhanden, so werden Verwandte niedrigerer Ordnung von der Erbschaft ausgeschlossen (§ 1930). Innerhalb der ersten Ordnung wird »paritätisch« aufgeteilt. Unberührt davon bleibt das Ehegattenerbrecht, das daneben besteht, § 1931. Die zentrale Schaltnorm des Erbrechts ist § 1922. Durch sie geht mit dem Moment des Ablebens beispielsweise das Eigentum auf die Erben über.

> Bei der Erbfolge sucht man im Familienstammbaum nach »blutsverwandten Abkömmlingen«.

Gesamtrechtsnachfolge

(1) Mit dem Tod einer Person (Erbfall) geht deren Vermögen (Erbschaft) als Ganzes auf eine oder mehrere andere Personen (Erben) über.

(2) Auf den Anteil eines Miterben (Erbteil) finden die sich auf die Erbschaft beziehenden Vorschriften Anwendung.

Beispiel: Asterix (A) hat einen Schadensersatzanspruch gegen Caesar (C) aus § 823. Nun stirbt A und hinterlässt nur seinen Sohn (S). Jetzt kann S den Anspruch gegen B nach den §§ 823, 1922 geltend machen, wonach alle Rechte auf den Erben übergehen (Eigentum, Besitz, Forderungen). Stichwort »Universalsukzession«.

§ 1922

- § 1924 ff.
- § 1937
- ↳ § 857
- ↳ § 1927

> Der Übergang aller Rechte und Pflichten auf den Erben wird als Universalsukzession bezeichnet..

Gesetzliche Erben erster Ordnung

(1) Gesetzliche Erben der ersten Ordnung sind die Abkömmlinge des Erblassers.

(2) Ein zur Zeit des Erbfalls lebender Abkömmling schließt die durch ihn mit dem Erblasser verwandten Abkömmlinge von der Erbfolge aus.

(3) An die Stelle eines zur Zeit des Erbfalls nicht mehr lebenden Abkömmlings treten die durch ihn mit dem Erblasser verwandten Abkömmlinge (Erbfolge nach Stämmen).

(4) Kinder erben zu gleichen Teilen.

Beispiel: Der Witwer stirbt und hinterlässt die Tochter Andrea und den Sohn Bernd. Andrea hat selbst drei kleine Kinder. Ein weiterer Sohn Claus ist mit dessen Frau bei einem Verkehrsunfall verunglückt; zwei

§ 1924

> Erben 1. Ordnung: zuerst die Kinder, dann die Enkel, dann die Urenkel des Verstorbenen

> Im Erbrecht sind Skizzen besonders hilfreich.

seiner Kinder haben den Unfall überlebt. Es erben A und B je ein Drittel; die Kinder des C je ein Sechstel.

§ 1925

Erben 2. Ordnung: zuerst die Eltern, dann die Geschwister, dann die Neffen des Verstorbenen

Gesetzliche Erben zweiter Ordnung

(1) Gesetzliche Erben der zweiten Ordnung sind die Eltern des Erblassers und deren Abkömmlinge.

(2) Leben zur Zeit des Erbfalls die Eltern, so erben sie allein und zu gleichen Teilen.

(3) Lebt zur Zeit des Erbfalls der Vater oder die Mutter nicht mehr, so treten an die Stelle des Verstorbenen dessen Abkömmlinge nach den für die Beerbung in der ersten Ordnung geltenden Vorschriften. Sind Abkömmlinge nicht vorhanden, so erbt der überlebende Teil allein [...].

Beispiel: Der alleinlebende, kinderlose Playboy stirbt. Es leben noch seine Mutter, sein Bruder und die zwei Kinder seiner ebenfalls verstorbenen Schwester. Es erben die Mutter die Hälfte, der Bruder ein Viertel, die zwei Neffen je ein Achtel.

§ 1931

↳ § 1371

Der Ehegatte erbt immer mit: »Erbe nullter Ordnung«.

Gesetzliches Erbrecht der Ehegatten

(1) Der überlebende Ehegatte des Erblassers ist neben Verwandten der ersten Ordnung zu einem Vierteil, neben Verwandten der zweiten Ordnung oder neben Großeltern zur Hälfte der Erbschaft als gesetzlicher Erbe berufen. Treffen mit Großeltern Abkömmlinge von Großeltern zusammen, so erhält der Ehegatte auch von der anderen Hälfte den Anteil, der nach § 1926 den Abkömmlingen zufallen würde.

(2) Sind weder Verwandte der ersten oder der zweiten Ordnung noch Großeltern vorhanden, so erhält der überlebende Ehegatte die ganze Erbschaft.

(3) Die Vorschriften des § 1371 bleiben unberührt.

(4) Bestand beim Erbfall Gütertrennung und sind als gesetzliche Erben neben dem überlebenden Ehegatten ein oder zwei Kinder des Erblassers berufen, so erben der überlebende Ehegatte und jedes Kind zu gleichen Teilen; [...].

Die Erbfolge nach den §§ 1924 ff. wird modifiziert durch § 1931. Nach § 1931 I erhält der überlebende Ehegatte ein Viertel oder die Hälfte. Hinzu kommt durch den sogenannten pauschalierten Zugewinnausgleich noch einmal ein Viertel (§§ 1931 III, 1371); damit hat der Ehegatte also mindestens die Hälfte.

Beispiel 1: Der Ehemann stirbt und hinterlässt seine Frau und fünf Kinder. Außerdem leben noch seine Eltern.

Die Eltern zählen zur 2. Ordnung (§ 1925) und werden wegen des Vorhandenseins der Kinder, die zur 1. Ordnung zählen (§ 1924), nicht berücksichtigt. Die Ehefrau erbt die Hälfte (§§ 1931 I, III, 1371). Außerdem erhält sie den »kleinen« Voraus, womit die »notwendigen« Haushaltsgegenstände gemeint sind (§ 1932). Die Kinder erben je ein Zehntel (jeder ein Fünftel der restlichen Hälfte).

Beispiel 2: Es stirbt bei einem kinderlosen Ehepaar der Mann. Es leben noch seine Frau sowie sein rüstiger Vater.

Wegen des Fehlens der Kinder, Erben 1. Ordnung, bekommt der Vater, Erbe 2. Ordnung, ein Viertel; die Frau des Erblassers erhält Dreiviertel des Erbes und den »großen« Voraus nach § 1932, womit »alle« Haushaltsgegenstände gemeint sind.

Voraus des Ehegatten
§ 1932

(1) Ist der überlebende Ehegatte neben Verwandten der zweiten Ordnung oder neben Großeltern gesetzlicher Erbe, so gebühren ihm außer dem Erbteil die zum ehelichen Haushalt gehörenden Gegenstände, soweit sie nicht Zubehör eines Grundstücks sind, und die Hochzeitsgeschenke als Voraus. Ist der überlebende Ehegatte neben Verwandten der ersten Ordnung gesetzlicher Erbe, so gebühren ihm diese Gegenstände, soweit er sie zur Führung eines angemessenen Haushalts benötigt. [...].

Anspruch

2.2. Testament

Durch ein Testament kann man von der gesetzlichen Erbfolge abweichen.

Erbeinsetzung durch Testament
§ 1937

Der Erblasser kann durch einseitige Verfügung von Todes wegen (Testament, letztwillige Verfügung) den Erben bestimmen.

• §§ 2231, 2247

Nach den §§ 1937, 2064 ff. kann der Erblasser ein Testament errichten und die Erben individuell bestimmen oder aber auch ausschließen. Eine Enterbung ist dabei zwar möglich; ein Pflichtteil kann jedoch nicht ausgeschlossen werden, § 2303. Das Testament muss eigenhändig oder notariell errichtet werden, § 2231.

Nur ein handschriftliches oder notariell beurkundetes Testament zählt.

§ 1939 — Vermächtnis

Der Erblasser kann durch Testament einen anderen, ohne ihn als Erben einzusetzen, einen Vermögensvorteil zuwenden (Vermächtnis).

Der Erblasser kann einem anderen, auch ohne dass dieser deshalb Erbe wird, in Form eines Vermächtnisses »ein Stückchen vom Kuchen« zukommen lassen.

Beispiel: Die Geliebte soll den Mercedes bekommen.

2.3. Rechte und Pflichten des Erben

§ 1967 — Erbenhaftung

(1) Der Erbe haftet für die Nachlaßverbindlichkeiten. [...]

So manche Erbschaft bringt dem Erben mehr Nachteile als Vorteile. Denn der Erbe übernimmt außer allen Rechten (§ 1922) auch alle Schulden des Erblassers (§ 1967 I). Daher kann er die Erbschaft binnen sechs Wochen ausschlagen §§ 1942 ff.

§ 2303 — Pflichtteil

(1) Ist ein Abkömmling des Erblassers durch Verfügung von Todes wegen von der Erbfolge ausgeschlossen, so kann er von dem Erben den Pflichtteil verlangen. Der Pflichtteil besteht in der Hälfte des Wertes des gesetzlichen Erbteils.

(2) Das gleiche Recht steht den Eltern und dem Ehegatten des Erblassers zu [...].

Der Pflichtteil bleibt auch bei Enterbung.

Auch bei völliger Enterbung bleibt der Anspruch auf den Pflichtteil, also die Hälfte des gesetzlichen Anteils. Davon gibt es nur bei Erbunwürdigkeit (§ 2339) Ausnahmen.

Beispiel: Erbunwürdig ist der Sohn, der den Vater ermordet hat.

Klausurfälle

1. Tipps für Klausuren und Hausarbeiten

Bereits in der Einführung dieses Buches wurden die wichtigsten Schritte zur erfolgreichen Fallbearbeitung dargestellt. In einer Klausur oder Hausarbeit kommen aber noch weitere Schwierigkeiten dazu. Folgende Prämisse ist dabei zu beachten: Treffende Antworten ordentlich und in der knappen Zeit zu Papier bringen.

Immer »hart am Fall« die Lösung erarbeiten.

Treffende Antworten: Um eine erfreuliche Note zu erlangen, muss der vorhandene juristische Sachverstand in geeigneter Weise umgesetzt werden. Auch enzyklopädisches Wissen garantiert keinen Erfolg, vielmehr wird die Transferleistung honoriert. Die Honorarausschüttung übernimmt der Korrektor. Infolgedessen sollte man das zu Papier bringen, was er positiv bewertet – nicht mehr und nicht weniger. Positiv bewerten wird er nur das juristische Know-how, welches aufgrund des vorgegebenen Falles gefordert ist, nicht dagegen ungefragtes Lehrbuchwissen.

Auf lesbare Schrift und Übersichtlichkeit achten.

Ordentliche Form: Der Korrektor wird immer – zumindest unterbewusst – von der äußeren Form beeinflusst. Dem sollte hinreichend Rechnung getragen werden.

Tempo: Gerade in Klausuren herrscht erheblicher Zeitdruck. Damit ist präzises, aber auch schnelles Arbeiten gefordert. Jeder wird im Laufe der Zeit seine eigenen Methoden entwickeln. Die folgenden Hinweise sind als erste Orientierung gedacht.

1.1. Die Situation in der Klausur

Erfassen des Sachverhalts

Jedes Stück Sachverhalt muss juristischen Sinn machen.

Der Schlüssel zur guten Klausur ist die wirkliche Durchdringung des Sachverhalts, was nur durch mehrfaches, analytisches Lesen möglich ist. Gehen Sie davon aus, dass alle Sachverhaltsangaben wichtig sind, auch wenn sie auf den ersten Blick unbedeutend erscheinen.

Bei zivilrechtlichen Arbeiten sind meistens mehrere Personen im Spiel. Um die Übersicht nicht zu verlieren, empfiehlt es sich, die rechtlichen Beziehungen der Personen untereinander zu skizzieren. Die Namen der Personen kürzt man mit ihrem Anfangsbuchstaben ab. Die rechtlichen Beziehungen symbolisiert man mit den einschlägigen Paragraphen. Ereignisse zu verschiedenen Zeitpunkten listet man in einer Zeittafel auf.

Bearbeitervermerk

Jetzt kann zur Lösung des Falles geschritten werden, wobei der Befolgung des Bearbeitervermerks höchste Priorität einzuräumen ist. Beantworten Sie wirklich nur das, was gefragt ist. Sehr häufig gibt der Bearbeitervermerk Hilfestellungen, indem die einzelnen Fragen schon eine Grobgliederung vorzeichnen. Deshalb sollte auch nicht von der Reihenfolge der Beantwortung der Fragen abgewichen werden, außer, es ist zugelassen oder es besteht offensichtlich kein Zusammenhang zwischen den Fragen.

Befolgen Sie die Reihenfolge der Fragen.

Lösungsskizze

Die zentrale Frage heißt meistens: »Wer will was von wem woraus?« Damit muss man sich auf die Suche nach möglichen Anspruchsgrundlagen machen. Suchen Sie nach allen rechtlich erwägenswerten Anspruchsgrundlagen, auch wenn sie wirtschaftlich gesehen zunächst untergeordnet erscheinen. Ordnen Sie die in Frage kommenden Anspruchsgrundlagen nach vertraglichen, dann vertragsähnlichen, dann außervertraglichen Ansprüchen.

Während dieser »Orientierungsphase« sollten Sie bereits einen Blick auf die in Frage kommenden Gegennormen und Definitionsnormen werfen.

Es folgt die eigentliche Subsumtion, deren Qualität Ihnen besonders am Herzen liegen sollte. Zu prüfen ist danach, ob sich alle gesetzlichen Voraussetzungen der anzuwendenden Norm im Sachverhalt wiederfinden. Nur wenn alle Voraussetzungen tatsächlich erfüllt sind, können Sie die Rechtsfolge bejahen.

Das Hin- und Hergeblätter im BGB ist zeitintensiv; schnelles Arbeiten ist daher ein Schlüssel zum Erfolg. Ein gewisser Zeitdruck für die Fallösung ist von den Prüfungsstellern beabsichtigt, um die Spreu vom Weizen zu trennen. Deshalb sollte das Blättern möglichst überflüssig werden.

Markieren Sie die wichtigsten Paragraphen.

Markieren Sie sich die wichtigsten Paragraphen der BGB-Text-ausgabe vorab durch Registeretiketten und »beschildern« Sie die in der konkreten Klausur immer wieder benötigten Stellen mit Klebezetteln.

Kontrolle der Lösungsskizze
mit den Sachverhalts-
angaben

Kontrolllesen: Bevor Sie mit der Niederschrift starten, sollten Sie mit der Lösungsskizze im Hinterkopf noch einmal den Sachverhalt durchlesen. Denn nun, nach der juristischen Aufbereitung des Falles, wird so manches klarer, oder es zeigt sich, dass vermeintliche Nebensächlichkeiten doch eine tiefere Bedeutung haben. Möglich ist auch, dass Sie Probleme übersehen haben. Das jetzige Durchlesen sollte auch der Kontrolle dienen, ob Sie jede Sachverhaltsinformation in der Lösungsskizze untergebracht haben.

Vergegenwärtigen Sie sich, dass der Klausurersteller alles mit Hintersinn konstruiert hat. Es gilt das »Echoprinzip« – jedes Stück Sachverhalt muss juristisch Sinn machen und sich in der Lösung wiederfinden.

Gliederung

Die Gliederung ist funda-
mental für die Qualität der
Arbeit.

Hat man den Fall gedanklich gelöst, kann die Gliederung erstellt werden, die essentiell für die Qualität der Arbeit ist. Alles, was später aufs Papier gebracht wird, kann nur so gut sein, wie die Gliederung es vorgibt. Die Gliederung ist zwingende Voraussetzung für ein strukturiertes Vorgehen, das in Jura so unerlässlich ist. Die Gliederung in juristischen Arbeiten richtet sich im Allgemeinen nach folgendem Muster:

```
1. Teil        ...................................................................
   A.          ...............................................................
      I.       ...........................................................
         1.    .......................................................
            a) ...................................................
              aa)    ...........................................
                (1)  .......................................
                (a)  ...................................
                (aa) ...............................
                  (aaa)   .......................
```

Niederschrift

Nach einem Drittel der Zeit
sollte man mit der Niederschrift beginnen.

Nach einem Drittel der Arbeitszeit sollten die Lösungsskizze und die Gliederung stehen. Jetzt empfiehlt es sich, mit der Niederschrift zu beginnen. Peilen Sie auf alle Fälle diese Zeiteinteilung an! Abstriche in Richtung auf einen späteren »Schreibstart« stellen sich meist von ganz alleine ein. Zu vermeiden ist jedenfalls das Ärgernis, die Klausur vorzüglich gelöst und durchdacht zu haben, aber dann nur die Hälfte hinschreiben zu können. Wenn Sie an irgendeinem Problem nicht weiterkommen, das nicht unabdingbar für die Gesamtlösung ist, schieben Sie

Nehmen Sie in die Klausur
eine Uhr mit.

es lieber auf. Wenn Sie die Niederschrift des Restes beendet und noch Zeit übrig haben, können Sie sich noch immer näher damit befassen.

Der Zeitdruck sollte auch bei der Ausführlichkeit der Niederschrift im Hinterkopf bleiben. Natürlich muss der Subsumtionsvorgang wiedergegeben werden, doch darf das nicht dazu führen, jede Selbstverständlichkeit auszubreiten. Wenn der Sachverhalt die Tatsache mitteilt, dass ein Kaufvertrag geschlossen wurde, soll nicht über die vorangegangenen Willenserklärungen nach §§ 145 ff. spekuliert werden. In diesen Fällen liegen die Probleme mit Gewissheit ganz woanders. Das Echoprinzip schlägt sich insoweit bei der Benotung nieder; nur die sachgemäße Gewichtung in der Klausurlösung führt zum Bestehen bzw. zu guten Noten. Darüber hinaus führt die falsche Schwerpunktbildung unweigerlich zu neuen Zeitzwängen.

Auf die richtige Gewichtung der Probleme ist zu achten.

Von Vorbemerkungen, welcher Art auch immer, ist grundsätzlich abzusehen. Aufbau und System einer Arbeit müssen aus sich heraus verständlich sein. Vorbemerkungen sind meist ein Zeichen dafür, dass der Verfasser die Arbeit ungenügend strukturiert hat.

»Adeln« Sie Ihre Klausur durch die Verwendung der gebotenen juristischen Terminologie und vermeiden Sie alle laienhaften Ausdrücke. Formulieren Sie knapp und präzise.

Unverzichtbar ist der Gutachtenstil: Es darf nie das Ergebnis vorweggenommen, sondern es muss im Konjunktiv darauf hingeführt werden. Andererseits sollte bei Selbstverständlichkeiten die Subsumtion auf ein Minimum reduziert werden.

Schreiben Sie stets im Gutachtenstil.

Alle Behauptungen, Zwischen- und Endergebnisse sollten mit den einschlägigen Paragraphenzitaten versehen werden. Die beste Argumentation taugt nichts, wenn sie »in der Luft hängt«. Außerdem geben Sie dem Korrektor die Gelegenheit, hinter die so untermauerten Ergebnisse ein Häkchen zu machen.

Formalien

Bemühen Sie sich um eine leserliche Schrift. Die Bedeutung der äußeren Form bei Klausuren wird häufig unterschätzt, doch kann man ihren Stellenwert nicht hoch genug ansetzen. Denn ein Korrektor, der mitunter Hunderte von Klausuren auf dem Schreibtisch hat, wird zumindest unterbewusst von der Form beeinflusst.

Achten Sie stets auf Übersichtlichkeit der Falllösung und stellen Sie Gliederungspunkte deutlich als Überschriften heraus. So merkt auch der Korrektor, dass die Linie stimmt und dass die Schlüsselbegriffe vorhanden sind.

Die Gliederungspunkte sollten als Überschrift in der Falllösung klar herausgestellt werden.

Geizen Sie nicht mit den Absätzen – der Korrektor will nicht 10 oder 20 Seiten Fließtext lesen. Beschreiben Sie das Papier nur einseitig und lassen Sie ein Drittel Rand. So können Sie auf der Rückseite noch Zusätze anfügen.

Nummerieren Sie die Seiten, damit der Korrektor auch beim Auseinanderfallen der Klausur die Reihenfolge nachvollziehen kann. Insoweit ist es sinnvoll, die Klausur mit einem Schnellhefter zusammenzuklammern.

1.2. Anforderungen an eine Hausarbeit

Der große Unterschied der Hausarbeit zur Klausur ist, dass der Zeitdruck nicht in diesem Maße auf dem Bearbeiter lastet. Dem müssen Sie in der Weise Rechnung tragen, dass Sie umso sorgfältiger bei der Ausarbeitung vorgehen.

Literatur

Es genügt nicht die nackte – wenn auch richtige – Lösung des Falles; gefordert sind Quellennachweise. Das bedeutet zum einen, dass auch relativ eindeutige juristische Beurteilungen mit Verweisen auf Lehrbücher (z.B. Larenz: Allgemeiner Teil des BGB), Kommentare (z.B. der »Palandt« zum BGB) oder Zeitschriften (z.B. Neue Juristische Wochenschrift – NJW) untermauert werden. Zum anderen wird man auf Probleme stoßen, die ohne Literaturstudium überhaupt nicht lösbar sind. Diese rechtlichen Klippen sind dann meistens zwischen den juristischen Fachautoren umstritten. Allerdings kann es einem auch die Sicht verbauen, wenn man nach dem ersten Lesen der Angabe in die Bibliothek stürzt, um Berge von Entscheidungen und Aufsätzen zu kopieren, die entweder überhaupt nichts mit dem Thema zu tun haben oder letztendlich nicht gelesen werden.

In Hausarbeiten sind Quellennachweise gefordert.

Beginnen Sie daher die Recherche nur mit dem Gesetz und eventuell einem Standardkommentar. In diesem Stadium werden häufig die besten Ideen entwickelt. Prüfen Sie stets, ob eine Literaturstelle den zu lösenden Fall konkret betrifft. Auch von »heißen« Ideen der Studienkollegen sollten Sie sich nicht verrückt machen lassen. Setzen Sie auf sich selbst!

Formalien

Machen Sie ausgiebig Gebrauch von den Möglichkeiten des Computers. Textverarbeitungssysteme ermöglichen eine schöne Formatierung, Seitenaufteilung, Fußnoten u.v.m.

Jeder Hausarbeit sind das Deckblatt, die Gliederung und das Literaturverzeichnis voranzustellen. Das Deckblatt enthält Namen, Vornamen und Anschrift des Verfassers. Es folgt das Semester, die Bezeichnung der Übung, der Name des Dozenten etc.

Nach dem Deckblatt kommt die Gliederung. Sie sollte keine ausformulierten Sätze, aber aussagekräftige Überschriften enthalten. Der Korrektor sollte schon aus der Gliederung die Lösung in groben Zügen entnehmen können. Am rechten Rand sind die Seitenzahlen der einzelnen Gliederungspunkte anzugeben.

Auf die Gliederung folgt das Literaturverzeichnis. Es muss alle Quellen enthalten. Lehrbücher und Kommentare müssen mit Autor, Titel, Auflage, Erscheinungsort und -datum zitiert werden. Beispiel: *Palandt: Kommentar zum Bürgerlichen Gesetzbuch, 65. Auflage, München, 2006.*

Bei Kommentaren arbeiten häufig mehrere Autoren mit, so dass auch der Name des konkreten Verfassers auftauchen muss. Beispiel: *Palandt-Bassenge § 989 Rn. 3.*

Im eigentlichen Gutachten werden die dargestellten Auffassungen mit Fußnoten belegt, die auf die Literaturquellen verweisen.

Die fertige Hausarbeit sollte in einem Schnellhefter abgegeben werden.

2. Das Eigentor beim Grundstückskauf

Sachverhalt:

Den Sachverhalt sollte man stets sorgfältig lesen und verstehen.

Schneider (S) will von Zwick (Z) ein Grundstück samt Villa und Bootsanlegesteg am Starnberger See für 5 Mio. € kaufen. Von seinem Berater Bruno wird Schneider über die »Baufälligkeit« der Villa informiert. Für den Moment ist Schneider der Zustand aber egal: »das wird schon nicht so schlimm sein – von außen schaut die Villa doch respektabel aus«.

S §§ Z

Um Kosten für den Erwerb, insbesondere Grunderwerbssteuern zu sparen, lassen Schneider und Zwick einen Kaufpreis von angeblich 4 Mio. € am 01.03. vor dem Notar beurkunden. Im Anschluss an die Beurkundung des Kaufvertrages übergibt Schneider dem Zwick den Differenzbetrag von 1 Mio. € in bar. Nach Überweisung des (Rest)-Kaufpreises von 4 Mio. € wird Schneider am 31.03. als neuer Grundstückseigentümer in das Grundbuch eingetragen. Über den Zustand der Villa wird weder im Kaufvertrag etwas ausgesagt noch besprechen sich Schneider und Zwick hierüber.

Am 10.04. besichtigt Schneider zum ersten Mal selbst das Grundstück und stellt fest, dass das Grundstück mit dem augenblicklichen Zustand der Villa allenfalls 4,5 Mio. € wert ist.

Schneider will wissen, welche Ansprüche er gegen Zwick hat.

Lösungsvorschlag:

Ansprüche des Schneider gegen Zwick

Man zieht sämtliche in Frage kommenden Ansprüche in Betracht.

A. Anspruch auf Rückzahlung des Kaufpreises aus §§ 437 Nr. 2, 440, 323 I, 346 I

B. Anspruch auf Schadensersatz aus §§ 437 Nr. 3, 440, 281

C. Anspruch auf Rückzahlung des Kaufpreises aus § 812 I S. 1 1. Alt.

D. Anspruch auf Schadensersatz gem. §§ 823 ff.

Ansprüche des Schneider gegen Zwick

A. Anspruch auf Rückzahlung des Kaufpreises aus §§ 437 Nr. 2, 440, 323 I, 346 I

Der Obersatz leitet mit der Anspruchsgrundlage ein.

S könnte gegen Z einen Anspruch auf Rückzahlung des Kaufpreises aus §§ 437 Nr. 2, 440, 323 I, 346 I haben.

Ein Anspruch auf Rückzahlung des Kaufpreises aus § 346 I könnte sich ergeben, wenn Zwick nach der allgemeinen Rücktrittsvorschrift des § 323 i. V. m. den speziellen Gewährleistungsvorschriften der §§ 434 ff., 437 Nr. 2, 440 ein Recht zum Rücktritt hat. Wenn Zwick dieses Recht dann auch noch ausübt, steht ihm der Anspruch auf Rückzahlung des Kaufpreises nach § 346 I zu. Die Anwendbarkeit des § 323 setzt zunächst voraus, dass ein gegenseitiger Vertrag vorliegt und eine Leistung nicht vertragsgemäß erbracht wurde. Der Kaufvertrag ist immer gegenseitiger Vertrag (vgl. § 437 Nr. 2). Die Leistung wäre dann nicht vertragsgemäß, wenn die Sache zum Zeitpunkt des Gefahrübergangs (§ 446) mit einem Mangel (§§ 434, 435) behaftet war.

I. Wirksamer Kaufvertrag über eine Sache:

1. Einigung zwischen S und Z über die Merkmale des § 433:

S und Z müssten sich über die Merkmale eines Kaufvertrages (Parteien, Kaufgegenstand, Kaufpreis) geeinigt haben. Dies erscheint hier fraglich, da mündlich 5 Mio. € vereinbart waren, jedoch im notariellen Kaufvertrag 4 Mio. € angegeben waren.

a) Kaufvertrag über 4 Mio. €:

S und Z haben vor dem Notar übereinstimmende Willenserklärungen abgegeben, die, äußerlich betrachtet, auf den Abschluss eines Grundstückskaufvertrages mit einem Kaufpreis von 4 Mio. € gerichtet waren. Fraglich ist, wie diese Erklärungen auszulegen sind. Gemäß § 133 ist der wirkliche Wille zu erforschen und nicht am buchstäblichen Sinn zu haften. Aus §§ 116 S. 2, 117 ergibt sich zusätzlich, dass auf den inneren Willen abzustellen ist, unabhängig vom äußeren Erklärungszeichen.

Der erkannte innere Wille war beiderseits auf den höheren Kaufpreis gerichtet. Da sich die Parteien bewusst waren, dass Wille und Erklärung auseinander fallen, sind die Willenserklärungen als nichtig anzusehen, § 117 I. Daran ändert auch die Tatsache, dass die Willenserklärungen beurkundet wurden, nichts. Nach dem Grundsatz der Privatautonomie liegt der Geltungsgrund rechtsgeschäftlicher Folgen nicht in Förmlichkeiten, sondern in der Übereinstimmung der Parteiwillen. Der notariell beurkundete Grundstückskaufvertrag über 4 Mio. € ist daher nichtig.

b) Kaufvertrag über 5 Mio. €:

Zwischen S und Z könnte jedoch ein Kaufvertrag über 5 Mio. € zustande gekommen sein. Der Vertrag über 4 Mio. € ist als Scheingeschäft nichtig, § 117 I; wird aber durch dieses Geschäft ein anderes wirklich gewolltes Geschäft verdeckt, so finden gemäß § 117 II die für das verdeckte Rechtsgeschäft geltenden Vorschriften Anwendung. Demnach liegt eine Einigung über den Kauf des Grundstücks samt Villa zum Preis von 5 Mio. € vor.

2. Kaufgegenstand ist eine Sache gem. § 90:

Streng genommen bezog sich der Kauf nur auf das Eigentum am Grundstück. Nach § 94 I gehören die Villa und der Bootsanlegesteg auch dazu, weil sie wesentliche Bestandteile des Grundstücks sind.

3. Keine rechtshindernden Einwendungen:

Nach Feststellung des Vertragsschlusses sind rechtshindernde Einwendungen zu prüfen.

Der Einigung dürfen keine Wirksamkeitshindernisse, wie etwa der Verstoß gegen die guten Sitten oder die Missachtung besonderer Formvorschriften, entgegenstehen.

a) Sittenwidrigkeit:

Denkbar wäre Sittenwidrigkeit nach § 138 I, weil die Parteien aus Steuerersparnisgründen im notariell beurkundeten Kaufvertrag nur 4 Mio. € angegeben haben, d.h., es liegt eine Steuerhinterziehung vor. In objektiver Hinsicht erfordert § 138 I einen Verstoß gegen die guten Sitten, also gegen das Anstandsgefühl aller billig und gerecht Denkenden.

Der Sittenverstoß kann sich unmittelbar aus dem Inhalt des Rechtsgeschäfts oder aus seinem Gesamtcharakter ergeben, d.h. aus einer zusammenfassenden Würdigung von Inhalt, Beweggrund und Zweck des Geschäfts. Dies wäre nur dann anzunehmen, wenn die Steuerhinterziehung Hauptzweck des Vertrages ist. Der Kaufvertrag wurde aber nicht zum Zwecke der Steuerhinterziehung geschlossen, sondern sollte in erster Linie die schuldrechtliche Verpflichtung zur Übertragung von Grundstückseigentum begründen. Da in diesem Fall die Steuerhinterziehung nur Nebenzweck war, scheidet Nichtigkeit nach § 138 I aus.

b) Formmangel:

Möglicherweise mangelt es aber an der für den Kaufvertrag einzuhaltenden Form, § 125 S. 1, weil das Vereinbarte nicht beurkundet wurde. Die Folge wäre die Nichtigkeit der Kaufvertrages. Grundsätzlich können Verträge ohne Beachtung einer bestimmten Form geschlossen werden. Eine Ausnahme von diesem Grundsatz bildet § 311b I 1, wonach Grundstückskaufverträge aus Gründen der Beweissicherung, der Gewährleistung einer Beratung der Beteiligten sowie zum Schutze vor übereilten Bindungen der notariellen Beurkundung bedürfen. Die Form ist hier nicht gewahrt worden, weil der mündlich vereinbarte Grundstückspreis nicht in die notarielle Urkunde aufgenommen wurde. Die Form der §§ 311b I 1, 128 ist nur dann eingehalten, wenn der

Grundstückskaufvertrag seinem ganzen Inhalt nach beurkundet wurde. Die Rechtsfolge des Verstoßes ergibt sich aus § 125 S. 1, wonach Rechtsgeschäfte, die der gesetzlichen Form entbehren, grundsätzlich nichtig sind.

Die in § 125 S. 1 vorgesehene Rechtsfolge ist jedoch durch § 311b I 2 begrenzt. Diese Vorschrift sieht die Heilung des Formmangels vor, wenn Auflassung und Eintragung im Grundbuch erfolgt sind. Durch die Übereignung des Grundstücks nach §§ 873, 925 wird der zunächst formnichtige Grundstückskaufvertrag wirksam. Die Voraussetzungen sind hier erfüllt, denn am 15.03. sind die Auflassung und am 31.03. die Eintragung erfolgt. Mit Vollendung des Übereignungstatbestandes ist der Grundstückskaufvertrag daher wirksam geworden.

Zwischenergebnis: Ein wirksamer Kaufvertrag über das Grundstück zum Kaufpreis von 5 Mio. € liegt vor.

II. Mangel der Kaufsache:

Für ein Recht zum Rücktritt nach §§ 437 Nr. 2, 323 müsste eine nicht vertragsgemäße Leistung vorliegen. § 433 I 2 hält explizit die Mangelfreiheit als Vertragspflicht fest. Hier kommt ein Sachmangel des Grundstück nach § 434 in Frage.

1. Sachmangel i.S.v. § 434 I 1:

Das Grundstück wäre nach § 434 I 1 frei von Sachmängeln, wenn es die vertraglich vereinbarte Beschaffenheit hätte. Da jedoch im Kaufvertrag nichts über die Beschaffenheit ausgesagt ist, muss weiter subsumiert werden.

2. Sachmangel i.S.v. § 434 I 2 Nr. 1

Nach § 434 I 2 Nr. 1 läge ein Sachmangel vor, wenn sich das Grundstück nicht zur vertraglich vorausgesetzten Verwendung eignet. Doch über die Verwendung ist im Vertrag nichts ausgesagt.

3. Sachmangel i.S.v. § 434 I 2 Nr. 2

Nach § 434 I 2 Nr. 2 ist ein Grundstück als Sache frei von Mängeln, wenn es sich zur gewöhnlichen Verwendung eignet und die üblicherweise zu erwartende Beschaffenheit hat (Übereinstimmen von Ist- und Sollbeschaffenheit). Hier ist die Villa als wesentlicher Bestandteil des Grundstücks (§ 94) in einem sehr schlechten (baufälligen) Zustand, so dass es sich nicht zum problemlosen Bezug eignet. Damit weist das Grundstück nicht die üblicherweise zu erwartende Beschaffenheit auf und es liegt ein Mangel nach § 434 I 2 Nr. 2 vor.

III. Zeitpunkt des Gefahrübergangs:

Der Fehler war bereits zur Zeit des Gefahrübergangs (Übergabe nach § 446 I) vorhanden.

IV. Fristsetzung

Nach § 323 I müsste S aber dem Z erst noch eine angemessene Frist zur Nacherfüllung (Instandsetzung der Villa) gemäß § 437 Nr. 1, 439 setzen. Erst nach Ablauf der Frist wäre Rücktritt möglich.

V. Kenntnis des Mangels:

Auf diese Nachfristsetzung kommt es jedoch nicht mehr an, wenn ein gesetzlicher Gewährleistungsausschluss nach § 442 I 1 eingreift, weil der Käufer den Mangel bei Abschluss des Vertrages kennt. S wusste vom Mangel der Kaufsache durch seinen Berater B. Dass S dessen Information nicht entsprechend würdigte (»das werde schon nicht so schlimm sein«), ist unerheblich. Daher greift § 442 I 1 ein, wonach dem Käufer wegen Mängel der Kaufsache, die ihm vor dem Wirksamwerden des Kaufvertrages bekannt waren, keine Gewährleistungsansprüche nach § 437 zustehen.

Ergebnis: Ein Anspruch aus §§ 437 Nr. 2, 440, 323 I, 346 I besteht nicht.

B. Anspruch auf Schadensersatz aus §§ 437 Nr. 3, 440, 281

S könnte gegen Z einen Anspruch auf Schadensersatz statt der Leistung gem. §§ 437 Nr. 3, 440, 281 haben.

Voraussetzung ist eine nicht vertragsgemäße Leistung (§ 281 I 1), also ein Mangel nach § 434. Dieser liegt zwar vor (vgl. o. § 434 I 2 Nr. 2). Auch wäre dieser Mangel erheblich im Sinn von § 281 I 3. Da jedoch hier ein Gewährleistungsausschluss nach § 442 I 1 (vgl. o.) vorliegt, ist auch der Schadensersatzanspruch nach §§ 437 Nr. 3, 281 ausgeschlossen.

Bedenken Sie, dass manche Vorschriften über Verweisungen zur Anwendung kommen.

C. Anspruch auf Kaufpreisrückzahlung gem. § 812 I 1 1. Alt

S könnte gegen Z einen Anspruch auf Rückzahlung des Kaufpreises gem. § 812 I 1 1. Alt. haben.

Ein außervertraglicher Anspruch aus ungerechtfertigter Bereicherung könnte unter dem Gesichtspunkt der Leistungskondiktion nach § 812 I 1 1. Alt in Betracht kommen. Dazu müsste Z etwas durch Leistung des Z ohne Rechtsgrund erlangt haben.

Behalten Sie die Standardnormen im Auge.

I. Etwas erlangt:

Z hat das Eigentum und den Besitz am Geld (5 Mio. €) erlangt.

II. Durch Leistung des S:

Leistung ist jede bewusste und zweckgerichtete Mehrung fremden Vermögens. S hat dem Z bewusst 5 Mio. € zugewendet. Leistungszweck war die Erfüllung seiner Kaufpreisschuld aus § 433 II.

III. Ohne Rechtsgrund:

Das Merkmal ohne Rechtsgrund ist gegeben, wenn kein gültiges Kausalgeschäft vorliegt. Als Rechtsgrund kommt der zwischen S und Z geschlossene Kaufvertrag in Betracht. Der Rechtsgrund könnte durch Anfechtung der auf den Kaufvertrag gerichteten Willenserklärung des S wieder entfallen sein, § 142 I.

Bei § 812 kommt das Abstraktionsprinzip zum Tragen.

Voraussetzung für die Anfechtung wäre das Vorliegen eines Anfechtungsgrundes nach §§ 119 ff., einer Anfechtungserklärung gem. § 143 sowie die Einhaltung der jeweiligen Frist. Fraglich ist jedoch der Anfechtungsgrund.

1. Irrtum über verkehrswesentliche Eigenschaften § 119 II:

Der geringere Wert des Grundstücks selbst kann nicht als wesentliche Eigenschaft in Frage kommen, sondern nur die den Wert bestimmenden Faktoren, wie etwa die Baufälligkeit der Villa.

§ 119 II ist aber neben den §§ 437 ff. nicht anwendbar. Sonst würden die Rechtsfolgen von § 119 II den Wertungen der §§ 437 ff. widerspre-

chen, da beispielsweise die kurze Verjährung nach § 438 umgangen würde. Die §§ 437 ff. gehen als Spezialregelungen vor.

2. Arglistige Täuschung § 123 I 1. Fall:

Grundsätzlich ist § 123 neben den § 437 ff. anwendbar, da der arglistig täuschende Verkäufer keinen Schutz verdient. Unter arglistiger Täuschung versteht man das Erwecken, Bestärken oder Unterhalten einer den wahren Tatsachen widersprechenden Vorstellung. Da S aber bereits durch die Mitteilung des B um den schlechten Zustand der Villa wusste (s.o.), war er nicht getäuscht. Es hätte ihm freigestanden, seine Kaufabsicht fallen zu lassen. Damit ist keine Täuschung nach § 123 I gegeben.

3. Das Kausalgeschäft Grundstückskauf kann nicht durch rückwirkende Anfechtung vernichtet werden, weil keine Anfechtungsgründe bestehen. Die Kaufpreiszahlung ist nicht rechtsgrundlos. Eine Kondiktion der Kaufpreiszahlung ist ausgeschlossen.

Ergebnis: Der Anspruch aus § 812 I 1 1. Alt. besteht nicht.

D. Anspruch auf Schadensersatz gem. §§ 823 ff.

»Rückabwicklung durch Naturalrestitution« – das zeigt, dass manchmal etwas Fantasie vonnöten ist.

S könnte gegen Z Anspruch auf Schadensersatz gem. §§ 823 ff. haben. Auch ein Schadensersatzanspruch nach §§ 823 ff. würde S dienen, weil er nach § 249 im Rahmen der Naturalrestitution Rückabwicklung des Vertrags verlangen könnte.

I. Schadensersatzanspruch nach § 823 I:

Die deliktische Grundnorm des § 823 I setzt tatbestandlich die Verletzung eines dort ausdrücklich genannten Rechtsgutes oder eines sonstigen, zwar nicht näher bezeichneten, aber absolut geschützten Rechtes voraus. Zwar hat S hier einen Verlust erlitten, da er für die Villa wirtschaftlich gesehen zuviel gezahlt hat. Doch betrifft dieser Schaden nur sein Vermögen. Das Vermögen aber ist weder ein sonstiges Recht i.S.d. § 823 I, noch ist es identisch mit Eigentum i.S.d. § 823 I. Das Eigentum ist nur verletzt, wenn ein Schaden an einer bestimmten Sache vorliegt. Der Vermögensschaden des S kann daher nur unter den Voraussetzungen der

§§ 823 II oder 826 eine Ersatzpflicht des Z begründen.

II. Schadensersatzanspruch aus § 823 II:

Ein deliktischer Schadensersatzanspruch nach § 823 II setzt die Verletzung eines Schutzgesetzes voraus. Diesbezüglich könnte an § 263 StGB gedacht werden, der den Betrug unter Strafe stellt. Der Betrugstatbestand erfordert aber eine Täuschungshandlung. Eine Täuschungshandlung des Z ist jedoch nicht gegeben (s.o.).

III. Schadensersatzanspruch aus § 826:

Ein deliktischer Schadensersatzanspruch nach § 826 setzt eine sitten-widrige und vorsätzliche Schädigung voraus. Zwar kann die schädi-gende Handlung nicht nur in einem Tun, sondern auch in einem Unter-lassen (der Information über den Zustand des Grundstücks) bestehen. Sittenwidrig ist das Unterlassen aber nur dann, wenn das Handeln einem sittlichen Gebot entsprochen hätte. Diese Voraussetzung ist im vorliegenden Fall nicht gegeben, weil die Grundstücksmängel bei Vertragsschluss offensichtlich erkennbar und auch tatsächlich bekannt waren.

Ergebnis: Der Anspruch aus §§ 823 ff. besteht nicht.

Gesamtergebnis: Schneider hat keine Ansprüche gegen Zwick.

3. Auf der Strecke geblieben

Sachverhalt:

Im Porzellangeschäft des Rosenthal (R) kauft Knigge (K) ein dreißig-teiliges Service der Marke »Sanfte Tulpe« zum Preis von 600 €. Als Erfüllungsort ist die Niederlassung des Rosenthal vereinbart. Da das ausgesuchte Service erst noch verpackt werden muss, behält es Rosenthal zunächst bei sich und erklärt auf Wunsch des Knigge, das Geschirr per Taxi in die nahe gelegene Wohnung des Knigge fahren zu lassen. Knigge leistet eine Anzahlung von 300 €, den Restbetrag wird er nach Übergabe des Services bei Rosenthal vorbeibringen.

Einen Tag später erscheint bei Knigge der Taxifahrer (T), der diese Besorgung übernommen hat. Der Taxifahrer überreicht ihm ein Paket mit völlig zerbrochenem Geschirr. Der Taxifahrer erklärt, ihm sei das sperrige Paket aus der Hand gefallen, weil er im Treppenhaus des Knigge auf dem rutschigen Boden ausgerutscht sei. Für den Schaden verantwortlich wäre also der Hauseigentümer. Tatsächlich aber, so erklärt eine Zeugin des Vorfalls, ist dem Taxifahrer das Paket aus der Hand entglitten, weil er in großer Eile mehrere Stufen auf einmal nahm.

Hat Knigge einen Anspruch auf Lieferung, muss er die Kaufsache bezahlen und welche Ansprüche haben Rosenthal und Knigge gegenüber dem Taxifahrer?

Lösungsvorschlag:

1. Teil: Gegenseitige Ansprüche des K und R

A. Anspruch des K auf Übergabe und Übereignung aus § 433 I 1

B. Anspruch des R auf Zahlung aus § 433 II

2. Teil: Ansprüche gegen T

A. Anspruch des K gegen T auf Schadensersatz

B. Anspruch des R gegen T auf Schadensersatz

C. Anspruch des K gegen R auf Abtretung von dessen Ansprüchen gegen T aus § 285 (Drittschadensliquidation)

1. Teil: Ansprüche des K gegen R

A. Anspruch des K auf Übergabe und Übereignung, § 433 I 1

K könnte gegen R einen Anspruch auf Übergabe und Übereignung des dreißigteiligen Service aus § 433 I 1 haben.

I. Anspruch entstanden:

Der Anspruch auf Lieferung ist entstanden, da sich K und R über die Merkmale eines Kaufes (Parteien, Kaufgegenstand, Kaufpreis) geeinigt haben.

II. Der Anspruch könnte aber wieder erloschen sein:

1. Erlöschen durch Erfüllung, § 362 I:

Denkbar wäre ein Erlöschen durch Erfüllung nach § 362 I. Erforderlich hierfür wäre, dass R dem K Eigentum und Besitz am Service verschafft hat, wie es § 433 I erfordert.

Der § 362 ist nicht offensichtlich ausgeschlossen – deshalb auch diese Einwendungen gedanklich durchgehen.

Möglicherweise hat R dem K das Eigentum am Service schon im Geschäft des R zusammen mit dem Kaufvertragsschluss verschafft (nach §§ 929, 930). Hierfür bedürfte es aber einer Willenserklärung des R, dass er das Eigentum übertragen wolle. Dies wurde von R nicht ausdrücklich kundgetan, doch wäre dies auch stillschweigend möglich gewesen. Aber nach §§ 133, 157 ist dieser konkludente Wille höchstens dann anzunehmen, wenn der Kaufpreis sofort bezahlt und die Kaufsache sofort übergeben wird. Hier kann nicht davon ausgegangen werden, dass sich K und R zeitgleich mit dem Abschluss des Kaufvertrages auch über den Eigentumsübergang geeinigt haben, denn K hat beim Kaufvertragsschluss lediglich den halben Kaufpreis entrichtet.

Der Anspruch des K gegen R auf Übergabe und Übereignung ist nicht durch Erfüllung gemäß § 362 I erloschen.

2. Erlöschen wegen Unmöglichkeit, § 275 I:

Der Lieferungsanspruch könnte aber infolge von Unmöglichkeit nach § 275 I ausgeschlossen sein.

a) Tatbestandsmerkmale der Unmöglichkeit:

Unmöglichkeit erfordert ein dauerndes Leistungshindernis. Hier kommt Unmöglichkeit aus tatsächlichen Gründen in Betracht, da das Geschirr völlig zerbrochen ist. Fraglich ist zunächst, ob eine Stück- oder Gattungsschuld vorliegt. Eine Stückschuld wird ganz einfach unmöglich, wenn das betreffende Stück untergeht. Bei einer Gattungsschuld (§ 243 I) muss in der Regel geliefert werden, denn es ist davon auszugehen, dass der Lieferant das Beschaffungsrisiko übernimmt (vgl. § 276 I).

Bei nicht eindeutigen Sachverhalten kann das parallele Lösen verschiedener Möglichkeiten hilfreich sein.

Die Frage, was exakt in diesem Fall vorliegt, kann nach dem Sachverhalt nicht genau geklärt werden, doch ist dies auch nicht erforderlich, weil man immer zum selben Ergebnis kommt.

aa) Eine Stückschuld hätte von Anfang an vorgelegen, wenn sich der Vertrag auf ein bestimmtes Exemplar des Service bezogen hätte (Beispiel: Restposten im Schaufenster). Wenn dieses Stück zerstört würde, wäre die Leistung unmöglich.

bb) Anders liegt der Fall bei einer Gattungsschuld, bei der gemäß § 243 I nur eine Sache bestimmter Art und Güte geschuldet wird (Beispiel: Service einer bestimmten Marke). Fraglich ist, ob Unmöglichkeit auch vorliegen kann, wenn man eine Gattungsschuld annimmt. Dies könnte man deshalb verneinen, weil R imstande ist, aus der Gattung ein neues Service zu liefern. Aber Unmöglichkeit kann auch bei einer Gattungsschuld vorliegen, wenn sich das Schuldverhältnis bereits auf das ausgelieferte Service beschränkt, d.h., die Gattungsschuld durch Konkretisierung gemäß § 243 II in eine Stückschuld umgewandelt worden ist. Voraussetzung hierfür ist, dass der Schuldner R das zur Leistung seinerseits Erforderliche getan hat, § 243 II.

R hat das Geschirr verpackt und T übergeben. Ob R damit das seinerseits Erforderliche getan hat, beurteilt sich nach der Art und Weise der Leistung, die in erster Linie durch die Parteivereinbarung bestimmt werden, § 269 I.

K und R haben als Erfüllungsort (= Leistungsort) die Niederlassung des R vereinbart. D.h., R muss die letzte geschuldete Leistungshandlung am Ort seiner Niederlassung vornehmen, während der Leistungserfolg erst am Wohnort des K eintritt. Damit liegt eine Schickschuld vor. Bei dieser hat der Schuldner R das seinerseits Erforderliche getan, weil er die Sache ausgesondert und der Transportperson übergeben hat (vgl. § 269 III). Damit ist nach § 243 II die Konkretisierung eingetreten, so dass sich das Schuldverhältnis auf die abgeschickte Sache beschränkt. Diese ist untergegangen, so dass Unmöglichkeit gegeben ist. Damit liegt nach beiden Sachverhaltsauslegungen Unmöglichkeit vor.

b) Die Unmöglichkeit ist nachträglich, d.h. nach Abschluss des Kaufvertrages eingetreten.

c) Unerheblich ist in diesem Zusammenhang, wer die Unmöglichkeit zu vertreten hat.

Ergebnis: Der Lieferungsanspruch des K ist infolge Unmöglichkeit nach § 275 I erloschen.

B. Anspruch des R auf Zahlung des Kaufpreises aus § 433 II

R könnte gegen K einen Anspruch auf Zahlung des Kaufpreises aus § 433 II haben.

I. Anspruch entstanden:

Der Anspruch auf Kaufpreiszahlung ist mit wirksamem Abschluss des Kaufvertrages entstanden.

II. Der Anspruch aus § 433 II könnte aber wieder erloschen sein.

1. Erlöschen nach §§ 275 IV, 326 I.

a) Die Leistung (Übereignung und Übergabe) des Service, die zur verlangten Gegenleistung (Vergütung) im Synallagma (Gegenseitigkeitsverhältnis) steht, ist nachträglich unmöglich geworden (s.o.).

b) Die Frage nach dem »Vertretenmüssen« hat an dieser Stelle zentrale Bedeutung. Im vorliegenden Sachverhalt haben die Unmöglichkeit der Leistung weder R noch K zu vertreten. Auch das Verschulden des T kann dem R nicht nach § 278 (Haftung für den Erfüllungsgehilfen) zugerechnet werden, weil R den Transport dem K nicht schuldete.

c) Damit ist § 326 I anwendbar. Rechtsfolge: Der Anspruch auf die Gegenleistung wäre nach § 326 I erloschen. Das heißt, K müsste den Kaufpreis nicht mehr zahlen. Es könnte jedoch etwas anderes gelten, wenn eine abweichende Gefahrtragungsnorm eingreift. Abweichende Gefahrtragungsregeln finden sich z.B. in §§ 446, 447, 326 II, 644, 645, 616.

Im vorliegenden Fall kommt § 447 in Betracht. Danach geht beim Versendungskauf die Preisgefahr schon dann vom Verkäufer auf den Käufer über, wenn der Verkäufer die Sache der Transportperson übergibt. Unter »Preisgefahr« versteht man das Risiko, trotz eines zufälligen Unmöglichwerdens die Gegenleistung (den Kaufpreis) zahlen zu müssen. R hat die Kaufsache auf Verlangen des K an den Wohnsitz des K versandt. Es liegt daher ein Versendungskauf i.S.v. § 447 vor. R hat die Kaufsache einem selbstständigen Dritten, dem T, ausgehändigt. Daraus folgt:

K bleibt trotz Zerstörung der Kaufsache zur Kaufpreiszahlung verpflichtet. § 447 geht dem § 326 I vor.

2. Teilweises Erlöschen durch Erfüllung nach § 362 I:

Der Kaufpreis betrug ursprünglich 600 €. K hat bereits 300 € gezahlt. Seine Verbindlichkeit ist insoweit gem. § 362 I durch Erfüllung erloschen. Seine Restschuld beträgt 300 €.

Ergebnis: R hat gegen K einen Anspruch auf Zahlung des Restkaufpreises i.H.v. 300 €, obwohl er selbst nicht mehr leisten muss. Da dies

Erinnern Sie sich an den Sachverhalt und formulieren Sie nicht vorschnell das Ergebnis.

für K ein sehr unbefriedigendes Ergebnis ist, macht es Sinn, im folgen-
den die Ansprüche gegen T zu prüfen.

2. Teil: Ansprüche gegen T

A. Anspruch des K gegen T auf Schadensersatz

K könnte gegen T einen Anspruch auf Schadensersatz aus Vertrag oder
aus unerlaubter Handlung gem. § 823 haben.

I. Anspruch aus Vertrag:

1. Der Taxifahrer wurde von R beauftragt. Das heißt, es besteht kein
Vertrag zwischen K und T, aus dem K Schadensersatzansprüche herlei-
ten könnte.

2. Möglicherweise könnte K aber Ansprüche aus dem Vertrag zwischen
R und T herleiten, wenn die Grundsätze des Vertrags mit Schutzwir-
kung für Dritte eingreifen würden (Rechtsgedanke von § 328). Aller-
dings fehlt es hier am personenrechtlichen Einschlag, denn R war nicht
für das Wohl und Wehe des K verantwortlich. Dies ist eine wichtige
Voraussetzung, um die Haftung nicht ausufern zu lassen. Außerdem ist
dem Sachverhalt nicht zu entnehmen, dass T erkennen konnte, dass K
in den Vertrag einbezogen werden sollte.

II. Anspruch aus unerlaubter Handlung, § 823 I:

Ein Anspruch aus § 823 I könnte sich aus einer Eigentumsverletzung
ergeben. Zum Zeitpunkt des schädigenden Ereignisses war jedoch K
nicht Eigentümer der zerstörten Sache.

Er hatte lediglich einen schuldrechtlichen Anspruch auf die Sache,
aber noch kein absolutes Recht an der Sache (s.o.). Denn für eine
Übereignung i.S.v. § 929 S. 1 fehlt es an der Einigung.

Geschädigt ist vielmehr das Vermögen des K. Denn er muss den Kauf-
preis zahlen, ohne eine andere Sache zu bekommen. Das Vermögen als
solches ist aber kein absolutes Recht und daher nicht durch § 823 I
geschützt.

Ergebnis: K hat gegen T weder einen Anspruch aus Vertrag noch aus
unerlaubter Handlung gem. § 823 I.

B. Anspruch des R gegen T auf Schadensersatz

R könnte gegen T einen Anspruch auf Schadensersatz aus §§ 634 Nr. 4,
636, 280 I oder aus unerlaubter Handlung gem. § 823 haben.

I. Anspruch aus §§ 634 Nr. 4, 636, 280 I (Vertraglicher Anspruch):

1. Der Beförderungsvertrag (Taxifahrt) hat das Überbringen des Ge-
schirrs zum Gegenstand. Das ist eine Dienstleistung i.S.v. § 631 II, bei

der ein konkreter Erfolg geschuldet wird, so dass ein Werkvertrag i.S.v. § 631 I vorliegt.

2. Das Service zerstört zu überbringen, stellt einen Mangel des Werkes i.S.v. § 633 II bzw. eine Pflichtverletzung nach § 280 I dar, da eine unbeschädigte Überbringung konkludent vereinbart war bzw. normalerweise zu erwarten ist.

3. Dies geschah jedenfalls fahrlässig (§ 276 II), weil der Taxifahrer die erforderliche Sorgfalt außer Acht ließ. Damit hatte T die Schlechterfüllung nach § 280 I 2 zu vertreten.

4. Aufgrund dieser Schlechterfüllung entstand kausal ein Schaden am Eigentum des R.

Rechtsfolge: R hat gegen T einen Anspruch auf Schadensersatz aus §§ 634 Nr. 4, 636, 280 I, der sich nach den §§ 249 ff. bemisst.

5. Die Schadensermittlung erfolgt anhand der Differenzhypothese durch Vergleich der tatsächlichen und der hypothetischen Lage. Danach hat aber der Verkäufer R keinen Schaden, weil er den Kaufpreis aufgrund des § 447 I erhält (s.o.), ohne selbst ein neues Geschirr liefern zu müssen. Dieses Ergebnis der Differenzhypothese ist aber zu korrigieren, denn die interne Gefahrzuweisung zwischen R und K darf den T nicht unbillig entlasten. Die Korrektur erfolgt nach den Grundsätzen der Drittschadensliquidation.

6. Drittschadensliquidation

Die Drittschadensliquidation ist von der Rechtsprechung für diejenigen Fälle geschaffen worden, bei der sich die unbefriedigende Konstellation ergibt, dass eine Person (hier R) einen Anspruch hat (§ 280 I), aber keinen Schaden, eine andere Person (hier K) einen Schaden, aber keinen Anspruch hat. Wenn dieses Ergebnis auf einer zufälligen Schadensverlagerung beruht, soll der Schaden des Dritten geltend gemacht werden dürfen. Hier liegt die zufällige Verlagerung in der Vorschrift des § 447 I.

Da auch die anderen Voraussetzungen vorliegen, kann R für den Schaden des K Ersatz verlangen. Der Schadensumfang errechnet sich grundsätzlich nach § 249 ff. Neben Naturalrestitution, § 249 I 1, kann R gem. §§ 249 II 1, 251 I Entschädigung in Geld, also den Kaufpreis für das Service in Höhe von 600 € verlangen.

Richterrecht »richtet« das unbillige Ergebnis gerade.

II. Anspruch aus unerlaubter Handlung, § 823 I:

T hat rechtswidrig, schuldhaft und kausal das Eigentum des R (Service) verletzt, wodurch dem R ein Schaden entstanden ist.

Ergebnis: R hat einen Schadensersatzanspruch gegen T sowohl aus § 634 als auch aus § 823 I. Sinnvoll ist dieses Ergebnis für K aber nur, wenn K auf irgendeine Weise an diesen Anspruch herankommt. Hier bietet sich § 285 an.

C. Anspruch des K gegen R auf Abtretung seiner Ansprüche gegen T aus § 285

K könnte gegen R einen Anspruch auf Abtretung seiner Ansprüche gegen T aus § 285 I haben.

I. Ein Schuldverhältnis auf Leistung eines bestimmten Gegenstandes liegt durch den Kaufvertrag vor (jedenfalls ab Konkretisierung war Bestimmung nach § 243 II erfolgt).

II. Die Leistung aus diesem Schuldverhältnis ist nachträglich unmöglich geworden, da das Geschirr kaputt ist.

III. Der Schuldner R muss einen Ersatz oder Ersatzanspruch erlangt haben, und zwar infolge des Umstandes, der zur Unmöglichkeit des geschuldeten Gegenstands geführt hat. Hier hat R wegen Zerstörung des Geschirrs Schadensersatzansprüche gegen T aus §§ 634 Nr. 4, 636, 280 I und § 823 I erlangt.

Rechtsfolge: K hat gegen R einen Anspruch auf Abtretung seines Schadensersatzanspruchs gegen T aus § 285 I. Nach erfolgter Abtretung (§ 398) kann K direkt gegen T vorgehen.

4. Gestohlen und wiedergefunden

Sachverhalt:

Schumacher (S) erwirbt vom Fahrzeughersteller (F) einen Wagen vom Typ »Rodeo« im Verkehrswert von 30.000,– € zu einem besonderen Vorzugspreis. Kurze Zeit später wird ihm das Fahrzeug vom Dieb (D) gestohlen. Dieser fälscht die Fahrzeugpapiere und veräußert das Fahrzeug auf einem Gebrauchtwagenmarkt unter Vorlage ebenso geschickt gefälschter Ausweispapiere für 27.000,– € an den nichtsahnenden Nachbarn des S namens Nullius (N).

Einige Wochen danach entdeckt Schumacher vor der Garage des Nullius seinen gestohlenen Wagen wieder. Schumacher verlangt von Nullius die Herausgabe des Fahrzeuges. Außerdem fordert er Ersatz für den Blechschaden am Fahrzeug, der zwischenzeitlich bei einem von Nullius verschuldeten Unfall entstanden ist. Von weiteren Ansprüchen wie Benutzungsvergütung etc. sieht Schumacher ab.

Zur Herausgabe des Wagens ist Nullius nicht bereit, allenfalls dann, wenn Schumacher ihm den Kaufpreis sowie die Kosten für den kürzlich erfolgten Einbau eines Radios für 700,– € ersetze.

Welche Ansprüche haben Schumacher und Nullius gegeneinander?

Lösungsvorschlag:

1. Teil: Ansprüche des S auf Herausgabe des Fahrzeuges:

A.   *Herausgabeanspruch (wegen Besitzentziehung), § 861*

B.   *Herausgabeanspruch (des Eigentümers), § 985*

C.   *Herausgabeanspruch (des früheren Besitzers), § 1007 II*

D.   *Anspruch auf Herausgabe gem. § 823 I*

E.   *Anspruch auf Herausgabe aus § 812 I 1 2. Alt.*

2. Teil: Ansprüche des S gegen N wegen des Blechschadens:

A.   *Schadensersatzanspruch aus EBV, §§ 989, 990 I*

B.   *Schadensersatzanspruch gem. § 823 I*

3. Teil: Ansprüche des N auf Kostenerstattung bzgl. des Radios:

A.   *Verwendungsersatzanspruch aus EBV, §§ 994 I, 996*

B.   *Verwendungsersatzanspruch aus § 812 I 2. Alt.*

1. Teil: Herausgabeansprüche des S gegen N

A. Herausgabeanspruch (wegen Besitzentziehung), § 861

*S könnte gegen N einen Anspruch auf Herausgabe des Fahrzeugs gem.
§ 861 haben.*

I. Dem S wurde der unmittelbare Besitz am Fahrzeug entzogen.

*II. Dies geschah durch verbotene Eigenmacht, i.S.v. § 858, d.h. ohne
Willen des unmittelbaren Besitzers und ohne gesetzliche Gestattung.*

§ 861 hat neben § 985
keine große praktische
Bedeutung – dennoch
sollte er nicht vergessen
werden.

*III. Der Besitz des N ist jedoch nicht fehlerhaft i.S.d. § 858 II, weil
nicht N, sondern D die verbotene Eigenmacht begangen hat und N die
Fehlerhaftigkeit des Besitzes des D nicht als dessen Rechtsnachfolger
gegen sich gelten lassen muss, § 858 II 2. Er war diesbezüglich gutgläubig.*

Ergebnis: Ein Herausgabeanspruch aus § 861 besteht nicht.

B. Herausgabeanspruch (des Eigentümers), § 985

*S könnte gegen N aber einen Anspruch auf Herausgabe des Fahrzeugs
aus § 985 haben. Der Vindikationsanspruch setzt voraus, dass S Eigentümer und N unrechtmäßiger Besitzer ist.*

I. Eigentum des S:

1. Zunächst war F Eigentümer des Fahrzeuges

*2. Danach hat S durch Einigung und Übergabe das Eigentum an dem
Fahrzeug nach § 929 S. 1 von F erworben.*

*3. S könnte jedoch sein Eigentum durch die Verfügung des D verloren
haben. D war Nichteigentümer, so dass ein Erwerb nach § 929 ausscheidet. Möglich ist aber ein gutgläubiger Erwerb nach §§ 929, 932.
N war gutgläubig i.S.v. § 932 II, da er sich den Kfz-Brief vorlegen ließ.
Ein gutgläubiger Erwerb an gestohlenen Sachen ist aber nicht möglich
§ 935 I 1.*

4. Damit ist S Eigentümer geblieben. § 985 ist insoweit erfüllt.

II. Besitz des N:

*N übt die tatsächliche Gewalt über das Fahrzeug aus. Er ist daher
unmittelbarer Besitzer der Sache (vgl. § 854 I).*

III. Unrechtmäßigkeit des Besitzes i.S.d. § 986:

*N ist unrechtmäßiger Besitzer, wenn er kein Recht zum Besitz i.S.d.
§ 986 hat. Mögliche Besitzrechte (z.B. schuldrechtliche Beziehungen),
aufgrund derer N die Herausgabe der Sache verweigern könnte, sind
im Sachverhalt nicht ersichtlich.*

*Fraglich ist jedoch, ob ein möglicherweise bestehendes Zurückbehal-
tungsrecht gem. § 1000 S. 1 ein Besitzrecht i.S.d. § 986 darstellt. Dies*

*ist aber abzulehnen, weil das Zurückbehaltungsrecht nach § 1000 S. 1
ein fehlendes Recht zum Besitz voraussetzt. Würde man also § 1000 S.
1 unter § 986 subsumieren, wäre dies ein Zirkelschluss.*

IV. Geltendmachung eines Zurückbehaltungsrechtes:

*N könnte ein Zurückbehaltungsrecht gem. § 1000 S. 1 haben, falls ihm
ein Verwendungsersatzanspruch nach §§ 994 ff. (siehe unten) zustehen
sollte. Die Geltendmachung von Zurückbehaltungsrechten führt nicht
wie das Bestehen von Besitzrechten zur Abweisung der Herausgabe-
klage wegen § 986, sondern zur Verurteilung zur Herausgabe Zug um
Zug (vgl. § 274 I). Anders als Besitzrechte sind Zurückbehaltungs-
rechte keine von Amts wegen zu beachtenden Einwendungen, sondern
Einreden, die nur bei Geltendmachung berücksichtigt werden.*

> Einwendungen berück-
> sichtigt der Richter im
> Prozess automatisch –
> Einreden muss der Anwalt
> bzw. die Partei vorbringen.

*§ 1000 setzt voraus, dass N gegen S wegen des eingebauten Radios
einen Anspruch auf Verwendungsersatz aus §§ 994 I, 996 hat.*

1. Die Anwendbarkeit der §§ 994 ff:

*Ein Verwendungsersatzanspruch setzt voraus, dass während des Be-
stehens eines Eigentümer-Besitzer-Verhältnisses Verwendungen gemacht wurden. Unter dem gesetzlich nicht definierten Begriff der Verwendungen i.S.d. §§ 994 ff. sind willentliche Vermögensaufwendungen
zu verstehen, die der herausverlangten Sache zugute kommen sollen,
indem sie sie wiederherstellen, erhalten oder verbessern, ohne sie
grundlegend zu verändern.*

a) Der Kaufpreis als Verwendung:

*Der für den Erwerb des Fahrzeugs aufgewendete Kaufpreis in Höhe
von 27.000,– € ist keine Verwendung. Der Kaufpreis kommt nicht der
Sache, sondern ausschließlich dem Verkäufer zugute. Diesbezüglich
kann sich N nur an den Verkäufer D halten, der ihm vertraglich nach
§§ 435, 437, 440, 284 I und außervertraglich, insbesondere nach § 823
II i.V.m. § 263 StGB (Betrug) auf Schadensersatz haftet. Ein Verwendungsersatzanspruch gegen S kommt insoweit nicht in Betracht.*

b) Der Einbau des Radios als Verwendung:

*Ein Radio verbessert die Qualität eines Autos und stellt daher eine
Verwendung i.S.v. §§ 994 ff. dar. Die in dem Einbau eines Radios
bestehenden Verwendungen wurden während des Bestehens eines
Eigentümer-Besitzer-Verhältnisses gemacht.*

2. Ersatz der notwendigen Verwendungen:

*Nach § 994 I besteht ein Anspruch auf uneingeschränkten Ersatz der
notwendigen Verwendungen, sofern sie keine gewöhnlichen Erhaltungskosten darstellen. Notwendig i.S.d. § 994 sind Verwendungen, die
objektiv erforderlich sind, um die Sache in ihrem wirtschaftlichen Be-*

stand einschließlich ihrer Nutzungsfähigkeit wiederherzustellen oder zu erhalten. Demzufolge sind die Kosten für den Einbau eines Radios keine notwendigen Verwendungen.

3. Ersatz der nützlichen Verwendungen:

Für Verwendungen, die wie der Einbau eines Autoradios zwar nicht notwendig, aber doch nützlich sind, kann Ersatz nach Maßgabe des § 996 verlangt werden. Danach muss die nützliche Verwendung von einem redlichen unverklagten Besitzer gemacht worden und die für die herausverlangte Sache eingetretene Wertsteigerung noch vorhanden sein. Diese Voraussetzungen sind erfüllt. Beim Einbau des Radios war N weder gem. § 985 auf Herausgabe des Fahrzeugs verklagt, noch war er zu diesem Zeitpunkt in Ansehung eines Rechtes zum Besitz bösgläubig. Die Wertsteigerung des Fahrzeugs ist noch vorhanden.

Der Verwendungsersatzanspruch nach § 996 ist hinsichtlich der Kosten für den Einbau des Radios begründet. Somit steht dem N auch ein Zurückbehaltungsrecht nach § 1000 zu.

Ergebnis: S kann von N Herausgabe des Fahrzeugs aus § 985 verlangen, aber nur Zug um Zug gegen Zahlung von 700,– €.

C. Herausgabeanspruch des (früheren Besitzers), § 1007

S könnte gegen N einen Anspruch auf Herausgabe des Fahrzeugs gem. § 1007 haben. Darin sind zwei selbständige Anspruchsgrundlagen, nämlich § 1007 I und § 1007 II enthalten.

I. Ein Anspruch aus § 1007 I scheidet aus, da N hinsichtlich seines fehlenden Besitzrechts bei Besitzerwerb in gutem Glauben war.

II. Möglicherweise hat S gegen N aber einen Anspruch aus § 1007 II.

S war früherer Besitzer und N ist jetziger Besitzer. Dem früheren Besitzer S ist das Fahrzeug abhanden gekommen, weil es gestohlen wurde. Gemäß § 1007 III kann N aber wiederum sein Zurückbehaltungsrecht nach §§ 996, 1000 S. 1 entgegenhalten.

Ergebnis: Ein Herausgabeanspruch aus § 1007 II besteht, jedoch nur Zug um Zug gegen Zahlung von 700,– €.

Die guten alten Bekannten §812 und § 823.

D. Anspruch auf Herausgabe gem. § 823 I

S könnte gegen N einen Anspruch auf Herausgabe des Fahrzeugs gem. §§ 823 I i.V.m. 249 I haben.

Die Vorenthaltung des Besitzes stellt eine Eigentumsverletzung dar. Die Eigentumsverletzung war rechtswidrig, weil dem N kein Besitzrecht zur Seite stand. Fraglich ist aber, ob N auch schuldhaft gehandelt hat. Insoweit ist der Verschuldensmaßstab des § 276 heranzuzie-

hen. *Aufgrund der gefälschten Papiere durfte N glauben, dass der Dieb D Eigentümer war. Insoweit war dem N keine Sorgfaltspflichtverletzung vorwerfbar, so dass auch Fahrlässigkeit nach § 276 II ausscheidet.*

Ergebnis: Ein Herausgabeanspruch aus § 823 I besteht nicht.

<u>*E. Anspruch auf Herausgabe gem. § 812 I 1 2. Alt.*</u>

S könnte gegen N einen Anspruch auf Herausgabe des Fahrzeugs gem. § 812 I 1 2. Alt. haben. Nachdem N den Besitz am Fahrzeug ohne Rechtsgrund erlangt hat, ist eine Eingriffskondiktion nach § 812 I 1 2. Alt. zwar grundsätzlich denkbar. Wegen des umfassenden Besitzschutzes durch §§ 861, 1007 und des Vorrangs der §§ 987 ff. (E-B-V) tritt sie aber als subsidiär zurück. Außerdem hat N den Besitz durch Leistung des D erlangt, so dass die Eingriffskondiktion wegen dieses Leistungsverhältnisses ausgeschlossen ist (»Vorrang der Leistungskondiktion«).

Ergebnis: Der Anspruch aus § 812 I 1 2. Alt. besteht nicht.

<u>*2. Teil: Ansprüche des S gegen N wegen des Blechschadens*</u>

<u>*A. Schadensersatzanspruch aus E-B-V, §§ 989, 990 I*</u>

S könnte gegen N einen Anspruch auf Ersatz des Blechschadens gem. § 989, 990 I haben.

N hat durch den Unfall während des Eigentümer-Besitzer-Verhältnisses das Eigentum des S beschädigt, wie es § 989 fordert. N hat diesen Unfall auch verschuldet. Jedoch bedarf es für § 989 entweder der Rechtshängigkeit (Erhebung der Klage) oder Bösgläubigkeit beim Erwerb des Besitzes § 990 I 1. Beides war zum Unfallzeitpunkt nicht gegeben.

Ergebnis: Der Anspruch besteht nicht.

<u>*B. Schadensersatzanspruch gem. § 823 I*</u>

S könnte gegen N einen Anspruch auf Ersatz des Blechschadens gem. § 823 I haben.

Bevor in die Prüfung der tatbestandlichen Voraussetzungen des deliktischen Anspruchs eingetreten werden darf, ist die Anwendbarkeit des Deliktsrechts zu klären. Das hier vorliegende Eigentümer-Besitzer-Verhältnis entfaltet gem. § 993 I, 2. Hs grundsätzlich Sperrwirkung gegenüber dem Deliktsrecht. Diese Sperre greift jedenfalls zugunsten des gutgläubigen Besitzers ein. Die Sperre des § 993 I, 2. Hs. hebt sich nur unter den Voraussetzungen des § 992 auf. Da hier der Besitz weder durch verbotene Eigenmacht noch durch strafbare Handlung des N erlangt wurde, hat es bei der Sperrwirkung des § 993 I, 2. Hs. sein Bewenden. Das Deliktsrecht ist nicht anwendbar.

Ergebnis: Der Anspruch besteht nicht.

3. Teil: Ansprüche des N auf Kostenerstattung bzgl. des Radios

A. Verwendungsersatzanspruch aus E-B-V, § 994 I, 996

N könnte gegen S einen Anspruch auf Ersatz von Verwendungen gem. §§ 994 I, 996 haben. Wie oben dargelegt, steht dem N ein solcher Anspruch auf Verwendungsersatz zu.

Ergebnis: Der Anspruch ist (s.o.) begründet.

B. Verwendungsersatzanspruch gem. § 812 I 1 2. Alt.

N könnte gegen S einen Anspruch auf Ersatz von Verwendungen gem. § 812 I 1 2. Alt. haben. Ein Anspruch unter dem Gesichtspunkt der sog. Verwendungskondiktion setzt die Anwendbarkeit bereicherungsrechtlicher Vorschriften neben denen des Eigentümer-Besitzer-Verhältnisses voraus, doch sind letztere als abschließende Spezialregelung anzusehen.

Ergebnis: Der Anspruch besteht nicht.

Register

A

Abgabe einer Willenserklärung
Der Erklärende hat alles getan, damit die Willenserklärung zugehen kann. ⇨ 49

Abhanden gekommen
Unfreiwilliger Verlust einer Sache, der gutgläubigen Erwerb verhindert (§935). ⇨ 229

Abkömmling
Verwandter in absteigender Linie, z.B. Kinder, Enkel, Urenkel (§§1924, 1589). ⇨ 261

Ablehnung
Zurückweisen eines Antrags auf Vertragsschluss (§145). ⇨ 55

Abnahme
Körperliche Entgegennahme eines Werkes mit der Erklärung, dass das Werk vertragsgemäß hergestellt ist (§640), bzw. Übernahme des Kaufgegenstandes. (§433 II) ⇨ 141, 175

Abschlagszahlung
Teilzahlung (§266). ⇨ 78

Abschluss
Bei Abschluss eines Vertrags liegt Übereinstimmung von Angebot und Annahme vor (§§145, 147). ⇨ 53

Abschlussfreiheit
Die Freiheit, selbst darüber zu entscheiden, ob und mit wem eine Person rechtsgeschäftliche Bindungen eingehen will (Privatautonomie). ⇨ 36, 71

Abschlussvollmacht
Vollmacht für einen anderen, in dessen Namen einen Vertrag abzuschließen (§§164, 167). ⇨ 58

Absolute Rechte
Rechtspositionen, die durch §823 I (Delikt) geschützt sind: Leben, Gesundheit, Eigentum etc. ⇨ 204

Abstammung
Herkunft eines Kindes von seinen Eltern und Vorfahren (§1589). ⇨ 259

Abstraktionsprinzip
Trennung rechtlicher Vorgänge in Verpflichtungs- und Verfügungsgeschäfte. ⇨ 13, 37, 139

Abtretung
Ein Vertrag, durch den der bisherige Gläubiger eine Forderung auf einen neuen Gläubiger überträgt (§398). ⇨ 126

Abwehranspruch
Anspruch, Unterlassung der Beeinträchtigung von Besitz (§862) oder Eigentum (§1004) zu verlangen. ⇨ 242

Adäquanztheorie
Theorie, die bei Schadensersatzansprüchen die Kausalität von ganz unwahrscheinlichen, nicht vorhersehbaren Kausalketten verneint (vgl. §823). ⇨ 204

AGB
Allgemeine Geschäftsbedingungen. ⇨ 98

Aktiengesellschaft
(AG) Eine juristische Person, deren Gesellschafter mit Einlagen (Aktien) beteiligt sind.

Akzessorietät
Abhängigkeit eines Sicherungsrechts von der gesicherten Forderung (Akzessorietät der Hypothek, Bürgschaft). ⇨ 127, 192, 218, 250

Aliud-Lieferung
Die Lieferung einer anderen als der verkauften Sache (Falschlieferung), die wie eine mangelhafte Lieferung behandelt wird (§434). ⇨ 155

Allgemeine Geschäftsbedingungen
»Das Kleingedruckte« sind Bedingungen eines Vertrages, die der Verwender für eine Vielzahl von Anwendungsfällen vorformuliert hat, §§305 ff. ⇨ 98

Allgemeiner Teil
Der Allgemeine Teil des BGB (§§1-240) stellt Grund sätze auf, die für das gesamte Bürgerliche Recht gelten. ⇨ 10

Allgemeines Schuldrecht
Regelungen des BGB, die alle Schuldverhältnisse betreffen (§§241-432). ⇨ 10

Amtsgericht
Die unterste Instanz der ordentlichen Gerichte, zuständig für einen Streitwert bis 5.000 Euro.

Amtshaftung
Haftung des Staates für eine Schädigung im Zusammen hang mit der fehlerhaften Ausübung hoheitlicher Gewalt (§839). ⇨ 208

Amtspflichtverletzung
Vorsätzliche oder fahrlässige Verletzung einer Amtspflicht, die ein Beamter einem Dritten gegenüber hat (§839). ⇨ 208

Auflösende Bedingung

Vereinbarung mit dem Inhalt, dass ein zukünftiges, ungewisses Ereignis die Wirkung eines Rechtsgeschäfts entfallen lässt (§158 II). ⇨ 57

Aufrechnung

Rechtsgeschäft, bei dem zwei sich gegenüberstehende Forderungen wechselseitig getilgt werden (§§387 ff.). ⇨ 125, 128

Aufschiebende Bedingung

Vereinbarung mit dem Inhalt, dass ein Rechtsgeschäft erst mit dem Eintritt eines ungewissen zukünftigen Ereignisses eintritt (§158 I). ⇨ 57

Auftrag

Ein Vertrag, durch den sich der eine Teil (Beauftragter) verpflichtet, unentgeltlich ein Geschäft für den anderen Teil (Auftraggeber) zu besorgen (§662). ⇨ 178
Auftrag wird in der Umgangssprache auch als Ausdruck für ein Vertragsangebot (§145) verstanden. ⇨ 54

Auftragsbestätigung

Schriftliche Annahme eines Antrags (umgangssprachlich Auftrages), wodurch ein Vertrag geschlossen wird (§147).

Aufwendung

Freiwillige Vermögensopfer im Interesse eines anderen (§670). ⇨ 179

Aufwendungsersatz

Anspruch auf Ersatz von Vermögensopfern durch Auftrag (§670) oder Geschäftsführung ohne Auftrag (683 S. 1). ⇨ 178, 185

Auslegung

Erkundung der Bedeutung eines Rechtsbegriffes durch Anwendung verschiedener interpretatorischer Mittel. ⇨ 49

Auslegung einer Willenserklärung

Herausfinden dessen, was bei zweideutigen Willenserklärungen wirklich gemeint war (§133). ⇨ 49

Auslegung von Verträgen

Ermittlung dessen, was bei unvollständig bzw. ungenau vereinbarten Verträgen gewollt war (§157). ⇨ 56

Ausschlagung der Erbschaft

Erklärung mit dem Inhalt, nicht Erbe sein zu wollen (§§1943 ff.). ⇨ 264

Außenverhältnis

Rechtliche Beziehungen einer Personenmehrheit zu Dritten. ⇨ 60, 190

Außerordentliche Kündigung

Beendigung eines Dauerschuldverhältnisses (z. B. Dienstvertrag, Mietvertrag) aus wichtigem Grund ohne Kündigungsfrist (§§ 314, 543, 626). ⇨ 109, 161, 167

Beauftragter

Derjenige, der sich durch Auftrag verpflichtet, ein Geschäft unentgeltlich zu besorgen (§662). ⇨ 178

Bedingung

Zukünftiges ungewisses Ereignis, von dem der Eintritt einer bestimmten rechtlichen Wirkung abhängig gemacht wird, §158, ⇨ 57

Beeinträchtigung

Die Gefährdung oder Verletzung eines rechtlich geschützten Gutes (z.B. Gesundheit) oder eines Rechts (z.B. Besitz, Eigentum, §§862, 1004). ⇨ 242

Befriedigung

Erfüllung von Ansprüchen (§362). ⇨ 124

Belastung

Einschränkung des Eigentumsrechts durch Befugnisse Dritter an der Sache (z. B. Hypothek, §1113). ⇨ 244

Berechtigte GoA

Geschäftsführung ohne Auftrag, die dem Interesse und mutmaßlichem Willen des Geschäftsherrn entspricht (§683). ⇨ 183

Bereicherung

Zuwachs des Vermögens um einen geldwerten Vorteil (§812). ⇨ 194

Bereicherungsanspruch

Anspruch auf Herausgabe des durch eine ungerechtfertigte Bereicherung Erlangten (§§812 ff.). ⇨ 194

Berichtigung der Grundbucheintragung

Wenn der Grundbucheintrag und die tatsächliche Rechtslage nicht übereinstimmen, ist ein Anspruch auf Grundbuchberichtigung gegeben (§894). ⇨ 221

Berufung

Rechtsmittel, das gegen das Urteil der ersten Instanz gegeben ist.

Beschränkte Geschäftsfähigkeit

Minderjährige zwischen 7 und 18 Jahren bedürfen für eine wirksame Willenserklärung der Zustimmung ihres gesetzlichen Vertreters (§§2, 106, 107). ⇨ 39

Beseitigungsanspruch

Der gegen eine Beeinträchtigung gerichtete Anspruch, insbesondere derjenige des Eigentümers gegenüber einem Störer (§1004 I 1). ⇨ 242

Besitz

Die tatsächliche Herrschaft einer Person über eine Sache (§854). ⇨ 212

Besitzdiener

Besitzdiener ist, wer die tatsächliche Herrschaft über eine Sache für einen anderen in dessen Haushalt, Erwerbsge schäft o.ä. ausübt, und in bezug auf die Sache weisungsgebunden ist (§855). ⇨ 213

Besitzkonstitut

Besitzmittlungsverhältnis. ⇨ 215, 226

Besitzmittlungsverhältnis

Verhältnis, bei dem es neben dem unmittelbaren Besitzer noch einen mittelbaren gibt (§§868, 930). ⇨ 215, 226

Besitzschutz

Ansprüche, die den uneingeschränkten Besitz gewähr leisten (§§861, 862). ⇨ 214, 215

Besitzstörung

Bei Beeinträchtigung des Besitzes besteht ein Anspruch auf Unterlassung (§862). ⇨ 215

Besitzwechsel

Übertragung des unmittelbaren Besitzes einer Sache (§854 II). ⇨ 212

Besonderes Schuldrecht

Regelungen des BGB über typische Verträge, Bereiche rungs- und Deliktsrecht (§§433-853). ⇨ 10

Bestandteil

Teil einer Sache, der nach natürlicher Betrachtungsweise als zu dieser Sache gehörig gesehen wird (§§93, 94). ⇨ 35

Bestätigungsschreiben

Schriftliche Bestätigung einer zwischen Kaufleuten mündlich getroffenen Vereinbarung.

Besteller

Vertragspartner, der ein Werk in Auftrag gibt (§631). ⇨ 168

Bestimmbarkeit

Nur ausreichend bestimmbare Ansprüche können abge treten werden (§398). ⇨ 127

Betriebsübergang

Beim Wechsel des Inhabers eines Betriebs gelten die Arbeitsverträge zwischen dem neuen Inhaber und den Arbeitnehmern (§613 a). ⇨ 166

Beurkundung

Schriftliche Festlegung von Willenserklärungen (§125). ⇨ 48

Bevollmächtigung

Erteilung von Vertretungsmacht (§167). ⇨ 59

Bewegliche Sachen

Körperliche Gegenstände, die nicht Grundstücke oder Häuser sind (§90). ⇨ 34

Beweislast

Zuweisung, wer im Prozess etwas zu beweisen hat (z.B. §280 I 2).

BGB

Bürgerliches Gesetzbuch. ⇨ 2

BGB-Gesellschaft

Die Gesellschaft des Bürgerlichen Rechts ist eine auf Vertrag beruhende Vereinigung von Personen zur Förderung eines von ihnen gemeinsam verfolgten Zwecks (§§705 ff.). ⇨ 188

Billigkeit

Natürliches Gerechtigkeitsempfinden.

Bonität

Verwertbarkeit eines Rechts.

Bösgläubigkeit

Wissen oder grob fahrlässiges Nichtwissen einer rechtlich bedeutsamen Tatsache (z.B. §932 II). ⇨ 201, 238

Bösgläubiger Besitzer

Unrechtmäßiger Besitzer, der bei Erwerb des Besitzes nicht an seine Berechtigung glauben durfte (§990). ⇨ 243

Bote

Hilfsperson, die für einen anderen eine Willenserklärung entgegennimmt oder weiterleitet (anders als der Vertre ter, §164). ⇨ 58

Briefhypothek

Regelfall der Hypothek, die durch Einigung und Übergabe des Hypothekenbriefs übertragen wird (§1116). ⇨ 245

Bringschuld

Eine Schuld, die der Schuldner am Wohn- oder Geschäftssitz des Gläubigers zu erbringen hat (§269). ⇨ 79

Buchhypothek

Hypothek, bei der die Erteilung eines Hypothekenbriefs ausgeschlossen ist (§1116). ⇨ 245

Bürgerliches Gesetzbuch

Gesetz, das die Rechtsbeziehungen der Privatpersonen umfassend regelt. ⇨ 2

Bürgerliches Recht
Teil des Privatrechts, der für alle »Bürger« gilt. ⇨ 2

Bürgschaft
Vertrag, durch den sich der Bürge gegenüber dem Gläubiger verpflichtet, für die Erfüllung der Verbindlichkeit des Schuldners einzustehen (§765). ⇨ 192

Bürge
Wer sich gegenüber dem Gläubiger eines Dritten verpflichtet, für die Erfüllung der Verbindlichkeit des Dritten einzustehen (§765 I). ⇨ 192

Case law
Anglo-amerikanisches Zivilrecht, bei dem nicht Gesetze, sondern Präzedenzfälle ein rechtliches Problem entscheiden. ⇨ 10

cessio legis
Übergang einer Forderung kraft Gesetzes (§412). ⇨ 129

condicio
Bedingung (§158). ⇨ 57

culpa in contrahendo
(cic) »Verschulden bei Vertragsschluss« war lange Zeit im Gesetz nicht geregelt, doch ist nun in §311 II normiert. ⇨ 102

Darlehen
Vertrag, bei dem die zeitweise Überlassung von Geld gegen Zinsen geschuldet wird, (§488). ⇨ 153

Dauerschuldverhältnis
Schuldverhältnis, dessen Rechte und Pflichten über einen längeren Zeitraum bestehen (z.B. Dienstvertrag, Mietvertrag).

Deliktische Ansprüche
Ansprüche aus unerlaubter Handlung, bei der Schadensersatz aufgrund der Verletzung von bestimmten Rechtsgütern geschuldet wird (§§823 ff.). ⇨ 202

Deliktsfähigkeit
Definiert, wann jemand für eine unerlaubte Handlung (§823) verantwortlich ist (§§827, 828). ⇨ 32, 206

Deliktischer Besitzer
Unrechtmäßiger Besitzer, der seinen Besitz durch verbotene Eigenmacht erlangt hat (§992). ⇨ 239

Deliktsrecht
Recht der unerlaubten Handlungen (§§823 ff.). ⇨ 202

Dienst
Das entgeltliche Tätigwerden einer Person für eine andere aufgrund eines Vertrages (§611). ⇨ 165

Dienstbarkeit
Ein beschränktes dingliches Recht an einer Sache (z.B. Grunddienstbarkeit, §1018).

Dienstherr
Vertragspartner, der berechtigt ist, die Leistung von Diensten zu fordern (§611). ⇨ 165

Dienstleistung
Erbringung von Diensten aufgrund eines Dienstvertrages (§611) oder Werkvertrages (§631). ⇨ 165, 170

Dienstvertrag
Gegenseitiger Vertrag, in welchem sich der Dienstverpflichtete zur Leistung bestimmter Dienste und der Dienstherr zur Gewährung einer Vergütung verpflichtet (§§611 ff.). ⇨ 165

Dingliche Ansprüche
Ansprüche, die sich aus der Beziehung einer Person zu einer Sache herleiten, zumeist im Sachenrecht §§854 ff. (z. B. Eigentum). ⇨ 19

Dingliches Recht
Das Recht einer Person zur Herrschaft über eine Sache (z.B. Eigentum, Besitz).

Dissens
Fehlende Übereinstimmung bei Vertragsschluss (§§154, 155). ⇨ 56

Dritter
Ein am Rechtsgeschäft Unbeteiligter. ⇨ 5

Drittschadensliquidation
Geltendmachung des Schadens eines Dritten. ⇨ 119

Drittschuldner
Der Schuldner eines Schuldners.

Drohung
Das Inaussichtstellen eines empfindlichen Übels, um jemand zur Abgabe einer Willenserklärung zu bewegen (§123). ⇨ 46

Duldung
Das wissentliche und widerspruchslose Geschehenlassen eines bestimmten Vorgangs. ⇨ 223, 242

Duldungsvollmacht

Vertretungsmacht aufgrund der Duldung der Vertretung durch den Vertretenen (§164). ⇨ 60

Durchsetzung

Ein materiell-rechtlicher Anspruch muss zu seiner Durchsetzung erst gerichtlich festgestellt werden und dann durch staatliche Organe zwangsvollstreckt werden. ⇨ 7

E-B-V

Eigentümer-Besitzer-Verhältnis (§§987 ff.). ⇨ 234, 237

Echte GoA

Geschäftsführung ohne Auftrag, bei der der Geschäftsführer Fremdgeschäftsführungswillen hat. ⇨ 181, 183

Ehe

ist die Lebensgemeinschaft zwischen Mann und Frau, die vor dem Standesbeamten mit Eheschließungswille auf Lebenszeit eingegangen wird. ⇨ 256

Ehegatte

Der Ehegatte erbt neben den sonstigen Verwandten mindestens ein Viertel (§1931). ⇨ 262

Eigenbesitzer

Wer die Sache als ihm gehörig besitzt (§872). ⇨ 215

Eigenmacht

Die ohne Willen des unmittelbaren Besitzers erfolgende Entziehung oder Störung des Besitzes (§858). ⇨ 213

Eigenes Verschulden

Verursachung eines Schadens durch eigene Pflichtverletzung (§276). ⇨ 82

Eigengeschäftsführung

Unberechtigte Führung des Geschäfts eines anderen in eigenem Interesse (§687). ⇨ 187

Eigentum

Umfassendes Recht zur rechtlichen und tatsächlichen Nutzung einer Sache (§903). ⇨ 222

Eigentümer

Der Eigentümer kann Herausgabe seiner Sache und Ersatz für Schäden verlangen (§985 ff.). ⇨ 222, 236

Eigentümer-Besitzer-Verhältnis

Rechtslage, bei der einer Eigentümer einer Sache, ein anderer Besitzer der Sache ist, jedoch kein Recht zum Besitz hat (§§985 ff.). ⇨ 234

Eigentümergrundschuld

Eine Grundschuld, die dem Eigentümer des belasteten Grundstücks zusteht (§1196). ⇨ 249

Eigentümerhypothek

Eine Hypothek, die dem Eigentümer des belasteten Grundstücks zusteht (§§1163, 1177). ⇨ 248

Eigentümerwechsel

Eigentum wird meist durch Übereignung übertragen (§929). ⇨ 225

Eigentumserwerb

Die Erlangung des Eigentums an einer Sache. Er kann entweder ursprünglich (§958) oder abgeleitet (§§929, 925) erfolgen. ⇨ 222, 228

Eigentumserwerb an Grundstücken

Eigentum an Grundstücken wird durch notariell beurkundete Einigung (Auflassung, §925) und Eintragung in das Grundbuch erlangt (§873). ⇨ 224

Eigentumserwerb beweglicher Sachen

Eigentum an beweglichen Sachen wird durch Einigung und Übergabe(-surrogate) erworben. ⇨ 225

Eigentumsherausgabeanspruch

Anspruch des Eigentümers auf Herausgabe der Sache gegen den unberechtigten Besitzer (§§985, 986). ⇨ 234

Eigentumsstörung

Rechtswidrige Beeinträchtigung des Eigentums, die nicht auf Entziehung oder Vorenthaltung des Besitzes beruht (§1004).

Eigentumsübertragung

Übergang des Eigentums durch Rechtsgeschäft (Auflassung und Eintragung bei unbeweglichen Sachen, §§873, 925; Übereignung bei beweglichen Sachen, §§929 ff.). ⇨ 217

Eigentumsverlust

Verlust des Eigentums ist möglich durch Rechtsgeschäft (Übereignung etc.) oder Realakt (Vermischung etc.). ⇨ 225

Eigentumsvermutung

Die Vermutung, dass der Besitzer einer Sache auch ihr Eigentümer ist (§1006). ⇨ 243

Eigentumsvorbehalt

Eigentumsvorbehalt liegt vor, wenn die Eigentumsübertragung (§929) bei einer beweglichen Sache unter der aufschiebenden Bedingung (§158 I) vollständiger Kaufpreiszahlung erfolgt (§449). ⇨ 150, 57

Eigenübliche Sorgfalt

Haftungserleichterung, bei der man gegenüber anderen nur so sorgfältig sein muss wie mit sich selbst (§277). ⇨ 83

Erfolgsort
Ort, an dem ein vertraglich geschuldeter Erfolg eintritt. ⇨ 79

Erfüllung
Tilgung einer Verbindlichkeit durch richtiges Bewirken der geschuldeten Leistung (§362). ⇨ 124, 139

Erfüllungs Statt
Eine andere als die ursprünglich vereinbarte Leistung bewirkt Erfüllung (§364). ⇨ 124

Erfüllungsgehilfe
Person (z.B. Angestellter), derer sich der Schuldner zur Erfüllung seiner Verpflichtung bedient. Sein Verschulden wird dem Schuldner zugerechnet (§278). ⇨ 83

Erfüllungsort
(Leistungsort) ist der Ort, an dem der Schuldner die Leistungshandlung zu erbringen hat (§269). ⇨ 79

Erfüllungsübernahme
Vertrag, mit dem sich jemand verpflichtet, eine Schuld eines anderen zu übernehmen (§329). ⇨ 130

Erklärungsbewusstsein
Bewusstsein, etwas rechtlich Erhebliches zu erklären. ⇨ 42

Erklärungsirrtum
Irrtum beim Artikulieren einer Willenserklärung (Verschreiben, Versprechen, §119 I, ⇨ 44

Erklärungswille
Erklärungsbewusstsein. ⇨ 42

Erlass
Der Erlass ist ein Vertrag, bei dem Gläubiger und Schuldner vereinbaren, dass der Gläubiger auf seinen Erfüllungsanspruch verzichtet (§397 I). ⇨ 125

Erlöschen
Befriedigung durch Erfüllung (§362) oder Erfüllungssur rogate führt zum Erlöschen des Anspruchs. ⇨ 22, 124

Ersatzanspruch
Der durch Unmöglichkeit erlangte Ersatz (z. B. Versicherungsleistung) kann vom Gläubiger verlangt werden (§285). ⇨ 91

Ersatzlieferung
Anspruch des Käufers auf Umtausch der gekauften Gattungssache, wenn diese Mängel aufweist (§439). ⇨ 146

Ersitzung
Eigentumserwerb durch Zeitablauf (§§937 ff., 900 I). ⇨ 224, 233

Essentiali negotii
Die Punkte, über die bei einem Vertrag unbedingt Eini gung bestehen muss. ⇨ 54

e.V.
Eingetragener Verein (§§21 ff.). ⇨ 33

Exkulpation
Entlastungsbeweis für den Geschäftsherrn im Recht der unerlaubten Handlungen (§§831, 833). ⇨ 207

ex nunc
Von nun an; rechtliche Wirkung nur für die Zukunft. ⇨ 52

ex tunc
Von damals an; rechtliche Wirkung seit der Vergangenheit. ⇨ 52

Fahrlässigkeit
Das Außerachtlassen der im Verkehr erforderlichen Sorgfalt (§276 II). ⇨ 82

Falsche Eintragung
Falscheintragungen im Grundbuch bedingen einen Grundbuchberichtigungsanspruch (§894). ⇨ 221

Fälligkeit
Zeitpunkt, von dem an der Gläubiger vom Schuldner die Erbringung der geschuldeten Leistung verlangen darf (§271 I). ⇨ 82, 94, 154

Familie
Die durch Ehe, Verwandtschaft und Schwägerschaft verbundenen Personen in ihrer Gesamtheit. ⇨ 256

Familienrecht
Vorschriften, die die Rechtsverhältnisse der durch Ehe, Verwandtschaft und Schwägerschaft verbundenen Personen regeln, insbesondere das 4. Buch des BGB (§§1297 ff.). ⇨ 10, 256

Faustpfand
Das an beweglichen Sachen bestehende Pfandrecht, das mit der Übertragung des unmittelbaren Besitzes an den Pfandgläubiger verbunden ist (§§1204 ff.). ⇨ 250

Fehler
s. Sachmangel, §434, ⇨ 142

Fernabsatzvertrag

Vertrag, der über Telefon, Fax, Internet abgeschlossen wird. § 312 b gewährt Verbrauchern dabei besonderen Schutz. ⇨ 107

Fiktion

(Gestaltung, Erdichtung) ist die Behandlung einer nicht bestehenden Tatsache als bestehend (im Rahmen einer gesetzlichen Regelung).

Finderlohn

Lohn, den der Finder von dem Empfangsberechtigten der gefundenen Sache (Eigentümer, Besitzer) verlangen kann (§971). ⇨ 233

Forderung

Das aus einem Schuldverhältnis herrührende Recht des Gläubigers gegen den Schuldner auf Erbringung der geschuldeten Leistung (Anspruch). ⇨ 70, 126

Forderungsabtretung

Übertragung einer Forderung von dem bisherigen Gläubiger durch Vertrag auf eine andere Person (§398). ⇨ 126

Form

Bei bestimmten Rechtsgeschäften sind Schriftform oder notarielle Form vorgeschrieben (§125). Ihre Missachtung hat die Nichtigkeit des Rechtsgeschäfts zur Folge ⇨ 48

Formelles Recht

Verfahrensrecht. ⇨ 6

Formfreiheit

Der im Privatrecht herrschende Grundsatz, dass Willenserklärungen, um wirksam zu werden, soweit keine zwingenden Formvorschriften bestehen, keiner besonderen Form bedürfen. ⇨ 48

Formmangel

Nichteinhalten einer vorgeschriebenen Form, was zur Nichtigkeit führt (§125). ⇨ 48

Fremdbesitz

Besitz einer Sache als einem anderen gehörig. ⇨ 213

Fremdes Geschäft

Geschäft, das im Interesse eines anderen geführt wird. ⇨ 181

Fremdgeschäftsführungswille

Wille, ein neutrales Geschäft für einen anderen zu führen, wodurch es zum fremden wird. ⇨ 182

Frist

Ein bestimmter Zeitraum, der durch Gesetz oder Vertrag festgelegt wird, damit mit seinem Ablauf eine bestimmte Rechtswirkung eintritt (§§187 ff.).

Fristsetzung

Voraussetzung für Schadensersatz statt der Leistung und Rücktritt. ⇨ 88, 113, 144

Fruchtziehung

Der Pachtvertrag berechtigt außer zum Gebrauch des Gegenstands auch zur Fruchtziehung (§581). ⇨ 163

Früchte

Erzeugnisse (z.B. Eier, Blumen, Obst) oder die sonstige bestimmungsgemäße Ausbeute (Kies, Mineralwasser) einer Sache (§99). ⇨ 35

Fürsorgepflicht

Die Pflicht zur besonderen Rücksichtnahme auf die Interessen eines anderen.

Fund

Inbesitznahme einer besitzlosen, aber nicht herrenlosen Sache (§965). ⇨ 233

Garantie

Die verbindliche Zusage des einen Teils, dem anderen Teil für mögliche Schäden verschuldensunabhängig einzustehen (§ 443). ⇨ 148

Garantiehaftung

Verschuldensunabhängige Haftung. ⇨ 82, 148

Gattung

Sachen, die durch gemeinschaftliche Merkmale (Typ, Sorte) gekennzeichnet sind (§243 I). ⇨ 73

Gattungssache

Eine Sache mittlerer Art und Güte (§243 I). ⇨ 73

Gattungsschuld

Verpflichtung zur Leistung eines nicht nach individuellen Merkmalen, sondern nur der Gattung nach bestimmten Gegenstandes, z.B. 100 kg Äpfel– Sorte Granny Smith Handelsklasse I (§243 I). ⇨ 73

GbR

Gesellschaft des bürgerlichen Rechts (§705 ff.). ⇨ 188

Gebrauchsüberlassung

Miete und Pacht gewähren den Gebrauch einer Sache. ⇨ 158, 163

Gebrauchsvorteil

Vorteil, welcher den Gebrauch einer Sache oder eines Rechts gewährt (z.B. Einnahmen aus der Vermietung) und der damit eine Nutzung i.S.v. §100 darstellt. ⇨ 35

Gefahr

Risiko des zufälligen Untergangs oder der zufälligen Verschlechterung einer Leistung (z.B. §446). ⇨ 149

Gefährdungshaftung

Pflicht für denjenigen, der einen seiner Natur nach gefährlichen Umstand schafft, für verursachte Schäden verschuldensunabhängig einzustehen. ⇨ 82, 202

Gefahrtragung

Die Frage, wer das Risiko des zufälligen Untergangs oder der Beschädigung einer geschuldeten Sache zu tragen hat. ⇨ 175

Gefahrübergang

Zeitpunkt bei Kauf- und Werkvertrag, von dem an der Käufer (Besteller) das Risiko des zufälligen Untergangs der Sache trägt (§§446, 447, 644). ⇨ 149, 175

Gefälligkeitsverhältnis

Erbringung von Leistungen ohne vertragliche Bindung. ⇨ 41, 164

Gegenansprüche des Besitzers

Der unrechtmäßige Besitzer kann vom Eigentümer Ersatz seiner Verwendungen verlangen (§§994 ff.). ⇨ 235, 240

Gegenleistungsgefahr

Risiko des Gläubigers, trotz Unmöglichkeit der Leistung die Gegennormen erbringen zu müssen (§326). ⇨ 115

Gegenseitiger Vertrag

Vertrag, bei dem die eine Leistung gerade um der anderen willen erbracht wird, was zur Folge hat, dass die §§320 ff. anzuwenden sind. ⇨ 71

Gegenseitigkeitsverhältnis

Nur für die Leistungen, die im Gegenseitigkeitsverhältnis stehen, gelten die §§320 ff.

Geheimer Vorbehalt

Ein Rechtsgeschäft ist nicht nichtig, weil der Erklärende das Erklärte insgeheim nicht will (§116). ⇨ 42

Geldersatz

Statt Wiederherstellung der Sache kann auch das erforderliche Geld als Ersatz verlangt werden (§249). ⇨ 75

Gemeinschuldner

Schuldner, über dessen Vermögen das Konkursverfahren eröffnet worden ist.

Genehmigung

Nachträgliche Zustimmung zu einem Rechtsgeschäft, welches dadurch wirksam wird (§184 I). ⇨ 39, 62

Gericht

Staatliches Organ, das durch Urteil die Rechtslage verbindlich feststellt. ⇨ 6

Gerichtskosten

Gebühren, die bei der Inanspruchnahme eines Gerichts zu entrichten sind.

Gerichtsstand

Die örtliche Zuständigkeit des Gerichts.

Gerichtsverfahren

Dient der Durchsetzung der materiellen Ansprüche.

Gerichtsvollzieher

Person, die kraft öffentlichen Amtes mit der Durchführung von Vollstreckungsmaßnahmen betraut ist.

Gesamtgeschäftsführung

Geschäftsführung durch alle Gesellschafter gemeinsam. ⇨ 189

Gesamtgläubiger

Gläubiger, dem eine Forderung nicht allein, sondern gemeinsam mit einem oder mehreren anderen Gläubigern zusteht (§432).

Gesamtschuld

Eine Schuld, die mehrere in der Weise schulden, dass jeder die ganze Leistung zu bewirken verpflichtet ist (§421). ⇨ 132, 208

Gesamtschuldner

Schuldner, der gemeinsam eine Leistung in der Weise schuldet, dass der Gläubiger die Leistung von jedem ganz, aber insgesamt nur einmal fordern kann (§421). ⇨ 132, 208

Gesamtvertretung

Fall, bei dem mehrere Personen eine Gesellschaft nur gemeinschaftlich vertreten können.

Geschäft für den, den es angeht

Richterliche Rechtsfortbildung, wonach bei der Vertretung auf die Offenkundigkeit verzichtet wird, wenn es sich um ein Bargeschäft des täglichen Lebens handelt (§164). ⇨ 59

Geschäftsbesorgung

Die entgeltliche (§675) oder unentgeltliche Ausführung (§662 Auftrag) selbständiger Tätigkeiten für einen ande ren. ⇨ 178, 183

Geschäftsfähigkeit
Fähigkeit, wirksame Willenserklärungen abzugeben und
entgegenzunehmen (§§104 ff.). ⇨ 32, 38

Geschäftsführer
Der gesetzliche Vertreter einer Gesellschaft z.B. einer GmbH
(§35 I GmbHG). ⇨ 182

Geschäftsführung
Befugnis, Entscheidungen betreffs der Leitung einer
Gesellschaft zu treffen (z. B. §§705 ff.). ⇨ 188

Geschäftsführung ohne Auftrag
Die Besorgung eines Geschäfts für einen anderen, ohne von
ihm beauftragt oder ihm gegenüber sonst dazu berechtigt zu
sein (§§677 ff.). ⇨ 181

Geschäftsgrundlage
Die für den Vertragsschluss wesentlichen Umstände, vgl.
§313

Geschäftsherr
Derjenige, in dessen Interesse ein Geschäft ohne Auftrag
geführt wird. ⇨ 182
Geschäftsherr ist auch derjenige, der für Schäden seines
Verrichtungsgehilfen haftet (§831). ⇨ 207

Geschäftsunfähigkeit
Die Willenserklärung eines Geschäftunfähigen ist nichtig
(§105). ⇨ 38

Geschäftswille
Bewusstsein, eine bestimmte Rechtsfolge herbeizuführen. ⇨
42

Gesellschaft
Der regelmäßige Zusammenschluss mehrerer Personen zur
Erreichung eines gemeinsamen Zwecks, der durch Vertrag
erfolgt (§§705 ff.). ⇨ 188

Gesellschaft des Bürgerlichen Rechts
Grundform der Personengesellschaft, auch BGB-Gesellschaft
oder GbR genannt (§§705 ff.). ⇨ 188

Gesellschaft mit beschränkter Haftung
Eine rechtsfähige Kapitalgesellschaft, bei der die Haftung der
Gesellschafter beschränkt ist (GmbH).

Gesellschafter
Mitglied einer Gesellschaft, das aufgrund eines Gesellschaftsvertrages bestimmte Rechte und Pflichten zu tragen
hat.

Gesellschaftsrecht
Das Recht der privatrechtlichen Gesellschaften (insb. im
BGB, HGB und in den besonderen Gesetzen GmbHG, AktG,
GenG geregelt).

Gesellschaftsvertrag
Der zur Gründung einer Gesellschaft notwendige Vertrag
(§705), mit dem sich die Gesellschafter verpflichten, den
gemeinsamen Zweck zu fördern. ⇨ 188

Gesetz
Im formellen Sinn jeder, im verfassungsmäßig vorgeschriebenen Gesetzgebungsverfahren vom Parlament
verabschiedete Beschluss. ⇨ 4

Gesetzesrecht
Das durch Gesetz geschaffene Recht. Im Gegensatz zum G.
stehen das Gewohnheitsrecht, das Richterrecht und das
Fallrecht.

Gesetzesverstoß
Ein Rechtsgeschäft, das gegen ein gesetzliches Verbot
verstößt, ist nichtig (§134). ⇨ 50

Gesetzliche Vermutung
Norm, die aufgrund einer Tatsache eine bestimmte
Rechtslage annimmt.

Gesetzliche Vertreter
Personen, deren Vertretungsmacht nach §164 sich aus dem
Gesetz ergibt und nicht erst durch Rechtsgeschäft erteilt
werden muss. ⇨ 39

Gesetzliches Pfandrecht
Pfandrecht, das nicht rechtsgeschäftlich vereinbart wird,
sondern aufgrund Gesetzes entsteht (§1257). ⇨ 253

Gesetzliches Schuldverhältnis
Durch ein gesetzliches Schuldverhältnis bestehen Ansprüche,
ohne dass ein Vertrag geschlossen wurde. ⇨ 71

Gesetzliches Verbot
Ein Verstoß gegen ein gesetzliches Verbot macht ein
Rechtsgeschäft nichtig (§134). ⇨ 50

Gestohlene Sachen
Abhanden gekommene Sachen können nicht gutgläubig
erworben werden (§935). ⇨ 229

Gewährleistung
Die gesetzliche Verpflichtung eines Schuldners, für die
Mangelfreiheit einer Sache oder eines Werkes einzu stehen
(§§434 ff. Kauf, §§536 ff. Miete, §§634 ff. Werkvertrag).

Gewährleistungsausschluss
Vertragliche Vereinbarung, dass nicht für die Qualität der
verkauften Sache gehaftet werden soll (§444). ⇨ 148

Gewinn
Gewinn kann in einer Gesellschaft von den Gesellschaftern
beansprucht werden oder, soweit er in Folge eines Schadens
entgangen ist, als Schadensersatz geltend gemacht werden
(§§249, 253). ⇨ 76, 191

Gewohnheitsrecht

Das auf längere Übung beruhende, ungeschriebene Recht, das von den Beteiligten allgemein als rechtens betrachtet wird.

Gläubiger

Derjenige, der gegen einen Schuldner einen Anspruch hat, also das Recht, von ihm ein Tun, Dulden oder Unterlassen zu fordern. ⇨ 5, 70

Gläubigerverzug

(Annahmeverzug) liegt vor, wenn der Gläubiger die ihm angebotene Leistung nicht annimmt (§293). ⇨ 94, 96

GmbH

Gesellschaft mit beschränkter Haftung.

GoA

Geschäftsführung ohne Auftrag. ⇨ 181

Grobe Fahrlässigkeit

Ungewöhnlich hoher Grad von Außerachtlassung der erforderlichen Sorgfalt (§277).

Großer Schadensersatz

Bei §281 wählbarer Schadensersatz, wonach der Geschädigte die Sache zurückgibt und als Schaden die gezahlte Vergütung plus entgangenen Gewinn o.ä. geltend macht. ⇨ 88

Grundbuch

Ein vom Grundbuchamt geführtes öffentliches Register, in dem alle Grundstücke des Amtsgerichtsbezirks und die sie betreffenden Rechtsverhältnisse aufgenommen werden. ⇨ 216

Grundbuchberichtigung

Ein Anspruch auf Grundbuchberichtigung ist gegeben, wenn eine Grundbucheintragung mit der wahren Rechtslage nicht übereinstimmt (§894). ⇨ 221

Grunddienstbarkeit

Das Recht, ein fremdes Grundstück in einer gewissen Weise zu nutzen, z.B. Wegerecht (§1018).

Grundgeschäft

»Verpflichtungsgeschäft«, also ein Vertrag, der für die Parteien schuldrechtliche Verpflichtungen schafft. ⇨ 37

Grundschuld

Belastung eines Grundstücks in der Weise, dass an denjenigen, zu dessen Gunsten die Belastung erfolgt, eine bestimmte Geldsumme aus dem Grundstück zu zahlen ist (§1191). ⇨ 249

Grundstück

Räumlich abgegrenzter Teil der Erdoberfläche, der im Grundbuch unter einer eigenen laufenden Nummer eingetragen ist. ⇨ 35, 216

Grundstückseigentum

Zum Eigentum an einem Grundstück gehört auch das, was mit dem Grundstück verbunden ist (z.B. Haus). ⇨ 35, 216

Grundstückserwerb

Kauf, dessen Gegenstand ein Grundstück ist. Er bedarf der notariellen Beurkundung (§311b). ⇨ 217, 224

Gutachtenstil

Formulierungsstil, bei dem das Ergebnis einer rechtlichen Bewertung erst am Ende festgestellt wird. ⇨ 28

Gütergemeinschaft

Bei der Gütergemeinschaft wird durch Ehevertrag festgelegt, dass das Vermögen der Gatten Gesamtvermögen wird. ⇨ 258

Güterrecht

Recht, das die Vermögensverhältnisse der Ehegatten betrifft.

Gütertrennung

Vereinbarung im Ehevertrag, wonach der gesetzliche Güterstand »Zugewinngemeinschaft« ausgeschlossen ist und die Vermögen vor, nach und während der Ehe getrennt bleiben (§§1414 ff.). ⇨ 258

Gutglaubensschutz

Schutz des Geschäftspartners, der redlicherweise auf einen äußeren Rechtsschein vertraut.

Gutgläubiger Erwerb

Erwerb des Eigentums oder eines anderen Rechts an einer Sache vom Nichtberechtigten (§§892, 932). ⇨ 220, 228

Haftung

Das Einstehenmüssen für eine Pflichtverletzung. ⇨ 82

Haftung für Organe

Eine juristische Person haftet für das Verschulden ihrer Organe (§31). ⇨ 33

Haftung mehrerer

Mehrere Schädiger aus Delikt haften als Gesamtschuldner (§840). ⇨ 208

Haftungsausschluss

Vereinbarung, dass trotz Vorliegens einer Anspruchs grundlage nicht gehaftet werden soll.

Haftungsausfüllende Kausalität

Ursächlicher Zusammenhang zwischen Rechtsgutverletzung und Schaden (§823). ⇨ 204

Haftungsbegründende Kausalität

Ursächlicher Zusammenhang zwischen Handlung und Rechtsgutverletzung (§823). ⇨ 204

Haftungsprivileg

Vorschrift, die vom normalen gesetzlichen Haftungsmaß stab Ausnahmen macht.

Handelsgesellschaft

Personengesellschaft, deren Zweck das Betreiben eines Handelsgewerbes ist (OHG, KG). ⇨ 188

Handelsgesetzbuch

Gesetz, das ergänzend und teilweise abändernd zum BGB das Recht der Kaufleute regelt. ⇨ 188

Handelsrecht

Sonderrecht für Kaufleute, das im Handelsgesetzbuch HGB geregelt ist. ⇨ 3

Handlungswille

Bewusstsein, etwas zu tun. Bestandteil einer Willenser-klärung. ⇨ 42

Handschenkung

Nicht formbedürftige Schenkung, die sofort erfüllt wird (§516). ⇨ 156

Hauptschuldner

Derjenige, für dessen Schuld der Bürge einsteht. ⇨ 193

Haustürgeschäfte

Geschäfte, bei denen der Kunde durch ein Widerrufsrecht im »Haustürwiderrufsgesetz« vor Überrumpelung beim Vertragsabschluss geschützt wird, §312. ⇨ 106

Heilung

Wirksamwerden eines nichtigen Rechtsgeschäfts durch eine bestimmte Handlung (z.B. §311b I S. 2). ⇨ 103

Herausgabe

Übertragung des unmittelbaren Besitzes an einer Sache. ⇨ 179, 183, 186, 187, 243

Herausgabeanspruch

Der auf Gesetz oder Vertrag beruhende Anspruch auf Herausgabe eines Gegenstands (z. B. §985). ⇨ 235, 236

Herstellung

Bei einem Werkvertrag wird die Herstellung eines Werkes geschuldet (§631). ⇨ 168

HGB

Handelsgesetzbuch. ⇨ 188

Hinterlegung

Art der Leistungserfüllung durch Hinterlegung von Geld o.ä. bei bestimmten Stellen, wenn der Gläubiger im Annahmeverzug ist (§372). ⇨ 124

Historischer Aufbau

Prüfung der Eigentumslage einer Sache in der Reihen folge der Verfügungen. ⇨ 225

Holschuld

Vereinbarung, wonach die Leistung vom Gläubiger abzuholen ist. Leistungsort ist damit beim Schuldner (§269). ⇨ 73, 79

Hypothek

Belastung eines Grundstücks in der Weise, dass gegen über demjenigen, zu dessen Gunsten die Belastung erfolgt, wegen einer bestimmten Forderung auch das Grundstück haftet (§1113). ⇨ 129, 244

Hypothekar

Hypothekengläubiger. ⇨ 244

I

Ideeller Schaden

Immaterieller Schaden. ⇨ 76

Immaterieller Schaden

Nichtvermögensschaden: der materiell nicht quantifizierbare Schaden (z.B. Ehrverletzung), der nur durch Schmerzensgeld abgegolten werden kann (§§253). ⇨ 76

Immobilien

Unbewegliche Sachen (Grundstücke und deren Be standteile, §94). ⇨ 34, 216

Individualabrede

Im einzelnen ausgehandelte und nicht vorformulierte Vertragsregelung.

Inhaltsirrtum

Irrtum, bei dem der Erklärende das Geäußerte nicht artikulieren wollte (§119 I). ⇨ 44

Innenverhältnis

Rechtsbeziehungen einer Personenmehrheit (z. B. Gesellschaft) untereinander. ⇨ 60, 133, 180, 19

Innenvollmacht
Vollmachterteilung an den Vertreter (§167). ⇨ 60

In-sich-Geschäfte
Rechtsgeschäft, das der Vertreter im Namen des Vertretenen mit sich selbst abschließt (§181).

Interessenfortfall
Voraussetzung für Schadensersatz bei Verzug und Rücktritt, der die Fristsetzung entbehrlich macht (§§281, 326). ⇨ 88, 112

Invitatio ad offerendum
Aufforderung, ein Angebot nach §145 zu machen; selbst jedoch noch kein Angebot. ⇨ 54, 137

Irrtum
Das unbewusste Auseinanderfallen von geäußerter, rechtlicher Erklärung und wirklich Gewolltem (§119). ⇨ 44

Ist-Beschaffenheit
Tatsächlicher Zustand einer geschuldeten Sache.

Judikative
Rechtsprechung.

Juristische Person
Vereinigung (Verein, Stiftung, GmbH, AG etc.) mit eigener Rechtsfähigkeit (§§21 ff.). ⇨ 33

Kauf
Ein schuldrechtlicher, gegenseitiger Vertrag, bei dem die Übereignung einer Sache gegen Zahlung des Kaufpreises geschuldet wird (§433). ⇨ 136

Kaufgegenstand
Gegenstand eines Kaufes können Rechte oder Sachen sein (§§433, 453). ⇨ 137, 141

Kaufmann
Kaufmann ist, wer ein Handelsgewerbe betreibt (§§1-6 HGB). Auf Kaufleute ist neben dem BGB das Handelsrecht anzuwenden.

Kaufmännisches Bestätigungsschreiben
Schriftliche Bestätigung eines mündlich geschlossenen Vertrags unter Kaufleuten, bei dem Schweigen als Annahme des Inhalts gilt.

Kaufvertrag
Vertrag, bei dem die Übereignung und Übergabe einer Sache oder Abtretung eines Rechts gegen Zahlung des Kaufpreises geschuldet werden (§433). ⇨ 136, 141

Kausalgeschäft
Rechtsbegründendes Rechtsgeschäft (Verpflichtungsgeschäft), im Gegensatz zum dinglichen Erfüllungsgeschäft (Verfügungsgeschäft).

Kausalität
(von lat.: causa = Grund, Ursache) ist der ursächliche Zusammenhang zwischen einem bestimmten Umstand und einem bestimmten Erfolg. ⇨ 47, 204

KG
Kommanditgesellschaft ⇨ 188

Klausel
Eine einzelne Bestimmung im Rahmen eines umfassenden Regelungswerkes (Vertrag).

Kleiner Schadensersatz
Bei §281 wählbarer Schadensersatz, wonach der Geschädigte die Differenz zwischen dem Wert der mangelfreien Sache und dem tatsächlichen Wert verlangen kann. ⇨ 88

Kommanditgesellschaft
(KG) Personengesellschaft, bei der mindestens ein Gesellschafter unbeschränkt persönlich und wenigstens ein Gesellschafter nur bis zur Höhe seiner Einlage haftet. ⇨ 188

Kondiktion
Der aus einer ungerechtfertigten Bereicherung folgende Anspruch (§§812 ff.). ⇨ 194

Konkludent
Eine Willenserklärung kann auch konkludent (statt ausdrücklich) erfolgt sein, wenn die Umstände ergeben, dass ein rechtlicher Wille geäußert wurde. ⇨ 41

Konkludentes Handeln
Schlüssiges Handeln. ⇨ 41, 139

Konkretisierung
Vorgang, bei dem sich eine Gattungsschuld durch Aussonderung in eine Stückschuld umwandelt (§243 II). ⇨ 73

Konnexität
Voraussetzung für ein Zurückbehaltungsrecht, wonach die sich gegenüberstehenden Ansprüche auf demselben rechtlichen Verhältnis beruhen müssen (§273). ⇨ 81

Konsens
Übereinstimmung der Vertragsparteien. ⇨ 56

Konstitutive Wirkung
Konstitutive Wirkung hat ein Vorgang, durch den ein
bestimmter rechtlicher Zustand erst entsteht (im Gegensatz
zur deklaratorischen Wirkung).

Körperliche Gegenstände
Sachen (§90). ⇨ 34

Körperschaft
Juristische Person. ⇨ 33

Kredit
Darlehen (§488). ⇨ 153

Kündigung
Einseitige Willenserklärung, durch die ein Dauerschuldverhältnis (Bsp. Miete, Dienstvertrag) beendet wird. ⇨ 162,
167, 179

Kündigungsfrist
Zeitraum, der zwischen Erklärung und Wirksamwerden einer
Kündigung liegen muss. ⇨ 167

L

Leihe
Vertrag, durch den der Verleiher verpflichtet wird, dem
Entleiher den Gebrauch einer Sache unentgeltlich zu
gestatten (§598). ⇨ 164

Leistung
Jede den Gegenstand eines Schuldverhältnisses bildende
Handlung oder Unterlassung. ⇨ 71, 72, 78

Leistungsgefahr
Zuweisung, wer das Risiko des Unmöglichwerdens einer
Leistung zu tragen hat (§275). ⇨ 84

Leistungsklage
Klage, die auf eine bestimmte Leistung des Beklagten (Tun,
Unterlassen) gerichtet ist.

Leistungskondiktion
Anspruch auf Herausgabe eines durch Leistung des
Gläubigers erlangten Vermögensvorteils (§812). ⇨ 195, 196

Leistungsort
Ort, an dem der Schuldner die Leistung zu erbringen hat
(§269). ⇨ 79

Leistungspflicht
Pflicht zum Handeln oder Unterlassen aufgrund eines
Anspruchs. ⇨ 71, 72

Leistungsstörung
Umstände, die die vereinbarte Leistung verzögern oder
unmöglich machen (§§275 ff, 323 ff.). ⇨ 84, 112

Leistungsverweigerungsrecht
Vorschrift, die das Recht gibt, eine Leistung zeitweilig oder
dauernd zu verweigern (rechtshemmende Einwendung oder
Einrede).

Leistungszeit
Zeit, zu der der Schuldner die Leistung zu erbringen hat
(§271). ⇨ 80, 81

Lieferverzug
Verspätete Lieferung einer Sache – rechtlich gesehen
Schuldnerverzug (§286).

Liquidation
Abwicklung einer Gesellschaft anlässlich ihrer Auflösung zur
Befriedigung der Gläubiger und zur Verteilung des Gewinns an
die Gesellschafter. ⇨ 191

Lohn
Entgelt für eine Leistung aus Dienst-, Werk- oder Makler-
vertrag (§§611, 631, 652).

Löschungsbewilligung
Anspruch des Vormerkungsberechtigten gegen den un-
rechtmäßigen Erwerber auf Bewilligung der Löschung seiner
Eintragung im Grundbuch (§888 I). ⇨ 218

Luxusaufwendung
Verwendungen, die vom unrechtmäßigen Besitzer gemacht
wurden und nicht nach §996 ersatzfähig sind, weil sie nicht
nützlich sind. ⇨ 241

M

Mahnung
Aufforderung des Gläubigers an den Schuldner, die
geschuldete Leistung unverzüglich zu erbringen; die Mahnung
ist Voraussetzung für den Schuldnerverzug (§286). ⇨ 7, 94

Mahnverfahren
(Vereinfachtes) gerichtliches Verfahren, in dem eine rasche
Durchsetzung von Ansprüchen, die die Zahlung einer
bestimmten Geldsumme zum Gegenstand haben, möglich ist.

Makler
Eine Person, die für andere Abschlüsse von Verträgen
vermittelt (§§652 ff.).

Mangel
Beeinträchtigung eines Rechts oder der Beschaffenheit einer Sache oder eines Werks, die zu Ansprüchen des Gläubigers führt (z. B.: §§434, 536, 634).

Mangelfolgeschaden
Schaden, der durch die Mangelhaftigkeit eines Werks oder einer Kaufsache an einem anderen Rechtsgut als dem mangelhaften verursacht wurde (§280 I). ⇨ 87

Mängelbeseitigung
Der Besteller hat einen Anspruch darauf, dass der Mangel eines Werkes beseitigt wird (§633). ⇨ 170

Mängeleinrede
Recht des Käufers, die Kaufpreiszahlung wegen Mängeln zu verweigern, auch nach Verjährung vgl. §§438, 218.

Mängelhaftung
Pflicht, für die Fehlerfreiheit einer Leistung einzustehen (§§437, 634).

Mängelrüge
Anzeige eines Mangels.

Materielles Recht
Normen, die die rechtlichen Beziehungen zwischen den Rechtssubjekten, unabhängig von einem eventuellen gerichtlichen Verfahren, ordnen und bestimmen. ⇨ 6

Miete
Vertrag, durch den sich der Vermieter verpflichtet, dem Mieter den Gebrauch der vermieteten Sache gegen Entgelt zu gewähren (§535). ⇨ 158

Mietverhältnis
Rechtsbeziehungen zwischen Mieter und Vermieter aufgrund eines Mietvertrags. ⇨ 159

Mietzins
Entgelt, das der Mieter für den Gebrauch der Mietsache dem Vermieter schuldet (§535). ⇨ 158

Minderjährigkeit
Das Alter eines Menschen zwischen seiner Geburt und der Vollendung des 18. Lebensjahres (§2). ⇨ 39

Minderung
Herabsetzen des Kaufpreises wegen eines Sachmangels der Kaufsache (§441). Beim Werkvertrag gilt eine entsprechende Regelung für den Werklohn (§638). ⇨ 159, 174

Missbrauch der Vertretungsmacht
Abweichen vom Umfang der Vertretungsmacht, was zur Unwirksamkeit der Vertretungshandlung (§177) und Schadensersatzansprüchen führt (§179). ⇨ 61

Mitbesitz
Die bei mehreren Personen liegende tatsächliche Gewalt über eine Sache (§866).

Miteigentum
Das Eigentum mehrerer Personen an einer Sache (§1008).

Mitgliederversammlung
Oberstes Organ des Vereins mit umfassender Zuständigkeit. ⇨ 33

Mittelbare Stellvertretung
Keine Vertretung i.S.v. §164, sondern Handeln in eigenem Namen, aber im Interesse eines anderen.

Mittelbarer Besitz
Herrschaftsgewalt über eine Sache, die im Rahmen eines Rechtsgeschäfts durch den unmittelbaren Besitzer vermittelt wird (§868). ⇨ 215

Mitverschulden
Verschulden, durch das der Geschädigte an der Entstehung des Schadens mitwirkt (§254). ⇨ 76

Motivirrtum
Irrtum, der sich nur auf die Willensbildung und nicht auf die Erklärung selbst bezieht (und nicht unter §119 fällt). ⇨ 44

Nachbesserung
Die nachträgliche Beseitigung eines Mangels, die der Schuldner kostenlos durchzuführen hat (§§ 439, 635). ⇨ 146, 173

Nacherfüllung
Bei mangelhafter Lieferung (Fehler, zu wenig, etwas anderes) hat der Gläubiger Anspruch auf Nacherfüllung (§§ 439, 635). ⇨ 146, 173

Nachfrist
Nach Ablauf einer Nachfrist mit Ablehnungsandrohung kann der Gläubiger bei Nicht- oder Schlechtleistung Schadensersatz verlangen oder zurücktreten (§281, 323).

Nachlass
Erbschaft. ⇨ 260

Nachlassverbindlichkeit
Pflichten des Erblassers, die auf den Erben übergehen (§1967). ⇨ 264

Nachlieferung

Pflicht, bei der Mangelhaftigkeit einer gekauften Gattungssache eine mangelfreie zu verschaffen (§439). ⇨ 146

Nachschusspflicht

Pflicht der Gesellschafter, ihre Einlage zu erhöhen. ⇨ 188

Nachträgliche Unmöglichkeit

Unmöglichwerden der Leistung nach Vertragsschluss (§§275, 326). ⇨ 84, 115

Nasciturus

Der erzeugte, aber noch nicht geborene Mensch.

Naturalrestitution

Die Herstellung des Zustands, wie er bestehen würde, wenn der zum Schadensersatz verpflichtende Umstand nicht eingetreten wäre (§249 I). ⇨ 75

Natürliche Person

Jeder Mensch ist (nach §1) rechtsfähig. ⇨ 32

Nebenpflicht

Die neben der Hauptleistungspflicht aus einem Vertrag resultierende nachrangige Pflicht, §241 (Treue-, Schutz-, Aufklärungspflicht). ⇨ 72

Negatives Interesse

Schadensersatz auf das negative Interesse stellt den Geschädigten so, als wäre der Vertrag nie geschlossen worden. ⇨ 45, 74, 103

Neutrales Geschäft

Geschäft, das nicht im Interesse einer bestimmten Person liegt. ⇨ 182

Nichtberechtigter

Person, die ohne Verfügungsmacht über ein fremdes Recht verfügt. ⇨ 62, 220

Nichteigentümer

Auch vom Nichteigentümer kann wirksam Eigentum erworben werden (§932). ⇨ 228

Nichterbringbarkeit der Leistung

Unmöglichkeit der Leistung (§275). ⇨ 84

Nichterfüllung

Nichterfüllung ist gegeben, wenn der Schuldner seiner Pflicht zur Leistung nicht nachkommt. ⇨ 88

Nichtigkeit

Die für und gegen alle wirkende völlige Unwirksamkeit eines Rechtsgeschäfts bzw. einer Willenserklärung. ⇨ 38, 44, 50, 52

Nichtleistungskondiktion

Bereicherungsanspruch, der nicht auf einer Bereicherung durch Leistung beruht und gegenüber der Leistungskondiktion subsidiär ist (§812 I 1 2. Alt). ⇨ 195, 198

Nichtrechtsfähiger Verein

Verein, der nicht im Vereinsregister eingetragen ist und deshalb nicht rechtsfähig ist, aber ansonsten wie ein rechtsfähiger Verein behandelt wird (§54).

Nichtvermögensschaden

Wegen eines Nichtvermögensschadens kann Entschädigung in Geld nur in den durch das Gesetz bestimmten Fällen gefordert werden (§253 Schmerzensgeld). ⇨ 76

Nießbrauch

Recht, eine Sache, meist ein Grundstück, umfassend zu nutzen (§§1030, 1068).

Norm

Gesetzliche Vorschrift.

Notar

Ein unabhängiger Träger eines öffentlichen Amtes, dessen Beurkundung häufig erforderlich ist (§128). ⇨ 48

Notarielle Beurkundung

Der Inhalt der Urkunde wird von einem Notar errichtet, wodurch Beweis über den beurkundeten Vorgang erbracht ist (§128). ⇨ 48

Notbedarf

Der Schenker kann die Erfüllung verweigern, wenn er verarmt (§519). ⇨ 156

Nothilfe

Die Verteidigung, die erforderlich ist, um einen gegenwärtigen rechtswidrigen Angriff von einem anderen abzuwenden (§227). ⇨ 66

Notstand

Zustand, in dem rechtlich geschützten Interessen eine gegenwärtige Gefahr droht, die nur auf Kosten fremder Interessen abgewendet werden kann (§§228, 904). ⇨ 66, 223

Notwehr

Die Verteidigung, die erforderlich ist, um einen gegenwärtigen, rechtswidrigen Angriff von sich oder einem anderen abzuwenden (§227). ⇨ 66

Notwendige Verwendungen

Der unrechtmäßige Besitzer kann Ersatz für die notwendigen Aufwendungen verlangen, die die Sache erhalten, wiederherstellen oder verbessern, ohne sie grundsätzlich zu verändern (§994 I). ⇨ 240

Nutzungen

Die Früchte einer Sache oder eines Rechts sowie die Vorteile, welche der Gebrauch der Sache oder des Rechts gewährt (§§99, 100). ⇨ 35, 121

Nutzungsersatz

Der Eigentümer kann nach §§987, 988 vom unrechtmäßigen Besitzer Ersatz für die Nutzungen der Sache verlangen. ⇨ 237

Objektive Unmöglichkeit

Die anfängliche objektive Unmöglichkeit führt, wie §311a I klarstellt, nicht zur Nichtigkeit des Vertrages (so noch § 306 a.F.). ⇨ 104

Obliegenheit

Pflicht des Gläubigers, bei der Leistungserfüllung mitzu wirken.

Offene Handelsgesellschaft

(OHG) Personengesellschaft, die ein Handelsgewerbe unter gemeinsamer Firma betreibt und deren Gesellschafter mit ihrem Privatvermögen unbeschränkt haften (§§105 ff. HGB). ⇨ 188

Öffentliche Versteigerung

Möglichkeit der Verwertung eines Pfandes (§1235). ⇨ 252

Öffentlicher Glaube

Schutz desjenigen, der auf die Richtigkeit eines öffentli chen Verzeichnisses (z.B. des Grundbuches) vertraut. ⇨ 220, 246

Öffentliches Recht

Regelung über die Beziehungen Bürger– Staat, wenn der Staat aufgrund seiner Hoheitsbefugnisse tätig ist. ⇨ 3

Offerte

(Frz: = Angebot) ist ein Antrag zum Vertragsschluss (§145).

OHG

Offene Handelsgesellschaft. ⇨ 32

Ordentliche Gerichte

Damit sind die Zivilgerichte im Gegensatz zu den Verwaltungsgerichten gemeint.

Ordentliche Kündigung

Beendigung eines Dauerschuldverhältnisses (Miete, Dienstvertrag) unter Einhaltung der Kündigungsfrist (im Gegensatz zur außerordentlichen Kündigung, §314). ⇨ 167

Organe der juristischen Person

Personen, die satzungsgemäß eine tragende Funktion innehaben, weshalb die juristische Person für deren Verschulden haftet (§31). ⇨ 33

Organhaftung

Haftung des Vereins für Organe (§31). ⇨ 33

Pacht

Gegenseitiger Vertrag, bei dem der Gebrauch eines Gegenstandes und der Genuss der Früchte gegen Entgelt geschuldet wird (§581). ⇨ 163

Pachtzins

Entgelt, das der Pächter dem Verpächter schuldet (§581). ⇨ 163

Pacta sunt servanda

Zivilrechtlicher Grundsatz, der besagt, dass Verträge einzuhalten sind. ⇨ 53

Paragraph

Abschnitt eines Gesetzes. ⇨ 11

Partei

Eine an einem Rechtsgeschäft beteiligte Person.

Parteifähigkeit

Die Fähigkeit, in einem Prozess Partei (Kläger oder Beklagter) zu sein.

Person

Rechtssubjekte (Menschen und rechtsfähige Vereinigungen), die Träger von Rechten und Pflichten sein können. ⇨ 32

Personengesellschaft

Zusammenschluss mehrerer Personen zu einem gemeinsamen, meist wirtschaftlichen Zweck (GbR, OHG, KG). Im Gegensatz dazu steht die Kapitalgesellschaft (GmbH, AG). ⇨ 188

Pfand

Eine der Sicherung einer Forderung dienende bewegliche Sache und das an ihr bestehende Recht (§1204). ⇨ 250

Pfandgläubiger

Der zur Befriedigung aus dem Pfand Berechtigte (§1204). ⇨ 250

Pfandrecht

Recht, eine bewegliche Sache (Gegenstand) zur Erfüllung einer Verbindlichkeit zu verwerten. Es entsteht durch Vertrag (§1204) oder Gesetz (§§562, 647, 1257). ⇨ 250

Pfändung

Im Rahmen der Zwangsvollstreckung erfolgende staatliche Beschlagnahmung eines Gegenstandes.

Pflichtteil

Ein Anspruch auf die Hälfte des Wertes des gesetzlichen Erbteils eines von der Erbfolge ausgeschlossenen Verwandten (§2303). ⇨ 264

Pflichtverletzung

Nichterfüllung einer vertraglichen oder gesetzlichen Haupt- oder Nebenpflicht. ⇨ 74

Positives Interesse

Beim Schadensersatz auf das positive Interesse, soll der Geschädigte so gestellt werden, als wäre der Vertrag erfüllt worden. ⇨ 74

Preisgefahr

vgl. Gegenleistungsgefahr. ⇨ 115

Primärleistungspflicht

Anspruch auf Erfüllung, der sich direkt aus einem Vertrag ergibt. ⇨ 140

Privatautonomie

Prinzip, wonach die Parteien grundsätzlich vereinbaren können, was sie wollen. ⇨ 36, 71

Privatperson

Der einzelne Bürger im Gegensatz zu öffentlichen Körperschaften. ⇨ 2

Privatrecht

Rechtsnormen, die die Beziehungen privater Personen untereinander regeln (Zivilrecht).

Privilegierung

Rechtliche Besserstellung. ⇨ 181, 239

Produkthaftung

Haftung des Herstellers einer Ware für Konstruktions-, Fabrikations- und Bedienungsfehler sowie wegen ungenügender Aufklärung oder mangelnder Schutzeinrichtungen (Produkthaftungsgesetz). ⇨ 82, 202

Prozess

Gerichtliches Verfahren, das zur Durchsetzung privater oder öffentlich-rechtlicher Ansprüche dient.

Qualitätsabweichung

Sachmangel (§§434, 634).

Quantitätsabweichung

Zuwenig- oder Zuviellieferung (die nach §§281, 434, 634 oder §812 zu behandeln ist).

Quittung

Schriftliche Empfangsbestätigung.

Rahmenvertrag

Vertrag, der länger andauernde Geschäftsbeziehungen regelt.

Rate

Teilbetrag einer Leistung (§266).

Ratenlieferungsvertrag

Vertrag, bei dem die Lieferungen während eines vereinbarten Zeitraums erfolgen und Verbraucher besonderen Schutz genießen (§ 505). ⇨ 154

Raummiete

Auf einen Mietvertrag über Räume finden spezielle Vorschriften Anwendung. ⇨ 162

Realakt

Tatsächliche Handlung (z.B. Übergabe). ⇨ 41

Realvertrag

Abschluss eines Vertrags gleichzeitig mit Erfüllung einer Leistung. ⇨ 153

Recht

Die Gesamtheit aller Vorschriften, die das Verhältnis von Menschen zueinander sowie zu den übergeordneten Hoheitsträgern regeln.

Rechtfertigungsgrund

Ein Umstand, aufgrund dessen einem an sich rechtswidrigen Verhalten die Rechtswidrigkeit genommen wird. (§227). ⇨ 66

Rechtlicher Vorteil

Ein rechtlicher Vorteil ist nur gegeben, wenn keinerlei Pflichten erworben werden, d.h., wirtschaftliche Überlegungen bleiben außer Betracht (§107). ⇨ 39

Rechtsänderungen an Grundstücken

werden durch Einigung und Eintragung bewirkt (§873). ⇨ 217

Rechtsbindungswille

Voraussetzung für die Vornahme eines Rechtsgeschäfts, wonach der Wille vorliegen muss, sich rechtlich zu binden und nicht nur eine unverbindliche Gefälligkeit zu erbringen. ⇨ 41, 54

Rechtsfähiger Verein

Verein, der durch Eintragung Rechtsfähigkeit erlangt (§21). ⇨ 33

Rechtsfähigkeit

Die Fähigkeit, Träger von Rechten und Pflichten zu sein (§§1, 21). ⇨ 32

Rechtsfolge

Rechtliche Konsequenz, die gegeben ist, wenn durch Subsumtion ermittelt wurde, dass die tatsächlichen Gegebenheiten den Tatbestandsvoraussetzungen entsprechen. ⇨ 11, 36

Rechtsfolgenverweisung

Verweis auf eine Vorschrift, wobei direkt deren Rechtsfolge eingreift, ohne dass deren Voraussetzungen zu prüfen sind. ⇨ 186

Rechtsfortbildung

Entwicklung neuer, ungeschriebener Rechtssätze durch die Gerichte.

Rechtsfriede

Zustand, bei dem das geordnete Zusammenleben der Menschen durch Gesetze gewährleistet wird.

Rechtsgeschäft

Ein Tatbestand, bei dem eine Rechtsfolge durch eine oder mehrere zweckgerichtete Willenserklärungen sowie durch sonstige Wirksamkeitsvoraussetzungen (Realakte) herbeigeführt wird. ⇨ 36

Rechtsgrund

Aufgrund des Abstraktionsprinzips ist im Bereicherungsrecht zu prüfen, ob es für eine erfolgte Vermögensverschiebung (meist Verfügungsgeschäft) einen rechtlichen Grund gibt (meist ein Verpflichtungsgeschäft (§812).

Rechtsgrundlosigkeit

Eine Bereicherung, für die kein schuldrechtlicher Grund besteht, ist rechtsgrundlos (§812). ⇨ 196

Rechtsgrundverweisung

Verweis auf eine Vorschrift, wobei deren Voraussetzungen vorliegen müssen, damit die Rechtsfolge eingreifen kann. ⇨ 232, 240

Rechtsgut

Rechtlich geschützter Gegenstand. ⇨ 66, 74, 204

Rechtshängigkeit

Das durch Klageerhebung bedingte Schweben einer Streitsache im Urteilsverfahren (§989). ⇨ 237

Rechtshemmend

Eine Einwendung, die zur Verweigerung der Leistung berechtigt, ist rechtshemmend. ⇨ 22

Rechtskauf

Kaufvertrag über ein Recht (z.B. Gesellschaftsanteile, Patente, §453).

Rechtskraft

Die Verbindlichkeit der Entscheidung über einen Rechtsstreit, die nicht mehr durch ein Rechtsmittel (Berufung, Revision) gehemmt werden kann.

Rechtslage

Beschreibung der rechtlichen Beziehungen zwischen Personen untereinander oder zwischen Personen und Sachen. ⇨ 9, 221

Rechtsmangel

Vertragswidrige Belastung einer Sache mit Rechten Dritter (§435). ⇨ 139

Rechtsnorm

Gesetzliche Bestimmung. ⇨ 6

Rechtsmittel

Einspruchsmöglichkeit gegen eine gerichtliche Entscheidung, die den Prozess eine Instanz höher führt und den Eintritt der Rechtskraft hindert (Berufung, Revision).

Rechtsschein

Der einem Dritten gegenüber gesetzte Anschein eines in Wirklichkeit nicht bestehenden Rechts (z.B. Scheineigentümer im Grundbuch, §892).

Rechtsprechung

(Judikative) Die Entscheidung über rechtliche Fragen durch die dazu berufenen Stellen.

Rechtsverhindernd

Eine Einwendung ist rechtsverhindernd, wenn sie ein Recht nie zur Entstehung kommen ließ. ⇨ 22

Rechtswidrigkeit

Handlungen, die der Rechtsordnung widersprechen (unerlaubte Handlungen, vertragsverletzende Handlungen). ⇨ 66, 202, 204

Redlicher Besitzer

Gutgläubiger Besitzer (§993). ⇨ 239

Redlicher Erwerb
vgl. Gutgläubiger Erwerb (§932).

Registereintragung
Für bestimmte Rechtsfolgen ist die Eintragung in ein öffentliches Register notwendig. ⇨ 33

Reisevertrag
Ein Vertrag, durch den sich der Reiseveranstalter verpflichtet, dem Reisenden eine Gesamtheit von Reiseleistungen zu erbringen (§§651 a ff.).

Reparatur
Die vertraglich geschuldete Reparatur eines Gegenstands ist als Werkvertrag einzuordnen (§631). ⇨ 168

Reuegeld
Durch Vereinbarung kann der Rücktritt vom Vertrag von einem Geldbetrag abhängig gemacht werden (§359).

Revision
Rechtsmittel, das in die nächsthöhere Instanz führt, wobei nur die rechtliche und nicht die tatsächliche Seite überprüft wird.

Richterrecht
Fortentwicklung des Rechts durch die Gerichte.

Rückgabe
Nach Beendigung einer Miete oder Leihe ist die Sache zurückzugeben (§§546, 604). ⇨ 158, 161, 164

Bei Verbraucherverträgen kann der Unternehmer statt eine Widerrufsrecht ein Recht zur Rückgabe gewähren (§356). ⇨ 123

Rücktritt
Die Rückgängigmachung eines Vertrags durch einseitige Erklärung (§§346 ff.). ⇨ 120

Sache
Jeder körperliche Gegenstand (§90). ⇨ 34

Sachenrecht
Die Bestimmungen, die die Beziehungen zwischen Sachen und Personen regeln (§§854-1296). ⇨ 10

Sachmangel
Ein Fehler der Kaufsache, der den Wert oder die Tauglichkeit zu dem gewöhnlichen oder dem nach dem Vertrag vorausgesetzten Gebrauch aufhebt oder mindert (§434). ⇨ 139

Sachverhalt
Das konkrete tatsächliche Geschehen, das durch Subsumtion rechtlich bewertet wird. ⇨ 16

Satzung
Statut des Vereins bzw. von juristischen Personen allgemein.

Schaden
Jeder unfreiwillige Nachteil, den jemand an den eigenen, rechtlich geschützten Gütern erleidet. ⇨ 74

Schadensersatz
Anspruch auf Ausgleich eines Schadens, den eine Person durch eine andere Person erlitten hat (§§249 ff.). ⇨ 74, 184, 187, 238

Schadensersatz statt der Leistung
Anspruch auf Ersatz des Schadens, den jemand dadurch erleidet, dass eine vertragliche Pflicht nicht möglich ist oder zu spät oder schlecht erfüllt wird (§§281, 440, 636). ⇨ 109, 110, 140, 162

Schadensminderung
Der Geschädigte hat die Pflicht, den Schaden so gering wie möglich zu halten (§254). ⇨ 77

Schadensverlagerung
Bei einer zufälligen Schadensverlagerung kann durch Drittschadensliquidation ein interessengerechtes Ergebnis gefunden werden. ⇨ 119

Schädiger
Verursacher eines Schadens. ⇨ 74

Schädigung
Beeinträchtigung eines Rechtsguts. ⇨ 206

Scheidung
Auflösung einer gescheiterten Ehe durch Urteil (§1564). ⇨ 258

Scheingeschäft
Geschäft, bei dem sich beide Vertragsteile darüber einig sind, dass es nur zum Schein abgeschlossen wird (§117). ⇨ 43

Schenkung
Vertrag über die unentgeltliche Zuwendung aus dem Vermögen des Schenkenden an den Beschenkten (§§516 ff.). ⇨ 155

Schenkungsversprechen
Vertrag über eine Schenkung (§516). ⇨ 156

Scherzgeschäft
Willenserklärung, die der Erklärende in der Absicht abgegeben hat, der andere werde sie als Scherz verstehen (§118). ⇨ 43

Schickschuld

Verpflichtung, die der Schuldner an seinem Geschäftssitz (Wohnsitz) zu leisten hat, bei der er aber die zusätzliche Verpflichtung übernommen hat, die Ware an einen anderen Ort auf seine Gefahr übersenden zu lassen (§269). ⇨ 79

Schiedsgericht

Privates Gericht, das über eine Streitigkeit entscheidet.

Schlechterfüllung

Mangelhafte Erfüllung einer vertraglichen Pflicht (z.B. Sachmängel, §434).

Schlüssiges Handeln

Das Handeln einer Person wird bei Auslegung nach Treu und Glauben als rechtsverbindliche Erklärung (konkludentes Handeln) angesehen (§§133, 157).

Schmerzensgeld

Billige (angemessene) Entschädigung in Geld für Schäden, die nicht Vermögensschäden sind (§253). ⇨ 76

Schriftform

Schriftliche Niederlegung eines Rechtsgeschäfts (§§126, 125). ⇨ 48

Schuldanerkenntnis

Ein Vertrag, durch den das Bestehen eines Schuldverhältnisses anerkannt wird (§781 I).

Schuldbeitritt

Rechtsgeschäft, durch das der Beitretende zusätzlich neben dem Schuldner für dessen Schuld haftet, wodurch eine Gesamtschuld entsteht (§421). ⇨ 130

Schuldner

Diejenige Partei eines Schuldverhältnisses, die verpflichtet ist, einem anderen (dem Gläubiger) eine Leistung zu erbringen. ⇨ 5, 70, 130

Schuldnerverzug

Ein Fall der Leistungsstörung, bei dem der Schuldner eine ihm noch mögliche Leistung aus einem von ihm zu vertretenden Grund (also Verschulden) nicht erbringt (§§286, 280 ff., 323). ⇨ 94

Schuldrecht

Es regelt die Beziehungen zwischen den Beteiligten eines Schuldverhältnisses (§§241-853). ⇨ 10

Schuldübernahme

Durch Vertrag vereinbarte Übernahme einer Schuld durch einen Dritten (neuer Schuldner, §§414 ff.). ⇨ 130

Schuldverhältnis

Als Schuldverhältnis bezeichnet man die rechtliche Be zie hung zweier oder mehrerer Personen, die dem Gläubiger das Recht geben, vom Schuldner eine Leistung zu verlangen. Es entsteht entweder durch Vertrag (z.B. Kauf) oder durch Gesetz (z.B. unerlaubte Handlung). ⇨ 70

Schutzbereich

Beim Vertrag mit Schutzwirkung für Dritte wird ein Unbeteiligter in den Schutzbereich eines Vertrags einbezogen. ⇨ 118

Schutzgesetz

Gesetz, dessen Verletzung Schadensersatz nach §823 II zur Folge hat.

Schutzpflicht

Nebenpflicht zur Sorgfalt innerhalb eines Vertrags. ⇨ 118

Schwarzarbeit

Erbringung von Arbeitsleistung ohne steuerliche und sozialversicherungsrechtliche Anmel dung. ⇨ 50

Schwägerschaft

Die Verwandten eines Ehegatten sind mit dem anderen Ehegatten verschwägert (§1590). ⇨ 259

Schwebend unwirksam

Abhängigkeit der Wirksamkeit eines Rechtsgeschäfts von der Zustimmung eines Dritten (z.B. §108 I).

Schweigen auf ein Angebot

Gilt i.d.R. als Ablehnung (§147). ⇨ 55

Sekundärleistungspflicht

Anspruch, der sich aus der Nicht- oder Schlechterfüllung der primären Pflichten aus einem Schuldverhältnis ergibt. ⇨ 140

Selbsthilferecht

Das stark eingeschränkte Recht auf Durchsetzung oder auf Sicherung eines Anspruchs durch eigenes Handeln (§§229, 859). ⇨ 66, 67, 214

Selbsthilfeverkauf

(Notverkauf) Das Recht des Schuldners, nicht hinterlegungsfähige Sachen im Falle des Gläubigerverzuges öffentlich versteigern zu lassen und den Erlös zu hinterlegen (§385, §373 II HGB).

Selbstkontrahieren

Insichgeschäft (§181).

Selbstschuldnerische Bürgschaft

Sonderform der Bürgschaft, bei der der Bürge darauf verzichtet, dass der Gläubiger zuerst den Hauptschuldner verklagt (§773 I Nr. 1). ⇨ 193

Sicherungsrecht

Recht, das einen Anspruch sichert. ⇨ 244

Sicherungsübereignung

Sicherungsgeschäft, das im Gesetz nicht geregelt, aber gewohnheitsrechtlich anerkannt und im Wirtschaftsleben sehr verbreitet ist. Hierbei erhält der Kreditgeber als Sicherheit das Eigentum an einer Sache, wobei jedoch der Schuldner den unmittelbaren Besitz behält (§930). ⇨ 227

Sitten

Anstandsregeln, Bräuche.

Sittenwidrigkeit

Ein Verhalten, welches gegen das Anstandsgefühl aller billig und gerecht Denkenden verstößt (§138 I). ⇨ 50

Sorgerecht

Die Eltern haben das Recht und die Pflicht, für das minderjährige Kind zu sorgen (§1626). ⇨ 259

Sorgfaltspflicht

Verhaltenspflicht, vorhersehbare und vermeidbare Schäden zu verhindern. ⇨ 82, 257

Sozialpflichtigkeit des Eigentums

Begrenzung der Eigentümerbefugnisse zugunsten der Allgemeinheit. ⇨ 222

Speziesschuld

Schuld, bei dem ein bestimmter und nicht irgendein, aus einer bestimmten Gattung stammender, Gegenstand geschuldet wird (§243 II, Stückschuld). ⇨ 73

Spiel

Das aufgrund eines Spiels Gewonnene kann nicht eingeklagt, aber auch nicht zurückgefordert werden (§762).

Steuerrecht

Teil des Öffentlichen Rechts, aus dem sich Art, Höhe und Vollstreckung von Steuern ergibt. ⇨ 3

Stellvertretung

Rechtsgeschäftliches Handeln, bei der die eigene Willenserklärung des Vertreters im Namen des Vertretenen für und gegen den Vertretenen wirkt (§§164 ff.).

Stiftung

Juristische Person, bei der Vermögen einem bestimmten Zweck gewidmet wurde (§80). ⇨ 32

Störer

Diejenige Person, die rechtswidrig auf ein Rechtsgut einwirkt und gegen die deshalb ein Beseitigungs- oder Unterlassungsanspruch besteht (§1004). ⇨ 242

Störung

Eine Störung ist sachenrechtlich die Beeinträchtigung des Eigentums in anderer Weise als durch Entziehung oder Vorenthaltung des Besitzes (§1004). ⇨ 242

Störung der Geschäftsgrundlage

Nichteintreten eines Umstandes, den zumindest eine Partei bei Vertragsschluss vorausgesetzt hat, was im Einzelfall nach Treu und Glauben eine Änderung oder Nichtigkeit des Vertrags zur Folge hat (§ 313). ⇨ 108

Strafrecht

Teil des Öffentlichen Rechts, das Strafen für bestimmtes Verhalten vorsieht. ⇨ 3

Strohmann

Eine vorgeschobene Person, die zwar im eigenen Namen handelt, tatsächlich aber die Interessen des Geschäftsherrn verwirklicht.

Stückschuld

(Speziesschuld) Leistungspflicht, die auf eine bestimmte Sache beschränkt ist (im Gegensatz zur Gattungsschuld; §243 II). ⇨ 73

Stundung

Das auf einer rechtsgeschäftlichen Vereinbarung beruhende Hinausschieben der Fälligkeit einer Forderung (§205).

Subjektive Unmöglichkeit

Eine Leistung kann nur vom Schuldner nicht erbracht werden (§275). ⇨ 85

Subsidiär

hilfsweise, ergänzend.

Subsumtion

Zuordnung eines Sachverhalts zu einer Rechtsnorm. Dabei ist zu prüfen, ob die Fakten die gesetzlichen Voraussetzungen erfüllen. ⇨ 24, 27

Surrogat

Ersatz, Ersatzstück. ⇨ 230

Synallagma

Gegenseitigkeitsverhältnis der vertraglichen Pflichten (nach §§320 ff.). ⇨ 110

Tarifvertrag

Vereinbarungen zwischen Arbeitgeber- und Arbeitnehmerverbänden zur Regelung der Arbeitsbedingungen. ⇨ 166

Taschengeldparagraph

Ein von einem Minderjährigen ohne Zustimmung des gesetzlichen Vertreters geschlossener Vertrag ist von Anfang an wirksam, wenn das Geschäft mit Taschengeld bestritten wird (§110). ⇨ 40

Tatbestand

Die Voraussetzungen einer Rechtsnorm, an die eine Rechtsfolge geknüpft wird. ⇨ 24

Tatbestandsmerkmal

Jeder einzelne Bestandteil eines Tatbestands einer Rechtsnorm.

Tatbestandsvoraussetzungen

Bei Vorliegen aller Voraussetzungen eines Tatbestands greift die Rechtsfolge ein. ⇨ 11

Tatsache

Die Tatsachen eines Sachverhalts werden unter den Tatbestand der Normen subsumiert. ⇨ 24

Tauglichkeit

Geeignetheit für einen bestimmten Zweck (§434).

Tausch

Ein gegenseitiger Vertrag, bei dem Leistung und Gegen-leistung in der Übereignung von Gegenständen liegt (§480).

Täuschung

Verhalten, bei dem durch Erweckung oder Aufrechterhaltung eines Irrtums ein anderer zur Abgabe einer Willenserklärung gebracht wird (§123 I). ⇨ 46

Teilleistung

Teilweise Erfüllung einer Verbindlichkeit. Grundsätzlich ist dem Schuldner eine Teilleistung nicht gestattet, doch kann sie vereinbart werden (§266). ⇨ 78

Teilnichtigkeit

Nichtigkeit nur eines Teils eines Rechtsgeschäfts (§139). ⇨ 51

Teilunmöglichkeit

Unmöglichkeit einer Teilleistung (§§275, 283, 281). ⇨ 84, 90, 88

Teilverzug

Verzug mit einer Teilleistung (§286, 323, 281). ⇨ 94

Termin

Bestimmter Zeitpunkt, zu dem ein bestimmtes, rechtlich bedeutsames Ereignis eintreten soll (§187).

Testament

Einseitige, nicht empfangsbedürftige, formbedürftige Willenserklärung in bezug auf den Todesfall, die die letztwilligen Verfügungen des Erblassers enthält (§1937). ⇨ 260, 263

Textform

Formerfordernis, bei der auch schon ein Fax zur Wirksamkeit ausreicht (§ 125b). ⇨ 48

Tier

Jedes Lebewesen außer Menschen und Pflanzen. Es ist keine Sache, wird aber wie eine Sache behandelt (§90 a). ⇨ 34

Tierhalter

Person, welche ein Tier dauernd in Besitz hat, für es sorgt und über dessen Existenz entscheidet, wodurch sich eine Haftung für durch das Tier verursachte Schäden ergibt (§833). ⇨ 208

Treuepflicht

Die aus einem Rechtsverhältnis folgende Pflicht, auf die Interessen der anderen Seite besondere Rücksicht zu nehmen.

Treu und Glauben

Der tragende Grundsatz des BGB, der besagt, dass möglichst immer ein gerechter Ausgleich der verschiedenen Interessen gefunden werden soll und niemand sein Recht missbrauchen darf (§242). ⇨ 72

Übel

Die Androhung eines Übels kann zur Anfechtbarkeit der Willenserklärung führen (§123 I). ⇨ 46

Übereignung

Die Übertragung des Eigentums an einer beweglichen Sache durch Einigung und Übergabe (§929). ⇨ 226

Übereinstimmung

Übereinstimmung von Angebot und Annahme führt zum Vertragsschluss. ⇨ 53, 56

Übergabe

Die durch Übertragung der tatsächlichen Herrschaftsgewalt erfolgende Verschaffung des unmittelbaren Besitzes (§929). ⇨ 226

Übergang der Forderung

Die Abtretung führt zum Übergang der Forderung (§398). ⇨ 126

Übermaßfrüchte

Früchte, die nicht als normaler Ertrag der Sache anzusehen sind (§993 I). ⇨ 239

Übermittlung
Die bloße Übermittlung einer fremden Willenserklärung stellt Botenschaft und nicht Stellvertretung dar. ⇨ 58

Übernehmer
Derjenige, der eine Schuld von einem anderen durch Vertrag übernimmt (§414). ⇨ 130

Umdeutung
Ersetzung eines nichtigen Rechtsgeschäfts durch ein anderes, das dem Willen der Parteien entspricht (§140). ⇨ 51

Umfang der Bereicherung
Durch die §§818 ff. wird festgelegt, was bei einem Bereicherungsanspruch genau herausgegeben werden muss. ⇨ 200

Umfang der Vertretungsbefugnis
Der Umfang der Vertretungsbefugnis bestimmt, welche Arten von Rechtsgeschäften der Vertreter im Rahmen seiner Vertretungsmacht für den Vertretenen vornehmen darf. ⇨ 58

Unberechtigte GoA
Echte Geschäftführung ohne Auftrag, die nicht dem Interesse oder mutmaßlichen Willen des Geschäftsherrn entspricht (§684). ⇨ 181

Unbewegliche Sachen
Grundstücke, Häuser, Wohnungen (§§90, 94, 873 ff.). ⇨ 34

Unbilligkeit
Ungerechtigkeit. ⇨ 119

Undank
Eine Schenkung kann wegen groben Undanks widerrufen werden (§530). ⇨ 157

Unechte GoA
Geschäftsführung ohne Auftrag, jedoch ohne Fremdgeschäftsführungswillen (§687). ⇨ 181, 187

Unerlaubte Handlung
Jeder rechtswidrige, verschuldete Eingriff in ein geschütztes Rechtsgut, der einen Schaden verursacht hat und zu einer Ersatzpflicht führt (§§823 ff.). ⇨ 202

Ungerechtfertigte Bereicherung
Eine Vermögensmehrung, die ohne rechtlichen Grund eingetreten ist (z.B. Zahlung des Kaufpreises, obwohl der Kaufvertrag unwirksam ist); sie verpflichtet den Bereicherten zur Herausgabe des Erlangten (§§812 ff.). ⇨ 194

Universalsukzession
Übergang aller Rechte und Pflichten des Erblassers auf den Erben (§1922). ⇨ 261

Unmittelbarer Besitz
Tatsächliche Gewalt über eine Sache (§854). ⇨ 212, 251

Unmöglichkeit
Unmöglichkeit ist eine Leistungsstörung, die vorliegt, wenn die geschuldete Leistung endgültig nicht mehr erbracht werden kann (§275). ⇨ 84, 139

Unrechtmäßiger Besitzer
Besitzer, der kein Recht zum Besitz (§986) hat. ⇨ 234

Untergang
Eine Sache gilt als untergegangen, wenn sie zerstört ist.

Unterlassen
Nichtvornahme einer bestimmten Handlung. ⇨ 72, 242

Unterlassungsanspruch
Anspruch auf Nichtwiederholung eines in ein Rechtsgut eingreifenden Verhaltens (§§1004, 862). ⇨ 215, 242

Untermieter
Mieter, der die Sache von jemandem gemietet hat, der seinerseits die Sache gemietet hat (§540, 553). ⇨ 162

Unternehmer
Hersteller des Werkes beim Werkvertrag (§631). ⇨ 168 oder Person, die Rechtsgeschäft zu beruflichen Zwecken abschließt (§ 14). ⇨ 33

Unternehmerpfandrecht
Pfandrecht des Unternehmers an Sachen des Bestellers. Es entsteht, wenn der Besteller den Werklohn nicht entrichtet (§647). ⇨ 177

Unvermögen
Unvermögen bedeutet, dass eine Leistung nur vom Schuldner nicht erbracht werden kann (subjektive Unmöglichkeit).

Unverzüglich
Ohne schuldhaftes Zögern (§121 I 1). ⇨ 45

Urteil
Gerichtliche Entscheidung.

Urteilstil
Formulierung rechtlicher Probleme in der Weise, dass das Ergebnis vorweggenommen und nur das für die Entscheidung Erforderliche angesprochen wird. ⇨ 28

V

Vertrauensschaden

Bei Ersatz des Vertrauensschadens muss der Geschädigte so gestellt werden, als wäre der Vertrag nie geschlossen worden. ⇨ 45, 102

Vertretbare Sachen

Alle Sachen, die nach Maß, Zahl oder Gewicht gehandelt werden (§91). ⇨ 34

Vertretenmüssen

Einstehenmüssen für eine Rechtsverletzung, meistens durch Verschulden (§276). ⇨ 94

Vertreter

Vertreter ist, wer in fremdem Namen für eine andere Person rechtsgeschäftlich tätig wird (Stellvertretung, §164). ⇨ 58

Vertretungsmacht

Voraussetzung für eine wirksame Stellvertretung (§164). ⇨ 58, 190

Verwahrung

Ein Vertrag, durch den der Verwahrer verpflichtet wird, eine ihm von dem Hinterleger übergebene bewegliche Sache aufzubewahren (§688).

Verwaltungsrecht

Teil des Öffentlichen Rechts, das für die öffentliche Verwaltung im Verhältnis zum Bürger gilt. ⇨ 3

Verwandtschaft

Personen, die voneinander abstammen, sind verwandt (§1589). ⇨ 259

Verwendung

Freiwilliger Einsatz von Vermögen, der einer Sache zugute kommen, sie also erhalten, wiederherstellen oder verbessern soll, ohne sie grundlegend zu verändern (§§994 ff.). ⇨ 240

Verwendungsersatz

Der unrechtmäßige Besitzer kann gegen den Eigentümer einen Anspruch auf Ersatz der Verwendungen haben (§§994, 996). ⇨ 240

Verwendungskondiktion

Bereicherungsanspruch wegen gemachter Verwendungen (§812). ⇨ 198

Verwertungsrecht

Der Pfandgläubiger hat bei Fälligkeit das Recht, das Pfand zu verwerten. ⇨ 244, 251

Verzug

Nichtvornahme einer Handlung trotz Fälligkeit (Schuldnerverzug, Gläubigerverzug). ⇨ 94, 139

Verzugsschaden

Schaden, der alleine auf den Verzug zurückzuführen ist (§§280, 286). ⇨ 95

Vindikation

Herausgabeanspruch (§985). ⇨ 234

Vindikationslage

Rechtslage, bei der einer Eigentümer ist und der andere unberechtigter Besitzer (§§985 ff.). ⇨ 234

Völkerrecht

Regelungen über die Rechte und Pflichten der Staaten untereinander. ⇨ 3

Volljährigkeit

Das Alter, in dem eine natürliche Person voll geschäftsfähig wird (§2). ⇨ 32

Vollmacht

Die durch Rechtsgeschäft erteilte Vertretungsmacht (§§164, 167). ⇨ 58, 59

Vollstreckung

Die zwangsweise Durchsetzung eines Anspruchs oder einer Anordnung durch staatliche Organe.

Volltrunken

Die Willenserklärung eines Volltrunkenen ist (nach §105 II) nichtig. ⇨ 38

Voraus des Ehegatten

Anspruch des Ehegatten auf Haushaltsgegenstände seines verstorbenen Ehegatten.

Vorkaufsrecht

Das Recht, in einen Kaufvertrag anstelle des ursprünglichen Erwerbers einzutreten (§§463, 1094 ff.).

Vormerkung

Vorläufige Grundbucheintragung zur Sicherung eines Anspruchs (§883). ⇨ 218

Vorsatz

Das Wissen und Wollen eines rechtswidrigen Erfolges (§276). ⇨ 82

Vorstand

Das geschäftsführende Organ eines privatrechtlichen Zusammenschlusses (AG, Genossenschaft, Verein), das diesen leitet und nach außen vertritt (§26). ⇨ 33

Vorvertragliches Schuldverhältnis

Ein Schuldverhältnis mit Rücksichtspflichten nach § 241 kann auch schon vor Vertragsschluss entstehen (§ 311). ⇨ 102

WEG
Wohnungseigentumsgesetz. ⇨ 216

Wegfall der Bereicherung
Wegfall der Bereicherung kann dazu führen, dass bei einem Anspruch nach §812 nichts herausgegeben werden muss, weil der Empfänger nicht mehr bereichert ist (§818 III). ⇨ 195

Wegfall der Geschäftsgrundlage
Anderer Ausdruck für Störung der Geschäftsgrundlage (vg. Dort). ⇨ 108

Werk
Herstellung oder Veränderung einer Sache oder sonstige Dienstleistung. ⇨ 168

Werklieferungsvertrag
Ein Werkvertrag, bei dem sich der Unternehmer verpflichtet, eine bewegliche Sache herzustellen und dem Besteller zu übereignen (§651). ⇨ 177

Werkvertrag
Vertrag, bei dem sich der Unternehmer zur Herstellung eines bestimmten Werkes (z.B. zur Durchführung von Reparaturarbeiten) und der Besteller zur Zahlung einer Vergütung (Werklohn) verpflichtet (§631). ⇨ 168

Wertersatz
Bei bestimmten Ansprüchen kann hilfsweise der Wert ersetzt werden. ⇨ 75, 195

Wertminderung
Eine Wertminderung der Kaufsache gewährt einen Anspruch auf Minderung (§441).

Wesentlicher Bestandteil
Bestandteile einer Sache, die nicht ohne Schaden voneinander getrennt werden können (§§93,94). ⇨ 34

Wette
Das durch eine Wette Gewonnene kann weder eingeklagt noch zurückgefordert werden (§762).

Wichtiger Grund
Aus wichtigem Grund ist auch eine fristlose Kündigung möglich (§§314, 626). ⇨ 109, 167

Widerrechtliche Drohung
führt zur Anfechtbarkeit einer Willenserklärung (§123 I). ⇨ 46

Widerrechtlichkeit
bei Verletzung von rechtlichen Pflichten ist gegeben, es sei denn, es liegt ein Rechtfertigungsgrund vor. ⇨ 46

Widerruf
Einseitige empfangsbedürftige Willenserklärung, die Rechtswirkungen beseitigt,. Insbesondere bei Verbraucherverträgen bestehen Widerrufsrechte (§355). ⇨ 179

Widerruf der Schenkung
ist möglich bei grobem Undank (§530). ⇨ 157

Widerrufsrecht
Recht, die Wirkung eines Rechtsgeschäfts durch Willenserklärung zu beseitigen.

Willenserklärung
Sie ist die Äußerung eines auf die Herbeiführung einer bestimmten Rechtswirkung gerichteten Willens. ⇨ 36, 41, 49

Willensmangel
Mangel an einer Willenserklärung (Irrtum, Drohung, Täuschung, mangelnde Ernstlichkeit), der zur Nichtigkeit oder Anfechtbarkeit führt. ⇨ 59

Wirtschaftliches Interesse
Leitfaden bei der Entscheidung, welche Ansprüche einer Person am dienlichsten sind. ⇨ 18

Wohnungseigentümergesetz
Gesetz, das Sondereigentum an Gebäuden ermöglicht. ⇨ 35, 216

Wucher
Sittenwidriges Rechtsgeschäft, bei dem der eine die Zwangslage oder die Unerfahrenheit des anderen dadurch ausnützt, dass er sich eine unverhältnismäßige Gegenleistung versprechen lässt (§138 II). ⇨ 50, 154

Zahlung
Erfüllung einer Geldschuld (§§929, 362). ⇨ 80

Zahlungsort
Der Ort, an dem der Schuldner seine Zahlungspflichten zu erfüllen hat (§270). ⇨ 80

Zedent
Der bisherige Gläubiger einer Forderung, der diese durch Abtretung überträgt (§398). ⇨ 126

Zerrüttungsprinzip

Prinzip, wonach eine Ehe geschieden werden kann, wenn sie gescheitert ist. ⇨ 258

Zession

Abtretung. ⇨ 126

Zessionar

Der neue Gläubiger einer Forderung, der diese durch Abtretung erlangt (§398). ⇨ 126

Zins

Eine Pflicht zur Verzinsung von Geldschulden kann auf Gesetz oder Vertrag beruhen (§§288, 488 II). ⇨ 153

Zivilprozessordnung

Gesetz, das das zivilgerichtliche Verfahren regelt. ⇨ 3

Zivilrecht

Privatrecht. ⇨ 2

ZPO

Zivilprozessordnung. ⇨ 3

Zubehör

Bewegliche Sache, die, ohne Bestandteil der Hauptsache zu sein, dem wirtschaftlichen Zweck der Hauptsache zu dienen bestimmt ist (§97). ⇨ 35

Zugang einer Willenserklärung

Eine Willenserklärung gilt als zugegangen, wenn sie in den Machtbereich des Empfängers gelangt. ⇨ 49

Zufälliger Untergang

Unmöglichwerden einer Leistung ohne Verschulden der Vertragsparteien (§326). ⇨ 115

Zugewinnausgleich

Anspruch nach Scheidung auf Ausgleich des Vermögenszuwachses während der Ehe. ⇨ 263

Zugewinngemeinschaft

Güterstand der Ehe, der gilt, soweit nichts anderes durch Ehevertrag vereinbart wurde. Hiernach bleibt das Vermögen der Eheleute getrennt, wobei durch die Scheidung ein Ausgleichsanspruch in Höhe der Hälfte des Zugewinnüberschusses entsteht (§1363). ⇨ 258

Zug um Zug

Erbringung der einen Leistung nur bei Leistung der anderen.

Zurückbehaltungsrecht

Hat ein Schuldner gegen seinen Gläubiger einen Gegenanspruch, der mit seiner Schuld zusammenhängt, so kann er die von ihm geschuldete Leistung so lange verweigern, bis er die ihm gebührende Leistung erhält (§273). ⇨ 81, 240, 241

Zustimmung

Einverständniserklärung mit einem von einer anderen Person geschlossenen Rechtsgeschäft (§182). ⇨ 62

Zwangsvollstreckung

Durchsetzung von Ansprüchen durch staatlichen Zwang. ⇨ 6, 244, 247

Zweckerreichung

Die Unmöglichkeit einer Leistung kann auch auf Zweckerreichung beruhen. ⇨ 84

Zweckgemeinschaft

Eine Zweckgemeinschaft kann rechtlich gesehen eine BGB-Gesellschaft sein (§§705 ff.). ⇨ 188

Zweckschenkung

Bei einer Zweckschenkung kann bei Verfehlung des Zwecks das Geschenkte (nach §812 I 2 2. Alt) zurück gefordert werden. ⇨ 157

Zweckstörung

Fortfall des Interesses an einer Leistung, was nicht zur Unmöglichkeit führt. ⇨ 84

Zweckverfehlung

Vgl. Zweckschenkung. ⇨ 157

Zweiseitiges Rechtsgeschäft

Rechtsgeschäft, das durch Willenserklärung von zwei Personen entsteht. ⇨ 36

Druck: Krips bv, Meppel
Verarbeitung: Stürtz, Würzburg